Montblanc, Alpes.

Montperdu, Pyren.

ae.

-5°,8.(Aug.+6°.)

Pin. rubr. P. unc.

Pin. pic.

Sulitelma, Lapon.

Querc.

-6°.(Aug.+9°.5.)

Sal. herb. S. lan.

6°.

Bet. alb. -2°,7.(Aug.+12°.8.)

Pin. syln. -o°.6.

-2°.5.(Aug.+16°.)

...a temperata, lat. 42°-46° bor.

Zona frigida, lat. 68° bor.

...lenberg. Buch.-Ramond. Decandolle.)

(Buch. Wahlenberg.)

...rum lineamenta.

...cere desinunt. Numeri nudi significant temperaturam

...eri uncis inclusi, temperaturam mediam mensis Augusti.

...par. = 1.ᵐ 95.

Peter Baumann   Erwin Patzelt

Wo die Berge Götter sind

Peter Baumann   Erwin Patzelt

Wo die Berge Götter sind

Das neue Bild der Anden

Umschau

Vorhergehende Doppelseite:
Humboldt im Angesicht des Cayambe-Berges in Ecuador
(aus seinem Werk „Vues des Cordilleres").

CIP-Kurztitelaufnahme der Deutschen Bibliothek

Baumann, Peter:
Wo die Berge Götter sind · Das neue Bild der Anden /
Peter Baumann; Erwin Patzelt. – Frankfurt am Main ·
Umschau Verlag, 1984.
    ISBN 3-524-66019-3

NE: Patzelt, Erwin:

© 1984 Umschau Verlag Breidenstein GmbH,
Frankfurt am Main

Alle Rechte der Verbreitung, auch durch Film, Funk,
Fernsehen, fotomechanische Wiedergabe, Tonträger
jeder Art, auszugsweisen Nachdruck oder Einspeiche-
rung und Rückgewinnung in Datenverarbeitungsan-
lagen aller Art, sind vorbehalten.

Gesamtherstellung:
Brönners Druckerei Breidenstein GmbH,
Frankfurt am Main · Printed in Germany

Inhalt

Über das Buch

Die Anden sind wohl der kontrastreichste Lebensraum auf unserer Erde. Kein Jules Verne und kein Tolkien könnten eine so phantastische Welt ersinnen. Die Wirklichkeit übertrifft jede Fiktion. Allein die Dimensionen! Am Fuß der Anden ist man einem über sieben Kilometer tiefen Meer nahe, auf ihren Gipfeln dem Himmel. Dem Himmel nahe? Nein, mitten im Himmel. Göttervater Zeus und seine Familie saßen auf dem Olymp weit niedriger verglichen mit den Indianergöttern. Diese haben hier gut 60 Fünftausender und über 20 Sechstausender zur Auswahl. Doch angesichts ihrer bedrohlichen Majestät gelten viele Berge nicht nur als Sitz der Götter. In den Augen der Indianer sind sie die Götter selber.

Von den Ausläufern an der Küste von Venezuela bis hinab nach Feuerland ist dieses Gebirge gut 7000 km lang, reicht also von 12 Grad nördlicher bis 55 Grad südlicher Breite und übertrifft in dieser Hinsicht das Himalaja-Gebirge bei weitem. In seiner eindrucksvollsten Breitenausdehnung nimmt der Gebirgswall 750 km ein! Wir wollen unsere Alpen gar nicht kleiner machen, als sie sind, aber nach Höhe und Länge halten sie keinem Vergleich stand.

Wer sich mit uns in diesem Buch auf das Unternehmen einer Anden-Erkundung einläßt, der wird seine Reise bei Caracas beginnen, wo der Saum des Gebirges an die Karibische See grenzt, wird bei der Stadt Quito in Ekuador über den Äquator fahren und in Feuerland – nur zehn Breitengrade von der Antarktis entfernt – mit der Staaten-Insel die letzten Felsen des Gebirges aus dem Meer ragen sehen.

Regenwald, Nebelwald, Hochland, Gletscherwelt, üppige Taleinschnitte, Dürrezonen, ewige Wüste und europäisch anmutende Klima-Landschaften, also fast alle Zonen dieser Erde wird er auf dieser Reise kennenlernen können. Die Anden erreichen nicht die Höhe der Himalaja-Gipfel, doch ist ihre Pflanzendecke bunter, sind ihre Kulturlandschaften eindrucksvoller als bei ihrem asiatischen Konkurrenz-Gebirge.

Schon in den Nord-Anden finden wir alle die Landschaften, die Alexander von Humboldt zu seinem „Naturgemälde der Tropen" angeregt haben, auf 20 Breitengrade konzentriert. Doch diese besonderen Landschaftseindrücke gewinnt man auch, wenn man nur in Durán-Guayaquil die Anden-Eisenbahn besteigt, in das auf 2875 m Höhe gelegene Ambato fährt und auf der anderen Seite der Anden mit dem Autobus wieder hinab nach Puyo am Saum des Amazonas-Regenwaldes. Überall kann man aussteigen und das Vegetationsprofil zwischen Meereshöhe und 4800 m erkunden oder gar auf den Spuren Humboldts den Chimborazo besteigen.

Sieben Staaten Südamerikas teilen sich die zwei Millionen Quadratkilometer des Riesen-Gebirges. Das sind Venezuela, Kolumbien, Ecuador, Peru, Bolivien, Chile und Argentinien. Für uns, die wir in Mitteleuropa leben, werden die Dimensionen der Anden anschaulich, wenn wir uns vorstellen, daß die Fläche der Bundesrepublik Deutschland nur den achten Teil davon ausmacht.

Die Bergwelt hat ihren Namen von den Spaniern, die das Land im 16. Jahrhundert erobert haben, und den Indianern, die von alters her ihre kunstvollen Feldbau-Terrassen in die schwierigsten Hänge stufen: Cordillera de los Andes. Cordillera ist das spanische Wort für Kette. Andenes nennen die Indianer ihre Pflanzterrassen. Damit sind wir bei den Menschen, die in der Gebirgskette leben und Berge, Täler, Flüsse, Oasen und Städte mit ihrer Kultur und ihren Begriffen belegt haben.

Eisbarrieren, unwegsame Schluchten und Kämme haben die Indianer nicht in die Isolation abgeschlossener Lebensräume zwingen können. Vielmehr haben die Indianer – erst lokal, dann regional und bald über weite Räume ausgreifend – einige der großartigsten Zivilisationen auf dieser Erde geschaffen. Sie haben selbst Teile der unzugänglichsten Natur nach ihrem Willen geformt – sie zu verformen blieb erst den Weißen unseres Jahrhunderts vorbehalten. Bezeichnungen wie Chorrera, Chavín, Nazca, Moche oder Tiahuanaco stehen für Kulturen, die noch in ihren Trümmern faszinieren. Die Inka sind nur die letzten in einer langen Kette großer Völker, haben gerafft, gestrafft, ausgebaut und zu Allgemeingut gemacht, was in den verschiedenen Regionen schon gewachsen und geschaffen worden war. Die Entdeckung der bisher ältesten Kultur Amerikas mit über 5000 Jahre alter Keramik, einer Tempelstadt und Maisbau-Relikten beweist uns heute, daß nicht schiffbrüchige Kulturhelden aus Übersee die Indianer auf den Weg zu höheren Erkenntnissen gebracht, sondern daß sie ihre Zivilisation aus eigenen Kräften sehr früh entwickelt haben.

Das Reise-Abenteuer in den Anden gibt es noch. Nur wird der Besucher mehr davon haben, wenn er vor Antritt die Illusionen verabschiedet, die Prospekte, „Traumstraßen"-Bücher und ein bekannter Chemiekonzern gemeinsam propagieren: „Die Welt wird schöner mit jedem Tag." Wer heute nicht ganz unempfindlich ist, müßte da eher nachdenklich werden und bedrückt sein angesichts der Zerstörung der Natur, der Deformierung eingeborener Völker und der sozialen Mißstände, als daß er zu der Mischung von Lebenshunger und Leichtfüßigkeit fände, mit der man sich über alles hinwegsetzen kann. In einem anderen Sinne kann man allerdings gewinnen: indem man sich ein Land, seine Natur, seine Kultur und seine Menschen Schritt um Schritt erschließt, bis sie einem vertrauter sind.

Alexander von Humboldt hat die Natur der Anden gründlicher erforscht als je ein Mensch vor ihm. Die 125. Wiederkehr seines Todestages in diesem Jahr ist für uns ein besonderer Anlaß, dieses Buch vorzulegen. Es versucht die erste Gesamtdarstellung der Kordilleren auf der Grundlage seiner Forschungsergebnisse und der Entdeckungen und Forschungsleistungen seit seinem Tode. Aber es schließt auch eigene Erlebnisse und Erkenntnisse mit ein. Nicht alle Wege sind die Autoren gemeinsam gegangen. Wenn sie das erzählerische „Wir" dennoch über weite Strecken bevorzugen, möge ihnen dies im Interesse der Flüssigkeit der Lektüre erlaubt sein.

Das Buch schöpft aus einem großen, exklusiven Bilderschatz, der in über 25 Jahren zusammengetragen worden ist. Schautafeln und Karten sollen darüber hinaus Zusammenhänge anschaulich machen, ein Anden-Lexikon und eine Zeittafel zum Nachschlagen ermuntern.

So ist, hoffen die Autoren, ein Text-Bild-Band entstanden, der allen Freunden der Anden-Welt zur Vorbereitung, als Weggefährte und zum Nacherlebnis dienen kann.

Peter Baumann,
Berlin

Erwin Patzelt,
Oldenburg in Holstein

1 El Dorado

Eine neue Welt wird erobert und erschlossen

*Da war nämlich immer ein Scharren und Schlüp-
fen, Murmeln und Rascheln, und wenn zufällig
der Mond schien und sein Strahl das Gold be-
leuchtete, sah man die brünstig aufgerissenen Augen, in denen ein matter Abschein war, aus Gold-
glanz und Mondglanz gemischt, und sie waren
dann Tieren ähnlich . . .*

Jakob Wassermann in
                    „Das Gold von Caxamalca"

Tod eines Gottes

Das Drama ist oft geschildert worden und doch haben wir Mühe, das Geschehen zu begreifen. Unter Francisco Pizarro treffen 67 spanische Reiter und 110 Fußsoldaten nach wochenlangen Märschen am 15. November 1532 in der Anden-Stadt Cajamarca auf den Inka Atahualpa. Am nächsten Tag geschieht das Unfaßbare. Die Spanier greifen auf der engen Plaza, die dem Inka die Entfaltung seiner militärischen Kräfte nicht erlaubt, überraschend an und nehmen den Herrscher nach blutigem Getümmel gefangen. Damit stirbt für die Indianerwelt ein Gott, auch wenn der Mensch Atahualpa überlebt.

„Nimm es nicht als Schande, in dieser Weise besiegt und gefangen worden zu sein", sagt Pizarro dem Inka abends an der Tafel zum Trost, „denn wenn der Christen, die ich befehlige, auch nur wenige sind, so haben sie doch schon größere Länder unterworfen und mächtigere Herren besiegt und der Herrschaft des Kaisers, dessen Vasall ich bin, untertan gemacht... Auf seinen Befehl sind wir gekommen, damit ihr alle zur Kenntnis Gottes gelangt... Mit der Zeit werdet ihr einsehen, daß ihr durch unsere Ankunft eine große Wohltat empfanget. Wir sind nicht grausam mit den besiegten Feinden..., und wenn wir unsere Gegner vernichten können, tun wir es nicht, sondern versöhnen uns mit ihnen. Und wenn ich dein Kriegsvolk zerschlagen und dich gefangengenommen habe, dann deswegen, weil du mit einem so großen Hee-

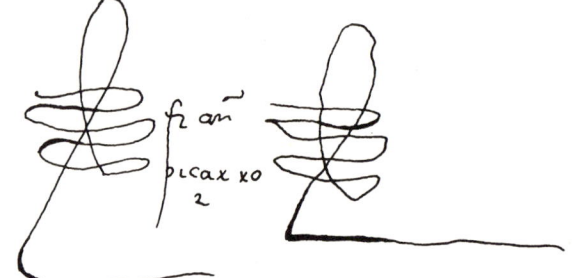

Links: Mit seinem Coup von Cajmarca gewinnt Francisco Pizarro den entscheidenden Vorteil für die Eroberung des Inka-Imperiums: Er bringt den Gottkaiser Atahualpa in seine Gewalt. Der Konquistador ist im Jahre 1534, gemessen an der Lebenserwartung zu seiner Zeit, mit 56 Jahren schon ein alter Mann.

Die Unterschrift von Francisco Pizarro.

Rechte Seite: Kein Augenzeuge hat Atahualpa je gemalt. Romantisch und weit von der Wirklichkeit entfernt ist diese Darstellung von „König Atabaliba ... zu Caxamalca", die von einem unbekannten Künstler stammt.

Eines der Motive des mächtigen Mosaiks im Präsidentenpalast der ecuadorianischen Hauptstadt Quito ist die Unterdrückung der Indianer durch die Spanier. Schöpfer des Bildwerks ist der Künstler Guayasamin.

Gefesselt und bewacht: Atahualpa in den letzten Tagen seiner Gefangenschaft, als die Hinrichtung schon beschlossen war.

re gegen uns kamst, während wir dich gebeten hatten, dich mit uns in Frieden zu treffen."
Atahualpa antwortet: „Ich wollte in Frieden kommen. Aber meine Späher haben mich getäuscht. Der Hauptmann, den ich zu dir geschickt habe, erklärte mir, ihr seid keine Kriegsleute, die Pferde würden nachts abgesattelt, ihr könntet nicht laufen, ohne euch an die Pferde zu halten. Ein paar hundert Mann genügten, euch zu schlagen. Sie haben mich betrogen ... Nun sind sie alle tot, die mir den schlechten Rat gaben."
Als Atahualpa neun Monate darauf nach der Farce einer Verhandlung umgebracht wird – die Todesschraube der Spanier zermalmt ihm den Nakken –, ist dies gleichzeitig das Ende des Imperiums, auch wenn das Licht der Sonnensöhne unter Manco Capac II. und Tupac Amaru noch zweimal aufflackert. Schlußakt: Der spanische Vizekönig in Lima wagt im Jahre 1572 den Angriff auf die letzte Zuflucht der Inka, die Waldprovinz Vilcabamba, und sein Befehlshaber Loyola kann Tupac Amaru, den Herrscher, gefesselt mitneh-

men. Als die Spanier nach dessen Hinrichtung den Kopf des letzten Inka in Cuzco ausstellen, huldigt die indianische Bevölkerung zum Entsetzen der katholischen Bevölkerung der blutigen Reliquie.
So hat ein kleiner Trupp spanischer Eroberer das Imperium der Inka unter den Füßen zertreten. Das ist Geschichte. Santiago, der heilige Jakob, Schutzheiliger der Konquistadoren, verschmilzt später mit Illapa zum Gewittergott der besiegten Indianer. Die Eroberung bleibt indessen unfaßbar, auch wenn man berücksichtigt, daß Atahualpa die Spanier tragisch unterschätzt und ungeheures Waffenglück Pizarro begünstigt hat.

Nabel der Inka-Welt

Mit dem peruanischen Archäologen Federico Kauffmann-Doig stehen wir an einem Novembertag, 450 Jahre nach Atahualpas Tod, im Glanz der Abendsonne auf den zyklopischen Mauern der Bergfestung Sacsayhuaman, von der sich ein

Inka-General zu Tode gestürzt hat, nachdem er die heilige Stadt Cuzco vergeblich zu schützen versucht hatte. Unter uns schimmern die Dächer der alten Metropole. Der Peruaner kann noch den alten inkaischen Stadt-Plan rekonstruieren, der Cuzco mit den Stadtteilen „Schwanz des Pumas" und „Rücken des Pumas" die Gestalt des Pumas gab. Den „Kopf des Pumas" vermutet der Professor in dem Festungsteil, auf dem wir hier oben stehen, obwohl der Name Sacsayhaman Falke bedeutet. Aber dieser Name ist für den Professor eine Bestätigung seiner Hypothese, nach der die Indianer von alters her Götter in Gestalt raubvogelköpfiger Großkatzen verehrt haben: „Dort unten", erzählt er, „führte, als Atahualpa in Cajamarca gefangen saß, sein General Quizquiz ein schlimmes Regiment gegenüber den Inka-Familien, die zur Huascar-Fraktion gehörten." Huascar war der im Kampf um die Herrschermacht unterlegene Halbbruder Atahualpas.

Während wir uns in den Abendstunden das Zentrum der alten Hauptstadt erwandern, zeigt uns unser Begleiter die Reste der verschiedenen Herrscherpaläste. Die mörtellosen Mauern mit oft vieleckigen und kissenförmig behauenen Steinen sind so kunstvoll gefügt, daß wir nicht einmal eine Rasierklinge in die Zwischenräume klemmen

Die Festung Sacsayhuaman, hoch über der heiligen Stadt Cuzco gelegen. Ihre zyklopischen Mauern wurden während eines Aufstands der Inka heiß umkämpft.

können. Sie wirken massig im Kontrast zu der leichten Last der Häuser spanischer Tradition. Da ist in der Calle San Agustin der Palast des Inka Yupanqui gewesen, und in der Hatunrumiyoc-Straße der Palast des Inka Roca, in dessen Grundmauern ein Stein mit zwölf Ecken zu sehen ist. Jetzt steht ein Bischofssitz aus dem 16. Jahrhundert auf den Resten des Roca-Palastes. Nur wenige Bauten haben wie die Kirche Santo Domingo – im 16. Jahrhundert von den Dominikanern auf den Mauern des alten Sonnentempels Coricancha erbaut – Proportionen, die ihrer steinernen Basis gerecht werden. Uns erscheint diese Symbiose sinnbildlich für eine Entwicklung, in der die Indianer zu Lasteseln ihrer weißen Herren geworden sind.

Die Anmut der zahlreichen Kirchen, der spanischen Holzbalkone an den Wohnhäusern, der Arkaden und reizvollen Innenhöfe läßt die düstere Geschichte von Cuzco leicht vergessen. Heute sind die Läden unter den Bogengängen um die Plaza de Armas voll von Silberarbeiten, bunten fajas, Ponchos und Wolldecken.

15

Überrascht sind wir von den geringen Dimensionen der alten Hauptstadt. Wir hatten immer angesichts der Größe des Imperiums der Inka gedacht, die Metropole der Inka sei wenigstens von 100 000 Menschen bewohnt gewesen: In Wahrheit lebten hier selbst zur Blütezeit nur etwa 20 000 Menschen. Deshalb ist auch der Kern der Stadt, wie ihn die verschiedenen Herrscher zwischen 1200 und 1532 haben erbauen lassen, so gut überschaubar. Cuzco war in eine Unterstadt (Hurin) und eine Oberstadt (Hanan) aufgeteilt. Hurin bewohnten die älteren, Hanan die späteren Herrscherfamilien. Zwölf panacas – so hießen die Großfamilien der jeweiligen zwölf Herrscher – hatten ihre Stadtpaläste in Cuzco. Sie besaßen außerdem einen Wohnsitz in ihren Ländereien vor der Stadt. Dieser Kreis umfaßte wohl nur wenige Tausend Menschen. Die Spanier nannten die Angehörigen der Panacas orejones, also Großohren, in Anspielung auf die goldenen Schmuckscheiben in ihren Ohren.

Zu den Einwohnern Cuzcos gehörten aber auch die Ehren-Inka, die in der Hauptstadt inkaisierten Angehörigen des Adels der eroberten Völker. Sie waren meist als mittlere Beamte an der Verwaltung des Imperiums beteiligt und standen mit ihrem Leben wohl auch für die Treue der Untertanen ein. Angesichts einer solch dünnen Herrscherschicht können wir uns leicht vorstellen, daß weder Atahualpa, noch sein Vater Huayna Capac und deren Vorfahren den Konquistadoren an eisernem Willen und an Härte nachgestanden haben.

„Wir dürfen die Inka und die Spanier nicht im Sinne der Humanismus-Ideen des 20. Jahrhunderts interpretieren", meint Udo Oberem, einer der besten Kenner der Inka-Zeit, den wir ein paar Monate nach unserem Besuch in Cuzco in der Bonner Universität besuchen, „wir wissen, daß Atahualpas Heerführer Rumiñahui bei Pomasqui 4000 Menschen hat umbringen lassen, die nicht für ihn kämpfen wollten." Das geschah im Jahre 1533, als der General die Spanier auf seinem Zug nach Norden auf den Fersen hatte, deren Streitmacht bereits durch indianische Hilfstruppen – Chanca, Huanca und Cañari – verstärkt waren.

Die Spanier und El Dorado

Das Kerngebiet des Inka-Reiches ist erobert. Doch südlich und nördlich davon zieht sich die Gebirgskette noch über mehrere Tausend Kilometer hin. Das ist weiterhin das Land der Indianer. Die Spanier können seine Ausdehnung nur ahnen. Von der Weite des amazonischen Tieflandes, das am Ostsaum der Anden beginnt, haben sie überhaupt keine Vorstellung.

Das sollte sich binnen weniger Jahre ändern. Schon 1536 landet Gonzalo Jiménez de Quesada, brutal und mutig wie alle Konquistadoren, an der karibischen Küste des heutigen Staates Kolumbien. Zu denkbar ungünstiger Zeit, auf dem Höhepunkt der Regensaison, beginnt er im April 1536 den Marsch ins Landesinnere. Die Spanier folgen dem Lauf des Rio Magdalena, der – zum Glück für sie – als einer der wenigen großen Anden-Flüsse ein Längstal durchzieht und ohne Umwege ins Meer mündet. Als er im März 1537 endlich auf der heutigen Hochebene von Bogotá eintrifft, hat Quesada unter dem Pfeilhagel eines Indianerangriffs bei Santa Marta und durch Fieber schon über 200 Mann verloren.

Die ihm verbliebenen 170 Mann, darunter 30 Reiter, die über 70 Pferde verfügen können, beherrschen dennoch bald das Feld. Zunächst sieht es gar nicht nach einem Konflikt aus. Ähnlich wie die Azteken in Mexiko sehen auch die Muisca in den Spaniern zunächst übernatürliche Wesen, nennen sie „Mondsonnen" und beschenken sie reich mit Gold und Smaragden.

Quesadas Unternehmen ist nicht ohne Konkurrenz. Die Muisca berichten ihm von einer anderen Schar „Mondsonnen", die ein Lager nördlich von Bacatá aufgeschlagen hätten. Und so ist es! Die Spanier stoßen auf die Truppe des deutschen Hauptmannes Nikolaus Federmann.

Die Deutschen spielen in der frühen Entdeckungsgeschichte der Anden eine recht eindrucksvolle Nebenrolle. Diese Geschichte ist mit den Namen Ambrosius Ehinger, Georg Hohermuth, Philipp von Hutten und dem jenes Nikolaus Federmann verbunden. Ihre Anwesenheit in den Bergen der Neuen Welt hat mit dem Schuldenberg des spanischen Königs zu tun. Der Habsburger hat sich für den Erwerb der Kaiserkrone des Heiligen Römischen Reiches aus den Händen der deutschen Kurfürsten von den Handelshäusern der Fugger, der Welser, der Behaim und der Holzschuher hohe Summen leihen müssen. Er hat ihnen dafür unter anderem im Jahre 1519 Venezuela für 20 Jahre verpfändet. Acht Jahre nach dieser Überschreibung wird Ambrosius Ehinger deutscher Gouverneur von Venezuela und gründet am Maracaibo-See 1527 Neu-Augsburg, das heutige Coró. Von hier aus unternimmt Nikolaus Federmann im Jahre 1530 die erste Expedition. Sie führt ihn über die östlichen Kordilleren bis zum Orinoco und Apure. Ambrosius Ehinger, der am Westufer des Maracaibo-Sees Neu-Nürnberg gegründet hat, erreicht mit seiner Expedition die Unterläufe des Rio Magdalena und des Rio Cauca, die er Lech und Pegnitz nennt, während Georg Hohermuth am Osthang der Kordilleren bis zum Oberlauf des Rio Caqueta marschiert, dem er den Namen Iller gibt. Und im Jahre 1535 kommt es dann zur Anden-Expedition Federmanns, die zu dem denkwürdigen Treffen auf der Hochebene von Bacatá führt.

Noch ein dritter Mann erscheint auf dem Plan: Sebastián Moyano de Benalcázar, der Eroberer von Quito. Sein Weg nach Norden führt im Jahre 1537 bis zum Rio Magdalena beim heutigen Neiva und weiter zur Hochebene. Das Dreiertreffen gehört zu den wenigen Auseinandersetzungen der Konquistadoren untereinander, bei denen kein Blut fließt. Dem Deutschen wird sein Verzicht auf konkurrierende Unternehmen mit 10 000 Pesos vergoldet, und auch Benalcázar verläßt das Feld. Es wird dennoch bald zum Schlachtfeld, als es dem Zipa von Bacatá dämmert, daß seine Besucher keine Götter sind. Auch die Muisca verlieren

Der Spanier Benalcázar, der Eroberer von Quito, dringt auf der Suche nach dem Eldorado bis zur Hochebene von Bogotá vor.

Der „Königliche Fünfte" an diesem Beutezug ist vergleichsweise bescheiden: er besteht aus 175 Kilogramm Feingold, aus neunkarätigem Gold im Werte von 7257 Pesos, Kupfergold im Werte von 3690 Pesos und außerdem 363 Smaragden. Jiménez de Quesada aber hat seinem König noch viel mehr zu Füßen gelegt: das Reich Neu-Granada. Niemand mag die Frage entschieden bejahen, ob denn eine einzige Legende die vielen spanischen Anstrengungen ausgelöst habe, die zur weiteren Eroberung des Halbkontinents und damit auch der Anden geführt haben. Es ist die Legende vom Dorado.

Wir inszenieren eine Legende

Bogotá liegt 2551 m hoch. Von den spanischen Ursprüngen ist in der kolumbianischen Hauptstadt mit ihren fünf Millionen Einwohnern nur noch ein kleiner Kern zu entdecken. Im übrigen gilt das praktische nordamerikanische Prinzip, nach dem calles *in Ost-West-Richtung,* carreras *in Nord-Süd-Richtung verlaufen und zählen. Das macht die Orientierung leicht und die Stadt steril. Ihr historischer Kern liegt im Schatten des Berges Monserrate, wo Quesada einst die ersten zwölf Hütten bauen ließ. Die Aura der Konquista liegt noch immer über der stinkenden, lärmenden, dampfenden Metropole. Sobald man zum Beispiel das Hotel „Bacatá" verläßt, ist einem garantiert schon ein Mann auf den Fersen, der, ehe man noch die erste Kreuzung überquert hat, neben einem steht und den Blick auf drei, vier schimmernde Smaragde lenkt, die er aus einem Briefchen in die Hand geschüttet hat. Er nennt einen Preis, bei dem man – als schneller Rechner – den mindestens hundertprozentigen Vorteil erkennt. Aber man mißtraut seinem Glück, hält, weil man gewarnt ist, selbst das für minderwertig, was echt und gut sein könnte.*
Hier, im modernen Bogotá, wollen wir eine Reise in die Vergangenheit unternehmen – in die indianische Vergangenheit. Sie beginnt hinter den vielfach gesicherten Tresortüren im „Torre II" des turmhohen Hauses „Edificio Bavaria", in der

den Kampf gegen die Spanier mit ihren wirkungsvollen Waffen. Ihr Anführer aber entkommt mit einem Großteil seiner Schätze. Quesada hält sich an einem anderen Häuptling des Muisca-Bundes schadlos, und zwar an dem Zaque von Tunja. Wie schon im Inka-Reich und in Mexiko zerstören die Spanier auch im Muisca-Land die heiligen Stätten. Aus dem Zeremonial-Zentrum von Sugamuxi rauben sie Schätze im Werte von 40 000 Goldpesos.
Für den entflohenen Zipa von Bacatá setzt Quesada einen Marionetten-Herrscher ein, läßt den unglücklichen Mann aber in einer hochnotpeinlichen Befragung nach dem verschwundenen Gold zu Tode foltern. Ehe Quesada, der uns als gerechter und frommer Christ geschildert wird, zur Küste zurückkehrt, hat er die Muisca-Häuptlinge von Sugamuxi, Hunza, Zunja und Tundama zu Lehnsherren des spanischen Königs gemacht und Santa Fé de Bogotá gegründet, dessen Name eine Verballhornung von Bacatá ist. Bacatá war der Name eines Häuptlings, nach dem die Stadt der Muisca einmal benannt worden war.

Rechte Seite: An der Plaza Bolívar hat die kolumbianische Hauptstadt Bogotá noch die koloniale Atmosphäre der Zeit bewahrt, als sie Hauptstadt des Vizekönigreiches Neu-Granada war. Die Kathedrale besitzt noch heute die Bleikelche und von den Indianern gefertigte Meßgewänder, mit denen die erste Messe in der Neuen Welt gefeiert worden ist.

Das moderne Bogotá hat sich ganz den Erfordernissen einer verkehrsgerechten Stadt nach nordamerikanischem Muster unterworfen: Blick auf das Zentrum während des Landeanflugs.

„Galerie Cano". Hier hat, vor mehr als eineinhalb Jahrzehnten schon, die Familie Cano die indianischen Techniken der Goldbearbeitung wiederbelebt. Natürlich ist die Nachfrage auf dem Markt der Grund dafür gewesen. Die Besinnung auf die alte Kunst der Indianer ist dennoch verdienstvoll. So können wir die verschiedensten Techniken der Muisca und anderer Völker im alten Amerika kennenlernen.

In der Werkstatt zeigt uns Cano zuerst die Relieftechnik. Die Form für ein Relief aus Goldblech wird zuerst erhaben in Stein geschnitten. Darüber legt der Handwerker, ein Indianer, vor unseren Augen nun sehr dünnes Goldblech und drückt das Bild heraus. Auf diese Weise sind bei den Muisca viele identische Goldornamente entstanden.

Eine kompliziertere Methode, mit der eine Fülle herrlicher Kleinode geschaffen worden ist, ist der Metallguß in „verlorener Form". Bei Cano hat man die Arbeit ein wenig modernisiert, aber wir erhalten doch einen Eindruck von dieser vollendeten Art der Goldbearbeitung. Am Beispiel eines Nasenschmucks aus der Tairona-Kultur, die bei Ankunft der Spanier noch blühte, führt sie uns der indianische Meister der Werkstatt sogar in der traditionellen Tracht vor. Er drückt das schon vorhandene Stück Goldschmuck zunächst mit beiden Seiten in weiches Material, das heute der Zahnarzt auch für seine Abgüsse nutzt. In die beiden so gewonnenen negativen Hälften gießt er nun mit einem Löffel erhitztes Wachs: „Meine Vorfahren", bemerkt er dazu etwas traurig, „hatten nur Lehm zur Verfügung, und sie benutzten eine steinerne Grundform." Der Goldschmied braucht nicht lange zu warten, bis das Wachs erstarrt ist und als Modell aus dem weichen Material herausgeschält werden kann. Der Vergleich mit dem Original zeigt uns, daß diese erste Phase der Vervielfältigung gelungen ist.

Der Indianer ummantelt das Wachsmodell nun mit Ton. In diesen Tonmantel sind verschiedene Röhren eingesetzt, die später der Kanalisierung des Goldes dienen werden. Der Mantel muß trocknen, ehe er gebrannt werden kann: „Heute", erklärt der Goldhandwerker, „nimmt man eigentlich eine schnellabbindende Pulvermischung aus Kalk und Gips." Für uns verwendet er noch einmal das ursprüngliche Verfahren: Mit einer Zange hebt der Indianer den Tonmantel in ein Feuer.

Während der Ton durch den Brand hart wird, verflüchtigt sich das Wachs und gibt die Hohlform frei, in die nun Gold gegossen wird.

Die Spanier haben diese indianische Methode überliefert. Eine Bildfolge, in Stahl gestochen, zeigt, wie mit Blasrohren das Feuer für das Schmelzen des Goldes angefacht und wie der Tonmantel nach dem Erkalten aufgeklopft wird. Am Ende des Vorgangs wird der neue Nasenschmuck „befreit".

Trotz intensiver Studien hat Guillermo Cano, der Gründer der Werkstatt, keine schlüssige Antwort auf die Frage finden können, wie es denn den Muisca lange vor den Europäern möglich war, Gold mit Platin zu verbinden. Das helle Metall schmilzt erst bei 1775 Grad Celsius. Die Indianer im Gebiet des heutigen Südkolumbien und auf der ecuadorianischen Insel La Tolita zum Beispiel waren als erste Metallhandwerker der Menschheit dazu schon um 500 vor Christus fähig. Der Däne Paul Bergsö hat festgestellt, daß eine Beimischung von Goldstaub, die in einem durch Blasrohre kräftig erhitzten Holzkohlefeuer geschmolzen wurde, die Platinklumpen einbinden kann. Bei diesem Verfahren durchdringen sich Platin und Gold ganz leicht, und das so gewonnene Material läßt sich weiterverarbeiten. Für alle Gold-Platin-Schöpfungen aus präkolumbianischer Zeit aber reicht diese Erklärung wohl nicht aus.

Rätselhaft bleibt auch, wie die Indianer das sehr spröde Quarzkristall behandelt haben. Wir finden Quarz bei Cano zu Perlen und wunderschönen Ketten verarbeitet. Wenn wir heute eine ähnliche Qualität erreichen wollen wie die Tairona, müssen wir modernste Schleifmaschinen und Ultraschall-Bohrer einsetzen.

In der Galerie werden auch Kopien von einem Goldfloß angefertigt, das vor einiger Zeit bei Bogotá gefunden worden ist. Dieses Floß nährt erneut die Legende vom „Vergoldeten", denn es trägt einen überdimensionalen Mann aus Gold, der von einer Schar weit kleinerer Gefolgsleute begleitet wird. Wir möchten die El Dorado-Legende für einen kleinen Film am Lago Guatavita inszenieren, der als möglicher Schauplatz gilt, und borgen uns eine der goldenen Kopien aus. Cano tut mehr. Er leiht uns auch einen geländegängigen Wagen, und so fahren wir an einem Nachmittag hinaus in die Sabana, die Landschaft um Bogotá, zum etwa 50 km entfernten See.

Der Zaun einer finca reicht heute bis an das Gewässer heran. Die letzten Meter muß der Wagen buchstäblich erklimmen. Querrinnen, so groß wie

Das Dorado der kleinen Leute sind noch immer die Gold führenden Flüsse. In dieser Holzschale, die man in den Anden batea nennt, werden die winzigen Goldkörner von den Flußsedimenten getrennt. Die meist bescheidene Ausbeute verwahren die Goldsucher in den Kielen von Hühnerfedern, die sie mit Wachs verschließen.

Abgründe, schneiden den Weg. Aber der Fahrer läßt sich nicht beeindrucken. In einer Schlucht mit turmhohen Wänden hält er endlich. Wir hören hoch über uns ein Käuzchen rufen. Die geheimnisvolle Lagune sehen wir noch nicht. Aber sie muß nahe sein. Die Frösche, die im Oktober in Hochzeitsstimmung sind, haben von ihr Besitz ergriffen. Wir hören Hunderte von ihnen.

Über einen kleinen Erdwall, der den See gegen die Schlucht hin abdämmt, klettern wir hinweg, und stehen dann vor diesem Gewässer der Mysterien. Rabenschwarz und kreisrund wie ein Obsidianspiegel der Chibcha-Indianer liegt es unter den aufblinkenden Sternen. Zum Entsetzen der Mitarbeiter Canos packen wir am Ufer das kostbare Goldfloß aus der Watte und befestigen es auf einer Korkplatte. Sie ahnen, was kommen wird. Am Wasser entfachen wir aus dürren Ästen ein duftendes Feuer, dessen Schein rötlich auf den See fällt. Gerade als wir das Floß ins Wasser setzen, kräuselt eine leise Brise seine Fläche, und unser Floß driftet aus der Dunkelheit in das flackernde Licht: So könnte es gewesen sein, als die Indianer hier jene Zeremonie feierten, die zur Legende geworden ist, zur Legende vom Dorado!

Am Vorabend des Opfers für den Feuergott, so lautet die Überlieferung, kleideten sich die Frauen der Chibcha in ihre schönsten Gewänder. Die Männer bemalten ihre Körper und schmückten ihre Helme mit bunten Federn. Einige Jungfrauen bereiteten chicha in großen Tonkrügen zu.

An den Ufern der heiligen Lagune flammten die Lagerfeuer auf, und in feierlicher Zeremonie opferte man Gold- und Tonfiguren, Blumengirlan-

Das Rätsel ist noch immer nicht zweifelsfrei gelöst: In dieser Goldmaske, die um 400 vor Christus auf der Insel La Tolita vor der Nordküste Ecuadors geschaffen worden sein könnte, fallen die großen Platinaugen auf. Wie, so heißt die Frage, haben die Indianer zwei Metalle mit gänzlich unterschiedlichen Schmelzpunkten verarbeiten können?

den und kostbare Stoffe. In der Dunkelheit glitt das Floß des Stammeshäuptlings über das Wasser. Der Körper des Häuptlings leuchtete im Widerschein der Flammen gleißend auf, so daß die Menschen den Blick abwenden mußten. Über und über war der Fürst mit Goldstaub bedeckt. Als sein Floß die Mitte des kreisrunden Sees erreichte, stieg hinter den Bergen der Sonnenball auf. In diesem Augenblick tauchte der Kazike in die Fluten, die den Goldstaub aufnahmen. Der Ritus war vollendet, und am Ufer wurde mit dem Klang von Flöten und Trommeln der neue Tag begrüßt. Auch wir geraten in den Sog der Legende, überlegen beim Anblick unseres Floßes, welche Schätze wohl wirklich auf dem Grund des Sees liegen mögen. Er soll durch den Einschlag eines Meteoriten entstanden und seit diesem Ereignis Schauplatz der Opferzeremonien gewesen sein, die die erschütterten Indianer dem Feuergott widmeten.

Die Vorstellung von dem „Goldregen", der während der Feier und wohl auch aus den Händen indianischer Pilger auf den Guatavita niederging, hat seit Jahrhunderten Schatzsucher zu den größten Anstrengungen angespornt.

Im Jahre 1581 mußten 8000 Indianer einen Abfluß graben, durch den der Wasserspiegel um zwanzig Meter sank; er befand sich an der Stelle, an der wir durch die Schlucht gekommen sind. Ein Erdrutsch verschüttete dann viele der versklavten Arbeiter. Der Initiator der Schatzsuche, Antonio de Sepúlveda, durfte seine Funde, einen taubeneigroßen Smaragd und etliche Goldgegenstände, an seinen Teilhaber abliefern: den König von Spanien.

Auch Alexander von Humboldt war am Guatavita. Er hat ihn mit der Narbe skizziert, die Sepúlvedas gigantisches Unternehmen hinterlassen hatte. Humboldt berechnete den Schatz im Goldsee auf 300 Millionen Dollar. Dabei nahm er an, daß 1000 Pilger pro Jahr mindestens fünf Gegenstände geopfert hatten und der See über eine Dauer von 100 Jahren Opferstätte gewesen war. Noch manch ein Besucher hat sich am Guatavita etwas ausgerechnet, hat gegraben, ist getaucht. Doch dem Geheimnis des Sees ist bis heute niemand auf den Grund gekommen.

Nach Süden bis zum Rio Bio-Bio

Ein Teil der zentralen Anden, des Hatun Kolla der Inka, wird im Jahre 1535 durch eine Expedition unter der Führung des Diego de Almagro erkundet. Dem alten Waffengefährten Francisco Pizarros bei der Eroberung Perus hat der Indien-Rat in Spanien die Herrschaft über einen Raum zugesprochen, den niemand kennt und der noch gar nicht in der Hand der Spanier ist: Er soll bis 800 km südlich von Cuzco reichen. Ob die Inka-Hauptstadt dazugehört oder nicht, ist in der Urkunde nicht klar ausgesprochen; zwischen Pizarro und Almagro wird es über die Frage ihres Besitzes bald zu tödlichem Streit kommen.

Zunächst aber, am 15. Juli 1535, brechen 500 Spanier und ein gewaltiger indianischer Troß auf, ziehen durch das fruchtbare Hochtal von Cuzco südwärts auf den noch gut ausgebauten Inka-Straßen bis zum Titicaca-See. Die Enttäuschung wächst, je weiter sich der Zug vom „Nabel" des Inka-Reiches entfernt. Da gibt es auf den ersten Blick nichts, was sich für den Marschall Almagro zu erobern lohnte. Der Marsch der Hoffnungen wird schnell zum Marsch der Entbehrungen. Immer mehr Indianer, aber auch Spanier und Pferde, bleiben entkräftet zurück und erfrieren. Die Expedition zieht durch eine trockene Hochsteppe, die selbst indianische Bauern abweist, die kargen Boden gewohnt sind. Über Schneefelder, Saumpfade, Gebirgspässe und Wüstensand läßt sich die Spur der Spanier verfolgen. Das Unternehmen endet in einer Oase – dem fruchtbaren Valle de Coquimbo. Almagro schickt von hier aus etwa 70 Reiter unter dem Hauptmann Gomez Albarado zur weiteren Erkundung des Landes auf einen Ritt nach Süden, der weitere drei Monate dauert.

Im Herzen des nun schon über 60 Jahre alten Konquistadors aber nagt die Enttäuschung. Almagro weiß sich nun als Gobernador eines Gebietes, in dem es nichts zu holen gibt, und brennt auf die Rückkehr nach Peru, wo doch all die greifbaren Schätze liegen, die er als Pizarros Partner mitbe-

anspruchen kann. Er ahnt nicht, daß in seinem Herrschaftsgebiet die reichen Silbervorkommen von Potosí liegen.

Gerüchte von der Erhebung des Inka Manco Capac gegen die Spanier nimmt Almagro als Anlaß zur Rückkehr. Auf ihrem Weg nach Norden ziehen sie durch die endlose Wüste von Atacama im Norden des heutigen Staatsgebietes von Chile. Gonzalo Fernández de Oviedo y Valdés berichtet nach Zeugnissen von Teilnehmern über den Marsch: „In all diesen wilden Gegenden herrschte großer Mangel an Wasser, deshalb führten es die Spanier in Lama-Häuten mit, so daß ein jedes Lama ein totes auf dem Rücken trug, das mit Wasser gefüllt war."[1]* Die Expedition, die der Erkundung der Anden-Gebiete Süd-Perus, Teilen des heutigen Bolivien, Argentinien und Chile diente, endet nach fast zwei Jahren, im April 1537, im Tal von Cuzco.

Zur Ruhe kommt Almagro nicht. Er trifft auf die Belagerungstruppen, die der neue Inka-Herrscher Manco Capac II. um Cuzco aufgestellt hat. Der Inka muß aufgeben, als Almagro seine „Chilenen" heranführt: „Mancos Truppen", schreibt Agustin de Zárate, „hatten sich vom Sonnenidol samt allen Frauen trennen müssen. In dieser Nacht gelangte der Inka zum Fuß eines hohen Gletscherpasses – die Sänfte hatte er zurücklassen müssen –, und nur 20 Indios vom Stamm der Lucanas, die als die besten Läufer in jenem Teil der Hoch-Anden gelten, hielten mit ihm durch. Der Villac umu ging neben ihm und sprach ihm Mut zu."[2]

Francisco Pizarro dankt Almagro den abermaligen Einsatz für die gemeinsame Sache nicht. Er will seinem Rivalen die Stadt nicht lassen, die dieser nun sogar befreit hat – erst recht nicht, nach-

---

* Die Hinweise zur verwendeten Literatur befinden sich am Ende des Bandes auf der Seite 230.

Oben: Die Uru haben auf schwankenden Schilfinseln im Titicacasee Fuß gefaßt, deren Boden aus ihren verrotteten Binsenbooten besteht. Sie sprechen einen Aymará-Dialekt.

Rechte Seite oben: Eine Ahnung von den Entbehrungen und Ängsten, die die Spanier auf Almagros Zug nach Süden durchlitten haben, vermittelt dieses Bild von einem Weg durch die östliche Atacama-Wüste: Die trostlosen Sandflächen sind Aufschüttungen des durch den Wind und den seltenen Regen erodierten Materials aus den Bergen.
Rechte Seite unten: Die Araukaner leisteten den Eroberern unter Pedro de Valdivia energischen Widerstand. Sie bemächtigten sich spanischer Pferde, die sie bald in den Kämpfen einsetzten. Heute gehören Pferde und Rinder zum Besitzstand der Araukaner-Mapuche in Chile. Der rasante Galopp von Hunderten von Pferden um den Kultpfahl ist auch Bestandteil von Feierlichkeiten wie dem großen Fest zum Sommeranfang Ende Dezember.

dem der König ihn, Pizarro, sogar zum Marqués de Atavillos ernannt hat. Der Konflikt spitzt sich zu, und am 8. April 1538 kommt es bei Las Salinas, nahe Cuzco, zu einer Schlacht unter Spaniern, die die Truppen unter Hernándo Pizarro gewinnen. Almagro wird gefangengenommen und als „Hochverräter" in den Kerker geworfen, wo er drei Monate nach seiner Niederlage erwürgt wird. Almagros Sohn Diego rächt drei Jahre später, am 26. Juni 1541, den Tod des Vaters. Er stürmt mit einigen Begleitern den Palast des Marqués, der mit Gästen zu Tisch sitzt, und tötet ihn durch einen Degenstich in den Hals. Am Abend wird Pizarro in aller Eile in der an der Plaza gelegenen Kirche von zwei Schwarzen verscharrt.

Ob das Skelett, das heute in dem prunkvollen Glassarg in einer Seitenkapelle der Kathedrale von Lima liegt, wirklich das des Eroberers von Peru ist, kann niemand mit Bestimmtheit sagen.

Eine Ausnahme unter den Konquistadoren ist Pedro de Valdivia; sein Marsch nach Süden ist nicht mit der Hoffnung auf ein goldenes Ziel befrachtet. „Die beste Goldgrube, die ich kenne, sind Getreide, Wein und Vieh!" Mit diesem Wahlspruch wirbt der dreißig Jahre alte Offizier um Männer für einen zweiten Zug nach Chile, zu dessen Vizegouverneur ihn Francisco Pizarro nach dem Sieg über Almagro, an dem Valdivia wesentlich beteiligt gewesen ist, ernannt hat.

Nur wenig mehr als 100 Spanier folgen Valdivia, und die Zusammensetzung des Zuges verrät dessen Aufgabe. Nicht allein Männer des Schwertes hat Valdivia im Gefolge, sondern auch Handwerker und Bauern. Einige hundert Indianer, die der Spanier zum Dienst gepreßt hat, müssen Käfige mit Schweinen und Geflügel durch die Atacama-

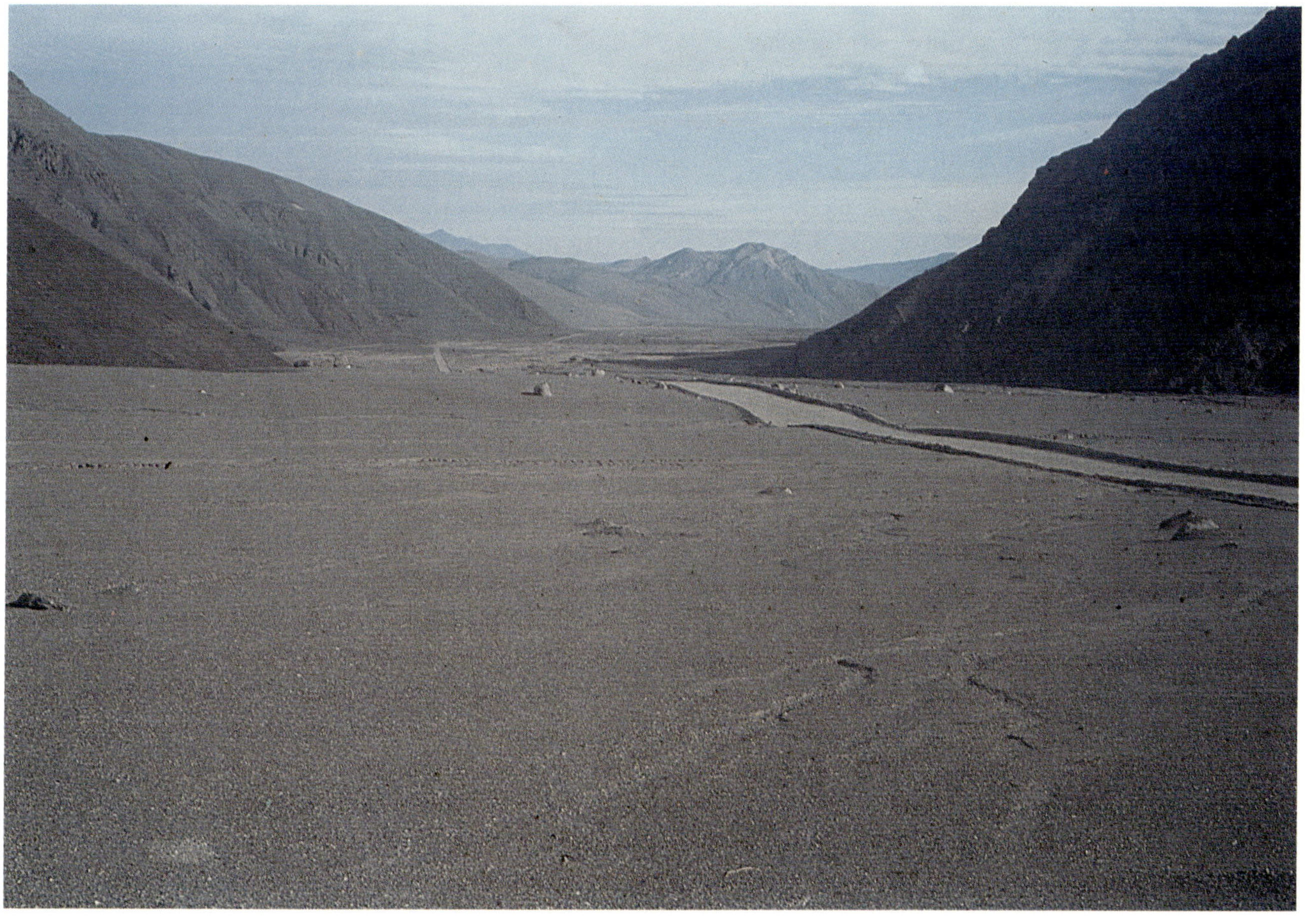

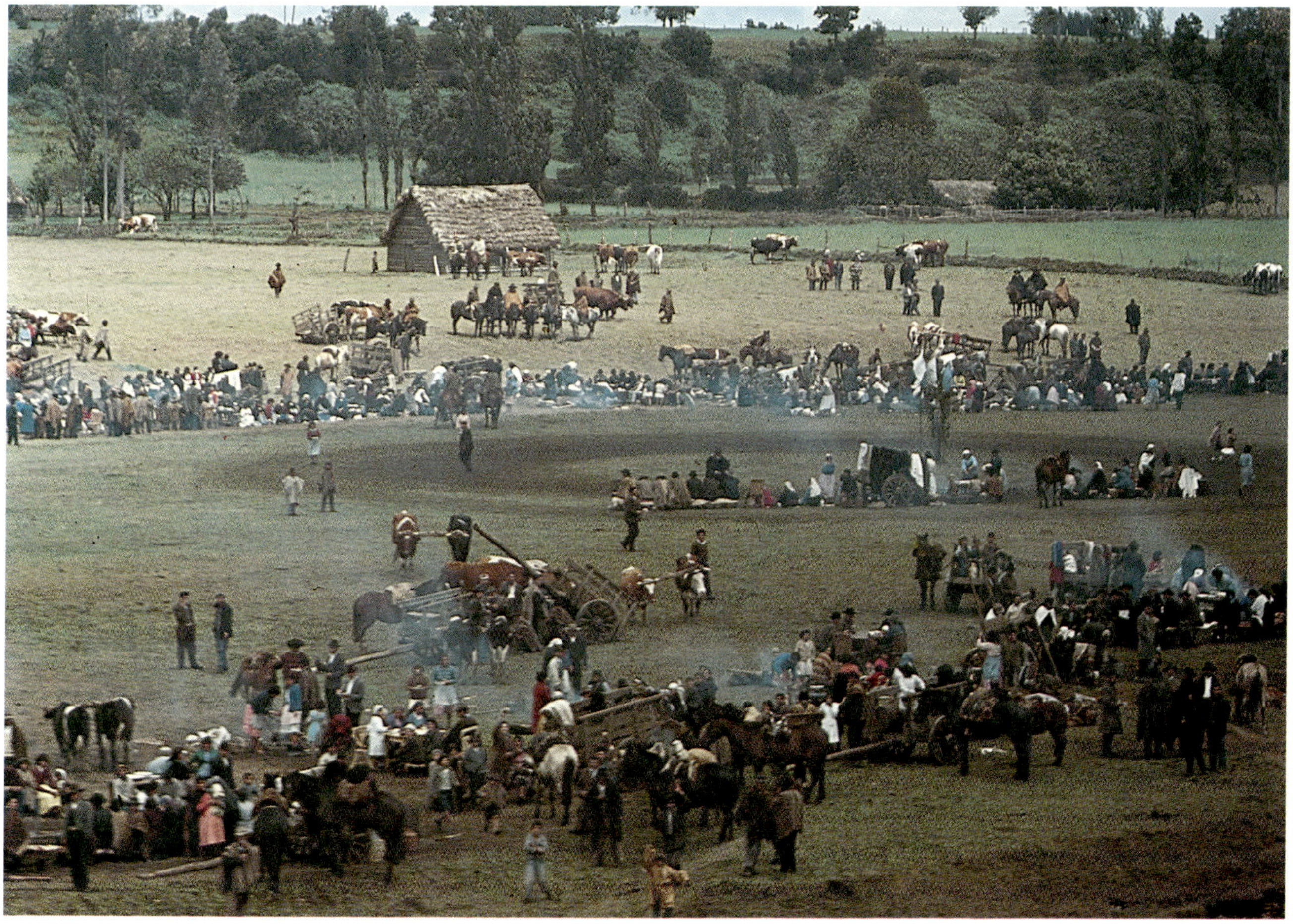

Wüste schleppen. Viele hundert Kilometer quälen sich die Konquistadoren durch entmutigend ödes Land nach Süden, ehe sich ihnen ein weites und fruchtbares Anden-Tal öffnet, das sich ideal für eine Niederlassung eignet. Das Tal hat nur einen Nachteil: es hat schon Besitzer. Zunächst, als Valdivia an seiner Siedlung Santiago de Nuevo-Extremo bauen läßt, bleiben die Araukaner der Umgebung friedlich; „denn bei ihnen", schreibt der spanische Chronist Agustin de Zárate, „stand die Ernte bevor, aber das Getreide war noch nicht reif. Doch kaum hatten sie das Korn in die Scheunen gebracht, da erhoben sie sich zu einem allgemeinen Aufstand, überfielen die Spanier und erschlugen vierzehn von ihnen. Als Valdivia von der Gefahr hörte, in der sich seine Männer befanden, eilte er ihnen zu Hilfe, und während er damit beschäftigt war, seinen Leuten beizustehen, verbündeten sich einige Spanier gegen ihn. Aber ihr Plan wurde bekannt, und als der Fall offenlag und bewiesen war, ließ er die Verschwörer sogleich hängen. Während er im Felde für Gerechtigkeit sorgte, griffen etwa 7000 Indios die Stadt an und brachten die wenigen, die sie bewachten, in arge Bedrängnis. So blieb es für einen Zeitraum von acht Jahren, in denen Valdivia und seine Männer dem heftigen Ansturm widerstanden und das Land nicht verließen und aufgaben. Vielmehr veranlaßte er, daß seine Soldaten den Boden pflügten, bebauten und das Korn sammelten, so daß sie sich selbst versorgen konnten, ohne auf die Hilfe der Indios angewiesen zu sein."[3]

Im April 1548, nach der Schlacht von Xaquixaguana im fernen Norden, sehen wir Valdivia als siegreichen Fechter für die spanische Krone gegen aufständische Spanier unter Gonzalo Pizarro nach Santiago zurückkehren. Von hier aus sucht er das spanische Herrschaftsgebiet noch über die Südgrenze des ursprünglichen Inka-Reiches auszudehnen, die der Bio-Bio-Fluß im heutigen Mittel-Chile beschreibt. Südlich des Bio-Bio beginnt das Kerngebiet der Mapuche. Pedro de Valdivia überschreitet diese Grenze. Seine kampferprobte Truppe kann auch die Indianer zunächst aus dem Feld schlagen, aber auf die Dauer die spanischen Forts nicht halten und die Siedlungen der Kolonisatoren nicht schützen. Im Dezember 1553 gerät Pedro de Valdivia mit 50 Reitern in einen Hinterhalt der Mapuche. Seine Schar wird aufgerieben, er selbst fällt lebend in die Hände der Indianer. Sie martern ihn zu Tode und verzehren ihn. 1557 ziehen sich die Spanier endgültig aus dem Indianerland südlich des Bio-Bio zurück. Das Volk der Mapuche hat für lange Zeit Ruhe vor den Weißen.

Der Ausbau der Macht

Wie regierte und verwaltete nun Spanien, nachdem die Eroberungsphase abgeschlossen war, seine ungeheuren südamerikanischen Besitzungen? Peru wurde 1544 als zweites Vizekönigreich nach Neu-Spanien mit Mexiko-Stadt als Metropole gegründet. Von Ciudad de los Reyes, dem späteren Lima, wurden dann zunächst alle spanischen Lande in Südamerika beherrscht. Erst 173 Jahre später errichtete Madrid ein zweites Vizekönigtum in Südamerika, das nun, mit Sitz in Bogotá, über Neu-Granada herrschte. Dieses Reich umfaßte Kolumbien, Venezuela und später das Gebiet von Ecuador. Erst 1776 wurde Rio de la Plata, das den riesigen Raum der heutigen Staaten Argentinien, Bolivien, Paraguay und Uruguay umfaßte, drittes Vizekönigreich mit Buenos Aires als Hauptstadt.

Zu dieser Zeit hatten die beiden Kolonialmächte Spanien und Portugal den größten Teil der Neuen Welt so unter sich aufgeteilt, daß das Gebiet des heutigen Staates Brasilien sowie Patagonien und Feuerland zu Portugal, das ganze übrige Mittel- und Südamerika mit den meisten der Westindischen Inseln sowie der Süden und Westen der heutigen Vereinigten Staaten zu Spanien gehörten. Keiner der spanischen Herrscher in Madrid hat jemals die Neue Welt zu Gesicht bekommen. Die vier Vizekönige regierten im Namen der Krone mit absoluter Macht. Sie waren dem König und dessen Indien-Rat in Sevilla als Sachwalter in militärischen und zivilen Angelegenheiten, als Bauherren über Häfen, Festungen und öffentliche Einrichtungen und als Einnehmer des „Königlichen Fünften" verpflichtet. Das ganze weite, erst wenig erschlossene Land wurde nur von wenigen Tausend Soldaten und Beamten kontrolliert.

So hätte der Vizekönig in den entfernten Teilen seines Reiches wenig ausgerichtet, wäre da nicht eine weitere Institution zur Verlängerung seines Armes gewesen. Das war das Amt des Generalkapitäns, dem die Verwaltung eines Militärdistrikts unterstand. Die vier Generalkapitäne saßen in Havanna, Guatemala, Caracas und Santiago. Die Rechtspflege wiederum oblag den Audiencias, die dem obersten Gericht in Lima unterstanden.

Teilhaber an der Macht und den Reichtümern der Anden-Königreiche war die katholische Kirche. Der Kirche mit ihren verschiedenen Orden – Kapuzinern, Franziskanern, Dominikanern, Mercedarianern, Karmelitern und Jesuiten – gehörten nicht nur weite Ländereien und wertvolle Grundstücke in den Städten. Wie der Krone mußten die Indianer auch der Kirche zehn Prozent der Erträge ihrer Felder und Weiden sowie der Produkte ihrer Werkstätten abgeben. Die geistlichen Hände kassierten indessen auch ein Zehntel vom Einkommen der Weißen, und zwar frei von staatlichen Steuern. Andere Einnahmequellen waren die Zahlungen und Abgaben, die jene Padres erhielten, die auf den großen Besitzungen wirkten und dort Kapellen unterhielten.

In religiösen Angelegenheiten führte die Kirche ein strenges Regiment. Bis zum Jahre 1820 wütete in den spanischen Besitzungen nämlich, wie früher auch in Europa, das Heilige Offizium der Inquisition, ermittelte wegen Gotteslästerung, Hexerei und anderen Verfehlungen gegen die Religion. Seine Opfer waren unter anderem Freimaurer, Protestanten, Freidenker sowie konvertierte Mohammedaner und Juden, die zum alten Glauben zurückkehren wollten. Und oft genug waren es Unschuldige auch im Sinne der Anklage. Es ist belegt, daß der Vizekönig Antonio de Mendoza, der erst Mexiko, dann Peru regierte, das Heilige Offizium angeklagt hat, seine Macht aus politischen Gründen zu mißbrauchen.

Wer sich einen Eindruck von den Methoden der Inquisition in Peru verschaffen will, kann noch heute ihre im Jahre 1569 geschaffene und damit älteste Wirkungsstätte besichtigen. Der Palast der Inquisition steht in der Altstadt von Lima. Der Saal, in dem 250 000 Menschen verurteilt und 50 in den Tod geschickt worden sein sollen, ist noch

Eine der schönsten Haziendas aus der Kolonialzeit ist „Tilipulo grande", 100 km südlich von Quito bei Pujilí. Ecuador pflegt seine historischen Bauten nach Kräften. Diese Hazienda mit eigener Kapelle wird heute mit finanzieller Unterstützung der privaten Banco Central von Ecuador zum Hotel umgebaut.

vollständig erhalten. Wer ihn betritt, dem fällt an seiner Stirnseite ein mächtiger Tisch mit einer 2 × 5 m großen Platte auf. Er steht drei Stufen über der Bank des Delinquenten, der hinter einem groben Holzkreuz Platz nehmen mußte. Das unruhige Kerzenlicht aus zwei Kandelabern flackerte über drei roten Bibeln und einem Totenschädel, die vor dem Inquisitor lagen. Links und rechts vom Inquisitor standen die Stühle für die Schreiber.

Eine reich geschnitzte Tür, die man *puerto llamada del secreto* nannte, Tor des Geheimnisses, führt in einen Nebenraum, in dem der Ankläger sich mit seinen Ratgebern beriet, Anklage und Urteil formulierte. In diesem Saal kann man zahlreiche Dokumente nachlesen, die über Verurteilungen und Geldstrafen berichten. Wie wenig es dabei mit rechten Dingen zugegangen ist, zeigen die grauenerregenden Räume, die der „Wahrheitsfindung" gedient haben. Da gibt es Folterkammern, in denen die Angeklagten mit den ausgesuchtesten Teufeleien körperlich und seelisch zerrieben worden sind. Von dort steigt man hinab in den Karzer, wo die Menschen in Löchern verreckt sind, ohne Licht und Luft, von uraltem Staub bedeckt, zu dem sie selber bald zerfallen sollten. Ein französischer Schriftsteller hat das Wirken des Heiligen Offiziums auf eine Formel gebracht: „Ich plündere dich aus, ich foltere dich, ich töte dich. Aber ich errette dich."

Auf der Liste der Angeklagten scheinen Namen von Indianern zu fehlen. Die Indianer verdankten ihr Glück, von der Verfolgung verschont worden zu sein, einem Vorurteil. Zwar hatte Papst Alexander VI. den Ureinwohnern eine Seele zugestanden und damit die Fähigkeit, den katholischen Glauben anzunehmen, doch befand sein Nachfolger, daß sie nicht genug Verstand besäßen, um für ihre Taten verantwortlich gemacht zu werden.

Es lohnt sich, das Wirken und die Organisation der Kirche näher zu betrachten; denn ihr prägender Einfluß hat die spanische Kolonialherrschaft überdauert.

Die spanische Kirche war gegenüber Rom so selbständig, daß manche Historiker sie als Nationalkirche betrachten. Tatsächlich ernannte der König von Spanien Günstlinge zu Bischöfen und höchsten geistlichen Würdenträgern. Dazu berechtigte ihn eine Konzession des Heiligen Stuhls. Seine

Macht auch in religiösen Dingen war derart absolut, daß selbst päpstliche Bullen und Anordnungen von ihm kontrolliert wurden, ehe sie nach Südamerika gehen durften.

Von Anbeginn der Eroberungen waren Angehörige der verschiedenen Orden als Feldprediger an der Seite der Konquistadoren tätig. Ihre Klöster gehörten überall zu den allerersten Gebäuden, die die Spanier errichten ließen. Dürftig und vorläufig sahen sie im ersten Stadium aus, prachtvoll und dominierend aber schon nach kurzer Zeit. Bis zum Ende des „Zweiten spanischen Jahrhunderts" in der Neuen Welt hatten die Indianer, die anfangs in Massen an provisorischen Altären getauft worden waren, 70 000 Kirchen und 500 Konvente miterbaut. So entscheidend war ihr Anteil nicht nur an der handwerklichen Leistung, sondern auch an der künstlerischen Ausstattung der Kirchen in Südamerika, daß die Kunsthistoriker dem Stil der Indianer einen Namen gegeben haben: In den Kordilleren heißt er „Andinisch-mestizischer Barockstil".

Kunstwerke für Gotteslohn

Ebenso wie die Verwaltung kam auch die Kirche rasch aus der Phase der provisorischen Bauten heraus. An Kirchen und Palästen wirkte ein Arbeiterheer begabter indianischer Steinmetze, das nach groben Skizzen, Stichen und Modellen, nur manchmal unter fachmännischer Anleitung, zunächst europäische Stilelemente der Romanik, der Gotik und der Renaissance munter mischte.

Der Barockstil, dem wir mit seinen andinen Besonderheiten überall in den Gebirgsstädten begegnen, kam mit einiger Verspätung nach Südamerika, denn Spanien selbst war um die Mitte des 16. Jahrhunderts noch dem Renaissance-Stil verbunden, als in Italien, den Niederlanden und den deutschsprachigen Ländern die neue Auffassung schon die Malerei, die Skulptur, die Literatur, die Musik und vor allem die Architektur mit all ihren Baldachinen, Scheintribünen und perspektivischen Tricks erfaßte. Man hat Michelangelo oft als den Schöpfer des Barock angesehen, doch sind die Quellen wohl älter. Ob das Wort, das erstmals im Jahre 1627 in einem Gedicht auftaucht, wirklich von dem spanischen Wort *barruco* herrührt, das eine Perle von unregelmäßiger Gestalt bezeichnet, ist umstritten, aber das Bild der „barocken" Perle ist treffend.

Nicht lange folgten die indianischen Künstler dem europäischen Vorbild. Sie brachten bald eigene Vorstellungen in ihre Werke ein. So weist die koloniale Kunst in Lateinamerika viele regionale Besonderheiten auf, ohne indessen das europäische Muster zu verleugnen.

Im Anden-Gebiet bildeten sich Zentren heraus, die als „Schule von Quito" und „Schule von Cuzco" durch die Meisterschaft ihrer Schöpfungen zu großem Ruhm gelangten. In beiden Zentren lebten ja auch während der Inka-Zeit viele Künstler. Als sie auf den Trümmern der alten Bauten für die spanischen Bauherren Kirchen und Häuser errichten mußten, verhalfen ihnen die neuen Eisenwerkzeuge zu ungeahnten Möglichkeiten. Oft arbeiteten 500 bis 1000 Indianer für Gotteslohn an einer Kirche, die meisten mit vollem Herzen und leerem Magen. Unfaßbar mit welcher Inspiration!

Die Kunstbetrachtung vermißt in der kolonialen Barock-Architektur der Anden-Staaten eine aus langer Tradition gewonnene Reife, vermißt wohldurchdachte Organisation, raffiniert eingesetzte perspektivische Illusionen oder Effekte aus Licht und Schatten. Sie entdeckt dafür Spontaneität und Kraft.

Der barocke Stil hat natürlich nicht nur die Architektur geprägt. Wir finden ihn wieder in den zahlreichen Schnitzwerken und Gemälden, die die Altäre, Kapellen, die Galerien, Wände und Säulen der Kirchen schmücken. Wir finden ihn auch in Geweben und köstlichen Federmosaiken. Es versteht sich, daß Gegenstände aus den bescheidenen Werkstätten der Indianer und Mestizen nicht nur die Kirchen, sondern auch die Häuser, Hausaltäre, Innenhöfe und Wohnräume der weißen Herrschaft geschmückt haben, die sich auch ihre Möbel, ihr Tafelsilber und ihren Schmuck von ihnen haben gestalten lassen.

Nur in Ausnahmefällen konnten sich die einheimischen wie die zeitgenössischen europäischen Künstler einen Namen machen.

Zu den schönsten Barock-Kirchen in Quito gehören die Jesuitenkirche La Compañía und die Kirche San Francisco de Quito. Letztere haben wir uns genauer angesehen, weil viele ihrer Details für die ganze Stilrichtung bezeichnend sind.

Rechte Seite: San Francisco de Quito: Nur 50 Tage nach der Gründung von Quito im Jahre 1535 wurde der Grundstein zu dieser Kirche gelegt. Das zu ihr gehörende Kloster verfügt über einen malerischen Innenhof. Vier Kreuzgänge mit 104 dorischen Säulen fassen ihn ein. Die Wände sind mit 54 Gemälden – Szenen aus dem Leben des heiligen Franziskus – geschmückt.

Bestandsaufnahme in einer Barock-Kirche

Die Calle Bolívar führt uns in der Altstadt von Quito auf die Plaza de San Francisco, die berühmt ist wegen ihrer schon im Jahre 1581 erwähnten Kirche. Man muß 25 Treppenstufen hinaufgehen und steht dann unmittelbar vor ihrer mächtigen Fassade, die sich grau gegen die blendend weißen Flanken absetzt. Sonnenuhren zieren die beiden Türme mit den Glockenstühlen. Beide Türme sind erst vor wenigen Jahrzehnten erneuert worden. Die ursprünglichen Türme sind beim Erdbeben von 1868 auf die Plaza gestürzt. Die Galerie vor der Kirche wird von Händlern regelrecht belagert. Sie halten Kerzen, Heiligenbilder und auch Nahrung für beharrliche Büßer oder Besucher von weither bereit. Wie ein stummer Protest wirkt auf uns ein großes Gemälde im Vorraum der Kirche, auf dem Jesus die Händler aus dem Tempel des Herrn vertreibt.

Wer sich nicht lesend auf die Pracht im Innern der Kirche vorbereitet hat, wird von ihrem Gold überwältigt. Die reichgeschnitzte Decke ist aus Zedernholz, die Panellierung vergoldet. Im Hauptschiff ist der knappe Raum zwischen all den goldenen Girlanden, Behängen, Gesimsen, befransten Baldachinen an den Bögen, die es von den Seitengängen trennen, nur ausgespart, um den stattlichen, reich bemalten Figuren der Apostel Platz zu geben.

Obwohl bei einem Erdbeben im Jahre 1744 die Decke ins Kirchenschiff hinabstürzte und die Erneuerung sich über viele Jahre hinzog, hat die Kirche ihren alten kolonialen Glanz bewahrt. Niedrige Bögen teilen die Seitengänge in getrennte Kapellen auf. Der Hochaltar füllt die gesamte Apsis aus und greift sogar in den Kreuzgang über. Dieser Altar ist dreifach gestuft. Im Mittelpunkt steht der unter der Last seines Kreuzes leidende Christus. Der Altar ragt hinauf bis an die Kuppel der Kirche – blau bemalt, mit leuchtendem Stern und dem Bild Gottvaters ist sie das Abbild des Himmelsdomes.

Ein Teil des barocken Schnitzwerkes soll aus dem ersten Viertel des 18. Jahrhunderts und von der Hand des berühmten Künstlers Benardo Legarda stammen – einer der wenigen überlieferten Namen aus der „Schule von Quito". Außer ihm ist der Name des peruanischen Indianers Jorge de la Cruz, „Erbauer von Häusern in spanischer Weise", erwähnt, der mit seinem Sohn Francisco Morocho mehr als zwei Jahrzehnte an der Ausschmückung der Kirche wirkte.

Ein anderer Künstler, der Skulpturen für die beiden kleinen zum San Francisco-Komplex gehö-

Oben: Eines der Meisterwerke barocker Kirchenkunst ist die Virgen del Rosario im Klostermuseum von Santo Domingo in Quito. Ihr Schöpfer heißt Diego de Roblez, der seine Werke mit „Olmo" zeichnete.

Rechte Seite: Der Altar der Kirche Santo Domingo in Quito wurde aus Zedernholz geschaffen und vergoldet. Aus Zedernholz sind auch die Deckentäfelungen und viele Elemente im Inneren der zwischen 1560 und 1581 errichteten Kirche. Im Laufe der Jahrhunderte ist die Kirche immer wieder restauriert und verändert worden.

renden Kirchen San Bonaventura und Cantuña schuf, heißt Caspicara. Er und Legarda sind die einzigen wirklich berühmt gewordenen Künstler der Escuela Quiteña. Persönliches weiß man kaum über sie. Legarda war Mestize und wirkte in der ersten Hälfte des 18. Jahrhunderts, Caspicara wurde 1792 in einem Dokument unter seinem Geburtsnamen Manuel Chil erwähnt. Caspicara, „Rauhes Gesicht", war sein Spitzname, der auf die Pockennarben des Meisters anspielte.

An der Plaza de San Francisco unterhielt Legarda eine große Werkstatt, in der mehrere Gehilfen mitarbeiteten. Die Schüler des Meisters dürften manche der von ihm begonnenen Werke zu Ende geführt haben. In der ersten Hälfte des 18. Jahr-

Oben: Der spanische Jesuit Marco Guerra hat die Kirche La Compañia de Jesus in Quito Anfang des 16. Jahrhunderts entworfen. Vollendet worden ist sie erst im Jahre 1765.

Links: Simón Bolívar wird durch ein mächtiges Monument in Caracas geehrt. Der Befreier, dessen Taten und siegreiche Schlachten auf Schrifttafeln verewigt sind, wurde in Venezuela auf der Hazienda seiner Eltern geboren.

hunderts hatte die „Schule von Quito" ähnlich der von Cuzco schon eine lange Tradition. Man führt sie zurück auf den Pater Jodoco Rijke, der im Jahre 1534 mit dem Konquistador Benalcázar nach Quito gekommen war. Dieser Flame aus Gent ließ nicht nur die erste Kirche bauen, sondern schuf auch eine Schule zur Unterweisung der Indianer in allen den Künsten, für die die Kirche Verwendung hatte: Malerei, Plastik, Orgelspiel, Architektur.

Die herrlichen Plastiken in den Barock-Kirchen sind nicht Werke eines Künstlers allein. Die Schnitzer arbeiteten vielmehr die Figuren bis ins Detail aus und gaben sie an die Maler weiter, welche die Farben freilich genau mit ihnen abstimmten. Zu den vielbewunderten Schöpfungen der hochspezialisierten Maler gehört zum Beispiel eine wachshaltige Hautfarbe, matt oder glänzend, die lebensecht wirkte: Encarnacion *nannte man die Methode (von* carne, *Fleisch).*

Quito besitzt viele eindrucksvolle Zeugnisse des Barock. Auch das Kloster La Merced aus der ersten Hälfte des 17. Jahrhunderts ist barocken Ursprungs. Doch hat es unter drei schweren Erdbeben schwer gelitten. Seine Fassade wurde daher in der ersten Hälfte des 18. Jahrhunderts erneuert.

Noch eindrucksvoller als in Quito ist die koloniale Atmosphäre in Cuzco, obwohl die Stadt mehrfach von katastrophalen Erdbeben heimgesucht und zerstört worden ist. Zur Barock-Atmosphäre tragen in besonderem Maße die Kathedrale an der Plaza de Armas, die Jesuiten-Kirche La Compañía gegenüber der Kathedrale, ferner die Kirchen Las Nazarenas, San Antonio Abad und San Sebastián bei.

In Arequipa und in Potosí gelangte der andinisch-mestizische Barockstil ebenfalls zu Höhepunkten. In Bogotá hingegen wird die 1635 geweihte Jesuiten-Kirche San Ignacio den Plänen des Paters Juan Batista Coluccini zugeschrieben. Noch älter als diese – und eines der wenigen verbliebenen Zeugnisse kolonialer Architektur in Bogotá – ist die schon im Jahre 1569 begonnene Kirche San Francisco.

Eine Gesellschaft von explosiver Mischung

Die große Zahl der Gotteshäuser und Konvente läßt darauf schließen, daß die Kirche das gewaltige missionarische Feld, das sich ihr in Amerika eröffnete, voll in Besitz genommen hat. Sie sagt aber nichts über die Qualität der Gottesmänner, die den Samen des Glaubens ausgesät haben.

Darüber ist – zumindest über die ersten Jahrzehnte der Landnahme – wenig Gutes zu berichten. Es mangelte vor allem an gut ausgebildeten Klerikern, weil längst nicht jede Diözese ein Seminar zur Erziehung künftiger Priester unterhielt. Überhaupt wurde eine halbwegs nützliche Grundschulbildung wohl nur den Kreolen und den Kindern der Kaziken zuteil.

Auch die Beamten des Vizekönigs dachten nur selten daran, die durch Dekret angeordnete Grundschule für jede Siedlung zu errichten, weil sie diese aus eigener Tasche bezahlen sollten. Nicht nur der Ausbildungsvorteil der im Mutterland geborenen und erzogenen Priester und Beamten gegenüber den Kreolen – den in Amerika geborenen Weißen – war unter solchen Umständen beträchtlich, die Spanier wurden auch im Dienst bevorzugt. Das machte bald böses Blut.

Die älteste Universität auf südamerikanischem Boden ist die Universität von San Marco in Lima. Im Jahre 1576 öffnete sie ihre Pforten. Es ist bemerkenswert, daß die Universität zu den in Latein gehaltenen Lektionen nicht nur die Weißen zulassen sollte, sondern auch die befähigten Mestizen und Indianer. Es blieb indessen bei der guten Absicht. Obwohl die Angehörigen der indianischen Bevölkerungsgruppe, die für die Universität in Frage kamen, ohnehin dem Adel entstammten, ließ man sie nicht studieren.

Vorurteil und Dünkel bestimmten auch das Verhältnis der Weißen untereinander. Die Kreolen sahen sich benachteiligt durch die Spanier, die mit weit größeren Kompetenzen, als sie sie erreichen konnten, aus dem Mutterland kamen. (Verächtlich nannte man diese im Hochland *chapetones*, also

„Kotzer", weil sie als Neuankömmlinge oft höhenkrank wurden. Die Politik des Mißtrauens seitens des Mutterlandes entging den Menschen in den Kolonien nicht. Querelen und nicht selten Obstruktion waren die Folge. Beweglicher wurde die Verwaltung der Kolonien, als Anfang des 18. Jahrhunderts die Bourbonen das Haus Habsburg auf dem spanischen Thron ablösten. Doch wirkten sich kleine Erleichterungen kaum vorteilhaft für die Entwicklung aus; denn nun traten Konflikte mit der Kirche auf, die Verluste an Macht hinnehmen mußte, weil die Vizekönige im Interesse einer strafferen Verwaltung angehalten waren, staatliche Aufgaben zu übernehmen, die man zuvor der Kirche überlassen hatte. Besonders hart getroffen wurde der Jesuiten-Orden. Er hatte die Indianer nicht nur missioniert, sondern mehr als andere mit ihnen große handwerkliche und landwirtschaftliche Unternehmungen aufgebaut, mancherorts einen Staat im Staate. Der Streit zwischen der neuen spanischen Krone und den selbstbewußten, fortschrittlichen Jesuiten gipfelte im Jahre 1767 in der Ausweisung der Jesuiten aus Amerika. Auch Geschichtsbetrachter, die nicht unbedingt der Kirche nahestehen, haben diese Entwicklung angesichts der jesuitischen Tatkraft bedauert.

Ungeachtet dessen war die Kirche in allen gesellschaftlichen Schichten fest verankert. In diesen Schichten genossen die unmittelbaren Nachfahren der Eroberer und nach ihnen die der ersten Siedler das höchste Ansehen in der kreolischen Gesellschaft, ein höheres noch als die aus Spanien anreisende Beamtenschaft um den Vizekönig. Sie beanspruchten Ruhm und Tradition für sich und blieben im Lande. Die staatlichen Beamten, voran der Vizekönig, kehrten meist wieder ins Mutterland zurück. In ganz Spanisch-Amerika sah man 124 Vizekönige kommen und fast alle, bis auf fünf, am Ende der Amtszeit wieder gehen; nur vier waren überhaupt in Amerika geboren.

Hinter der dünnen weißen Oberschicht rangierte

die wachsende Schicht der Mestizen, in der der Anteil „weißen" Blutes die gesellschaftliche Stellung bestimmte. Noch vor den Indianern, von denen nur die wenigen Angehörigen des botmäßigen Inka-Adels angesehen waren, standen die als Sklaven nach Südamerika verbrachten Schwarzen. Die Regierung verbot Weißen und Schwarzen den Besuch der indianischen Dörfer und Reduktionen, der indianischen Reservationen, und ließ nur – auf drei Tage befristet – lizensierte Händler zu ihnen reisen.

Auch wirtschaftlich gab Spanien seinen Kolonien wenig Spielraum. Sie durften Produkte, die zu Erzeugnissen des Mutterlandes in Konkurrenz hätten treten können, nur ganz begrenzt selbst herstellen. Auch war der selbständige Handel mit Drittländern ebenso wie der von Vizekönigreich zu Vizekönigreich untersagt. Die wenigen Handelslizenzen, die Spanien im Laufe des 18. Jahrhunderts vergab, unterwarfen die fremden Firmen und ihre Schiffe in festgelegten Häfen striktester Kontrolle. Ausnahmen unter den Erzeugnissen eigener kommunaler Produkte waren unter anderem Keramik, Wollwaren, Lederwaren, Möbel, Glas und Kirchenglocken. Auch Sprengpulver für den Bergbau gehörte dazu.

Durch diese Verhinderungsgesetze wurden die unternehmerisch handelnden Einwohner Neu-Granadas, Perus oder Rio de la Platas natürlich zu Gesetzesbrechern, denn wer wollte auf die Dauer nur die teuren Produkte aus Spanien beziehen? Wer sich den lukrativen Handel mit dem Orient entgehen lassen?

Die führenden Köpfe unter den Kreolen sahen nicht allein die Ausbeutung der Länder, in denen sie lebten, sie sahen auch all die Vizekönige, Beamten, Militärs und Bischöfe aus den ungeliebten Kolonien, mit Reichtümern beladen wieder heimreisen. Die Unzufriedenheit war denn auch der Boden, auf dem sich der Spaltpilz revolutionärer Bewegungen ausbreitete. Die Truppen, die Spanien dann in den ersten Jahrzehnten des 19. Jahrhunderts gegen revolutionäre Führer wie Simon Bolívar, Sucre, San Martín oder O'Higgins aufzubieten hatte, waren nicht mehr vergleichbar mit denen der schlagkräftigen Konquistadoren. Sie gehörten zu einer Berufsarmee, und ihre Offiziere waren nicht selten europamüde Veteranen.

Die Ausbeutung und der Versuch, Gott zu bestechen

Bei der Entwicklung ihrer Verbindungen zwischen den Anden-Städten profitierten die Kolonisatoren über viele Tausend Kilometer von den gut ausgebauten Straßen der Indianer, den *Incañan* der Inka, und den Wegen der vorinkaischen Kulturen. Hernando Pizarro hatte schon gestaunt: „Wahrhaftig, in der ganzen Christenheit gibt es keine so schönen Straßen!" Der Konquistador meinte das besonders gut ausgebaute Stück zwischen Quito und Cuzco, wo bis zu sechs Reiter nebeneinander Platz fanden. Da aber die *Incañan* nicht für Rad und Wagen geschaffen waren, konnten sie ohne Umwege über schwierigstes Gelände führen. Mancherorts wurden Stufen in den Fels gehauen, anderswo dagegen verlegte man großzügig Steinplatten. An der Küste schützten, wo es notwendig war, Mauern aus Lehmziegeln (Adobe-Wände) die Trasse vor Flugsand, und streckenweise zogen die Reisenden im Schatten von Baumzeilen entlang.

Zwei Hauptrouten waren angelegt worden. Eine führte über den Altiplano von Bolivien und durch die Puna Perus nach Norden über Cuzco nach Quito. Die zweite folgte der Küstenlinie über 5000 km vom heutigen Curico in Chile bis nach Tumbéz in Peru. Die gründliche Erforschung des Inka-Straßennetzes, das sich über insgesamt etwa 10 000 km erstreckte, verdanken wir dem Forscher Victor W. von Hagen.

Angesichts der Vor-Leistungen der Indianer brauchten die Spanier eigentlich sehr lange für den großen Verbindungsweg, den sie *Camino Real* (Königsweg) nannten, denn er folgte doch weitgehend den Indianerstraßen und nutzte deren Brücken und Tunnel. Da er jetzt freilich auch Frachtkarren und Kutschen und nicht mehr nur Läufern, Sänften und Lama-Karawanen dienen sollte, mußte er vielerorts ausgebaut werden, und natürlich erschloß der *Camino Real* auch neue Routen. Erst um die Mitte des 18. Jahrhunderts war die Straße der Spanier durch indianische Zwangsarbeiter und Sklaven so breit angelegt und weitgehend auch bepflastert worden, daß zwei Ochsenkarren passieren konnten und Reisende nicht im Schlamm versanken. Auch das endlose, kurvige Band der Panamericana folgt heute in Südamerika über weite Strecken der Spur des *Camino Real* und der Inka-Straßen.

Eine besonders wichtige Funktion hatte der *Camino Real* als Transportweg der Güter, die für die Städte und Häfen zur Verschiffung nach Spanien bestimmt waren. Er war daher auch mit den riesigen Landgütern verbunden. Ihre Besitzer, die *encomenderos,* waren Weiße und einige wenige Angehörige des loyalen Inka-Adels. Auf den riesigen Haziendas – über viertausend soll es Ende des 16. Jahrhunderts in ganz Spanisch-Amerika gegeben haben, die meisten davon in den Anden-Reichen – hatten sich eigene Strukturen herausgebildet. So wohnte der Landedelmann mit seiner Familie meist in der komfortableren Stadt und überließ die Aufsicht über den Betrieb auf dem Land einem weißen Verwalter und dessen kreolischer Mannschaft. Diese Männer lebten ständig auf dem Land, suchten sich ihre Gefährtinnen unter den Indianerinnen und zeugten mit ihnen mischblütige Kinder. (Anders als in den englischen Besitzungen in Nordamerika kamen nur sehr wenige Frauen aus dem Mutterland in die Kolonien.) Die Feldarbeit wurde von Indianern geleistet. Die Unglücklichsten unter diesen Menschen waren die Zwangsarbeiter. Ihre Aufseher waren zugleich auch ihre Richter. Zwar waren die Lebensbedingungen von Landgut zu Landgut verschieden, wir tun den Feudalherren aber sicher kaum Unrecht, wenn wir sie inhuman nennen.

Gegen Ende des 16. Jahrhunderts waren so viele Indianer an Auszehrung, seelischem Leid und Krankheiten gestorben oder vor den Sklavenpeitschen in die entlegensten Regionen geflohen, daß die Bewirtschaftung der Latifundien, aber auch anderer spanischer Unternehmungen, in Gefahr

geriet. Ersatz suchte und fand man in Negersklaven. Sie wurden so zahlreich „importiert", daß sie
und ihre Nachkommen bald ein neues Element in
dem Völkergemisch Amerikas bildeten. In den
feuchtheißen Gebieten, wo sie in der Regel eingesetzt wurden, ist ihr Bevölkerungsanteil stärker als
in den Anden.

Besonders schlecht erging es den Zwangsarbeitern
und Sklaven in den großen Wollmühlen. Das Ar-
beitsklima war mörderisch, so daß man die Müh-
lenarbeiter regelrecht gefangenhalten mußte –
sonst wären sie geflohen. Ebenso gefürchtet waren
die Bergwerke. Eines davon ist in der Erinnerung
der ganzen Menschheit und bis in unsere Zeit hin-

*Rechts: Auf schwankender Hängebrücke von einem Ufer
zum anderen: Mit solchen Brücken überwanden die Inka
mächtige Schluchten, die ihre Versorgungsrouten kreuz-
ten. Bei Thornton Wilder erfüllt sich auf einer Hängebrücke, der „Brücke von San Luis Rey", das Schicksal
der Helden seiner Novelle.*

*Unten: Am Inka-Weg von Cuzco nach Machu Picchu
liegt diese Raststation. Sie mag einst den Inka-Läufern
gedient haben. Nicht weit von Machu Picchu entfernt hat
man sie stärker ausgebaut, als dies sonst üblich gewesen
ist.*

ein das Synonym für unsägliches Leid und unfaß-
baren Reichtum: Potosí.

Etwa um das Jahr 1545 wurde mit der Ausbeutung der Mine von Potosí begonnen. Der Berg,
gut fünftausend Meter hoch gelegen, schien ganz
aus Silber zu bestehen; schon in den ersten Jahren
des Minenbetriebes gab er Silber im Werte von
rund 875 Millionen Mark her. An seinem Fuß, wo
das bolivianische Hochland erschreckend öde und
unfruchtbar ist, wohnten schon im Jahre 1573
120 000 Menschen. Aber in welch einem Kontrast
zueinander lebten die verschiedenen sozialen und
ethnischen Schichten! Während die Bergarbeiter
in den Stollen schmachteten, überboten sich in der
Stadt die Spanier, die am Silber verdienten, gegenseitig: „Man sagt, daß selbst die Hufeisen der
Pferde in der Blütezeit Potosís aus Silber waren.
Aus Silber waren die Altäre der Kirchen und die
Flügel der Cherubine, die in den Prozessionen
durch die Stadt getragen wurden. 1685, anläßlich
der Corpus Christi-Feiern, wurden die Pflaster-
steine der Straßen von der Hauptkirche bis zur
Kirche der *recoletos* (der „Zurückgezogenen")
entfernt und durch Silberbarren ersetzt. In Potosí
erwuchsen aus Silber Gotteshäuser und Paläste,
Klöster und Spielhöllen, gab das Silber Anlaß zu
Tragödien und Festen ... Um Amerika sein Silber
zu entreißen, gaben sich in Potosí die Feldkapitä-
ne und die Asketen, die Kampfritter und die Apostel, die Soldaten und die Mönche ein Stelldich-
ein", schreibt der südamerikanische Autor Eduardo Hughes Galeano. [4]

Die Zahl von 36 Kirchen, die Anfang des 17.
Jahrhunderts in Potosí ihre Pracht entfaltet haben,
erscheint uns wie ein Bestechungsversuch gegenüber Gott. Und noch eine weitere Zahl weist auf
die Widersprüchlichkeit der Christengemeinde
hin: In Potosí gab es ebenso viele Spielhäuser wie
Kirchen. In beiden – Spielhäusern und Kirchen –
gingen 800 berufsmäßige Falschspieler und 120
Kokotten ein und aus.

Wenn je ein Berg zum Reichtum Europas – nicht
nur Spaniens – beigetragen hat, dann dieser
„Berg, der donnert", was das Ketschua-Wort *potosí* bedeutet: „Ich bin das reiche Potosí, Schatz-
kammer der Welt, König der Berge, den Königen
diene ich zum Neide", ließ Karl V. in das Wappen
der Stadt schneiden, der er den Titel einer „Kai-
serstadt" verlieh. Von den 16 Millionen kg Silber,
die nach den unvollständigen Angaben des Han-
delsamtes in Sevilla nur bis zum Jahre 1660 aus
Amerika nach Spanien flossen, dürften wohl mehr
als die Hälfte aus Potosí gekommen sein, und Galeano schließt daraus: „Die den neuen Kolonien
entrissenen Metalle förderten die wirtschaftliche

Entwicklung Europas, und man kann sogar sagen, daß sie sie ermöglicht haben."

Durch die Verschuldung der spanischen Krone
floß das Silber nämlich sehr schnell aus dem
Land: „Spanien", zitiert Galeano einen herkömm-
lichen Spruch des 17. Jahrhunderts, „gleicht dem
Munde, der die Nahrung empfängt, sie zerkaut
und zermahlt, um sie sofort an die übrigen Organe
weiterzuleiten, der aber seinerseits von ihnen nicht
mehr als einen flüchtigen Geschmack oder die
Teilchen behält, die durch Zufall an seinen Zähnen hängenbleiben." [5]

Große Mengen dieser „Nahrung" füllten noch
ganz andere Mägen; denn der Silberschmuggel
nach den Philippinen und China blühte. Die ille-
galen Handelspartner der Kolonien, die Samt und
Seide, Porzellane, exotische Duftstoffe, verbotene
Bücher und andere Waren zu bieten hatten, nahmen als Gegenwert gern das Silber aus Potosí:
Man schätzt, daß gegen Ende des 18. Jahrhunderts 50% der Handelsgüter, die in Spanisch-Amerika verschifft oder dort angelandet wurden, ille-
gale Waren gewesen sind. Zu den bevorzugten
Waren aus den Nord-Anden gehörten neben
Edelmetallen und Edelsteinen Schmuck, China-
Rinde zur Bekämpfung der Malaria, Indigo, Ta-
bak, Kakau, Wollwaren aus Vicuña-Wolle und
edle Hölzer, aus den Süd-Anden, vor allem Trok-
kenfleisch und Lederwaren.

Alle diese Güter gehörten auch zur Ladung der
spanischen Flotte, die einmal im Jahr durch
schwer bestückte Galleonen geschützt, nach Cartagena segelte, um den „Königlichen Fünften" ab-
zuholen. Von den Schiffen aus zogen Botschafter
über Land. Die Flotte blieb in Cartagena, bis all
die Maultier-Karawanen in wochenlangen Märschen die Hafenstädte erreicht hatten.

Peru zum Beispiel schickte eine eigene Silberflotte
von Callao aus nach Norden bis Panamá. Dort
nahm die Ladung den gefahrvollen Landweg über
den Isthmus. Wenn die Schiffe dann in Cartagena
die Sendungen gefaßt hatten, segelten sie nach
Havanna, wo sie sich mit weiteren Schiffen vereinigten, um im Konvoi mit bis zu 27 Seglern auf
dem *Camino Real,* wie auch die Meeresroute
hieß, nach Spanien zu fahren.

Auf der gefährlichen Heimreise mußten die Spanier Millionenverluste hinnehmen, denn viele
Schiffe gingen im Sturm verloren oder gerieten in
die Gewalt von Piraten.

Es wäre, wie wir gesehen haben, ein Irrtum, zu
glauben, alle Reichtümer der Anden wären im
Bauche der Schiffe nach Spanien gegangen. Auch
die Tatsache, daß man im Lima des frühen 18.
Jahrhunderts 4000 Kaleschen hat zählen können,

Männer und Frauen in den großen Städten in feinsten Brokaten, Seiden, Musselinen, Bändern und Spitzen einhergegangen sind, die Häuser im reichsten Fassadenschmuck geprangt haben, weist darauf hin, daß stattliche Erträge im Land geblieben sind. In den Städten wohnten nicht nur große *hazendados*, Beamte, Händler und Kirchenmänner. Der überwiegende Teil der städtischen Bevölkerung setzte sich aus den Mitgliedern der zahlreichen Handwerksgilden zusammen, die streng nach spanischen Muster organisiert waren. Wer ihnen angehören wollte, mußte sein Meisterstück machen und wurde einem genauen Aufnahmeverfahren unterworfen – erst dann konnte er eine handwerkliche Existenz gründen. In den Großstädten zählte man bis zu 100 Gilden. Die großen, zu denen die Schneider, die Schuhmacher, die Kerzenmacher, die Töpfer, die Sattler, die Seidehersteller, die Weber und die Bäcker zählten, beherrschten mit kunstvoll gestalteten Emblemen das Bild ganzer Straßen und Stadtteile.

Eine spanische Besonderheit war der Zusammenschluß der Gilden zu Handwerksbruderschaften, den *cofradías menores*. Die Mitglieder dieser Laienbruderschaften waren nicht nur zu gegenseitiger Hilfeleistung verpflichtet, sondern nahmen auch wichtige Aufgaben im religiösen und gesellschaftlichen Leben wahr. Die höheren Schichten bildeten exklusive *cofradías*, die den Angehörigen geringerer Schichten versperrt waren. Außerdem gab es auch landsmannschaftliche *cofradías*, in denen Galicier, Andalusier, Katalanen oder andere Volksgruppen vereinigt waren.

Keineswegs gestalteten die Laienbruderschaften etwa nur die prachtvolle Kulisse für Umzüge und Empfänge. Neben ihrem religiösen Leben, zu dem ein Patronatsfest und die Pflege eines Bruderschaftsaltars gehörten, machten die *cofradías* auch einen großen gesellschaftlichen Einfluß geltend. Einige, in denen die Mitgliedschaft hohe Beiträge erforderte, waren reich. Sie legten ihre Mittel in gewinnträchtigen Unternehmungen an.

Auf den Generalversammlungen, die ein- oder zweimal jährlich einberufen wurden, wählten die Mitglieder ihre Amtsinhaber. Ihre Hierarchie war gekennzeichnet durch zwei *mayordomos*, den Schatzmeister, den Sakristan, Beigeordnete, Schreiber und Festkomitees.

Die Laienbruderschaften und ihr Gegenstück, die *sodadidades*, in denen nur Frauen zusammengeschlossen waren, spielten nicht nur in der weißen Kolonialgesellschaft wichtige Rollen. Auch in den indianischen Dorfgemeinschaften wurden Laienvereinigungen gegründet, die als christliche Institutionen oft geschickte Politik in der Wahrung ihrer Rechte gegenüber unchristlich handelnden Spaniern machten.

Ehe das 17. Jahrhundert zu Ende war, gab es im gesamten Herrschaftsgebiet Spaniens in Amerika 200 Städte, die Dörfer und Ansiedlungen nicht gerechnet. Die meisten dieser Städte haben eine typisch spanische Prägung, die wir auch heute noch wiederfinden, ob wir die alten Kerne Santiagos, Limas, Bogotás, Quitos oder anderer Städte betrachten. Die Schilderung des Baumusters von Alt-Quito hat daher weitreichende Gültigkeit.

Das Spanische in Alt-Quito

Quitos Herz ist die zentrale Plaza. Dieses Geviert mit der baumbeschatteten Oase in der Mitte ist vom Präsidentenpalast, der Kathedrale und dem Bürgermeisteramt gesäumt. Die Ordnung stammt noch aus der Zeit Philipps II., der San Francisco de Quito 1563 in den Rang einer Audiencia erhoben hat. In Quito heißt die Plaza „La Independencia". Die Straßen, die zu ihr hinführen, sind in der 2850 m hoch gelegenen Stadt nicht so breit wie in dem von Pizarro neu gegründeten Lima, sondern folgen zum Teil den alten, von den Indianern erbauten Häuserzeilen, deren Verlauf bis heute an manchen Stellen durch das typische Inka-Mauerwerk erkennbar ist.

Die Bürgerhäuser der Altstadt glänzen nicht durch Fassadenkunst wie etwa die Patrizierhäuser der Hansezeit in Europa, sondern entfalten ihren Reichtum und ihre Reize nach innen. Wohlstand in Quito hat sich früher hinter schweren Türen verborgen gehalten.

Victor W. von Hagen, einer der großen Kenner der Neuen Welt, hat herausgearbeitet, was die meisten spanischen Gründungen verbindet und sie etwa von Ansiedlungen englischer Prägung in Amerika trennt: „Stein- und Ziegelbauten führten meist auf freie Plazas hinaus ... Um die größte dieser Plazas gruppierten sich die Wahrzeichen des Weltreiches: die Kathedrale, das cabildo *(Bürgermeisteramt), die Kasernen der Armee und das Tribunal de Santa Fé, der Sitz der Inquisition. Die solide, strenge, aufs Praktische bedachte Architektur war genau so durch die Indien-Gesetze vorgeschrieben wie für die städtischen Einrichtungen. Diese Gesetze bestimmten mit unglaublicher Genauigkeit die Formen, die bei der Gründung einer Stadt eingehalten werden mußten. In den britischen Kolonien gediehen die Städte den Bedürfnissen aller Landeseinwohner zu Nutz und Frommen, in den spanischen Kolonien mußte die Bevölkerung des Landes den Bedürfnissen der Städte dienen."* [6]

Blick von der Kirche La Merced auf die Calle Cuenca in Quitos Altstadt. Im Hintergrund der untere Teil des Panecillo-Hügels.

Wenn man heute einen typischen Straßenzug in der Altstadt von Quito am Fuße des Panecillos mit dem mächtigen Standbild der Jungfrau entlangschlendert, kann man sich leicht in die Kolonialzeit zurückversetzt fühlen.

Wenn man mit dem Bus bis Plaza 24 de Mayo fährt, erschließt sich einem das koloniale Quito mit seinen traditionell weißen Häusern und den blau gestrichenen Fensterläden und Balkons am besten. Es sind steile, ganz schmale und gepflasterte Straßen, für Pferde und Maultierkarren angelegt, die die Altstadt durchziehen. Eine sehr typische Straße ist die Calle Juan de Dias Morales. Da stammen die Grundmauern mancher Häuser noch aus der Inka-Zeit. Das Haus Nr. 739 hat sogar eine präkolumbische Türeinfassung, wie es scheint. Man blickt durch die weit geöffneten Türen meist in Flure mit riskanten Aufgängen hinauf zu den umlaufenden Galerien, wo Blumentöpfe am Abgrund balancieren, blickt gelegentlich in kühle Innenhöfe, in denen drei Meter hohe Säulen die Obergeschosse samt Umlauf auf ihren Kapitellen schultern.

In der engen Calle Guayaquil wird die Kühle des Morgens länger bewahrt. Weil man im Eingang vom Haus Nr. 954 Teppiche mit altindianischen Motiven feilbietet, darf der Besucher eine gewisse Zudringlichkeit entwickeln und die Mosaiken, die den Flur zieren, und den mit faustgroßen Kopfsteinen gepflasterten Innenhof besichtigen. Besuch ist auch in Nr. 963 erwünscht; dort haben sie in den Türsturz aus der Inka-Zeit ein Kreuz gemeißelt. Man bückt sich hindurch und geht durch mehrere Innenhöfe hinab zu den Baños calientes. Der Weg erscheint gefährlich. Man mißtraut den untergezogenen, gebogenen Balken, die das Obergeschoß dort halten sollen, wo es ist. Das Haus, rühmen die Bewohner, sei so alt wie Quito. Der steile Durchgang endet in einem schmalen Hof mit Bänken, die aus einem einzigen Stein gehauen sind. Darauf sitzend warten Badegäste, die für fünf Sucre in schmalen Kabinen ein heißes Wannenbad nehmen wollen. Das Wasser wird über einen uralten Ziegelofen beheizt, in dem man das Feuer hinter einer eisernen Luke lodern sieht. Ein zischendes Röhrensystem hängt über den Kabinen und versorgt die einzelnen Wannen. Wir gehen die Guayaquil, in der wir Werkstätten für Möbel und Musikinstrumente finden, weiter hinauf zur Plaza 24 de Mayo – eigentlich mehr eine breite Avenida, auf der an diesem Sonnabend Markt abgehalten wird. Da bieten die Leute Krebse von der Küste in ganzen Bündeln an. In großen Eimern wird Fruchtsaft mit schwimmenden Eisstücken kühlgehalten. Dicke Ananasscheiben werden feilgeboten, und die Hauptkundschaft sind blauschillernde Fliegen. Sie umlagern die dampfenden Reis- und Suppentöpfe, die Pfannen mit Fleisch und Innereien. Wichtigste Handelswaren auf diesem Markt aber sind Gemüse und Früchte, Wollwaren, Industrie-Textilien, Hüte, Lederwaren, Sämereien. Manche der ambulanten Händler, die Uhren aus erster und zweiter Hand verkaufen, sehen nicht so aus, als hätten sie diese selbst erworben.

Am Rande der prallvollen, quirligen, lebendigen Szenerie steht das Eckhaus Nr. 505. Auf den ersten Blick fallen die Mädchen des Gunstgewerbes auf, die den Männern preiswerte, aber gefährliche Angebote machen. Beim Näherkommen erblickt man zwei Eingänge, in denen die „Funeria Hernandez" mit violettem Filz bezogene Särge herstellt, die innen weiß ausgeschlagen sind. Manche sind mit Herzen und Kreuzen aus Blech beschlagen und haben ein Sichtfenster. Babygrößen sind besonders reichlich im Angebot. Liebe und Tod sind hier unter einem Dach die engsten Nachbarn.

Die „Goldene Zeit" der Forscher

Als die „Goldene Zeit" der Forscher könnten jene Jahrzehnte zwischen 1735 und 1859 gelten, in denen ganz große Naturwissenschaftler die Anden bereist haben.

Nach den Konquistadoren, für die Südamerika kaum mehr als ein Füllhorn mit Gold und Gütern darstellte und die allenfalls ihrer Chronistenpflicht genügten, gingen im 18. Jahrhundert Männer ans Werk, deren erklärtes Ziel die Aufzeichnung wissenschaftlicher Erkenntnisse war und die ein anderes Bild von Südamerika zeichneten, als es die Europäer damals kannten: Charles Maria de La Condamine, Joseph Dombey, Hipólito Ruíz, José Pavón, Alexander von Humboldt und Aimé Bonpland, Alcides Dessalines d'Orbigny, Charles Darwin und Richard Spruce. Jeder dieser Namen steht für einen Zeitabschnitt, ein Wirkungsfeld und einen Zweig der Wissenschaft.

Der Franzose La Condamine hat in neunjähriger Feldarbeit geodätisch exakt erstmalig die Bogenlänge eines Längengrades am Äquator vermessen und das Ausmaß der Schwerkraft am Äquator mit Experimenten erkundet (1735 bis 1744). Der Franzose Joseph Dombey führte vom Jahre 1778 an mit den beiden Spaniern Ruíz und Pavón botanische Expeditionen durch. Der deutsche Alexander von Humboldt erforschte von 1799 bis 1804 gemeinsam mit dem Franzosen Aimé Bonpland die legendäre Verbindung von Orinoko und Amazonas, den Casiquiare-Kanal, hat ein „Physikalisches Gemälde der Zentralanden" geschaffen – eigentlich die erste Gesamtschau eines Naturraumes – und Beiträge zur Zoologie, zur Botanik, zur Pflanzengeographie und Geologie der Anden erarbeitet. Der Engländer Charles Darwin trug, während Kapitän Fitzroy von 1831 bis 1835 den genauen Verlauf der südamerikanischen Küste von Pernambuco bis Lima kartierte, als Zoologe an Bord der „Beagle" auf vielen Landgängen das Material zusammen, das mit zu seinem grundlegenden Werk „Über die Entstehung der Arten

durch natürliche Zuchtwahl oder Die Erhaltung begünstigter Rassen im Lebenskampf" führte. Und in dem Engländer Richard Spruce haben wir den überragenden Botaniker, der im Laufe von fünfzehn Jahren (1849 bis 1864) die Basis für eine moderne Pflanzenkunde des Halbkontinents geschaffen hat.

Wir würden gern auf das Werk aller Forscher eingehen. Doch weil Alexander von Humboldt das „Profil" der Zentral-Anden mit ihren Pflanzen und Tieren, ihren besonderen Anpassungen und Abhängigkeiten an die Höhenlagen geschaffen hat, kommt seinem Werk für das Anliegen unseres Themas besondere Bedeutung zu. Humboldts „Freilandlabor" waren die Anden bis zu einer Höhe von über 5000 m. Viele seiner Erkenntnisse sind 125 Jahre nach seinem Tode noch so gültig wie an dem Tag, an dem er sie gewonnen hatte.

Wir wollen die Stationen seiner südamerikanischen Forschungsreise nicht einfach nachzeichnen, sondern die Frage stellen, was uns Humboldts Werk – über bleibende Entdeckerleistungen hinaus – noch zu sagen habe. Der Ökologe Harald Sioli, einer der großen Tropenforscher unserer Zeit, findet die Antwort zunächst in Humboldts Prämisse, nach der die Entdeckung einer unbekannten Pflanzen- oder Tierart von geringerer Bedeutung ist als die der Gesetze, die um eine Reihe vereinzelter Tatsachen das gemeinsame Band schlingen. Der Begriff Ökologie war in Humboldts Tagen noch nicht geprägt. Auch die chemischen Hilfsmittel der modernen Forschung, die seit Justus von Liebig, den Humboldt gefördert hat, entwickelt worden sind, standen dem Preußen nicht zu Gebote. Aber Humboldt hat in den Anden doch ökologisch gearbeitet.

„Er hat", sagt Harald Sioli in einem Gespräch mit uns, „als erster Querverbindungen gesehen, hat nicht nur geschildert, was da ist, sondern konsequent nach Verbindungen der Phänomene untereinander gefragt.

Ende des 18. Jahrhunderts glaubt der Indien-Rat in Sevilla die Interessen der spanischen Krone am besten dadurch zu schützen, daß er Handel mit Ausländern, ja jede statistische und wirtschaftliche Information an Fremde mit lebenslanger Haft, Einziehung des Vermögens oder gar mit der Todesstrafe belegte. In einem so wissenschaftsfeindlichen Klima ist es fast ein Wunder, daß König Karl IV. sein Siegel unter Reisedokumente setzt, die Alexander von Humboldt und seinem – wie es heißt – „Sekretär" Bonpland Bewegungsfreiheit und Schutz in der Neuen Welt garantieren. Vollbracht hat dieses Wunder wohl nicht nur Humboldts persönliche Wirkung auf den König bei einem Besuch in Aranjuez, sondern das beharrliche Wirken seines Gönners, des sächsischen Gesandten Philipp von Forell am spanischen Königshof. Schon während ihrer ersten Wochen auf südamerikanischem Boden werden die beiden Forschungsreisenden Zeugen eines Erdbebens, und es ist bemerkenswert, mit welcher Kaltblütigkeit sie nach dem ersten Schreck reagieren. Als seien sie bei dem Beben in Cumaná, Venezuela, nicht selbst in Gefahr, sondern wissenschaftliche Beobachter auf sicherem Grund, betrachten sie die Vorgänge. Humboldt notiert: „Was uns so wunderbar ergreift, ist die Enttäuschung von dem an-

Alexander von Humboldt am Fuße des Chimborazo. Unten rechts der französische Botaniker Aimé Bonpland. Auf diesem Gemälde von F. G. Weitsch wirken die beiden Naturforscher geradezu salonfähig. Humboldt hat den Berg bis zu einer Höhe von 5878 m ohne besondere bergsteigerische Mittel bestiegen.

geborenen Glauben an die Ruhe und Unbeweglichkeit des Starren, der festen Erdrinde. Man traut gleichsam nicht mehr dem Boden, auf den man tritt. Schweine und Hunde sind besonders davon ergriffen, die Krokodile verlassen den erschütterten Boden des Flusses und laufen brüllend dem Walde zu."

Das Erdbeben von Cumaná am Abend des 4. November 1799 bestärkt Humboldt einmal mehr in seiner Auffassung, daß die Gestalt der Erdoberfläche von Kräften des Erdinnern, von Ausbrüchen der flüssigen Massen, entscheidend bestimmt worden sei. Dies erkannt und Argumente gegen die These vom ozeanischen Ursprung der Erdbildungen reichlich geliefert zu haben, gehört zu den großen Verdiensten Humboldts. Er aber tritt hinter seinen Studienfreund Leopold von Buch zurück und feiert ihn als Gründer der Hebungstheorie der Gebirge.

Humboldt gehört mit zu den Männern, die der Welt den Weg von der spekulativen Naturphilo-

Die Nord-Anden mit dem Chimborazo-Gipfel und dem rauchenden Cotopaxi-Kegel sind das Motiv für Humboldts berühmtes „Naturgemälde", das bis zur Pazifik-Küste auf der einen und zur Amazonas-Niederung auf der anderen Seite viele Naturphänomene der verschiedenen Höhenbereiche darstellt. Auf der Amazonas-Seite ist das Landschaftsprofil gekerbt vom Durchbruchstal des Rio Marañon.

sophie zur exakten Naturwissenschaft gewiesen haben. Kaum ein anderes Bild zeigt dies deutlicher und geschlossener als sein berühmtes Naturgemälde der Anden am Äquator. Begriff für Begriff und Zahl für Zahl ist es auf exakten Beobachtungen, Messungen, Wertungen und Notizen aufgebaut, ist erwandert und erfahren.

Als Humboldt und Bonpland am 30. März 1801 in Cartagena, an der Küste Neu-Granadas, an Land gehen, ahnen sie noch nicht, daß sie zwei weitere Jahre in Südamerika bleiben werden. Auf Kuba hatten sie noch die Vereinigten Staaten als nächstes Ziel erwogen. Doch die zufällige Nachricht, der französische Weltumsegler Kapitän Baudin werde die Küste Perus anlaufen, erinnert Humboldt an seine alten Pläne, mit dem Franzosen – wie er schreibt – „das Südmeer durchmessen zu können". Er will ihn in der Stadt Lima treffen.

Und so lassen sich die Forscher drei Wochen nach ihrer Ankunft in Cartagena auf dem Rio Magdalena nach Honda hinaufrudern. 25 fieberheiße Tage müssen sie den 1540 km langen Strom befahren, der die Anden in Süd-Nord-Richtung entwässert. Weitere vierzehn Tage benötigen sie für die 150 schwierigen Kilometer von Honda hinauf nach Bogotá. Die Hauptstadt des Vizekönigreiches Neu-Granada bereitet den Freunden nach entbehrungsreichen Wochen einen fürstlichen Empfang, und in Bogotá kommt es auch zu einem Gipfeltreffen prominenter Forscher: José Celestino Mutis, der bedeutendste Gelehrte in Südamerika, widmet den beiden Gästen viel Zeit. Sie vergleichen ihre Pflanzen und tauschen ihre Erkenntnisse aus. Eine der wichtigsten der 20 000 Pflanzen, die die Königlich Botanische Expedition unter Mutis studiert hat, ist der Baum Cinchona.

Auf den Rat von Mutis nimmt der an Malaria erkrankte Aimé Bonpland einen Extrakt aus der Rinde der Cinchona ein und gesundet. Später heißt das wunderbare Mittel, mit dem weltweit die Bekämpfung der Malaria möglich wird, Chinin.

Nach den anregenden Wochen in der Gesellschaft des José Celestino Mutis reisen Humboldt und Bonpland von Bogotá weiter nach Quito. Viele Spanier lassen sich zu Humboldts Zeiten von Indios tragen oder reiten auf dem Rücken eines Mulis durch die Bergwildnis. Humboldt und Bonpland gehen zu Fuß.

Von Quito aus – die heutige Hauptstadt Ecuadors hatte damals kaum mehr als 40 000 Einwohner – wagen die Forscher, zusammen mit Carlos Montufar, dem Sohn ihres Gastgebers, den Anstieg auf die Schneegipfel Cotopaxi, Antisana und Pichincha. In Straßenschuhen und mit dem Gehrock angetan erklimmen sie auch 5878 der 6267 m des Chimborazo. Auf diese Leistung ist Humboldt besonders stolz.

Die Charakterlandschaften, die Humboldt beschrieben hat, können wir noch heute besichtigen. Wir können uns von der Zeitlosigkeit seines Anden-Bildes überzeugen. Gültig ist die Art und Weise, in der er die Regionen in *tierra fria, tierra templada* und *tierra caliente* aufgeteilt hat. Die Begriffe sind nicht seine Erfindung, sondern damals durchaus gebräuchlich gewesen. Doch Humboldt hat sie mit Leben erfüllt. Seine Aufschlüsselung also in Kalte Erde, Gemäßigte Erde und Heiße Erde mit allen Aspekten – natürliche Fauna und Flora, Kulturpflanzen und domestizierte Tiere, die Darstellung der Einflüsse von Höhenstufen und Klima auf alles Leben – ist klassisch und später nur ausgebaut worden.

Erst im 20. Jahrhundert haben Carl Troll und andere Forscher am Humboldtschen Profil der Anden Verfeinerungen angebracht und es weiter unterteilt. Im Zusammenhang mit dem Thema „Klima-Landschaften" werden wir auf das Anden-Profil noch genau eingehen und ebenfalls auf Humboldts letztes wissenschaftliches Unternehmen in Südamerika – eine erste Erkundung des peruanischen Stromes, der bald auch seinen Namen trägt: Humboldt-Strom.

Simon Bolívar, mit dem Humboldt freundschaftlich verbunden war, würdigte das Werk des Forschers später mit dem Satz: „Humboldt hat durch sein Wirken zum Wohle Amerikas mehr getan als alle Konquistadoren." Diese Feststellung gilt wohl nicht nur einem Forscher, der den Kontinent wissenschaftlich neu zu entdecken suchte. Er könnte auch einem Mann gelten, der – anders als alle Konquistadoren – den Menschen, auch den Ureinwohnern, mit Takt, Wärme und unaufdringlichem Interesse sowie einem wachen Blick für soziale Ungereimtheiten begegnet ist. Humboldt ist auch entschieden gegen den Kolonialismus aufgetreten und hat sich dem Geist der Französischen Revolution verpflichtet gefühlt. Darin ist er wenig preußisch gewesen.

Archäologen entdecken die Welt vor Kolumbus

Eigentlich ist es schon beinahe unnötig zu sagen – aber auch auf archäologischem Feld hat der vielseitige Humboldt in den Anden die ersten Schritte getan. Er hat bei Cuenca die Ruinen der Inka-Residenz Tomebamba und in Cajamarca die Spuren des Inka Atahualpa untersucht. So beginnt die Geschichte der Archäologie in den Anden zwar auch mit Humboldt, doch hat der Forscher nicht allzu viel Zeit auf die Erkundung der Völkervergangenheit verwendet. Sein wirkliches Anliegen ist sie eben nicht gewesen. Als eigentliches Datum des Forschungsbeginns auf diesem Gebiet wird gern das Jahr 1827 angenommen, in dem der Peruaner Francisco Barreda eine erste Abhandlung über Gräber und Tempel veröffentlichte.

Wissenschaftliche Energie beweisen dann erstmals Mariano Rivero und Jacob von Tschudi. Beide haben über Jahre in und um die Inka-Hauptstadt Cuzco sowie um den Titicaca-See geforscht und später ein an Holzschnitten und Plänen reiches Werk vorgelegt. Von ihnen kommt auch die erste Kunde über die großartige Stadt der Chimú, über Chan-Chan also, und über das Tempelzentrum Pachacamac.

Mit dem Amerikaner William H. Prescott und dem Engländer Sir Clemens Markham – Historiker der eine, historisierender Seemann der andere – treten dann 1845 zwei Ausländer auf den Plan, deren wertvolle „archäologische" Arbeit darin besteht, die spanischen Chroniken aus der Zeit der Konquista und den Jahren danach in den Archiven Perus auszugraben und zu übersetzen.

Der erste Mann, der unter den meist noch laienhaft schreibenden und grabenden Zeitgenossen in den Anden durch systematische Ausgrabungen herausragt, ist Ephraim George Squier. Er hat schon in den Vereinigten Staaten und Mexiko bedeutende Arbeit geleistet, ist hochgebildet und besitzt große archäologische Kenntnisse, als er im Jahre 1864 in Südamerika ans Werk geht. Zum Beispiel weiß er um die Bedeutung der Schichtenfolge, der Stratigraphie, für die genaue zeitliche Einordnung eines Fundes. In Pachacamac, an der peruanischen Küste, hatte er dann besonderes Glück – und die Wissenschaft hat Glück, daß gerade er in Pachacamac fündig werden sollte.

Aus alten Quellen hatte Squier erfahren, daß der Haupttempel dort schon vor der Inka-Zeit ein bedeutendes Heiligtum gewesen ist. Seine Augen sind geschult genug, Keramik-Stile zu unterscheiden und zu erkennen, was von den ausgegrabenen Objekten aus Inka-, was aus Vor-Inka-Zeiten stammt. Squier findet nicht nur einen Schrein und ein Acllahuasi der Inka, sondern nahe Pachacamac eine Anzahl Gräber. Aus seinem Bericht „A Plain Man's Tomb" geht hervor, wie genau er Ausgrabungen und Funde studiert: jedes Relikt fotografiert und zeichnet er. Aus dem Charakter der Beigaben zieht Squier Schlüsse auf die soziale Stellung der Toten.

Als wichtigstes Resultat aller Grabungen in Pachacamac, in Chan-Chan, Cuzco und Tiahuanaco aber muß Squiers Versuch gewertet werden, erstmals die verschiedenen Kulturen nach ihrer zeitlichen Aufeinanderfolge zu ordnen. Damit legt der Amerikaner einen Grundstein zum Gebäude der Archäologie in Peru. Er inspiriert andere Gelehrte, dort fortzufahren, wo er nicht hat weiterarbeiten können. Unter ihnen sind Moritz Stübel und Wilhelm Reiss aus Deutschland sowie – die wichtigsten – Adolph Bandelier und Max Uhle.

Während Bandelier, der im Jahre 1892 im Auftrage des American Museum of Natural History in New York zu arbeiten beginnt, sein Augenmerk auf das Gebiet des Titicaca-Beckens richtet, forscht Uhle an der Küste Perus, in mehreren Tälern der Anden und besonders in Tiahuanaco. Den Grabungen, vergleichenden Studien von Begräbnisformen, Architektur, Skulptur und Keramik beider verdanken wir die Abgrenzung der Tiahuanaco-Kultur gegen die der Inka und – mehr noch – die Erkenntnis, welch großen Ein-

Kaum eine Kultur Alt-Amerikas bringt uns den indianischen Menschen der vorspanischen Zeit näher als die Moche-Kultur, die von 100 v. Chr. bis 900 n. Chr. in Peru blühte: Ihre Bildnisflaschen mit dem charakteristischen Steigbü-gel-Ausguß porträtieren Menschen der verschiedenen Rangstufen. Ihre Gemütsbewegungen sind so nuancenreich festgehalten, als handele es sich um eine Momentaufnahme.

fluß diese Kultur bis hin zur Küste gehabt hat. Max Uhles Lebenswerk ist die weithin bis heute noch akzeptierte Charakterisierung und Darstellung peruanischer Kulturen und deren Zeitfolge. Sie beginnt mit der Frühzeit, die regionale Kulturen wie Proto-Chimú, Mochica und Nazca, hervorgebracht hat. Danach folgt die Tiahuanaco-Kultur, die sich weiter ausbreitet, aber von erstarkenden lokalen Kulturen wieder abgelöst wird. Endlich überlagert die Kultur der Inka alle regionalen Entwicklungen.

Der peruanische Archäologe Juli C. Tello und der Anthropologe A.L. Kroeber haben nach zwanzigjähriger Zusammenarbeit diese Kulturfolge nicht nur bestätigt, sondern durch Tellos Entdeckung der Chavín-Kultur im Jahre 1919 noch ergänzt.

Man muß wissen, daß von den Fortschritten, die das 20. Jahrhundert der Archäologie gebracht hat, in den Gebieten südlich des Rio Grande del Norte, der in Texas die Grenze zwischen Anglo- und Spanisch-Amerika bildet, anfangs nur wenig bekannt war. Max Uhle oder auch Charles Bing-

ham, der im Jahre 1911 Machu Picchu entdeckt hat, haben noch ganz in der traditionellen deskriptiven Weise gearbeitet. Sie haben das Land bereist, an den großen spektakulären Schauplätzen der Vorgeschichte gegraben und Architektur, Monumente, Ikonographie, Gräber, Keramik, Gold- und Silberarbeiten beschrieben. Aus ihrem eigenen begrenzten Material – den Keramik-Stilen und Schichtfolgen – haben sie die Zeitabläufe rekonstruiert und daraus nicht nur Daten und Theorien für den Schauplatz selbst gewonnen, sondern auch Schlüsse auf die Menschengesellschaften gezogen, auf die ihre Funde zurückgingen.

Aber die neuen Perspektiven, die sich aus der Arbeitsweise der Amerikaner Alfred Vincent Kidder oder Emil W. Haury eröffnen, haben sie nicht erkannt. Das hätte eine Kursänderung vorausgesetzt, eine neue Interessenlage, die nicht mehr allein auf Bauwerke und Kunst gerichtet gewesen wäre, sondern auch auf den Menschen, seine Umgebung und seine Entwicklung.

Kräftige Farben fallen auf den Keramiken der Nazca-Kultur ins Auge. Hauptmotiv auf diesem 20 cm hohen Trinkgefäß scheint eine Art Katzengott zu sein.

Die Pioniere der Archäologie, die in Nordamerika nach solchen Grundsätzen arbeiten, sind ausgebildete Völkerkundler. Als sie im Südwesten die Kultur der Pueblo erforschen, graben sie nicht nur Keramik und Mahlsteine aus, sondern lassen sich von den Nachfahren der alten Indianer auch über Sitten, Gebräuche und Legenden berichten. Nach dem ersten Weltkrieg gelangt man nach solchen Anfängen dann mehr und mehr zu der Einsicht, daß die Archäologie bei der Identifizierung früher Menschengesellschaften – ihren Organisationsformen, ihrer Umwelt, ihrer Materialkultur, ihrer Mythologie – an die Grenze ihrer Möglichkeiten käme, bliebe sie auf sich gestellt: Die Ethnologie wird zu wertvoller Hilfeleistung herangezogen.

Alfred Vincent Kidder legt im Jahre 1924 den Grund zum Verständnis weiterer Zusammenhänge, als er seine „Einleitung für das Studium der Archäologie des Südwestens"[7] veröffentlicht. Er spricht zunächst davon, daß regional begrenzte Archäologie durchaus einen wichtigen Beitrag zum generellen Verständnis der Vergangenheit des Menschen leisten könne. Wichtiger aber ist dann seine Definition einer Grundlagenkultur, von der in Amerika die Entwicklungen ausgingen.

Der Amerikaner sorgt für hitzigen Streit, als er die früheste Anpflanzung des Maises, der nach seiner Kenntnis zwischen 2000 und 1500 v. Chr. den Rio Grande erreicht hat, im mexikanischen Hochland vermutet. Damit weist er die Richtung, in der während der dreißiger Jahre Mangelsdorf und Reeves sowie während der vierziger Jahre McNeish und andere erfolgreich forschen werden. Es führte hier zu weit, die Errungenschaften zu schildern, deren sich die moderne Archäologie seit Kidder bedient. Sofern die Schilderung eines wissenschaftlichen Weges für unser Thema wichtig ist, werden wir noch darauf eingehen. Vorerst ist es nur notwendig, etwas über die gewandelten Voraussetzungen zu berichten, die gegeben waren, als eine neue Forschergeneration in Südamerika antrat und aufregende Einzelheiten über das Leben der präkolumbischen Bevölkerung sowie den überraschend frühen Beginn der indianischen Zivilisation erkundete. Von diesen Forschern und ihren neuesten Entdeckungen wird noch die Rede sein.

Während der Ruhm der Forscher, die in den Anden gewirkt haben, oft weit über die Fachwelt hinaus erstrahlt und die Konquistadoren – auch wenn einige von ihnen ins Horrorkabinett der Geschichte gehören – jedem Kind bekannt sind, hat man um die Pioniere, die das schwierige Gebirge verkehrstechnisch erschlossen haben, wenig Aufhebens gemacht. Nun ist diese Pioniergeschichte allerdings sehr zögernd geschrieben worden, und es mangelt vielleicht auch an überragenden Figuren. Eindrucksvoll genug aber ist das Kapitel vom Bau der Anden-Eisenbahnen, der in Peru schon 1851 mit der Verlegung der Strecke vom Hafen Callao nach Lima beginnt. Den schwierigsten Schienenweg in die Anden baut der Amerikaner Henry Meiggs. Die Erschließung der Strecke zwischen der Küste Perus und dem Bergbauzentrum La Oroya kostet, ehe im Jahre 1893 der erste Zug sein Ziel erreicht, 7000 Arbeitern das Leben. Die meisten von ihnen erliegen dem berüchtigten Verruga-Fieber, das nach dem Schauplatz dieses Massensterbens, dem Verruga-Viadukt in 1800 m Höhe, benannt wurde. Aber nicht nur das Fieber fordert Menschenleben, sondern auch das unwegsame Gebirge. Wer heute unter noch immer abenteuerlichen Umständen das Eisenbahnnetz in den Anden befährt, ahnt die Opfer, unter denen es verlegt worden ist. (Die Geschichte der Anden-Eisenbahnen ist in der Zeittafel nachzulesen.)

Schienenwege in die Wolken

Die Anden-Eisenbahnen werden dem Reisenden, der sich ein Vergnügen daraus macht, seine Bandscheiben, seine Knochen und seine Eingeweide zu strapazieren, zu einer Quelle wahren Abenteuers. Für die Qualen des Körpers, zu denen beim unerfahrenen Europäer auf manchen Routen noch Hitze, Kälte, Schlafmangel, Hunger und Durst kommen, wird er reich entschädigt.

Schmalspurig balanciert die Bahn an mächtigen Schluchten entlang, schneidet Steilwände an, wird von scheinbar schwankenden Brücken über gurgelnde Flüsse gehoben, klettert mit gewagten Rangiermanövern über atemberaubende Spitzkehren berg- oder talwärts. Binnen Tagesfrist durchquert die Bahn drei, vier verschiedene Klimazonen, verläßt morgens die tropische Meeresküste und kriecht abends schon, nahe der Schneegrenze, über 4000 Meter hohe Pässe. Den Reisenden werden das Leben und die Materie in den Anden wie in einem Querschnitt vorgeführt – Wüsten, Überschwemmungsniederungen, die Schichtungen des Gebirgskörpers, Wasseradern, Seen, archäologische Stätten, Ortschaften, Hazienden, Märkte, das Innenleben von Kneipen, Hütten und Höfen am Schienenstrang. Und schließlich erblickt er staunend, wie sich hoch im Gebirge der weiße Dampf aus dem Kessel der alten „Baldwin Eagle" unter die Wolken des Himmels mischt – so hoch hinaus will in den Anden die Bahn . . .

Das Stichwort „Baldwin-Eagle" signalisiert dem Freund des Schienenwesens besonderen Lustgewinn. Die Anden-Eisenbahnen versprechen ihm nämlich auch technische Superlative, nach denen er anderswo lange suchen kann. Er findet gut 50 Jahre alte Rösser unter Dampf, wie auf der Strecke Quito-Guayaquil den „Adler" aus Pennsylvania, er sitzt gar in fossilen Waggons, die im ausgehenden 19. Jahrhundert aus Spanien importiert worden sind. Er kann mit Gänsehaut die bravourösesten Ingenieurleistungen bewundern, wie das Zickzack schwierigster Spitzkehren in der Steilwand „Teufelsnase" auf der Westseite der ecuadorianischen Hoch-Anden.

In Peru überwindet die Eisenbahn auf der Strecke von Lima nach Oroya mit 4781 m im Galera-Tunnel den zweithöchsten Eisenbahn-Scheitelpunkt der Welt. Auf dieser Strecke von der Hauptstadt ins hohe Landesinnere donnert der Zug nicht nur über die höchste, sondern auch die mörderischste Brücke der Welt: über den Verruga-Viadukt. Im Jahre 1889 und noch zweimal danach mußte die durch Unwetter und Erdrutsche zerstörte Brücke wieder aufgebaut werden.

Auch über die peruanische „Südbahn" gibt es Superlative zu berichten. Von Aerquipa über Juliaca fahren die Züge „El Andino" und „El Charqui" zum höchstgelegenen schiffbaren Gewässer der Erde, von dort bringt die Fähre „Internacional" die Reisenden über den Titicaca-See zum bolivianischen Ort Guaqui am gegenüberliegenden Ufer, von wo er weiter nach La Paz fahren kann.

Die andere „Südbahn"-Verbindung Perus mit dem Zug „El Inti" ist so „aufregend", daß überall in den Waggons Sauerstoff-Flaschen griffbereit liegen müssen. Die Strecke verläuft fast immer auf einer Höhe von über 3500 m von Puno am Titicaca-See über Juliaca, Ayavín, Sicuani nach Cuzco. Die Verlängerung Cuzco-Machu Picchu lockt vor allem Touristen: Dort fährt man auf nur 914 mm breiter Spur vom „Nabel der Welt" über enge Windungen auf einen Bergrücken und dann hinab in das Tal des Vilcanota-Flusses, überwindet bald einen weiteren Paß und ist im Urubamba-Tal. In knapp dreieinhalb Stunden ist die Bahnstation Puento Ruinas erreicht, von wo ein Bus die Besucher in die Inka-Stadt Machu Picchu bringt. Wer will, kann von Machu Picchu nach Norden über Santa Teresa und Chanllay nach Quillabamba reisen. Der stolze Name des Zuges lautet „Huayna Capac".

Eine technische Besonderheit bietet der Zug von Arica an der chilenischen Küste nach La Paz in

Von Arequipa, am Fuße des Misti-Vulkans, nach Puno zum Titicacasee fährt dieser peruanische Zug. Die Passagiere können sogar über ein Schlafwagen-Abteil verfügen, doch werden sie in der aufregenden Höhe kaum zur Ruhe kommen.

Bolivien. Auf dieser Strecke überwindet der längste Zahnradabschnitt der Welt zwischen Zentral und Puquis auf 69,8 km einen Höhenunterschied von 2247 m.

Nur die drei südlichen Anden-Staaten Bolivien, Chile und Argentinien führen nationale Hauptlinien so an die Landesgrenzen heran, daß sie mit einem internationalen, sehr weitmaschigen Netz verbunden sind. So kann man zum Beispiel die 1174 km von der chilenischen Hafenstadt Antofagasta über die Grenzstadt Olagüe nach La Paz fahren. Heute muß man zwar von Antofagasta einen schnellen Bus zur Eisenbahnstation Calama nehmen, die „restlichen" 900 Schienen-Kilometer aber stillen auch den größten Hunger nach Eisenbahn-Romantik. Man ist fast 25 Stunden auf Meterspur unterwegs, und allein auf dem chilenischen Teil der Strecke durchfährt man 199 Tunnel und überbrückt 17 Schluchten.

Wer einen persönlichen Rekord verbuchen will, sollte in Bolivien eine Nebenstrecke bereisen, und zwar von Rio Mulatos nach Potosí, dem berühmt-berüchtigten Bergbauzentrum: Da hält der Zug an der höchsten Bahnstation der Welt. Sie heißt El Condor und liegt 4787 m hoch.

Chile und Argentinien sind durch zwei Strecken verbunden. Die eine vom Hafen Antofagasta zur argentinischen Handelsmetropole Salta im Norden sollte einst Transportwege verkürzen: Der alte Warenweg von Salta aus ging über den Fluß Paraná nach Buenos Aires und dann rund Kap Hoorn. Auf diesem Weg erreichten vor dem Eisenbahnbau Güter den Norden Chiles, die nördlichen Nachbarländer oder gar die Vereinigten Staaten, wenn sie ihr Ziel erreichten. Aber die Zeit ist selbst über solche Fortschritte hinweggegangen. Nur noch der argentinische, 570 km lange Teil der Strecke, die 1920 begonnen und erst nach 28 Jahren eingeweiht worden ist, wird heute noch (zwischen Salta und Socompa) durch die Linie „General Belgrano" befahren; die Chilenen wickeln gegenwärtig den Verkehr zwischen der Grenze und der Küste über die Straße ab. Doch das ficht den Eisenbahn-Fanatiker nicht an: Ihn locken der Prospekt *„Tren a las Nubes"* und die Verheißung, ein Eisenbahnwerk bewundern zu können, „das in Argentinien und sicherlich auf der ganzen Welt nicht seinesgleichen hat". Und in der Tat hat die nordargentinische Trans-Anden-Strecke einiges zu

51

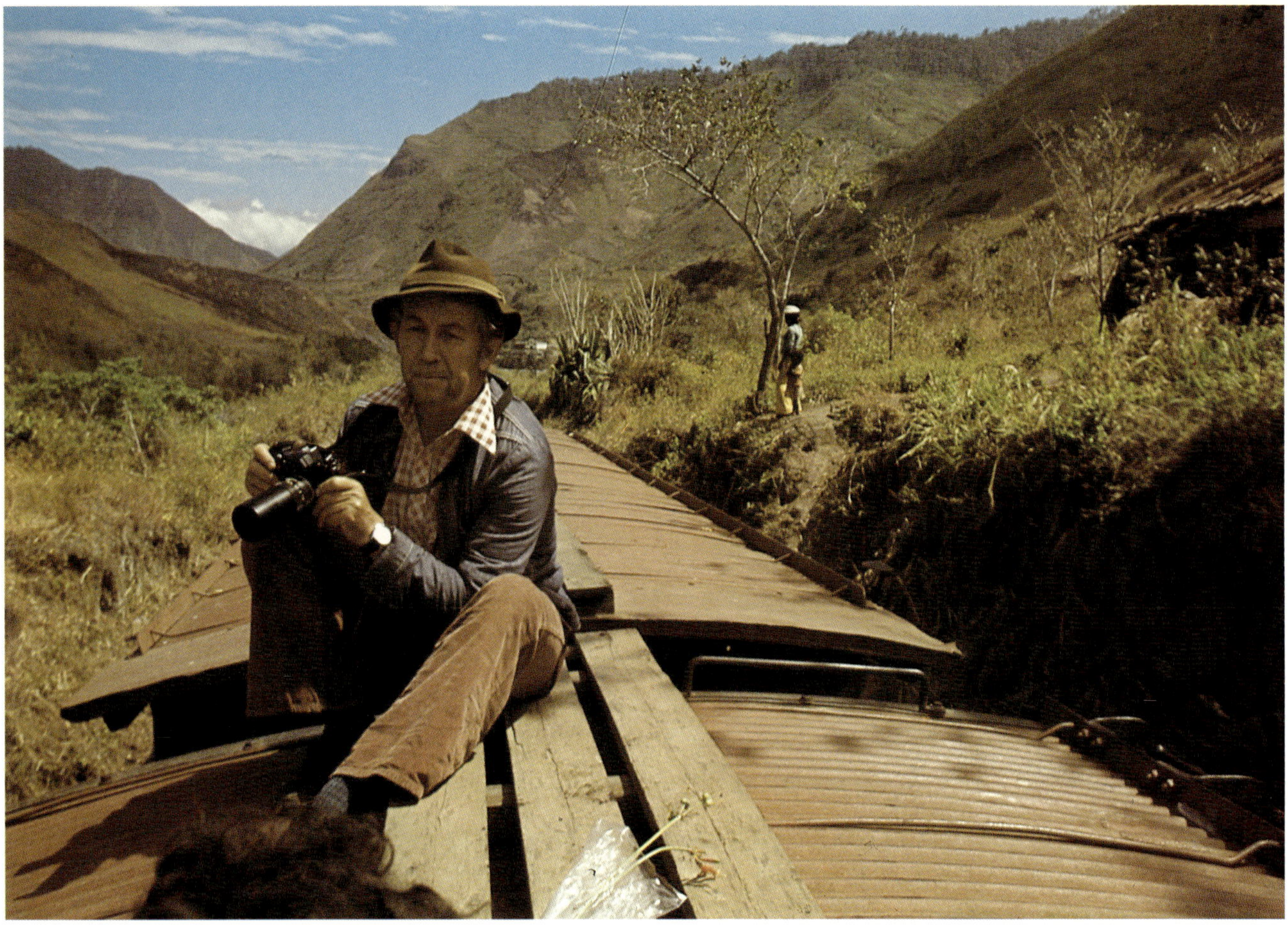

Oben: Auf dem Dach der Eisenbahn hat Erwin Patzelt freies Schußfeld für die Kamera. Auf der Route von Ibarra nach San Lorenzo in Ecuador reisen auch Passagiere mit viel Gepäck auf dem Dach.

Links: Der Zugführer auf der Strecke Ibarra–San Lorenzo „zapft" die Überland-Telefonleitung an, um zu erfahren, ob er mit einem Gegenzug rechnen muß. Er kann alle Gespräche, die über die Leitung laufen, mithören und selber Verbindungen herstellen.

Rechts: Beinahe bis nach Machu Picchu kann man von Cuzco aus mit einer Schmalspurbahn fahren. Endstation ist nach dreieinhalb Stunden Puento Ruinas. Die 2500 m hoch gelegene „Verlorene Stadt" der Inka wurde erst 1911 von Hiram Bingham wiederentdeckt.

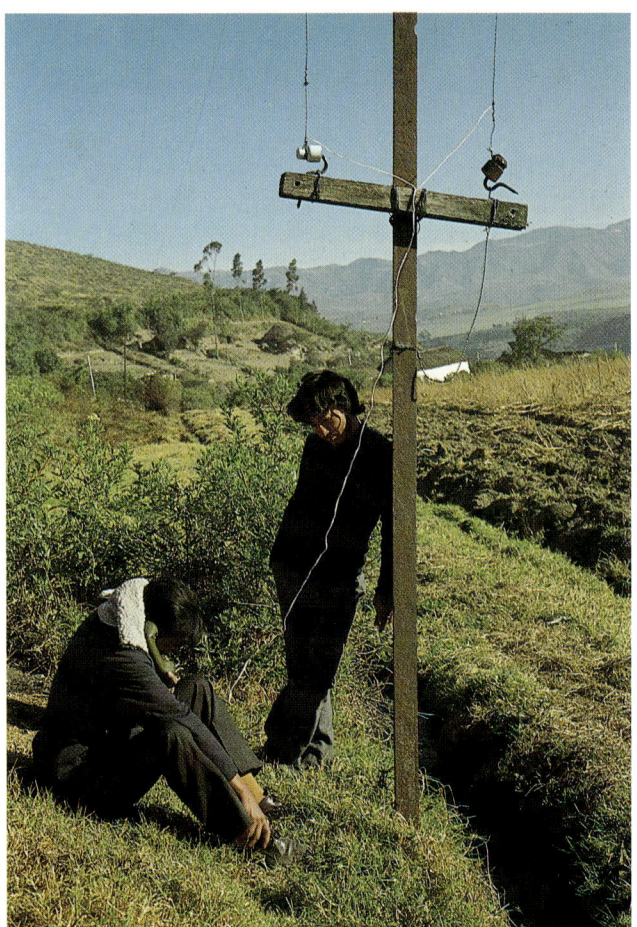

bieten: Schleifen, Tunnel, atemberaubende Spitzkehren in der Felswand, der grandiose Polverillo-Viadukt und einen Scheitelpunkt von 4475 m bei Abra Chorrilis.

Weiter südlich hatte man sich einst vorgenommen, den chilenischen Hafen Valparaiso mit der argentinischen Stadt Mendoza und Buenos Aires zu verbinden. Doch endet das Vergnügen für den heutigen Reisenden schon nach 2½ Stunden, wenn der Triebwagenzug Los Andes erreicht hat. Nach Mendoza reist man also von Valparaiso aus heute mit dem Bus, kommt dann aber ebenso auf seine Kosten; die 1043 km lange Strecke von

Mendoza nach Buenos Aires dampfen die Schnellzüge „El Zonda", „El Libertador", „El Sanjuanino" in „nur" vierzehn Stunden hinüber. Wer will, kann die Linie Valparaiso-Buenes Aires auch von Santiago de Chile aus erreichen; ein 113 km langer Schienenstrang führt von dort nach Llay Llay, wo er auf die internationale Linie trifft. Eindrucksvoll ist auch die Südstrecke der chilenischen Eisenbahn von Santiago de Chile bis hinab nach Puerto Montt. Man muß den „Rapido" wählen, der morgens um acht Uhr Santiago verläßt. Mit dem Nachtzug nämlich gewinnt man die Entfernung im Schlaf, hat aber nichts von der Fahrt durch die Landschaft. Wer die rumpelnden Schmalspurbahnen in den Nord-Anden befahren hat, wird hier überrascht sein: Die Waggons sind sanft gefedert, Klimaanlagen schirmen den Fahrgast gegen die Unbilden des Wetters ab. Man fährt zurückgelehnt in samtene, blaue Pfühle, stellt die Beine auf Fußrasten, wird dreimal am Tage bedient und kann auf der Fahrt in die Araucania alle Aufmerksamkeit der Landschaft widmen.

Höhepunkt des Abenteuers Eisenbahn in den Anden ist eine Fahrt mit dem „Panamericano". Auf der längsten aller Transanden-Eisenbahnstrecken kann man von Buenos Aires über La Paz bis Cuzco fahren, also von Argentinien über Bolivien nach Peru. Allein für die 2667 km von Buenos Aires nach La Paz braucht der Zug, wie es heißt 75 Stunden und 34 Minuten. Der „Panamericano" wird in diesem Jahr 60 Jahre alt. Vielleicht ist das Jubiläum manchem Globetrotter Anlaß für eine Fahrt. Dies ist der Plan (Änderungen vorbehalten):

Abfahrt Buenos Aires	Donnerstag	18.00 Uhr
Ankunft in San Miguel		
de Tucamán	Freitag	13.00 Uhr
Abfahrt von San Miguel		
de Tucamán	Freitag	15.30 Uhr
Ankunft in Jujuy	Freitag	20.50 Uhr
Abfahrt in Jujuy	Freitag	21.45 Uhr
Ankunft in La Quiaca		
Villazé (bolivianische		
Grenze)	Sonnabend	5.45 Uhr
Abfahrt Villazé	Sonnabend	13.00 Uhr
Ankunft La Paz	Sonntag	9.34 Uhr

Den Anschluß nach Peru gewinnt man in der bolivianischen Stadt Viacha, nahe der Hauptstadt La Paz. Dort geht am folgenden Dienstag, 13.30 Uhr, der Zug nach Guaqui, das am Titicaca-See liegt. Man wird von der Fähre erwartet und über den See nach Puno gebracht. Diese Südbahn nun bringt den Reisenden von Puno nach Cuzco und weiter oder von der Abzweigung bei Juliaca nach Arequipa und hinab zum Pazifik. Wer sich also auf das große Reiseunternehmen mit dem „Panamericana" einläßt, wird – sofern er die Augen offenhalten kann - viel viel erleben! Die verschiedenen Charakterlandschaften der Anden werden hier nicht so „stürmisch" erschlossen wie auf den kürzeren Strecken. So macht man bei Jujui auf etwa 1300 m Höhe Bekanntschaft mit einer Welt riesiger Kakteen. Bei Huacalera erreicht die Linie etwa 2000 m und überquert zugleich den Wendekreis des Steinbocks. Auf der weiteren Reise nach Humahuaca erklimmt der „Panamericano" dann typisches Indianerland, das auf etwa 3000 m Höhe liegt. Wenn er Villazón in Bolivien erreicht, liegen die Schienen schon über 3400 m hoch in einer endlosen, menschenfeindlichen Hochebene; dann, auf dem Weg über Rio Mulatos, Uyuni und Oruro nach La Paz, erreicht sie bei Rio Mulatos 3815 m Höhe. Nun durchfährt man den bolivianischen Altiplano.

Wir haben verschiedene Strecken befahren, und einen besonders aufregenden Abschnitt sollte der Leser nun genauer kennenlernen.

Von Quito nach Guayaquil:
Eine atemberaubende Reise

Ein Geheimtip im Lande Ecuador ist die Reise mit der Anden-Bahn von Quito nach Guayaquil. Sie erschließt auf 454 km innerhalb eines Tages, was man anderswo in Südamerika nur unter gewaltigem Zeitaufwand erlebt. Die Kosten sind für Europäer vergleichsweise niedrig: Kaum mehr als für eine Wochenkarte im bundesdeutschen Nahverkehr haben wir ausgegeben. Wählt man die Zeit noch richtig, so kann man bei Indianermärkten aussteigen, im Februar am Fest der „Pflanzen und Früchte" teilnehmen, das die Stadt Ambato in üppige Farben hüllt oder am Lamahandel in Riobamba. Zur Osterzeit entfalten die Hochland-Indianer ihre aus christlicher und eigener Mythologie geprägten Tänze, Märsche und Feste. Die Fahrt durch das Reich der Kondore, der Kolibris und Orchideen wird dann zur Reise in die Vergangenheit. Wohlan!
In manchen vorsichtigen Reiseführern wird man vor der zwölfstündigen Fahrt mit der berühmt-berüchtigten Anden-Bahn gewarnt, etwa so: Es gibt Abschnitte, wie die Steigung zur Narriz del Diablo, zur Teufelsnase, da müssen die Fahrgäste der dritten Klasse aussteigen und schieben. Die in der zweiten Klasse dürfen neben dem Zug herlau-

Auf der Strecke Quito–Guayaquil ist die freie Sicht zum Cotopaxi hinüber selten. Bis zur Höhe von 4300 m verkehrt heute ein Autobus. Die Schneegrenze liegt bei 4800 m. Der Cotopaxi und das Land am Fuße des Vulkans sind zum Nationalpark erklärt worden.

fen, und in der ersten Klasse darf man sitzen bleiben. Wer sich Unsicherheiten dieser Art ersparen will, nehme den Triebwagen.

Bei Dunkelheit noch, gegen 6 Uhr 30, beginnt unsere Reise vom Bahnhof der ENFE (Empresa Nacional de Ferrocarril del Estado), *der fünf Kilometer vom Zentrum der Hauptstadt Quito entfernt liegt. Wir setzen uns in den Triebwagen. Südamerikanische Musik soll die Fahrgäste hier nun für die nächsten Stunden unterhalten. Als hätten die Erbauer der am 25. Juni 1908 vollendeten Strecke einen Sinn für Musik gehabt, schlagen die Waggonräder an den Anschlußstücken den passenden Rhythmus.*

In der grauen Morgendämmerung scheint es dem Reisenden, als schwebe er über den Wolken. Milchige Nebelfelder lagern über dem Hochtal von Quito. Doch nur eine halbe Stunde später leuchtet die weiße Schönheit des Cotopaxi-Kegels im ersten Sonnenlicht. Die Schatten kriechen aus den Tälern – und allmählich wird der Blick frei auf ein Panorama, in dem sich grandiose Gebirgsna-

tur und jahrhundertealte Kulturlandschaft einzigartig verbinden.

Gegen acht Uhr morgens, nachdem man an grasgedeckten Adobehütten der Ketschua-Indios und spärlichem Kiefernwuchs vorbeigefahren ist, kommt man nach Lasso auf 2995 m Höhe. Da nimmt man für umgerechnet sechzig Pfennig ein würziges Rindfleischbrot zu sich, für zwei Sucre einen weniger würzigen Kaffee. Nun ist es so hell, daß der Zugführer das rote Lämpchen vor dem Bild der Jungfrau ausschaltet. Bald passiert der Triebwagen Latacunga und Ambato, zwei wichtige Anden-Städte. Hoch über Ambato halten sich noch immer Eukalyptus-Bäume und die genügsame Agava americana, deren baumhohe Blütenstände Anfang Mai von Kolibris umschwirrt sind. (Keine Frage, daß der Fahrer den Triebwagen anhält, wenn man fotografieren möchte.)

Diese Welt gehört den Hochland-Indianern; auch in gewaltiger Höhe bearbeiten sie noch den Boden. Man sieht ihre Felder fast senkrecht in den Bergen liegen. Nahe bei den Hütten liegen die Pferche, die nachts die Schafe vor Pumas schützen sollen. Nach fünfeinhalb Stunden erreicht der Triebwagen mit der Station Urbina die 3609 m-Marke: Urbina ist der höchste Punkt der Strecke. Hier steigen die Bergsteiger aus, die den Chimbo-

Auf 4000 m Höhe liegen die einsamen Anwesen der Hochpáramo-Indianer. Ihre Lehmziegelhäuser sind mit Büschelgras gedeckt, stachlige Zylinder-Opuntien dienen als Einfriedung.

razo näher kennenlernen wollen. In greifbarer Nähe liegt er, beinahe einladend wirkt der 6227 m hohe Schneegipfel! Er ist es nicht.

Während der Abfahrt ins malerische Riobamba-Becken wird der Triebwagenführer kaum noch auf die Strecke achten. Indianerhütten sausen vorbei, Dörfer, Weiden und tiefeingeschnittene Arroyos. Pferde scheuen – und es gibt keinen Köter, der sich nicht mit dem Vehikel anlegte, die meisten Hunde werden vom Kuhfänger umgebracht. Verlangsamt der Triebwagen die Fahrt, flattern meist Briefe in die Gegend. Die Adressaten finden sie im Gestrüpp.

Riobamba, 52 000 Einwohner und Hauptstadt der Provinz. Wer mit dem Dampfzug fährt, muß hier übernachten. Er schafft den Rest der Strecke nicht bis zum Abend. Anders der Triebwagen. Er läßt sogar Zeit für eine kurze Mittagsrast. Für die indianischen Bewohner der Provinz Chimborazo ist der Ort von alters her der wichtigste Platz für den Lamahandel. Heute gehen auch die Früchte des Feldes von hier auf die Reise und eine Kostbarkeit – Gletschereis.

Während der Abfahrt auf der Westabdachung der Kordillere bleibt die Bahnstrecke noch eine Weile im Angesicht der Schneegipfel. Die schwierigste Strecke steht dem Zug noch bevor. Bald er-

fährt der Reisende, daß der Witz über die Pflichten der Dampfbahn-Passagiere durchaus eine gewisse Berechtigung hat. Hinter dem Ort Alausí, 2600 m über dem Meer, dessen Hauptstraße von der Schiene einfach der Länge nach zerteilt wird, beginnt der Abschnitt, den man Teufelsnase nennt. Der Zug fährt buchstäblich in der Wand, während einige hundert Meter tief unten in der Schlucht der Rio Chanchán in seinem Bett gurgelt. Kommt ein Zug von der Hafenstadt Guayaquil herauf, so hat er über eine Serie von Spitzkehren den über 300 m hohen Steilhang von Sibambe nach Alausí im Zickzackkurs zu überwinden. Die Steigung beträgt fünfeinhalb Prozent. Auf der anderen Seite müssen wir langsam wieder über die Weichen hinabpendeln. Neger aus Panama, die als besonders befähigte Streckenbauer galten, haben die Trasse für die Schienen in den Fels gesprengt. Dieser Bau hat Eisenbahn- und Ingenieursgeschichte gemacht!

Hinter dem Nest Sibambe sehen wir auch eine jener legendären „Eagles" unter Dampf: Baldwyn in Pennsylvania hat sie gebaut. Die Waggons da-

Kontrastprogramm auf der Eisenbahnstrecke nach Guayaquil: die Überschwemmungsgebiete im Bereich der großen Flüsse. Hyazinthen überziehen das Wasser in großen Teppichen. Die Blätter aus Schwammgewebe dienen als Schwimmkörper. Die Hyazinthen (Eichhornia sp.) lassen kein Sonnenlicht durch den Wasserkörper dringen, so daß die Fauna und Flora im Wasser unter ihnen abstirbt.

hinter sollen zum Teil aus spanischen Beständen von vor der Jahrhundertwende stammen. Mit jeder Minute, die man die Fahrt nun fortsetzt, wird der Wechsel der Klima-Landschaft mehr und mehr spürbar. Langsam, hinter dem Ort Huigra, fallen die Kordilleren zurück. Leuchtende Blütenkaskaden der Bougainvillea, Christsterne, Königsbambus und die ersten Palmen leiten den Wandel ein. Mit einem feuchten Luftschwall, der in den Wagen eindringt, kann man die Übermacht des Regens schmecken und riechen. Fincas liegen am Schienenweg. Hier pflanzen keine Indianer in roten Ponchos mehr, hier leben weiße, braune und schwarze Menschen.

Das Lokomotiv-Depot Bucay gehört schon zur Ebene. Der Zug erreicht sie meist gegen 16 Uhr. Wie mit einer Schnur durch die dichte Pflanzendecke aus Bananen, Zuckerrohr, Kaffee und Kakao gezogen, liegt nun die schmale Schiene vor dem Triebwagen. Entspannt löffelt der Fahrer

seine Suppe und läßt den Karren laufen . . .

Immer tiefer geht es hinein in das Guayas-Becken. Links und rechts der Schiene dehnen sich im Mai endlose Marschen, die von den steigenden Fluten des Yaguachi überschwemmt sind. Der Mensch muß sich mit Pfahlbauten über dem Wasser einrichten. Man sieht Pferde, die Einbäume durchs Flachwasser ziehen, Hühner und gar Kälber in Tierkäfigen bei den Häusern, die man bei steigender Flut mit einem einfachen Flaschenzug höher hieven kann. Violette Hyazinthenteppiche, bucklige Zeburinder, weiße Kuhreiher immer im „Kielwasser", nimmt der flüchtige Besucher als fotogene Idylle. In Wirklichkeit macht dieses Paradies dem Menschen schwer zu schaffen.

Nach dreizehn Stunden Fahrt lösen schimmernde Lichter der Hafenstadt Guayaquil das flammende Rot der untergehenden Sonne ab. Man ist überwältigt, müde, schafft gerade noch von Durán die Fähre über den Rio Guayas, um dann drüben irgendwo ins Bett zu sinken. Doch wohl nirgendwo sonst läßt sich eine Reise durch drei Klima-Landschaften schneller und aufregender bewältigen. Vor dem denkwürdigen Jahre 1908, das die beiden grundverschiedenen Landesteile Ecuadors endlich verband, hat man für diese Distanz gut zwei Wochen gebraucht.

2 Das Gebirge

Berge, die im Feuer schwimmen

Wendest Tag und Nacht
von meiner Meerenge nach Santa Marta,
hebst aus den tiefsten Wassern
das Einhorn des Aconcagua hervor ...
Steinernes Fleisch Amerikas

Gabriela Mistral in dem Gedicht „Kordillere"

Ur-Anden, Vor-Anden, Neu-Anden:
Die große Mauer wächst

Der mächtige Faltenwurf im Mantel der Erde, der Amerika gegen den Stillen Ozean hin abgrenzt, ist einer der beiden Gebirgsgürtel, die den Leib der Erde umschließen. Die Geologen nennen ihn den zirkumpazifischen Gebirgsgürtel. Das ganze amerikanische Gebirge säumt mit gut 17 000 km Länge den Westen des Doppelkontinents. Im Norden erheben sich die Rocky Mountains, die in die zentralamerikanische Festlandsbrücke übergehen und durch die Inselkette der Süd-Antillen Verbindung zu den Anden Südamerikas halten.

Wer das zusammenhängende Gebirgsbild der Anden zum erstenmal auf der Reliefkarte betrachtet,

Oben: Erst mit der Auffaltung der Neu-Anden vor sechzig Millionen Jahren, im Tertiär, gewann der Gebirgszug seine heutige eindrucksvolle Höhe. Die größten Kontraste findet man in Nordchile (unser Bild): 14 735 m liegen zwischen der tiefsten Stelle des Atacama-Grabens und dem Gipfel des Berges Llullaillaco.

Rechte Seite: Der Gang der Erdgeschichte, in den sich auch die Entstehung der Anden einfügt.

Zeitalter	Epoche (Zeit in Mill. Jahren)		Flora und Fauna		
Erdneuzeit (Känozoikum)	Quartär (ca. 2)	Holozän (Alluvium)	gegenwärtige Tier- und Pflanzenwelt		
		Pleistozän (Diluvium)	Mammut, Säbelzahntiger, Urpferd Erscheinen des Menschen		
	Tertiär (70)	Pliozän	Entfaltung der Säugetiere Entfaltung der Blütenpflanzen		
		Miozän			
		Oligozän			
		Eozän			
		Paleozän			
Erdmittelalter (Mesozoikum)	Kreide (140)	Oberkreide	Aussterben der Saurier und Ammoniten Vögel		
		Unterkreide	Bedecktsamer, Nacktsamer, Farne		
	Jura (180)	Malm (weißer J.)	Ammoniten, Belemniten, Urvögel Blütezeit der Saurier Schachtelhalmgewächse, Ginkgo, Nacktsamer		
		Dogger (brauner J.)			
		Lias (schwarzer J.)			
	Trias (220)	Keuper	höhere Saurier, erste Säugetiere Entfaltung der Nacktsamer, Schachtelhalmgewächse, Farne, Palmfarne		
		Muschelkalk			
		Bunt- sandstein			
	Perm (270)	Zechstein	erste Saurier Schachtelhalmgewächse, Palmfarne, Nacktsamer, Ginkgo		
		Rotliegendes			
Erdaltertum (Paläozoikum)	Karbon (340)	Oberkarbon	geflügelte Insekten, Lurche, erste Kriechtiere, Blütezeit der Sporenpflanzen, Steinkohlenwälder (Farn-, Schachtelhalm-, Bärlapp- gewächse)		
		Unterkarbon			
	Devon (400)	Oberdevon	Panzer-, Knorpel- u. Knochen- fische, Quastenflosser, Urlurch erste Landpflanzen (Nackt- pflanzen, Bärlappbäume)		
		Mitteldevon			
		Unterdevon			
	Silur (420)	Obersilur	Korallen, Tintenfische, Panzerfische		
		Untersilur	Algen, Pilze		
	Ordovizium (480)	Ober- ordovizium	erste Wirbeltiere (z. B. kiefer- lose Panzerfische) Algen		
		Mittel- ordovizium			
		Unter- ordovizium			
	Kambrium (600)	Ober- kambrium	Wirbellose z. B.: Dreilapper (Trilobit), Armfüßer, Quallen, Korallen, Schwämme, Ringelwürmer, niedere Krebse, Algen		
		Mittel- kambrium			
		Unter- kambrium			
Erdurzeit	Präkambrium	Protero- zoikum	Bakterien Blaualgen, Grünalgen		
		Archaikum	noch ohne Leben		

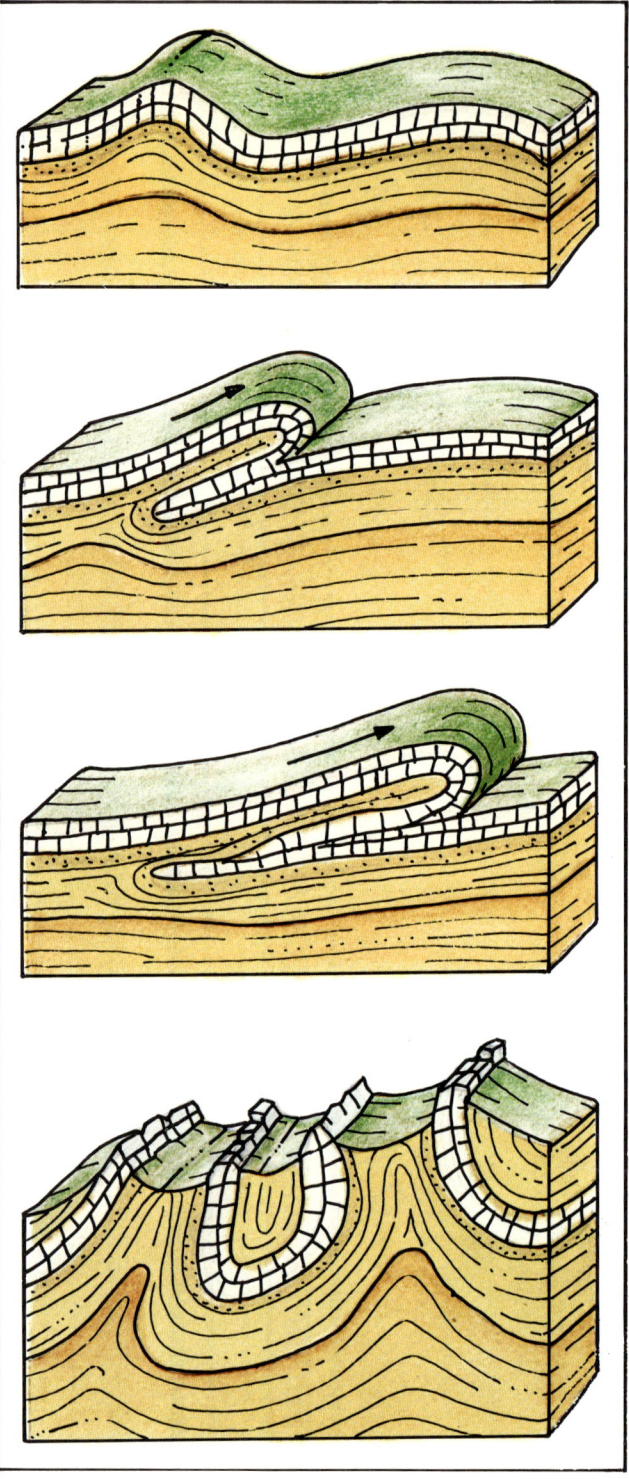

Oben: Ein Stück Erdgeschichte wird an der Straße nördlich von Quito nahe der Ortschaft Tabacundo anschaulich: Die Verwerfungen durch die Auffaltung von Sedimentschichten entstanden im Tertiär.

Rechts: Die Graphik veranschaulicht, wie die Erdschichten während eines Auffaltungsprozesses zusammengepreßt und gefaltet werden. Das so entstandene Gebirge wird von der Erosion angegriffen und im Laufe von Jahrzehntausenden abgetragen.

gewinnt leicht den Eindruck, die gesamte 7 000 Kilometer lange Kette sei in einer einzigen Aufwallung unvorstellbarer Kräfte des Erdinnern entstanden. Doch der Eindruck täuscht.

Viele Jahrmillionen hat der Prozeß gedauert, in dem die Kordilleren geschaffen und ihre vier langen Abschnitte miteinander verknüpft worden sind. An der Gebirgsbildung waren die Ur-Anden, die Prä-Anden und die Neu-Anden beteiligt. Wenn die Anden dennoch als ein junges Gebirge gelten, so verdanken sie dies dem erdgeschichtlich späten Beginn eines Dramas, aus dem ihre stolzesten Berge und eindrucksvollsten Vulkane hervorgegangen sind und das sein Nachspiel noch in unseren Tagen hat.

Im Osten der heutigen südamerikanischen Landmasse war im Zeitalter des Algonkiums, einer Stu-

fe der Erdgeschichte, die auf das Erdaltertum folgte, die Gebirgsbildung schon beendet und hatte das Brasilianische Schild gefestigt. Der Westen dagegen kam nicht zur Ruhe. Während eines Umbruchs im mittleren Präkambrium, dem der Brasilianische Schild seine Existenz verdankt, war nämlich ein weiträumiges Senkungsgebiet entstanden, in dem sich Schichten von Sedimentgestein abgelagert hatten. Sie wurden vor gut 560 Millionen Jahren zur ersten Kette der Ur-Anden gefal-

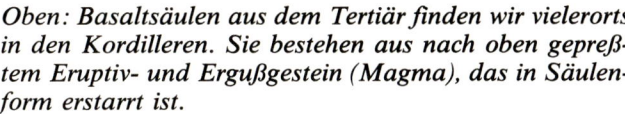

Oben: Basaltsäulen aus dem Tertiär finden wir vielerorts in den Kordilleren. Sie bestehen aus nach oben gepreß-tem Eruptiv- und Ergußgestein (Magma), das in Säulen-form erstarrt ist.

Erstes Bild rechts: Ein natürliches „Diagramm" der Aus-brüche des Chimborazo: Anhand der Ablagerungen kann man die Folge der Ausbrüche, ihre Intensität und die Arten des ausgeworfenen Gesteins unterscheiden. Die Schlacke- und Tuffablagerungen am Rande der Chim-borazo-Hochwüste, der einzigen Puna Ecuadors, sind beim Straßenbau Ambato–Guaranda angeschnitten worden.

Zweites Bild rechts: Je Dunkler die Lava, desto jünger ist sie: Lava-Ausläufer des Llaima-Vulkans in Südchile. Im Vordergrund sind Tuff und vom Vulkan herausge-schleuderte Gesteinsbrocken zu sehen.

Drittes Bild rechts: Dieser Gletscherschliff bei der Inka-Festung Sacsayhuaman über Cuzco stammt aus der letz-ten Eiszeit, die wie die europäische vor 12 000 Jahren en-dete.

Viertes Bild rechts: An den Gletscherschliffen können wir klar die Streichrichtung des Eises ablesen. Dieser Schliff ist nahe der Ortschaft Papallacta in Ecuador in 2800 m Höhe zu finden.

tet. Diese Ur-Anden wurden im Laufe von Jahr-millionen wieder abgetragen.

Im Paläozoikum entstand dann eine neue Mulde, und vor 370 Millionen Jahren wurden die im Sen-kungsgebiet abgesetzten Schichten erneut zusam-mengepreßt und gefaltet. Jetzt tauchten die Prä-Anden aus den Meeresfluten auf, deren Reste zum Beispiel heute in der Königskordillere in Ecuador zu besichtigen sind. Doch auch die Prä-Anden verloren in den folgenden Jahrmillionen durch Verwitterung ihr Profil, wurden eingeebnet und versanken während des Erdmittelalters in einer weiträumigen Senkung der Erdkruste.

Das größte Ereignis in der geologischen Geschich-te der Anden ist schließlich der Zusammenstoß zweier gewaltiger Platten der Erdkruste. Die eine hatte sich vom Ur-Kontinent Gondwanaland ge-

löst und war mit der Landmasse Südamerikas auf dem Rücken gen Westen gedriftet. Als sie sich endlich gut 5000 km von Afrika entfernt hatte, kollidierte sie mit einer ostwärts treibenden Erdplatte, die das ganze östliche Pazifik-Becken mitführte. Der Schub, der die beiden Platten auf ihrer gut 150 km tief liegenden Schicht in Bewegung gebracht hatte, schien vom atlantischen Tiefseerücken zu kommen, wo ein ständig aus dem Erdinnern aufsteigender Magma-Fluß sich über den nordsüdlich verlaufenden ozeanischen Gebirgsrücken ergoß und mit seinen Materialmassen die beiden Platten voneinander wegdrückte. Beim Zusammenstoß der beiden Platten auf der anderen Seite tauchte vor 200 Millionen Jahren die Südamerika-Platte – Geologen nennen sie die Nazca-Platte – tief in das heiße Erdinnere ab, und ihr Rand zerschmolz zu glutflüssigem Magma. Das Ergebnis ist wiederum heute zu besichtigen: Auf dem Relief der Erdoberfläche ist es der Peru-Atacama-Tiefseegraben.

Die Neu-Anden nun wurden vor 60 Millionen Jahren im Tertiär aufgefaltet. Die beiden „Parteien", denen die Neu-Anden ihre Geburt verdanken, sind der uralte Gebirgsstock des Brasilianischen Schildes und dieser Tiefseegraben des Pazifischen Ozeans. Zwischen beiden wurden während Jahrmillionen die Sedimente abgesetzt, ergänzt durch Einschübe flüssiger Gesteinsmassen in tieferen Schichten und durch vulkanische Ausbrüche. Dann preßten Bewegungen der Erdplatten die Schichtpakete zusammen, falteten sie und türmten sie in mehreren Gebirgsbildungsphasen auf, bis sie aus dem Ozean hervortraten.

Zuerst wirkte der Wall noch bescheiden, kam bis zum Quartär kaum über 3 000 m hinaus. Dann, im jüngsten Abschnitt der Erdgeschichte, entstand die heutige, so imposante Gebirgsmauer. Was dieser Gang der Erdgeschichte für die Gestalt der einzelnen Glieder der Anden-Kette bedeutet hat, werden wir noch sehen. Hier sei nur festgehalten, daß die Zentral- und die Hoch-Anden – dies ist der Abschnitt vom Äquator bis zum 38. Breitengrad – als ältester Teil der Kordilleren gelten. Die Süd-Anden, die sich daran anschließend erheben und sich über 17 Breitengrade bis ans Ende von Feuerland erstrecken, wurden im zweiten Akt des Dramas aufgewölbt, nicht aufgefaltet, während die Nord-Anden, die einen Teil Venezuelas, dann Kolumbien und Ecuador durchlaufen, als das jüngste Faltengebirge gelten.

Durch die Auffaltung des Gebirges wurde auch die Fließrichtung der Ströme neu geordnet. Geordnet? Der ersten Phase dieser erdgeschichtlichen Entwicklung wird dieses Wort wohl kaum

gerecht; denn für die Tier- und Pflanzenwelt war sie doch wohl eine Katastrophe: sie ertrank in den Fluten, die sich nun einen neuen Weg durch den Subkontinent suchten. Aber allmählich gewann Südamerika die Gestalt – oder die Ordnung –, die wir kennen. Das Wort „allmählich" umschreibt gut weitere 35 Millionen Jahre.

Nach der ersten tertiären Auffaltung sah das Gebirge nämlich noch nicht so aus, wie es sich heute auf unseren Karten präsentiert. In der Höhe von Ecuador zum Beispiel fehlten noch ganze Glieder, die die Anden zur geschlossenen Gebirgskette, zur Kordillere, machen sollten. Durch das „Tor von Guayaquil" blieb ein schmales Randmeer *hinter* dem Gebirge mit dem Pazifik verbunden. Erst vor gut 25 Millionen Jahren wurde das Tor durch eine neuerliche Auffaltung geschlossen und auch anderen Meeresarmen, zum Beispiel bei Amotape und Vesez, das Wasser abgeschnitten. Den ur-amazonischen Flüssen war nun endgültig der Weg in den Pazifik versperrt. Die Regenfluten, die sich über die Kordilleren ergossen, die alten und die neuen Wassermassen sowie die aus dem jungen Gebirge herausgespülten Mengen ungefestigten Gesteins hoben dann gemeinsam den Spiegel des isolierten Randmeeres und ließen es wachsen und wachsen, bis seine ausgesüßten Wasser die Schwellen eines Beckens überschwemmten, die nach Erkundung der Geologen damals auf der Höhe von Iquitos und Pebas lagen.

Es dauerte weitere 15 Millionen Jahre, ehe der Ur-Amazonas zu fließen begann. Vor zehn Millionen Jahren etwa hat er die gewaltige Niederung, durch die er seinen Weg suchte, vorgeprägt. Doch haben Fluß und Landschaft noch mehrere Katastrophen – bedingt durch das Ansteigen des Meeresspiegels, durch Eis- und Warmzeiten und auch Bewegungen der Erdkruste – durchgemacht, ehe vor 10 000 Jahren das Amazonas-Becken die Gestalt gewann, die wir heute kennen.[1]

Zurück ins Gebirge. So merkwürdig es klingt, trifft es doch zu, daß die Schöpfungsgeschichte des Gebirges noch immer nicht abgeschlossen ist und wohl niemals sein wird. Das Bild also, das wir hier zeichnen, hat vorläufigen Charakter. Es hat in großen Zügen die Gestalt einer Sichel.

Im Norden Südamerikas, etwa der Form der Küste entsprechend, beschreiben die Anden zunächst einen weiten Bogen. Die Sichel hat ihre Spitze in Venezuela auf der Höhe der Insel Trinidad und endet etwa bei Arica im Norden Chiles. Nach dem großen Anden-Knick verläuft die Gebirgskette genau nach Süden und bildet den Griff und – um in unserer Metapher zu bleiben – am Ende des Kontinents den Knick des Griffs.

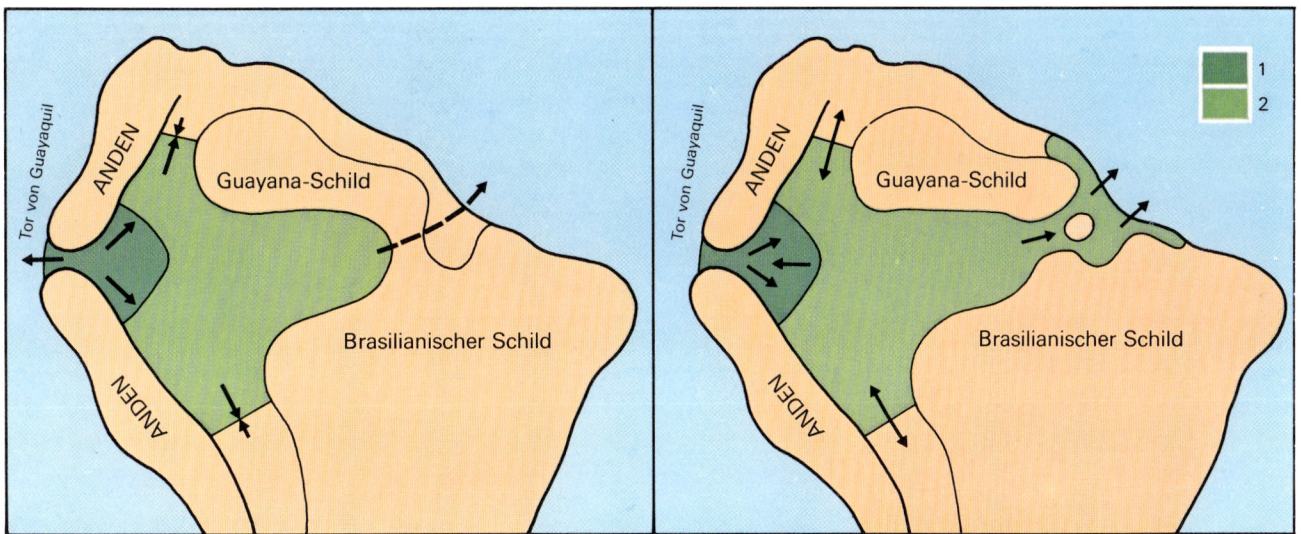

Der Nordteil Südamerikas vor 26 Millionen Jahren, während des Miozäns: Die Gebirgskette ist noch nicht geschlossen. Durch das „Tor von Guayaquil" greift ein Meeresarm durch die Anden und versorgt ein Randmeer hinter dem Gebirge, bis sich die Kette allmählich schließt

(nach Katzer, 1903). Geologen in unserer Zeit vermuten, daß das Niederungs- und Einzugsgebiet größer gewesen ist, als Katzer angenommen hat. Farbfeld 1 zeigt in den beiden ersten Skizzen die Brackwasser-, Feld 2 die Süßwasserzone.

„Belterra-Meer" nennen Geologen die gewaltige Niederung Südamerikas, die vor zwei Millionen Jahren überflutet worden ist. Ihren Namen hat sie nach den charakteristischen Ablagerungen, dem Belterra-Ton. Farbfeld 1 zeigt die weithin überflutete Formation des Miozän, Feld 3 die alten Gebirgsschilde von Guayana und Brasilien mit den überfluteten Rändern (Feld 2). Feld 5 gibt paläozoische Formationen mit ihren Überflutungszonen (Feld 4) wieder (links).

Die jüngste Entwicklung: Sie ist zunächst durch das Ansteigen des Meeres im Quartär gekennzeichnet. Nach Perioden des Stillstandes zog sich das Meer im Pleistozän zurück, und das Amazonas-Tal wurde weiter ausgestaltet. Farbfeld 1 zeigt die quartären Sedimente in Tälern, die während des Pleistozäns entstanden sind. Feld 2 umreißt die Ablagerungen des Tertiärs sowie während der Eiszeit umgelagerte und pleistozäne Sedimente. Die Felder 3 und 4 zeigen die ältesten Formationen.

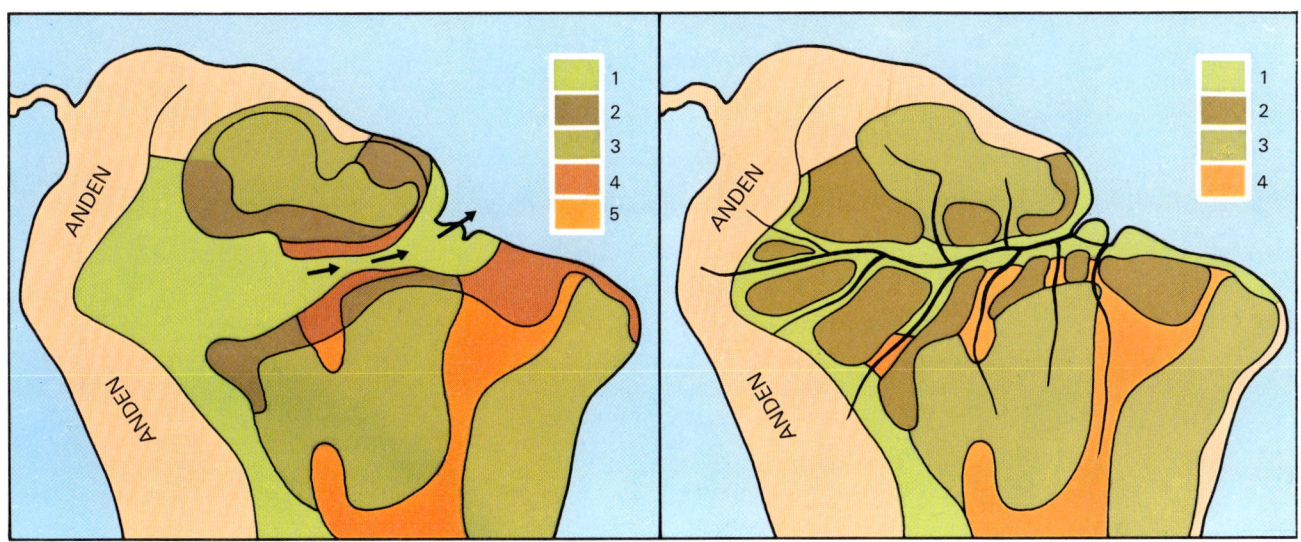

Die Nord-Anden von Venezuela bis Ecuador

Wer von Europa nach Südamerika kommt und sich dem Flughafen der venezolanischen Hauptstadt Caracas nähert, erblickt beim Landeanflug eine harmlose Hügelkette, deren rotbraune, flache Flanke zur Karibischen See hin von bunten Häusern und Hütten übersät ist. Der Reisende wird es kaum glauben: Er hat die Ausläufer des größten Tropengebirges der Welt vor sich.

Das Küstengebirge Venezuelas läßt die späteren Höhentriumphe der Anden wirklich kaum ahnen. Doch das Bild ändert sich. Bei klarem Wetter überschaut man auf der Weiterreise schon bald mächtige Gebirgsformen, deren kühne Gipfel drei berühmte Namen tragen: der Pico Bolívar ist der erste Fünftausender der Anden, während die Zwillingsgipfel Pico Humboldt und Pico Bonpland knapp unter 5 000 m bleiben.

Alle drei Bergriesen krönen die Cordillera de Merida, die einen weit nach Venezuela hineinreichenden Teil der Ost-Kordillere Kolumbiens ausmacht. Sie hat zwei Äste, deren Gabelung nördlich der 5 433 m hohen Sierra Nevada de Cocuy liegt. Wie Zinken einer Stimmgabel, die weit um die Bucht von Maracaibo herumgebogen sind, wirken sie auf der Reliefkarte. Der nördliche Ausläufer der Anden heißt Cordillera de Perira und erreicht auf der Halbinsel Guajera die karibische Küste. Die vorgelagerten Inseln unter dem Winde gelten geologisch als letzte Bastion der Anden.

Das tiefe Längstal des Rio Magdalena, ein tektonisch angelegter Graben, der im Tertiär von einem Arm der Karibik überflutet worden ist, trennt in Kolumbien die Ost- von der Zentral-Kordillere. Der gewaltige Strom entwässert den Westhang der Ost- und den Osthang der Zentral-Kordillere.

Gut 1 000 m höher als der Magdalena-Fluß schneidet der Rio Cauca das zweite große Längstal in die Landschaft von Kolumbien ein und trennt so die West- von der Zentral-Kordillere.

Alle drei Kordillerenstränge haben entsprechend ihrem Alter und erdgeschichtlichem Schicksal ihr eigenes Gepräge. Die West-Kordillere Kolumbiens gehört mit der Zentral-Kordillere zu den beiden älteren der drei nord-andinen Gebirgsketten. Sie trägt eine Decke aus Ablagerungen des Jura und der Kreide über einem Gebirgskörper aus kristallinen und metamorphen Schichten. Nur mit ihrem Vulkan Cumbal erreicht sie die „bescheidene" Höhe von 4 764 m. Doch imponiert die Geschlossenheit des Gebirgszuges, der nach zunächst ganz gerader Nord-Süd-Bewegung mit zwei Ausläufern den Golf von Darién umfaßt.

Die Zentral-Kordillere ist aus präkambrischen, kristallinen und paläozoischen, also uralten Gesteinsschichten aufgebaut, wird aber von jungen, tätigen Vulkanen überragt, von denen der Huila, der Tolima und der Ruíz vergletscherte Fünftausender sind. Dieser Gebirgsstrang hat eine ganz eigenartige Gestalt: Er nimmt an Höhe ab und an Breite zu, je weiter wir nach Norden kommen. Dort bildet er zunächst das Hochland von Antioguia, um schließlich im Schwemmland des Mündungsgebietes von Cauca und Magdalena zu versinken. Doch vor der Küste taucht er plötzlich als mächtiger Klotz wieder auf: Als Sierra Nevada de Santa Marta überragt die Kordillere nun mit dem 5 775 m hohen Pico Cristobal Colon alle Berge Kolumbiens!

Juniorpartner der beiden Gebirgszüge ist die Ost-Kordillere. Im Tertiär und noch in der Eiszeit wurde sie zu einer durchschnittlichen Höhe von 3 000 bis 4 000 m und einer stolzen Breite bis zu 200 km aufgefaltet. Ihre Hänge umschließen fruchtbare, ausgedehnte Hochebenen, von denen die Sabana von Bogotá die größte ist. Sie wurde im Pleistozän zunächst von einem See eingenommen, doch später von dem nach Westen durchbre-

Rechte Seite: Ausläufer der Anden nördlich von Caracas bei Macuto in Venezuela. Unter der Strauch- und Sukkulenten-Vegetation tritt klar der für dieses Gebiet typische Lateritboden zutage.

Ein Durchlaß, den sich der Rio Pastaza durch härtestes Urgestein erzwungen hat: Zwischen Baños und Puyo in Ecuador hat sich der Fluß 50 bis 60 m tief in den Boden eingeschnitten.

chenden Rio Bogotá entwässert, der über einen Wasserfall in das Tal des Rio Magdalena stürzte. Früher konnte man, wenn man sich auf dem kurvenreichen Weg von Villavicencio zur Hauptstadt Bogotá befand, das Donnern dieses Tequendama-Wasserfalls weithin hören.

Wo wir heute nur noch jammervolles Rauschen vernehmen und ein schmalen Rinnsal betrachten können, weil die Wasser des Rio Bogotá einem Kraftwerk zugeführt werden, sah der Geograph Walter Hellmich ein Naturwunder: „Nachdem er etwa 400 m unter das Niveau der Höhe von Bogotá gesunken ist, wirft sich der Fluß, über 20 m breit, zuerst über einen kleinen Absatz von neun Metern, darauf in einem einzigen großartigen Bogen mit seiner vollen Wassermasse in die grausige Tiefe – eine Tiefe, in die das menschliche Auge nicht reicht. Denn dort unten kommen die Wassermassen nur zu Tropfen zerstoben an und steigen sofort als dichte Nebel wieder auf. 146 m stürzt der Fluß hinab, dreimal so tief wie der tiefste Fall des Niagara."[2]

Der Tequendama ist dahin. Doch grandiose Landschaftsbilder sind geblieben. In Buenavista zum Beispiel – der Name des Ortes verrät den schönen Blick – schaut der Besucher von der Terrasse der Ost-Kordilleren auf die unendliche Trockensavanne der Llanos, überblickt die Bänder ungezählter Wasserläufe, die, manchmal noch von Galeriewäldern gesäumt, dem Orinoko oder dem Amazonas zufließen.

Auch die Fahrt auf dem lehmig-gelb durch sein Längstal dem Karibischen Meer zuströmenden Rio Magdalena bietet unvergeßliche Eindrücke. Eine Weile, nachdem der *Vapor Expreso de Lujo* sich aus dem Schatten der Gebirgshänge freigeschwommen hat, gleitet der Dampfer auf dem Fluß durch eine weite Palmensavanne mit stattlichen *cuinagas:* das sind von Hyazinthen *(Eichhornia)* überwucherte Flachwasser, die manchmal ein dicker Waldkranz umgibt. Die dem Wasser fernen Hügel dagegen, die *lomas,* sind schon von Dürrepflanzen überzogen – von Dornensträuchern und Kakteen. In der Tierwelt hier entdeckt man überrascht viele Vertreter Mittelamerikas. Augenfällig sind die Basilisken, „mittelgroße, flinke Eidechsen mit abenteuerlichen Kämmen, die – nur auf den Hinterfüßen laufend – mit hocherhobenem Schwanz dem Wasser zueilen, sich von den hohen Uferbänken in kühnem Sprunge hineinstürzen, zu Wurzeln und Astwerk ... hinüberschwimmen und von dort in rasender Geschwindigkeit unter seitlicher Bewegung des Schwanzes ... auf der Wasserfläche entlanglaufen."[3]

Wir reisen nun weiter nach Süden dem Äquator zu. Je näher wir der Grenze Ecuadors kommen, desto dramatischer wird der Anblick der Gebirgsnatur. Wie ein mächtiger Riegel, der das Tor zur dahinter liegenden Landschaft versperrt, schiebt sich bei Pasto der Nudo de Pasto ins Bild und verknotet die drei Gebirgsstränge Kolumbiens miteinander.

Die Ecuadorianer haben dem scharfen Landschaftsprofil ihres Staates die drei charakterisierenden Namen Litoral oder Costa für die Küste, Sierra für die Gebirgszüge und Oriente für das vom Fuße der Ost-Kordillere in die weite Amazonas-Niederung abfallende Gebiet gegeben.

Schaut man näher hin, so entdeckt man, daß auch die Küste ihre – wie es so schön im Fachdeutsch heißt – „zweitrangigen" Bergzüge hat, die dem Verlauf des Landsaums am Meer folgen oder sich am Rande der Flußniederungen erheben. In Kolumbien ist das Küstengebirge im Laufe der Erdgeschichte abgesunken. In Ecuador wird es durch die von der Mitte der westlichen Kordillere abzweigenden und durch Flußniederungen unterbrochenen Hügelketten des Cerro de Samborondon gebildet, die sich jenseits des Rio Guayas in der kleinen Cordillere Colonche-Chongón fortsetzen. Ihre Existenz schreibt der deutsche Geologe Walther Sauer einer starren Plattform zu, auf deren Ränder sie durch gebirgsbildende Pressungen aufgeschoben worden sind.[4] Eine weitere kleine Bergkette läuft bei der Stadt Bucay im Bogen von der West-Kordillere aus nach Südwesten. Sie versinkt zum Teil in Flußniederungen, taucht aber wieder auf und hat im Hügel Punta Piedra am rechten Guayas-Ufer ihre letzte Erhebung.

Der Rio Guayas ist der mächtigste aller Flüsse, denen von der Wasserscheide der Anden der Weg nach Westen in den Pazifik gewiesen wird. Er entfaltet sich mit seinen stattlichen Nebenflüssen Babahoyo, Daule und Vinces-Quevedo in der weiten Niederung zwischen dem Hügelland und dem Fuß der Sierra. Diese Depression gehört zur großen „Bolívar"-Geosynklinalen.

Südlich der Flüsse Yaguachi und Naranjal läßt dann die Hauptkordillere keine ausgedehnten Niederungen mehr zu. Ihre nach Südwesten verlaufenden Kämme rücken bis auf 30 und gar 20 km an die Küste heran.

Wer sich der Kordillere von der Küste Ecuadors her zum ersten Male nähert, hat schon den Eindruck, er laufe auf eine ungeheure Säge zu. Das Sprachbild *sierra* stimmt also: Die scharfen Grate und Zacken der Berge erinnern an die Zahnreihen einer Säge. Wie schon über Kolumbien erstrecken sich auch über das nördliche Ecuador zwei parallele Gebirgsketten. Die West-Kordillere ist die Fortsetzung der kolumbianischen West-Kordillere, während die ecuadorianische Königskordillere südlich des Querriegels von Pasto als Weiterführung der Zentral-Kordillere Kolumbiens angesehen wird. Beide – die West- und die Königskordillere – sind mit ihren Horsten durch die breite Senke eines Grabeneinbruchs getrennt. Dieser inter-andine Graben verläuft aber nicht ungestört. Über 3 000 m hohe Gebirgsschwellen, meist aus Lava gebildet, unterteilen den Graben in Becken. Von den Ecuadorianern werden sie *nudos,* das heißt Knoten, genannt, weil sie an die Wachstumsknoten des Bambus erinnern. Das nördlichste Becken Ecuadors ist das Becken von Ibarra. Diesem folgen die Becken von Quito, Latacunga-Ambato, Riobamba, Cañar, Azogues-Cuenca und Galaceo-Sigsig. Viele Flüsse, eindrucksvoll meist

schon kurz nachdem sie den Lauf begonnen haben, entwässern die verschiedenen Becken abwechselnd einmal zur amazonischen Tiefebene, einmal zum Pazifik hin. Alle aber übertrifft der Rio Pastaza, der mit bohrender Kraft nach Amazonien durchbricht.

Eine den Geologen lange Zeit unbekannte dritte Kordillere, die durch eine Depression vom Körper der Königskordillere abgespalten worden ist, hat der Ecuadorianer Andrade Marín erst in unserem Jahrhundert entdeckt. Er hat ihr den Namen Sacha Llanganatis gegeben. Das bedeutet Wald-Llanganatis und soll darauf hinweisen, daß der Autor dieses Zweig-Gebirge nur als einen Teil des Llanganatis-Gebirges betrachtet, das zur Königskordillere gehört. Walther Sauer, der das unwirtliche und noch viele Geheimnisse bergende Llanganatis-Gebirge in neuerer Zeit erkundet hat, aber ist ganz sicher: „Tatsächlich ist der Cerro Abitagua . . . als die dritte Kordillere anzusehen."[5] Sauer hat die breite Längsfurche, die für die Scheidung von der Königskordillere sorgt, genau erforscht und beschrieben.

Im Süden Ecuadors nun wird der Verlauf der Gebirgszüge beträchtlich gestört. Während die Königskordillere, die jetzt Cordillere Oriental heißt, immer parallel zur West-Kordillere, genau von Nordosten nach Südwesten verläuft, zweigt ein mächtiges Massiv, und zwar die Kordillere von Zamora, nach Süden ab. Ein Zwischengebirge, das kaum die 2 000 m Höhe überschreitet, schiebt sich mit seinem Bergfächer zwischen die Zamora- und die Königskordillere, die nach West-Süd-West abbiegt und in die Küstenkordilleren von Tahuín und Larga übergeht. Im Westen, an der Küste Perus, endet die Königskordillere gar nicht königlich mit den Bergen von Amotape. Die eigentliche West-Kordillere Ecuadors hat ihr bescheidenes Ende schon zuvor in der Kordillere von Mullepungu gefunden. Der Fluß Jabones trennt sie mit seiner tiefen Schlucht vom stolzen Neubeginn der Kordillere von Chilla.

Noch eine andere bescheidene Berggruppe wird gelegentlich als dritte Kordillere angesehen, obwohl sie mit ihren mäßigen Erhebungen den Wald-Llanganatis nicht viel entgegenzusetzen hat. Das sind, schon dem Oriente zugehörig, die von amazonischem Bergwald überzogenen Höhen der Cordillera de Cutucú und der Cordillera Condor im Südosten.

Die Galerie der Vulkane

Auf einer Liste der Naturwunder von Weltrang müßten Ecuadors Vulkane ganz oben stehen. Auch andere Länder haben eindrucksvolle Vulkane. Aber eine solche Serie phantastischer Kegel, die dem wilden, urtümlichen Gezack des Faltengebirges hier in den Nord-Anden Harmonie der Formen, Eleganz und bedrohliche Majestät verleihen, hat wohl nur Ecuador aufzuweisen.

Zwischen Pasto an der Grenze zu Kolumbien und Chita nahe der Grenze zu Peru haben wir 38 Vulkane gezählt. Fährt man von Tulcan auf der Panamericana über Quito nach Riobamba, so sieht man ihre bei weitem eindrucksvollste Versammlung. Wären sie nicht so oft von Wolken verhangen, könnte man meinen, die Vulkane stellten sich bewußt zur Schau – so nahe rücken sie an die Straße heran.

Die Galerie der Vulkane präsentiert auf dem Weg von Norden nach Süden links und rechts der Straße zuerst den Chiles und den El Relado, dann den Yanauca und den Cotacachi, weiter den Imbabu-

Ein aufregender Blick in den Krater des Cotopaxi: Leichter Rauch, der sich aus der Distanz kaum wahrnehmen läßt, zeigt an, daß dieser Vulkan noch nicht zur Ruhe gekommen ist.

Der Tungurahua in Ecuador ist ein Schichtvulkan. Für die Bewohner der Umgebung ist er über Jahrhunderte eine Bedrohung gewesen. Naive Gemälde in der Kirche von Baños zeugen von den durch seine Ausbrüche ausgelösten Schrecken.

ra, den Mojanda, den Cayambe und den Casitagua. Der Hauptstadt Quito rücken der Pichincha und der Ilalo bedrohlich nahe. Das Stück der Panamericana, das im Süden der Stadt anschließt, hat sogar den Beinamen „Straße der Vulkane". Wir wollen sie nicht alle nennen, aber einige doch, die wegen ihrer Schönheit und Höhe berühmt und wegen ihres Wütens berüchtigt sind. Zu ihnen gehören der Antisana, der Cotopaxi, der zweispitzige Iliniza, der alles überrragende Doppelvulkan Chimborazo, der Tungurahua und der Sangay.

Dem ungeschulten Auge bieten sich die meisten Vulkane beinahe einheitlich mit dem klassischen Kegel dar, dem von etwa 4 800 m Höhe an weiße Schnee- und Gletscherhauben aufgesetzt sind. Lediglich an dem Berg El Altar, östlich von Riobamba, fällt ein zerstörter Gipfel auf, der wie von einem gewaltigen Ausbruch abgesprengt erscheint. Der Geologe spricht indessen von „erstaunlicher Vielfalt".

Die Bibel hat nicht recht, wenn sie sagt, ewig seien nur die Berge. Das gilt nur, wenn man Ewigkeit an der Spanne des Menschenlebens mißt. Auch die Berge werden vom Alter angegriffen. Wasser und Eis nagen an ihrer Gestalt. An ihren Formen kann man den Grad der Zerstörung erkennen, den die Gletscher angerichtet haben. Die Wirkung hängt vom Alter, von der Härte des Gesteins und von der Höhe des Vulkans ab.

Alte Vulkane wie der abenteuerlich deformierte Cayambe und auch der Antisana wurden von mehreren Vereisungen heimgesucht. Während die Gebirgskette im Pleistozän an Höhe gewann und die Temperaturen während der Eiszeit sanken, breitete sich die Hochgebirgsvereisung aus.

Die Erwärmungsphasen zwischen den Eiszeiten hingegen zwangen die Gletscher wieder zum Rückzug. Das Wirken solcher erdgeschichtlichen Kräfte können wir sogar von fern an den Vulkanen ablesen. So ist zum Beispiel der Kegel des Cayambe durch große Gletscher zerstört; der Kegelmantel weist tiefe Schnitte auf. Der Iliniza hat keine Caldera mehr; seine zwei Spitzen wirken wie die Reste einer geschleiften Burg. Das gilt auch für El Altar. Selbst der Chimborazo zeigt tiefe Wunden, die das Innere seiner östlichen Flanke bloßlegen, dort liegt der ältere Teil des Vulkanriesen, der – wie auch der alte Cotopaxi – einen zerstörten Kegel hat. An allen diesen Bergen

hat die Gletschererosion natürlich auch gewaltige Moränen aufgehäuft.

In den südlichen Kordilleren Ecuadors ging es nicht so dramatisch zu. Der Vulkanismus hatte seine Höhepunkte dort schon im Pliozän. Im Pleistozän, das den nördlichen Gebirgszügen seine herrlichen Eisdome bescherte, herrschte hier schon Ruhe. Deshalb sind wohl auch nur wenige Berge der West-Kordillere im Süden höher als 4 000 m. An Gesteinen – dies hat Walther Sauer erforscht – „treten hier die gefalteten Sedimente des Miozäns in den Vordergrund. In großer Ausdehnung sind sie gekappt, zur Fast-Ebene umgewandelt und von vulkanischen Decken überkrustet.[6]

Die Grenzen, in denen sich heute in den tropischen Gebirgszügen während des ganzen Jahres Schnee hält, liegen etwa zwischen 4 700 und 4 900 m. Während der Vergletscherungen im Pleistozän lagen sie um mindestens 600 m tiefer. Nach der Entdeckung von Firnmulden an den Osthängen des Pichincha vermutet man die Schneegrenze der letzten Eiszeit gar um 1 700 m unterhalb der gegenwärtigen. Nur im Süden Ecuadors blieben die Gletscher wegen der bescheideneren Höhenverhältnisse hinter denen der nördlicheren Gebirgszüge zurück.

Zwischen zwei Vulkanen: Vom Fuße des Vulkans Pichincha über den Norden der Stadt Quito hinweg reicht der Blick zum Cotopaxi mit dem Pasochoa-Krater (rechts).

Vier Vulkane in Ecuador – der Cotopaxi, der Tungurahua, der Sangay und der Reventador – sind so unruhig wie eh und je.

Ranghöchster unter ihnen ist mit 5 897 m der Cotopaxi, einer der höchsten tätigen Vulkane der Welt. Er erhebt sich auf einem leicht aufgewölbten Sockel über einer Basis von 20 km Durchmesser. In den seltenen wolkenfreien Stunden kann man sehen, wie sich sein Kegel aus der Hochebene zunächst mit sanften Hängen erhebt, deren Neigung zum Gipfel hin immer kühner wird, bis sie schließlich über 40 Grad erreicht. Die weiße Kapuze des Vulkans bedeckt nahezu 900 m. Auf der Amazonas-Seite sind die Gletscherzungen länger, weil hier reichere Niederschläge fallen. Aus der Ferne wirkt der Kegel makellos, doch aus der Nähe sind die tiefen Furchen, die die Lawinen und Schmelzwasser im Kegelmantel ausgekolkt haben, nicht zu übersehen.

Die Ecuadorianer können die Schönheit des Cotopaxi nicht so sorgenfrei genießen wie die Besucher ihres Landes. Sie erinnern sich seiner wütenden Eruptionen. Seit die Weißen in den Anden

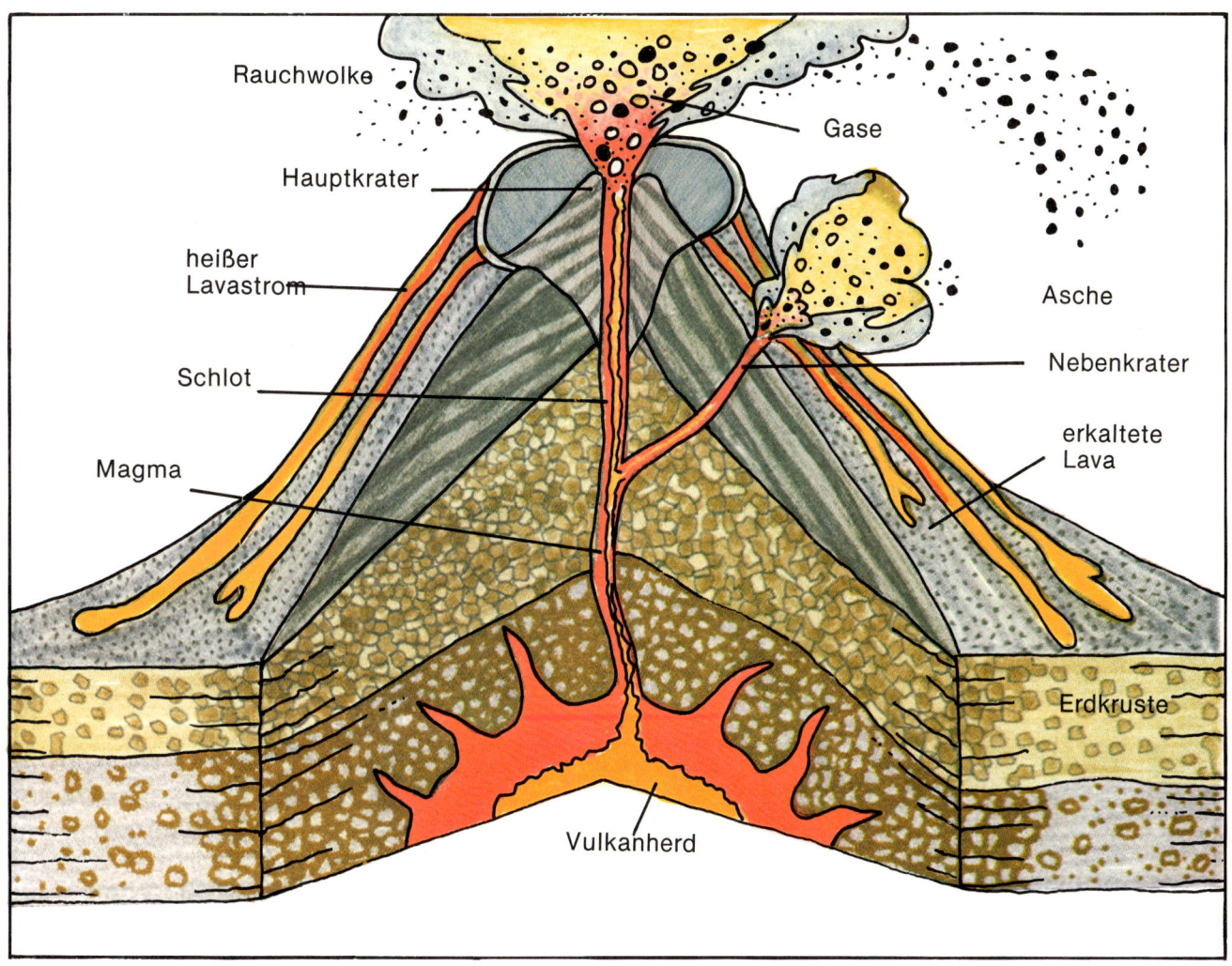

Rauchwolke

Gase

Hauptkrater

heißer
Lavastrom

Asche

Schlot

Nebenkrater

Magma

erkaltete
Lava

Erdkruste

Vulkanherd

Querschnitt durch einen tätigen Vulkan mit dem Herd, dem Hauptkrater und einem Nebenkrater. Die feurig-flüssige Lava hört bereits zehn Minuten nach dem Austritt zu glühen auf.

Geschichte schreiben, haben sie viele verheerende Lavaströme registriert, die Land und Leute unter sich begruben, sowie Schlammflüsse, deren Wirkungen mindestens ebenso furchtbar waren. Sie entstanden, wenn die heißen Massen aus Asche, Sand und Bimsstein, die der Vulkan bei einem Ausbruch in die Luft schleuderte, tonnenweise auf seinen Eismantel trafen, Teile der Decke ab-schmelzten und sich dann zusammen mit dem gewaltigen Schwall Schmelzwasser über das Land am Fuße des Berges ergossen. Avenidas nennt man diese Schlammströme. Wer sich ein Bild von ihrer Gewalt machen will, sollte bei der Ortschaft Mulato den „Quilindusi" besuchen. Das ist ein Andesit-Block von 48 m Umfang, der in einer Avenida hierher getragen worden ist.

Die Amazonas-Achse

Die Königskordillere Ecuadors wird im Süden zur Küste hin abgelenkt und läuft aus in einer Gebirgskette mit den Namen Larga, Tahuin, Amotape. Die Kordillere von Amotape ist schon peruanisches Gebiet. Einige Geologen nehmen nun an, daß die Königskordillere regelrecht auf den Kurs einer sogenannten Achse einschwenkt, die sie Amazonas-Achse nennen. Auf der Südseite dieser Achse liegen „die peruanischen Kordilleren in ihrer Richtung spiegelbildlich (symmetrisch) zu den ecuadorianischen".[7]

Die Amazonas-Achse soll die „Nahtstelle" sein, an der Druck und Gegendruck zweier Ur-Kontinente – des nördlichen Ur-Kontinents Laurentia und des südlichen Ur-Kontinents Brasilia – sichtbar werden. Diese tektonischen Kräfte erwachten vor mehr als 65 Millionen Jahren zu Beginn des Tertiärs. Zu ihren Hinterlassenschaften – unter anderem zahlreiche Pressungen parallel zu den Meridianen – gehören das Amazonas-Becken und die Amazonas-Achse. Hier an der Achse endet im nordöstlichen Peru auch, was Walther Sauer die „nord-andine Kardinal-Kordillere" genannt hat. Sie beginnt als Zentral-Kordillere von Kolumbien am Ozean, zieht sich als Königskordillere durch Ecuador, durchläuft den Westzipfel Perus und endet am Pazifik. Trotz der zahlreichen Störungen sieht Sauer sie als eine „morphologische Einheit", die beherrschenden Einfluß auf die Struktur des südamerikanischen Nordwestens hat.[8]

Die Zentral-Anden von Peru bis Bolivien

Zwar haben Geologen in Peru die verwirrende Fülle von 24 einzelnen Gebirgsketten festgestellt, doch bilden auch hier die beiden parallel laufenden Hauptzüge der Cordillera Occidental und der Cordillera Oriental klar erkennbare Strukturen. Mit ihnen beginnt im Norden Perus der Abschnitt der Zentral-Anden. Er reicht bis zum 37. Breitengrad.

Die Gebirgsschwelle Cerro de Pasco mit ihren reichen Erzlagern durchkreuzt etwa in der Mitte Perus die ausgedehnte Talfurche zwischen den Gebirgssträngen. Cerro de Pasco ist auch der Name der auf 3 330 m am höchsten gelegenen Stadt in der Welt. Die Spanier begannen hier schon früh, die reichen Lagerstätten auszubeuten.

Von den Gliedern der peruanischen Anden-Ketten sind zwei unter Bergsteigern berühmt, weil sie 36 Sechstausender zu bieten haben: die Cordillera Blanca und die Cordillera Huayhuash. Beide gehören der großen West-Kordillere an. Die anderen großen Gebirgszüge der West-Kordillere – von Norden nach Süden – heißen: Cajamarca, Cumullca, Huailillas, Rosco, Cordillera Negra, Raura, La Viuda, Central, Chonta, Huanzo, Chila, Ampato, Volcanisca und Barroso.

Die Ost-Kordillere setzt sich aus den Gebirgszügen der Cordillera Oriental Norte, der Oriental o Huagoruncho, der Huaytapallana, Vilcabamba, Urubamba, Vilcanota, Carabaya-Aricoma, La Paya und Apolobamba zusammen.

Wir können die Anatomie dieser Berge nicht einzeln schildern, weil dies unseren Rahmen sprengen würde. Der Cordillera Blanca, der Cordillera Huayhuash und der Cordillera de Chila aber sind wir jeweils eine knappe Skizze schuldig. Aus ganz besonderen Gründen.

Der deutsche Naturforscher Ernst Middendorf, der nicht so leicht zu begeistern war, nannte die Cordillera Blanca den „stolzesten Teil des ganzen peruanischen Hochlandes". Das kann man nur bekräftigen, denn wenn man von der Küste Perus kommt und in die Schwarze Kordillere fährt,

Im Norden von Peru ein Ausläufer der Cordillera Blanca. Die Gletscherrinne im Vordergrund ist im Pleistozän freigeschmolzen worden.

dann den 4 200 m hohen Paß Punta Callan überwunden hat, verschlägt es einem den Atem: Hinter der weiten Hochebene mit dem zum Pazifik strömenden Santa Ana ragt hoch in das tiefe Blau des Himmels die wild gezackte Säge der Weißen Kordillere. Das Gleißen ihrer Firne blendet den Betrachter; er hat jene Gipfel vor sich, die die Anden hier zum höchsten Tropengebirge der Welt machen. Auf über 180 km zwischen achteinhalb und zehn Grad südlicher Breite hat die Cordillera Blanca allein 29 Sechstausender zu bieten. Die Zwillingsspitzen des Huascarán überragen in diesem Gebirge mit 6 768 m und 6 655 m Höhe alle Gipfel Perus und Ecuadors.

Noch einen anderen – auf den ersten Blick paradoxen – Superlativ bietet die Cordillera Blanca: Obwohl sie erst bei 4 800 m, also im europäischen Vergleich in Mont Blanc-Höhe beginnt, übertrifft die Vergletscherung mit fast 1 000 km² Eisdecken die aller anderen Tropengebirge. Den Bergsteigern ist das hauptsächlich aus hartem, hellem Granodiorit-Gestein aufgebaute Gebirge im Jahre

1932 durch eine Expedition des Österreichischen und des Deutschen Alpenvereins erschlossen worden, während der genaue Karten angefertigt wurden. In Huaráz betreut der Club Andinista Cordillera Blanca heute die Hochgebirgswanderer. Es ist auch einem Bergsteiger zu danken, daß in der Region die seltenen Tiere und Pflanzen – darunter die Puya raimondii – gegenwärtig in Nationalparks geschützt werden, denn im Jahre 1975 ist die Regierung den Vorschlägen des peruanischen Bergsteigers César Morales Arnao gefolgt.

Huayhuash ist der Ketschua-Name für ein winziges Wiesel, das die Höhen der Kordillere bewohnt, die sich im Süden an die Cordillera Blanca anschließt. Nach diesem Charakter-Tier hat die Bergkette ihren Namen. Sie ist zwar nur 30 km lang; doch wird sie von dem berühmten Nevado Yerupaja Grande beherrscht, der mit 6 634 m der zweithöchste Gipfel Perus ist. Die Peruaner lassen es sich gern gefallen, wenn Bergsteiger ihn den „schönsten Berg Südamerikas" nennen. Er ist ein schwieriger Berg, der erst im Jahre 1950 von Amerikanern bezwungen worden ist. Eine Schilderung läßt seine wilde Szenerie ahnen:

„Das Massiv der Huayhuash gliedert sich in zwei Hauptzüge: den nördlichen mit den Sechstausendern und den südlichen mit Gipfeln bis 5 700 m.

Steile Spitzen, scharfe Grate, Verwächtungen, Rillenfirnwände, vereiste Flanken ragen hier 2 000 m hoch über den Talböden auf, die, voneinander durch unvergletscherte Kämme getrennt, an die Hauptkette heranführen. Der geologische Aufbau ist Granit, Kalk, Quarzit. Die Vergletscherung ist auf der Ostseite schwächer als im Westen, wo ihr größter Gletscher am Fuße von Yerupaja und Jirishanka liegt, sechs Kilometer lang, mit einer Fläche von zwölf Quadratkilometern."[9]

Und noch eine andere Tatsache macht diese Kordillere bemerkenswert. An ihrer Ostflanke liegt das „Kristall-Wasserschloß" des Rio Marañon, wie der Schweizer Geograph Emil Egli den „Geburtsort" dieses großen Stromes nannte. Von da aus ist es noch ein vielfältiges Schmelzen, Rinnen und Fließen, ehe die Gletscherwasser endlich zum Rio Marañon werden. In der Ketschua-Sprache, der heute noch lebendigen Staatsprache der Inka, haben die Namen der Bäche und Moränenweiher ihren Ursprung – Quebrada Queropuica, Quebrada Acoshvada, Lauricocha und so fort. Der Rio Marañon, der im Lauricocha-See „offiziell" seinen Anfang hat und bald in einer tiefen, sehr breiten Schlucht nordwärts fließt, ehe er durch das nur 30 m breite „Tor der Angst", das Pongo de Manseriche, nach Osten ins Tiefland durchbricht, wurde jahrhundertelang als Amazonas-Stammfluß gesehen, und sein Quellgebiet galt als das von der Amazonas-Mündung am weitesten entfernte.

Doch weil dem nicht so ist, müssen wir noch ein anderes Bergmassiv aufsuchen, in dem erst 1971 die wahre Amazonas-Quelle entdeckt worden ist. Anders als beim Nil oder dem Kongo hatte sich in dem gewaltigsten Flußsystem der Welt kein Forscher je die Mühe gemacht, Ungesichertes gründlich zu überprüfen. Im Jahre 1971 nun ließ sich endlich die National Geographical Society in Washington von Loren McIntyre, einem alten Amazonas-Kenner, überzeugen, daß der am weitesten von der Quelle entfernte Nebenfluß des Amazonas der Rio Apurimac ist. Am Anfang des Apurimac wollte dann McIntyre die Amazonas-Quellen suchen. Der Apurimac ist der Hauptquellfluß des Rio Ucayali, der sich oberhalb von Iquitos mit dem Marañon verbindet.

McIntyre konnte sich für sein Vorhaben die finanzielle Unterstützung der Gesellschaft sichern und mit dem Geodäten Victor Tupa sowie dem Metallogen Richard Bradshaw im Oktober 1971 zu seiner Expedition aufbrechen. Die Teilnehmer suchten weniger das Abenteuer als die Bestätigung genauer Berechnungen: „Ungefähr 30 km südlich von Arequipa", hatte Tupa festgestellt, „liegt ein halbkreisförmiger Wall der kontinentalen Wasserscheide." Alles, was dort vom Innenrand absickert, bildet zusammen den Apurimac.

Eine Sumpfwiese am Fuße des Walles war das erste Ziel der Expedition. Dort nämlich vereinigen sich fünf Bäche zu einem Flüßchen. Das Kind hat den Namen Lloqueta-Fluß und gilt als der von der Mündung des Apurimac entfernteste Quellfluß. Nun kam es darauf an, dem längsten der fünf Bäche bis zur Quelle zu folgen.

Loren McIntyre schildert anschaulich, wie das geschah: „Am nächsten Tag klettern wir auf den Gipfelkamm des Kontinents. Der Luftdruck ist nur halb so hoch wie in Meereshöhe. Während der kommenden Monate wird tiefer Schnee die Spitzen bedecken, doch jetzt, am Ende der Trockenzeit, stehen bloß windgeformte Eistürme auf dem nackten Fels . . . Ich frage mich, ob es irgendwo in der Welt noch einmal solch eine Mondlandschaft gibt. Wir überwinden die Gipfelgrate über viele Meilen, um ganz sicherzugehen, keine der möglichen Quellen des Apurimac ausgelassen zu haben. Am 15. Oktober erreichen wir einen eisbedeckten Grat oberhalb des Corhuarsanta, des längsten der fünf Quellflußbäche. Die Indianer nennen den 5 547 m hohen Gipfel Chocececorao. Auf einigen Landkarten wird er als Mismi-Massiv bezeichnet . . . . 300 m unterhalb des Grates löschen wir unseren Durst an einem kleinen See. Seine Eisdecke ist von der Mittagssonne geschmolzen. Wir trinken aus der entferntesten Quelle des mächtigen Amazonas. In seiner offiziellen Eigenschaft als Namensgeber nennt Victor den kleinen See nach mir: Laguna McIntyre. Ich bin 6 000 Flußkilometer weit vom schwülen Belém entfernt und fünf km hoch darüber – und zittere in der Kälte, in der der Amazonas geboren wird."

Da bleibt nur noch nachzutragen, daß das Mismi-Massiv, das mit der Amazonas-Quelle zur Cordillera de Chila gehört und damit zur großen West-Kordillere, noch eine andere Besonderheit aufweist: den 1 600 m tiefen Cañon de Cabanaconde, den sich der Rio Colca gegraben hat. Über einen Punkt sollte sich die National Geographic Society zu Washington übrigens mit den Peruanern noch einigen: Für die Amerikaner ist der Mismi nicht 5 740 m, sondern 5 790 m hoch. So schnell wächst auf der Erde kein Berg.

Weil wir schon bei solchen Höhen sind: 10 der 24 höchsten Anden-Berge stehen in Peru. Der Huascarán ist aber erst Nummer vier in der Rangfolge. Die Ranghöheren warten noch weiter südlich, in Bolivien, Argentinien und Chile, auf uns.

Auf der Höhe der Stadt Arica ändert sich der Küstenverlauf Südamerikas. Hier, wo die Küste nach Süden abknickt, streben die Ost- und die West-

Oben: In der Atacama-Wüste von Chile, östlich des
Kupferbergwerks von Chuquicamata, blenden in 4000 m
Höhe ausgedehnte Salzseen das Auge. Die weißen Salz-
decken bestehen aus reinem Kochsalz, also Chlorna-
trium.

Rechts: Bis zu zwölf Meter spucken die Geysire im Ta-
tio-Gebiet Nordchiles ihr heißes, mineralhaltiges Wasser
in die Höhe. Der Siedepunkt liegt in diesen Höhen niedriger: Das austretende kochende Wasser hat nur eine
Temperatur von etwa 70 °C. Die Kalkmineralien lagern
sich in bunten Sinter-Terrassen ab. Der Ursprung der
Springquellen liegt meist mehrere Tausend Meter tief.

Kordillere weit auseinander. Sie riegeln ein über
500 km breites und über acht Breitengrade ausge-
dehntes Hochland ab. Es ist der Altiplano Boliviens mit seinen Becken- und Tafellandschaften
sowie bis zu 5 300 m hohen Gebirgsschwellen.
Hier gibt es keinen Wasserlauf, der – wie in Peru
oder Ecuador – seinen Weg durchs Gebirge zum
Amazonas oder Pazifik suchte.
Dafür bietet das abflußlose Hochland den höchstgelegenen schiffbaren See der Welt. Dieser
8 300 km² große Titicaca-See liegt im Norden des
Altiplano. Wir haben als Höhe seines Spiegels
3 812 m gemessen. Seine Tiefe wurde mit 263 m
ausgelotet. Der See, dessen Nordufer zu Peru
gehört, hat über den Desaguadero-Fluß eine Ver-

bindung mit dem Lago Poopó. Weiter südlich davon ist die Hochebene durch ausgedehnte Salzseen, deren größte der Salar de Uyuni und der Salar de Copara sind, gekennzeichnet.

Eine besonders einprägsame Schilderung der Entstehung dieser Hochebene hat Herbert Wilhelmy verfaßt: „Dieses gewaltige, rund 60 000 km² umfassende Hochland besteht aus mehreren, von jungen Aufschüttungen erfüllten Teilbecken, die von einzelnen bis 1 500 m hohen Horstschollen mit Mittelgebirgscharakter überragt werden. Der verhüllte Untergrund ist ein tektonisch zerstückeltes Rumpfgewölbe. Dieser gesamte Punablock wurde im Tertiär an Bruchlinien in seine heutige große Höhe gehoben. Durch die quartären Bekkenfüllungen erhielt der Altiplano das Aussehen eines weithin ebenen oder leicht welligen Hochlandes, das nur im Bereich des ostbolivianischen Berglandes ... zertalt ist. Über die bolivianische Südgrenze hinweg setzt sich der Altiplano in der argentinischen Puna fort. Sie ist ebenfalls ein von 5 000 bis 6 000 m hohen Randgebirgen umschlossenes abflußloses Hochland mit schutterfüllten Senken in 3 500 m bis 4 000 m Höhe, an deren tiefsten Stellen sich halbtrockene Salzseen und Salzpfannen finden. Starke vulkanische Tätigkeit begleitete die tektonischen Hebungsvorgänge."[10]

Die Kupfer-Bergbauterrassen von Chuquicamata in Chile: Dies ist die größte Tagebaufläche der Welt. Unten im Bild ein Lorenzug. Die Bergbaustadt Chuquicamata hat etwa 20 000 Einwohner.

Auch in Bolivien bilden die West- und die Ost-Kordillere die beiden Hauptgebirgsstränge. Marine, altpaläozoische Schichten bauen die Basis der Ost-Kordillere mit der grandiosen Cordillera Real auf. Überlagert werden sie zum Teil durch Gesteinsarten der Kreide.

In der östlichen Kette überragt der vergletscherte Kamm der Cordillera Real den durchschnittlich 3 900 m hoch gelegenen Altiplano. Die Welt des ewigen Schnees beginnt dort erst bei durchschnittlich 5 200 m und erreicht in den beiden Massiven des Chearoco und des Chachacomani weit über 6 000 m. Die berühmte Cordillera Real, die Königskordillere Boliviens, gipfelt in den beiden vergletscherten Riesen Illampu mit 6 362 m und Illimani mit 6 462 m. Beide geben der höchstgelegenen Hauptstadt der Welt, der 3 600 bis 3 900 m hoch in einem Kessel gelegenen Metropole La Paz, eine wahrhaft königliche Kulisse.

Die Grate und Kämme der Königskordillere scheiden zwei grundverschiedene Lebenssphären voneinander. Die eine ist der Altiplano. An der

Oben: Cuprite nennt der Geologe die Kupfererze, wie sie in den Bergen zwischen Chile und Bolivien, in der Region von Chuquicamata, gefunden werden.

Rechts: Zwischen 20 und 89 Prozent schwankt der Kupfergehalt im Gestein des Gebietes von Chuquicamata. Das Erz wird nicht nur in dem gigantischen Minenkomplex gewonnen, sondern auch von kleinen Bergarbeitertrupps in den Bergen geschlagen.

Unten: In diesem Gestein beträgt der Kupfergehalt nur etwa 19 Prozent. Solches Erz bauen mineros auf eigene Faust ab und schleppen es in Seehundfell-Säcken zu den Sammelplätzen.

Rechts unten: Auf dem Weg nach Antofagasta sind diese Kupferbarren, die in Chuquicamata gegossen worden sind. Vom Hafen Antofagasta aus wird das Erz weltweit verschifft.

Ostflanke des Gebirges nun, wo die Quellflüsse des mächtigen Rio Beni von den Gletschern zehren, steigt der Nebelwald 3 600 m weit hinauf. Der Beni-Fluß zieht durch die tropische Yunga-Zone ins Tiefland dem Amazonas zu.

Das Gebirge greift in Bolivien nach Südosten aus und hat bei der Stadt Santa Cruz, wo es endet, die größte Breitenentwicklung überhaupt. Carl Troll hat diesen Gebirgsabfall bis nach Santa Cruz als Ostbolivianisches Bergland bezeichnet. Es ist durch tiefe Täler und weite Becken gegliedert, in denen Wasserreichtum und Humboldts „klassische" Klimastufen zwischen *tierra templada* und *tierra caliente* der Landwirtschaft eine reiche Palette bieten.

Nach dem sogenannten Anden-Knick bei etwa 17 Grad südlicher Breite fächert sich die Ost-Kordillere großräumig in zahlreiche Gebirgszüge mit genereller Nord-Süd-Richtung auf, die alle nicht die triumphalen Höhen der Cordillera Real im Norden Boliviens erreichen. Die Kämme erheben sich nur noch 3 000 m bis 4 500 m über dem Meer. Die großen Längs- und Quertäler, über die der Rio Grande, der Pilcomayo und der Parapeti ins Flußsystem des Rio Paraguay entwässern, liegen nur mehr 2 000 m, allenfalls 3 000 m hoch. Carl Troll hat dieses ausgedehnte, zertalte Relief die „Valle"-Region genannt.

Im Gebiet des Anden-Knicks haben Mitarbeiter der Carnegie Institution auch die Dicke der Erdkruste zu ermitteln versucht. Sie wird auf atemberaubende 70 km geschätzt. Für den Aufbau des Gebirges ist das Erdinnere gar bis zu einer Tiefe von 150 km beansprucht worden.

Der West-Kordillere Boliviens, deren Paßhöhen zum Teil bei stolzen 4 000 m liegen, sind prachtvolle Vulkankegel aufgesetzt, die mit dem Guallatiri 6 060 m, dem Samaja 6 530 m erreichen. Zur Küste hin fällt die Kette im Norden steiler, im Süden sanfter ab, und an ihrem Fuß beginnt die regenärmste Wüste der Welt – die Atacama.

Um die Erkundung der mittleren und südlichen West-Kordillere haben sich Geologen in den letzten drei Jahrzehnten besonders bemüht. Und was sie bislang festgestellt haben, ist aufregend genug, ist ebenso beunruhigend wie verheißungsvoll. In der West-Kordillere, die im Mittelabschnitt parallel zur Tiefseerinne des Atacama-Grabens verläuft, sind die vulkanischen Aktivitäten besonders groß. Weite Flächen dieser Kette sind von Schichten aus Kalk-Alkali bedeckt, die man sich „durch anatektische Vorgänge in verschiedenen Tiefen der Erdkruste" erklärt. Die älteren Schichten bestehen aus Rhyolit, die jüngsten aus Andesit. Mit Vorbehalten, die erst neuere Forschungen ausräumen können, wird angenommen, daß der Vulkanismus und damit das Aufschmelzen von Teilen der Anden-Kruste seine Ursachen unter anderem im „Abtauchen von Platten des Gesteinsmantels der Erde am Rande des Kontinents" hat: „Bestimmende Faktoren kann man in der Reibungswärme und in einer höheren radioaktiven Wärme der ozeanischen Platten sehen ... ", stellt Werner Zeil fest.[11]

Der Vulkanismus, der diesen Lebensraum so gefährdet, macht ihn gleichzeitig unermeßlich reich. Von allen jungen Gebirgen dieser Erde haben die Anden die reichsten Erzlager. Die Bildung des berühmten „Kupfergürtels der Kordilleren" wird vulkanischen Vorgängen zugeschrieben. Die erzführende Schicht wurde mit dreihundert Meter Mächtigkeit gemessen. In Chile hat die Kupfermine von Chuquicamata Weltruhm. Bolivien hat vor wenigen Jahren noch vier Fünftel seiner Devisen aus der Ausfuhr von Erzen, in der Hauptsache Zinn, bezogen. In Peru werden vor allem Kupfer, Blei und Zink abgebaut. Durch die Erschließung ihrer Schätze unter der Erde könnte sich für die Bevölkerung der Anden-Staaten manche Hoffnung erfüllen, wenn faire Weltmarktpreise und eine gerechte Verteilung des erwirtschafteten Reichtums gewährleistet wären.

Die Wüste aller Wüsten

Wenn wir von der Grenze Perus, die nördlich der Stadt Arica gezogen worden ist, bis zum Ende des südamerikanischen Festlandes fahren – nach „Chilli", wie die alten Aymara sagten, was in ihrer Sprache bedeutet „Wo die Erde aufhört" –, begleiten uns die Anden weitere 4 200 km. Von dem Gebirgswall werden noch 60 Breitengrade geschnitten, ehe der südamerikanische Teil Chiles in dem winzigen Felseninselchen endet, das in der Seefahrt einen gefürchteten Namen hat – Kap Hoorn.

Die Flanken und Kämme der Kordilleren bilden die Grenze der Republik Chile mit Bolivien und Argentinien. Die Breitenausdehnung Chiles beträgt durchschnittlich nur 180 km – und doch hat die Natur in Chile den weitesten Spielraum! Er „offenbart sich uns in Formen und Farben der rötlichen Berge und Wüsten des Nordens, in dem gewaltigen und doch wieder anmutigen Panorama der Zentralzone, in den tiefblauen Seen des Südens, in denen sich zahlreiche Vulkane spiegeln, und in den dunklen Wäldern Feuerlands und seinen eisgekrönten Berggipfeln, seinen Fjorden und Gletschern", schwärmt der Chile-Kenner Hans Helfritz.[12]

Helfritz bemüht ein Sprachbild aus der Musik, spricht, wenn er uns die chilenischen Anden schildert, von einem „Zug der Kordillere", der sich „nach gelegentlichem Abschwellen noch einmal mit einem gewaltigen Crescendo zu einem Fortissimo" steigert. Mit diesem Fortissimo ist der Aconcagua angesprochen, der „König der Anden".

Wir würden den fast 7 000 m hohen Schneegipfel lieber einen Akkord von strahlendem Glanz nennen, den eine bewegte, vielstimmige Symphonie mit großen Höhepunkten lange vorbereitet hat. Nach diesem großen Akkord klingt die grandiose Musik mit vielen dramatischen Auf- und Abwärtsbewegungen allmählich aus, ohne an Reichtum und Schönheit zu verlieren.

Die Küste im Norden Chiles wird von den nackten, nicht sehr hohen Bergen der Küsten-Kordillere begleitet, die der Haupt-Kordillere mit der Cordillera Domeyko vorgelagert ist. Sie beginnt – oder sie endet – als ein vom Kot der Guanay-Vögel weißgepuderter Porphyrfelsen vor der Hafenstadt Arica, dem nur 260 m hohen Morro. Ihre nackten Höhenzüge, deren Farben vom Sand, vom Gestein und vom wechselnden Licht bestimmt werden, erheben sich aus einer leicht geneigten Sandwüste, die nach Süden zu in eine steinübersäte, salzige Hochwüste übergeht.

Die Wüste um die Stadt Arica ist nur ein Vorspiel für das, was noch kommt; denn sie wird noch von den weiten, fruchtbaren Quertälern der Flüsse Azapa und Luta durchzogen, deren landwirtschaftlich bebaute Flächen die Stadt versorgen. Südlich der Küstenstadt Iquique, die sich auf einem Plateau am Fuße der schroff 700 m aufsteigenden Küsten-Kordillere ausbreitet, beginnt erst jene „Hölle", die für Charles Darwin „die Wüste aller Wüsten" gewesen ist. Die Chilenen nennen sie erst Pampa del Tamarugal und dann, weiter südlich, Atacama. Mehr als 800 km weit erstrecken sich beide Wüsten zwischen Iquique und Chañaral entlang der Küste; 325 km ist ihre weiteste Ausdehnung zwischen Küste und Hochkordillere auf dem 25. Breitengrad. Diese trostlos erscheinende Welt schließt ein Gebiet mit ein, das – so seltsam es klingt – für Jahrzehnte Chiles Reichtum garantiert hat.

Unmittelbar unter der verkrusteten, braunen Decke lagert ein Stoff, den die Chilenen *caliche* nennen. *Caliche* ist ein Mineral, das nach einem bestimmten von Taddäus Haenke gefundenen Verfahren des Auslaugens und der Auskristallisierung mit Hilfe heißen Wassers Salpeter abscheidet. Länger als ein Jahrhundert haben die chilenischen *officinas* den kostbaren Rohstoff Natriumnitrat (NaNO) abgebaut, der als hochwertiger Dünger das Wachstum und damit das Leben fördert und

82

Linke Seite oben: Fels bei Antofagasta: An der chilenischen Küste ist der Kontinentalsockel durch die Schollendrift stark aufgefaltet und „unterhöhlt". Das Festland „hängt über", die Erdbebengefahr ist besonders groß.

Linke Seite unten: Die Ruinen der verlassenen Salpeter-Siedlung verwittern in der Atacama nordöstlich von Antofagasta nur sehr langsam. Verlassen sind sie schon lange – seit Kunstdünger den Salpeter, der hier noch meterhoch ansteht, vom Markt verdrängt hat.

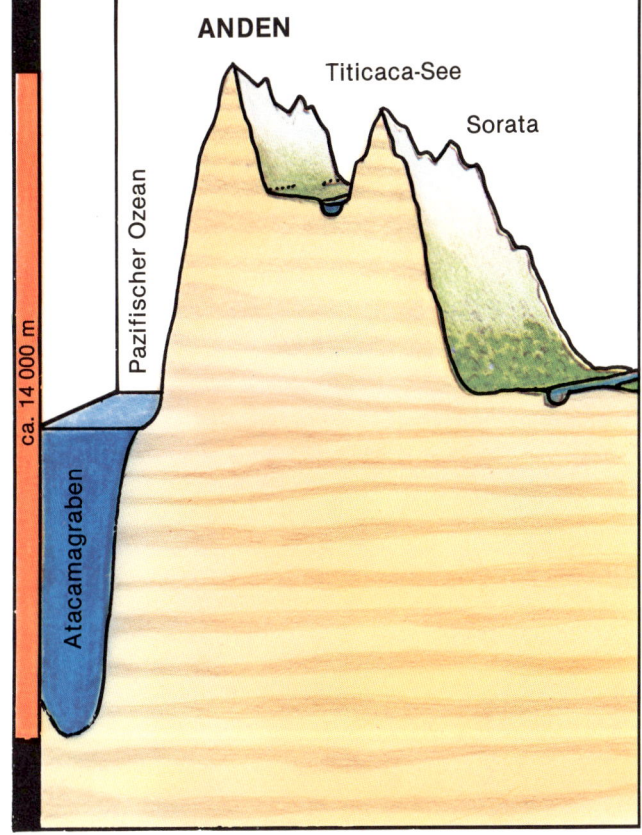

Rechts: Ein Querschnitt durch den südamerikanischen Kontinent bei etwa 16 Grad südlicher Breite veranschaulicht die geologischen Spannungen: Über einen 7000 m tiefen Meeresgraben erheben sich die Anden-Gipfel mit mehr als 6000 m Höhe. Im Altiplano, zwischen den Gebirgssträngen, liegt der höchste schiffbare See der Welt. Die Osthänge der Anden gehen über in ausgedehnte Niederungen und enden im Bergland von Matto Grosso.

als Bestandteil von Schießpulver den Tod bringt. Das große Geschäft, um dessen Sicherung Chile mit Bolivien und Peru im Jahre 1878 den „Salpeterkrieg" führte und dabei das Küstengebiet mit den Städten Antofagasta und Arica gewann, endete mit der Erfindung des künstlichen Salpeters im Verlaufe des Ersten Weltkrieges. Zu diesem Zeitpunkt zählte man insgesamt einhundert *plantas* mit gut 65 000 Arbeitern in der Wüste. Seither hat der Handel mit Salpeter wieder einen bescheidenen Aufschwung genommen, sind neue *salitreras* entstanden, die mit dem modernen Guggenheim-Verfahren auch die Ausbeutung schwacher Lager möglich machen.

Uns interessiert nun aber, woher denn der einzigartige Reichtum an *caliche* in der Wüste Atacama stammt. Hans Helfritz hält mehrere Deutungen bereit: „Die Westküste Südamerikas", lautet die erste, „ist in dieser Gegend ganz abnormen meteorologischen Verhältnissen ausgesetzt, denen im Zusammenhang mit der eigenartigen geologischen Formation der Gebirge ein solch ungeheures Salpetervorkommen zu verdanken ist. Vom Innern her wird alle Feuchtigkeit von dem riesigen Felswall der Kordillere mit ihren 6 000 m hohen Bergen abgehalten, während nach der Küste zu auch ein Kordillerenzug die Meeresfeuchtigkeit von der

Salpeterwüste fernhält. Dieses Trockengebiet, welches das mittlere und südliche Chile vollkommen von den Ländern des tropischen Amerika abschließt, verhindert auch das Vordringen der nördlichen Flora, so daß sich weiter südlich ein eigener Pflanzenwuchs entwickeln konnte. In diesem trockenen Gebiet, in dem aber auch, abgesehen von den Randgebieten und einigen Oasen, nicht die geringste Vegetation vorkommt, konnten sich dicht unter der Oberfläche unglaubliche Mengen von Natriumnitrat, Natriumsulfat und von Magnesiumverbindungen anhäufen.

Über die Herkunft des Salpeters ist man sich bisher nicht einig geworden . . . . Der Geologe Ochsenius ist der Ansicht, daß sich bei dem ständigen Heben des Kontinents aus dem Meer heraus . . . größere und kleinere Becken Meerwassers mit erhoben und teils als Seen heute noch weiter bestehen, wie der Titicaca-See und der Lago Poopó in Bolivien, teils Salzseen bildeten, deren Wasser verdunstet ist, oder ihre Ufer durchbrachen und ihre Wasser in die Ebene stürzten, um dort neue Salzseen zu bilden. Die Westwinde hätten dann von der Küste her den feinen Staub des frischen Guanos, der in ungeheuren Mengen dort vorkommt, weit über das Land getragen, worauf der Stickstoff des Guano mit dem Kochsalz der Salzseen zur Bildung des Natriumnitrats geführt haben soll."

Die zweite Erklärung klingt ebenso plausibel: „Nach Plagemann dagegen soll hier einst ein tropisch feuchtes Klima bestanden haben. Versteinerungen von Pflanzen und Tieren zeugen davon. Noch heute gibt es in der Pampa del Tamarugal ganze Lager halbversteinerter Bäume, welche die Bewohner einiger Gegenden als Brennmaterial benutzen. In den durch Verwesungsprodukte reich gedüngten Sümpfen soll dann, als ein Klima-Umschwung stattfand und Seen und Flüsse austrockneten, durch Bakterien der Salpeter entstanden sein."[13]

Der „riesige Felswall", der die Salpeterwüste nun gegen die Feuchtigkeit aus dem Innern Südamerikas abschirmt, gehört mit seinen beiden Hauptzügen, die über die bolivianische Grenze tief nach Argentinien und Chile hineinreichen, noch zu den Zentral-Kordilleren. Wie in Bolivien der Altiplano, umfassen sie in Argentinien ein landschaftlich verwandtes Puna-Hochgebiet, in dessen Senken sich Salzseen und Salzpfannen erhalten haben.

Ehe die Zentral-Anden bei 27 Grad südlicher Breite enden, verleihen ihnen ihre Vulkangipfel ein paar unübertroffene Höhepunkte: Einmal haben sich im südlichsten Teil über 50 der rund 80 mächtigeren Vulkane dieses Anden-Teils gebildet, zum anderen ist unter diesen Vulkanen auch der höchste der Welt. Denn nicht der berühmte Chimborazo überragt, wie man lange gemeint hat, alle anderen Vulkane der Welt, sondern der 6 882 m hohe Ojos de Salado.

Kaum weniger eindrucksvoll sind der Llullaillaco mit seinen 6 723 m oder der Socompa mit 6 130 m. Auf der Ostseite der argentinischen Puna trumpfen der Cumbre de General San Martín mit 6 720 m und der Galán mit über 6 600 m auf.

Wenn vom südlichen Teil der Zentral-Anden gesprochen wird, der die Küste zwischen Arica und Chañaral begleitet, werden jene atemberaubenden Zahlenspiele veranstaltet, bei denen die Gebirgshöhe zur Meerestiefe addiert wird – also zum Beispiel die 8 050 m der tiefsten Stelle des Atacama-Grabens im Meer vor Talca zur Höhe des Llullaillaco –, um dem staunenden Publikum die stolzen 14 773 m Niveauunterschied vor Augen zu führen, die auf eine Länge von nur 300 km verteilt sind. Da ahnt auch der geologische Laie etwas von den tektonischen Kräften, die hier wirksam werden.

84

Die Hoch-Kordilleren mit dem „König der Anden"

Das packende „Fortissimo" der Anden, von dem Hans Helfritz schrieb, bahnt sich beim 27. Breitenkreis an. Hier nämlich setzt sich die Hoch-Kordillere von den Zentral-Anden ab, und zwar mit zwei Gebirgssträngen, von denen der östliche sich zu gewaltigen Höhen bis nahe 7000 m aufgefaltet, während der westliche Zug nur 4000 m erreicht hat.

Im nördlichen Teil der Hoch-Kordillere bis zum Aconcagua erheben sich der Bonete mit 6882 m, der Cerro de Toro mit 6360 m und der Mercedario mit 6770 m als vergletscherte Bergriesen über nackten, schuttbedeckten Bergflanken. Der 6959 m hoch aufragende Aconcagua gilt als der „König der Anden". Hans Helfritz hat dem „Götterberg" vor gut 20 Jahren noch eine Höhe von 7010 m zugeschrieben; doch haben neue Messungen den Giganten hinuntergestuft.

Als „König der Vulkane" gilt der Aconcagua schon seit längerer Zeit nicht mehr. Geologen, die den Schichten des auf einem Querjoch der Anden sitzenden Bergriesen auf den Grund gegangen sind, haben festgestellt: „Auf den aus stark verfalteten mesozoischen Schichten gebildeten Sockel des Berges ist von Westen her ein bis 3000 m mächtiges Massiv von Hornblende-Andesit mit großen Tufflagern aufgeschoben worden, deren ungestörte Schichtung den Anlaß zu der falschen Deutung gab."[14] Also kein Vulkan!

Obwohl der Aconcagua ein argentinischer Gipfel ist, hat er für Chile die größere Bedeutung. Von seinen mächtigen Gletschern zehrt nämlich der Rio Acongagua, und dieser bewässert ein Tal, das als Querachse Chiles gilt, als historische Grenze der Inka-Zivilisation und als südlichste des ersten Konquistadorenzuges unter Diego de Almagro.

Jenseits der Achse sind die stolzesten Gipfel auf die westliche Seite der Hoch-Kordillere verlagert und verhelfen Chile zu seinen geologischen Rekorden: der höchste Berg, ein immer noch aktiver Vulkan, ist der 6800 m hohe Tupungato. Ein zweiter Sechstausender ist der Juncal.

Wir wollen diesen Teil der Hoch-Kordilleren nicht verlassen, ohne zwei „flankierende Maßnahmen" im Prozeß der Gebirgsbildung genannt zu haben. Dazu gehört im Osten die Vor-Kordillere von La Riojá, San Juan und Mendoza. Im Westen aber handelt es sich um ein Gebirge, das im Meer liegt und mit seinen Gipfeln aus den Wogen ragt, um die Inseln San Felix, San Ambrosio und Sala y Gómez sowie die Gruppe Masafuera, Masatierra und das durch die Geschichte von Robinson Crusoe zu literarischem Ruhm gelangte Eiland Juan Fernandez.

Wenn wir mit dem Flugzeug von Norden kommend endlich – nachdem wir Stunden über leblose Wüstenstriche und an menschenleeren Gebirgsflanken entlang geflogen sind – Santiago de Chile erreichen, wird die Welt unter uns wieder grün. Wir sind schon über den verbrannten Pflanzenwuchs beglückt, mit dem sich im trockenen, heißen Südsommermonat Februar das chilenische Längstal ankündigt, das nördlich der Hauptstadt beginnt. Von zwei Gebirgszügen eingefaßt, der Hoch-Kordillere und der niedrigen Küsten-Kordillere, erstreckt es sich über 800 km bis hinab nach Puerto Montt. Der weit eingeschnittene Golf von Reloncaví im tiefen Süden und der Wasserweg zwischen den vorgelagerten Inseln Chiloé und dem Festland werden einschließlich der südlichen Seenkette gern als Beweis für einen Meeresarm genommen, der diese Senke einst ausgefüllt haben soll. Auch Darwin, der Landgänge unternahm, als das britische Vermessungsschiff „Beagle" im Golf ankerte, hat das so gedeutet.

Die Haupt-Kordillere, die östlich von Santiago noch einmal mit dem Tupungato auftrumpft, verdient schon bald den Namen Hoch-Kordillere nicht mehr. Nachdem sie den 35. Breitengrad geschnitten hat, erreicht sie mit ihren Gipfeln nur noch 4000 m Höhe. Bei Santiago ist allein der Doppelpaß La Cumbre, über den der Warenverkehr zwischen Valparaiso und der argentinischen Stadt Mendoza rollt, ebenso hoch.

Als gälte es den allmählichen Verlust an Höhe durch Aktivitäten wettzumachen, nimmt der Vulkanismus zwischen dem 33. und dem 38. Breitenkreis immer mehr zu: „In Chile bebt es jeden Tag!", lautet ein gängiger Spruch in diesem Land, und Namen wie Quisapu, Llaima, Calbuco oder Villarica haben für die Chilenen einen bösen Klang. Es sind die Namen von – wie es verharmlosend heißt – „tätigen" Vulkanen, die das Land immer wieder durch Ausbrüche heimgesucht haben. Erwin Patzelt hat eines der schweren Erdbeben in Chile miterlebt und seine Eindrücke notiert.

In schwankenden Kirchtürmen
läuten die Glocken

Es ist der 21. Mai 1960, der chilenische Nationalfeiertag, 6.05 Ortszeit in Temuco, Südchile. Gewaltige Stöße bringen mein Holzhäuschen ins Schwanken. Überall quietscht es, das Holz des Hauses kommt in Bewegung, die Lampen an den Decken baumeln hin und her, Bilder fallen von den Wänden. Nach weiteren kräftigen Stößen tritt Ruhe ein . . .
Es bebt schwach weiter . . . Um sieben Uhr wieder

Bei diesem Ausbruch des Villarica-Vulkans in Südchile schneidet sich die Lava tief in den Eispanzer ein. Der Wasserdampf zeigt den Schmelzprozeß an. Ungeheure Massen an Schmelzwasser stürzen sich mit weit gefährlicherer Gewalt als die Lava selbst zu Tal, reißen Bäume und Häuser mit sich fort.

ein stärkerer Stoß. Gegen neun Uhr schwankt die Erde gewaltig. Um zehn Uhr hält Temuco dennoch seine große Militärparade ab. Die Zuschauer berichten sich gegenseitig von starken Zerstörungen in Concepción, 300 km nördlich von Temuco. Mit Concepción und anderen nördlich gelegenen Städten besteht keinerlei Verbindung mehr. Man ist recht unruhig, da die Erde noch immer schwankt. Man ahnt . . .
22. Mai, Sonntag, gegen sieben Uhr, neue starke Stöße in Temuco. Langsame Beruhigung. Zum Glück herrscht Sonnenwetter, was sehr selten ist, da wir jetzt Winter und somit Regenzeit haben.
Um 15.15 Uhr (20.10 Uhr Mitteleuropäischer Zeit) bin ich auf einem Berg am Stadtrand von Temuco. Der ganze Berg gerät auf einmal in Bewegung, die Erde grollt. Es hört sich an, als donnere ein Eisenbahnzug über eine stählerne Brükke. Der Boden rollt wie Meereswogen. Ich muß mich setzen, um nicht zu fallen. Ein unheimliches Rauschen fährt durch die Bäume. Aasgeier, die

Oben: Nach dem Erdbeben: Die Straßen der Stadt Valdivia in Chile sind nach der Katastrophe von 1960 aufgerissen, die geborstenen Häuserwände werden notdürftig abgestützt.

Rechts: Der feste Schornstein der Meierei von Valdivia ist zusammenstürzt. Das Epizentrum des Erdbebens von 1960 in Chile lag 250 km vor der Küste im Meer. Das tektonische Beben löste eine zwölf Meter hohe Flutwelle aus, die Häuser und Bäume sechs Kilometer tief ins Land spülte.

auf den Ästen gesessen haben, steigen zu Hunderten hoch.
Mir zu Füßen liegt das unglückliche Temuco, eine schreiende Stadt. Hauswände klatschen auf die wellenförmig bebenden Straßen. Von dem starken Beben – es muß mindestens Stärke sieben haben – schwanken die Kirchtürme und die Glocken beginnen schrill zu läuten. Ich höre das Heulen der Sirenen und der Feuerwehrautos ...
Ich eile meinem Hause zu, laufe durch die Stadt, aus der jedermann heraus will. Ich sehe die Menschen weinen, viele in Gruppen knien. Laut betend stürzen die letzten mit wenigen Habseligkeiten aus den Häusern. . . .
Bei mir zu Hause ist nichts passiert. Nur Bücher und Einrichtungsgegenstände liegen in der Wohnung herum. Gott sei Dank!

*Polizei und Soldaten haben bereits die schwer be-
troffenen Straßen abgeriegelt. Temuco hat – fast
ein Wunder – keine Toten zu beklagen. Die Städte weiter südlich, Valdivia vor allem, sind sehr
stark zerstört worden. Die kleinen Fischerstädt-
chen unserer Provinz sind durch Meeresbeben
zum Teil völlig überspült worden.*
*23. Mai. Ich erfahre, daß neun Provinzen von
dem Beben betroffen sind. In den Bergen um Temuco spucken die Vulkane flüssige Lava und
Aschenregen. Neue Seen haben sich im Gebirge
gebildet, andere, kleinere, sind verschwunden.
Ganze Bergrücken sind gegeneinander gesto-
ßen . . .*

Temuco hat noch zu den glücklichsten der betroffenen Städte gehört. Die Katastrophe hat in Mit-
tel- und Südchile Tausende von Menschenleben
gefordert. Sie hat nicht nur Städte zerstört, sondern auch Flußmündungen verändert, sie hat Inseln im Meer verschlungen und durch Absenkung
des Bodens weiträumige Überflutungen verursacht.

Das Erdbeben von 1960 ist in die Geschichte der
großen *terremotos* eingegangen. In jedem Jahrhundert seit der spanischen Landnahme waren katastrophale tektonische Beben zu verzeichnen: die
Jahre 1570, 1647, 1657, 1751, 1835 und 1939
brachten den Chilenen Beben, die zu den schreck-
lichsten der Welt zählen. Eines davon, das Erdbeben von 1751, bei dem die Stadt Concepción zu-
grundeging, ist in der Kleist-Novelle „Das Erdbeben in Chili" bewegend geschildert.

Wo die Gletscher kalben
Die Süd-Anden

Etwa auf dem 38. Breitengrad, wo sich im Jahre 1960 das große Beben ereignete und der Vulkan Villarica ausbrach, beginnen die Süd-Anden. Dieser neue und letzte Abschnitt des längsten Gebirges der Welt kündigt sich schon durch eine ganz andere Qualität seines Gesteins an. Sie verändert auch grundlegend das, was der Geologe „den Formenschatz der Anden" nennt. Die stark gefaltete Hoch-Kordillere ist im wesentlichen durch mesozoisches Ablagerungsgestein aufgebaut. Die Eiszeit hat dort außerdem an den Hängen und in den Tälern wahre Halden an Gesteinschutt aufgeschichtet, deren Lage seither nur im Einflußbereich der Gletscher und in den Quertälern der wenigen Flüsse verändert worden ist.

Ganz anders die Süd-Anden! Ihr Charakter ist durch die mächtigen Blöcke aus dem vorherrschenden Granodiorit-Gestein bestimmt und durch die Ausbreitung der Gletscher im Pleistozän wieder verformt worden. Tiefe Gebirgsfalten feh-

Lavagebirge in Patagonien, etwa 300 Kilometer nördlich der an der Magellan-Straße gelegenen Stadt Punta Arenas. Typischer Südbuchenwald prägt die Landschaft.

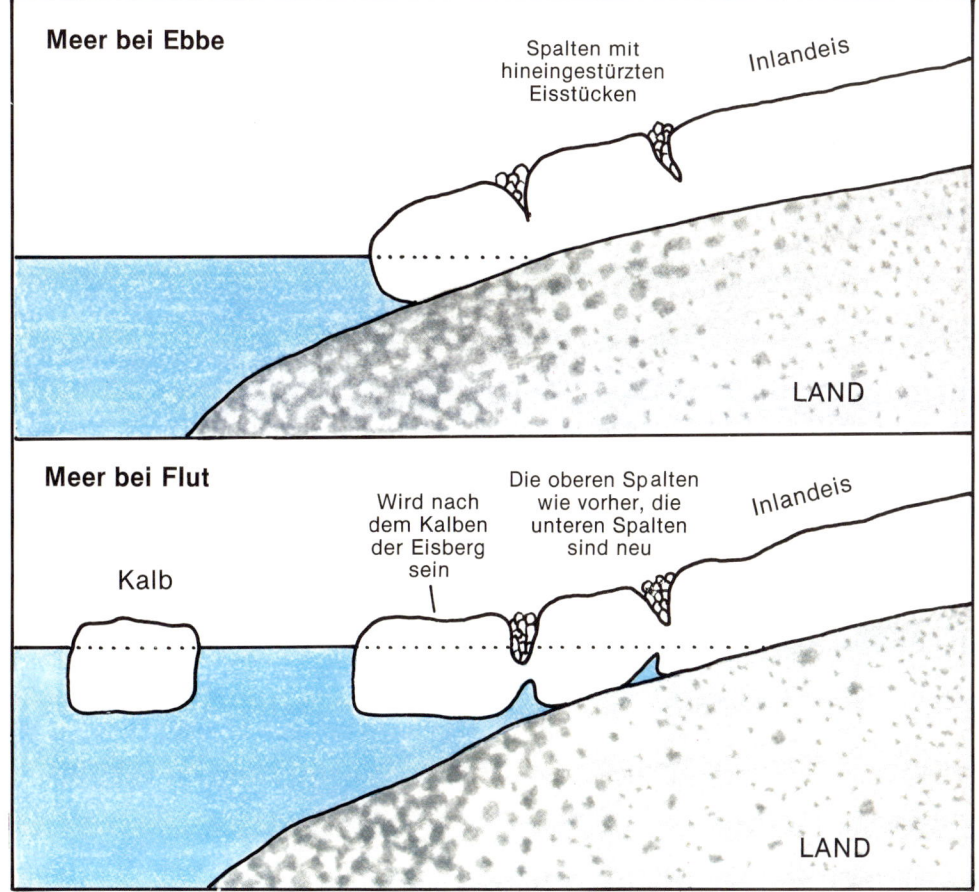

Oben: Der Lago Argentino mit Eisbergen. Das Bersten der Gletscher, das Kalben, ist bis zu 20 km weit hörbar.

Linke Seite: Der Moreno-Gletscher. Seine Zunge ist etwa 60 bis 80 m hoch. Der eiszeitliche Gletscher endet im Lago Argentino.

Rechts: Wenn das Meer bei Flut gegen die Gletscherzunge anbrandet, brechen an der Eiskante die „Kälber" ab und schwimmen als Eisberge ins Meer. Die Grafik veranschaulicht das Ereignis im „Zehrgebiet" des Gletschers. Sein „Nährgebiet" liegt in der Höhe der Anden.

Meer bei Ebbe

Spalten mit hineingestürzten Eisstücken

Inlandeis

LAND

Meer bei Flut

Kalb

Wird nach dem Kalben der Eisberg sein

Die oberen Spalten wie vorher, die unteren Spalten sind neu

Inlandeis

LAND

91

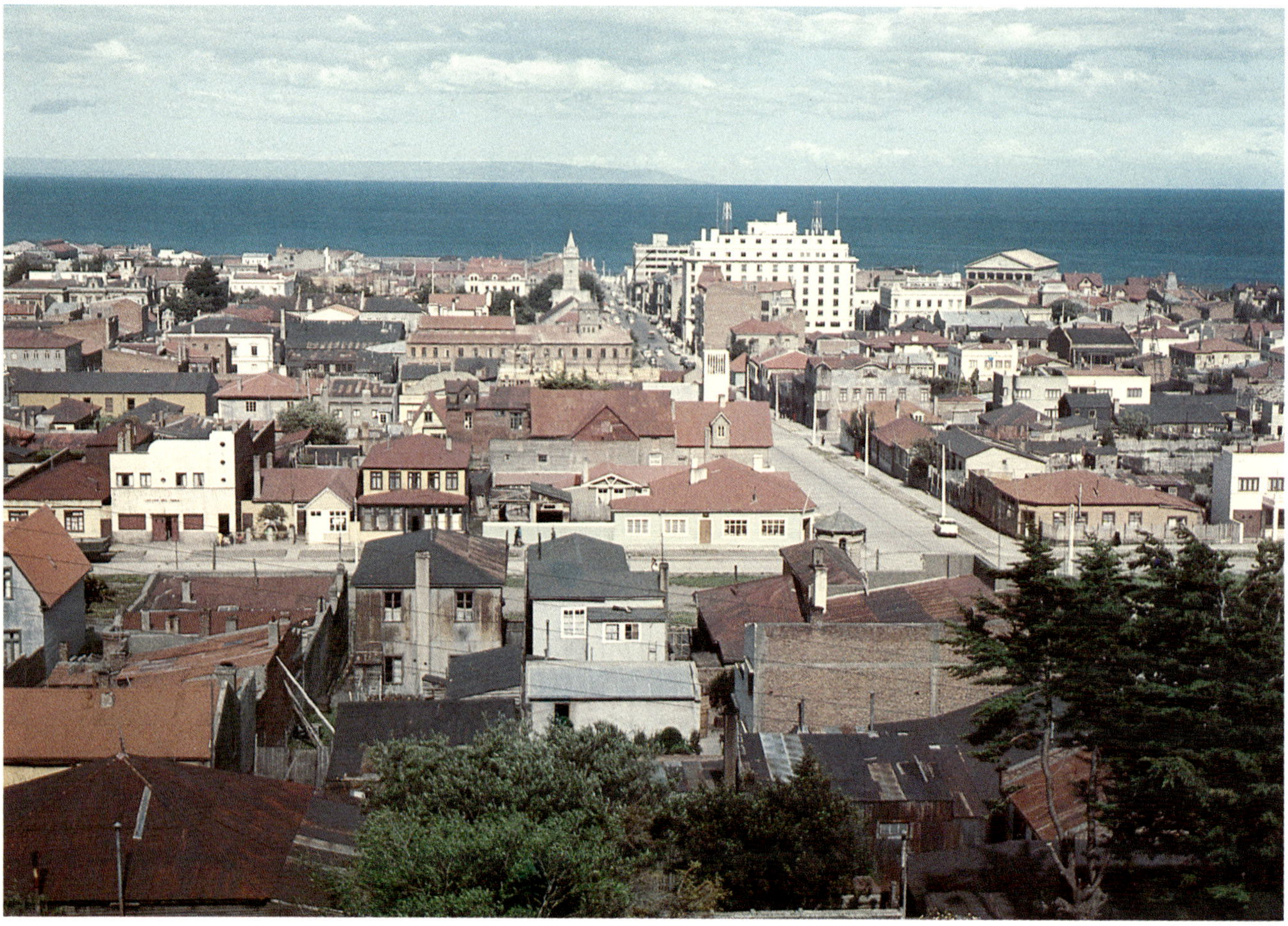

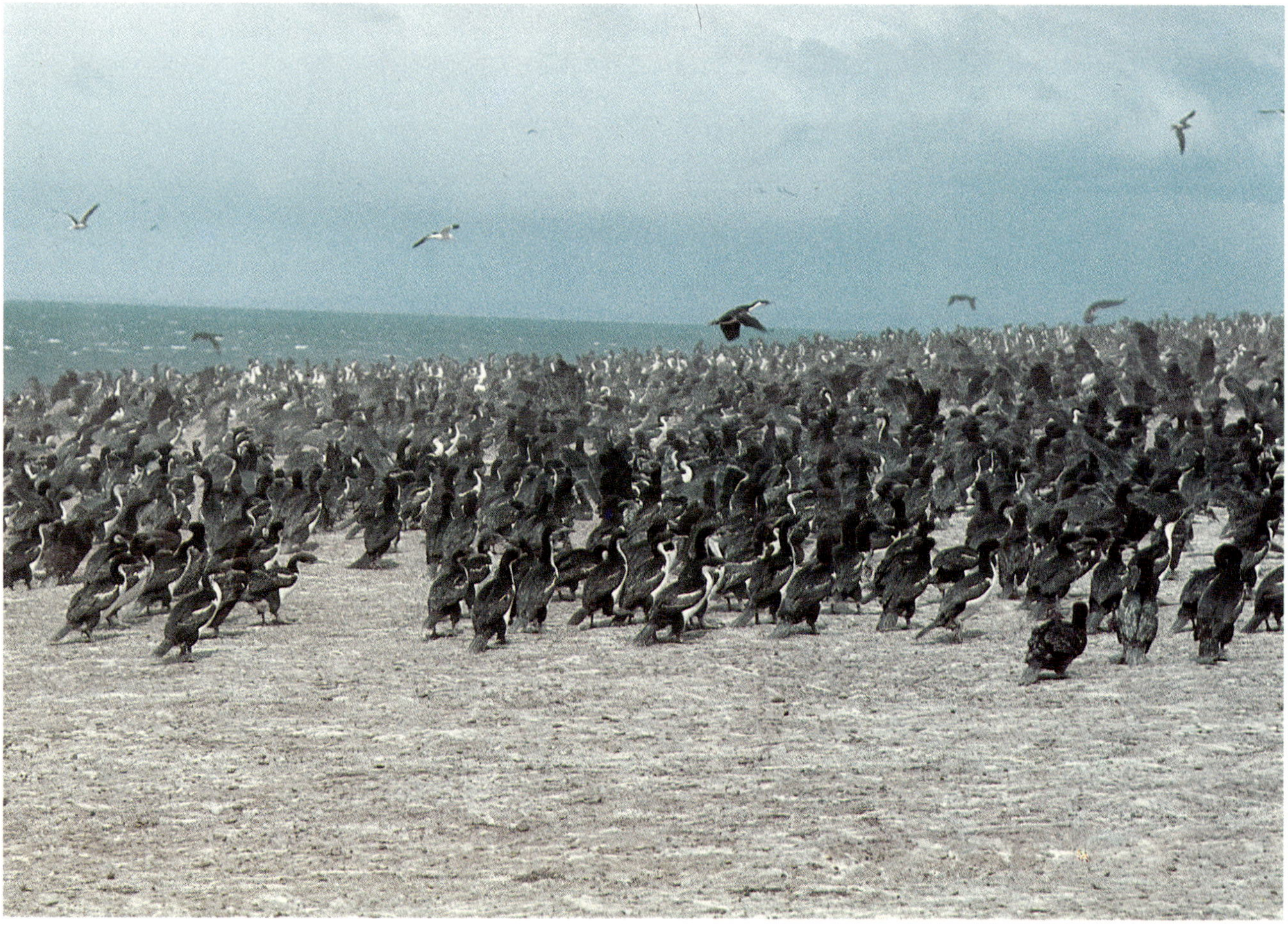

Oben: Noch sind sie hier unumstrittene Herrscher – die Seelöwen an den Ufern der Vogelinseln Isla Marta und Isla Isabella in der Magellan-Straße.

Linke Seite oben: Ehe Argentinien mit der Siedlung Ushuaya Chile den Rang ablief, war Punta Arenas die südlichste Stadt der Welt. Von hier aus versorgt Chile im Dezember und Januar seine Stationen in der Antarktis. Im Hafen wird Schafswolle umgeschlagen.

Linke Seite unten: Ehe man die Vogelinseln mit den Kormoran-Kolonien erreicht, ist man von Punta Arenas aus drei Stunden mit dem Fischerboot auf der Magellan-Straße unterwegs.

Unten: In Höhlen und Felsnischen der Vogelinseln brüten die Magellan-Pinguine (Spheniscus magellanicus). Der Pinguin ohne Kopfzeichnung ist ein Jungvogel.

len. Für einen weiten Bereich dieser Kordilleren-Landschaft ist die Eiszeit nie zu Ende gegangen. So hören wir weit im Süden ein Bersten und Donnern, wenn die Zungen gewaltiger Gletscher nach langer Talfahrt ins Meer abbrechen: wir sind am Ende von „Chili". Hier, wo das Gebirge mit der Darwin-Kette einen letzten 2437 m hohen Wall aufgeschichtet hat, zieht sich ein gewaltiger Gletscher bis zum Admiralitätsfjord hinab und zeugt mächtige Eisberge, die hinaus in die Magellan-Straße schwimmen.

Wer Geduld, Zeit und Geld hat, kann ein solches Schauspiel erleben. Als wahres Naturwunder gilt der Moreno-Gletscher. Am Ende der Patagonischen Eiskappe ist er eine 17 km lange Eiszunge, die im Lago Argentino in einer 70 m hohen Wand endet. Die Argentinier haben das Gebiet um den See großräumig zum Gletscher-Nationalpark bestimmt.

Andere berühmte Gletscher sind der Marconi und der O-Higgins. Diese Gletscher, die nach Osten in die argentinischen Seen und nach Westen in die pazifischen Fjorde strömen, gehören zu den beiden 2000 m hoch aufgewölbten Eisfeldern, die sich zwischen dem 46. und dem 52. Breitengrad in einer großen Längssenke des Gebirges aufgebaut haben und durch den Baker-Fjord voneinander

93

getrennt werden: Die Patagonische Eiskappe dehnt sich fast 18 000 km² weit aus und empfängt jährlich bis zu 7000 mm Neuschnee. Die Zungen bewegen sich daher mit einer Geschwindigkeit von etwa einer Fußlänge täglich zum Ziel. Große Randseen zu beiden Gebirgsseiten, die zum Teil noch lange Seitenarme unterhalten, sind nichts anderes als Wannen, die sich die Gletscherzungen geschaffen haben. Der größte See ist der Lago Buenos Aires. Er ist mehr als viermal so groß wie der Bodensee. Ebenso eindrucksvoll sind andere Gewässer – darunter der Lago San Martín –, die zum Pazifik abfließen, aber tief ins Kordilleren-Vorland des Ostens hineingreifen.

Zwar sind die nördlicheren Seen wie der Nahuelhuapi vielbesuchte Touristen-Zentren, doch ist die Landschaft im Süden urtümlicher. Hier dauert der Prozeß an, der im Pleistozän landschaftsgestaltend gewesen ist. Hier kalbt zum Beispiel der berühmte Moreno-Gletscher in den Lago Argentino.

Gletscher und Moränen, grüne, eisige Gebirgsseen und tiefeingeschnittene Fjorde gehören zum Charakter der Süd-Anden. Und wieder die Vulkane, die in langer Kette dem Gebirgskörper aufgesetzt sind: der rauchende Villarica, der Rinihue, der Nilahue, der Puyhúe, der Osorno, der Huequi, der Minchinmavide und der Corcovado. Im Osten auf der argentinischen Seite ragt stolz der einsame Lanín noch einmal 3776 m hoch empor.

Letzte Zeugen des Vulkanismus in den Süd-Anden sind der Lautaro, der Fitz Roy, der Tronador und schließlich, südlich des 52. Breitengrades, der Mount Burney.

Feuer und Eis also treffen in den Süd-Anden mit wilder, urtümlicher Kraft aufeinander und modellieren noch immer am Bild des Gebirges. Bis ins Erdmittelalter bildeten wohl nur die letzten Falten aus dem Ablagerungsgestein der Hoch-Kordilleren, die bis hinab nach Patagonien reichten, das Ende des Kontinents. Als dann in der Kreidezeit die ersten glutflüssigen Gesteinsmassen aus dem Erdinnern aufstiegen und in diese Ablagerungen eindrangen, die das Erdmittelalter aufgeschichtet hatte, wölbten sich diese auf und bildeten eine Deckschicht, die natürlich sofort der Verwitterung preisgegeben war. Ihre Reste aber sind noch gut auf dem Cerro Paíne zu besichtigen. Über Jahrzehntausende – vom Jura bis ins Pliozän – lieferten nun die wiederholten Magma-Intrusionen jene Massen des Vulkangesteins, das über gut 1000 km Länge den Gebirgskörper bildet. Es heißt Granodiorit.

Dem Geologen stellen sich die Süd-Anden als mächtiger Batolith – ein durch Abtragungen freigelegter vulkanischer Gesteinskörper aus verschiedenen Blöcken – dar. Der Vulkanismus, der in der letzten Zwischen-Eiszeit einen Höhepunkt hatte und dann am Ende der letzten Eiszeit erneut auflebte, hat im weiten Umland stattliche Aschenschichten aufgetragen. Er tut dies bis zum heutigen Tag.

Der 49. Breitengrad markiert etwa die Linie, an der die Süd-Anden von der Nord-Süd-Linie Abschied nehmen und zunächst leicht, dann mehr und mehr in Ost-West-Richtung streichen, bis sie in Feuerland enden. Die Staaten-Insel unter dem 55. Breitenkreis behauptet das Gebirge als seine letzte Bastion. „Behauptet" ist das rechte Wort; denn der gesamte südliche Abschnitt des Gebirges ist schwer umkämpft! Wir sehen das auf der Karte an den zahllosen Flüssen und Fjorden, die in die Landmasse einschneiden. Wir sehen, wie sich Täler quer durch den ganzen Gebirgskörper ziehen und den Flüssen ihr Einzugsgebiet auf der Ostseite der Anden sichern. Das gilt bis zum 48. Breitengrad. Sobald die Anden nun entschieden in Ost-West-Richtung streichen, werden sie auch noch von Längstälern zerschnitten. Selbst die Magellan-Straße ist vom Ursprung her ein von Gletschern eingefurchtes Quertal, ist also ein Fjord, dessen Moränenwall zum Atlantik hin nach dem Anstieg des Meeres überflutet worden ist.

3 Die Klima-Landschaften

Flora zwischen Wolken und Meer

*Man muß das Ziel haben, daß die Erkenntnisse
der wenigen zu Kenntnissen von möglichst vielen
werden.*

Bertold Brecht

Tierra caliente, Tierra templada, Tierra fria

„Mein eigentlicher, einziger Zweck ist, das Zusammen- und Ineinanderwirken aller Naturkräfte zu untersuchen, den Einfluß der toten Natur auf die belebte Tier- und Pflanzenschöpfung." So hat Alexander von Humboldt das wissenschaftliche Ziel seiner Reisen in einem Brief an seinen Berliner Freund David Friedländer dargestellt. Die Anden vom zehnten Grad nördlicher bis zum zehnten Grad südlicher Breite erschienen dem Forscher besonders geeignet für ein Landschaftsprofil, das vom Eisgipfel des Chimborazo abwärts zur Pazifik-Küste und zur Amazonas-Niederung die Naturphänomene der verschiedenen Höhenbereiche im Zusammenhang zeigt. Er nannte das Werk „Physikalisches Gemälde der Äquinoktialländer" oder „Naturgemälde der Tropen".

Das Bild ist ein Querschnitt von Osten nach Westen. Erst die Humboldt nachfolgenden Forschergenerationen haben auch ein physikalisches Längsprofil des Gebirgswalls angelegt, das den Einfluß der Anden auf die meteorologischen Verhältnisse in Südamerika zeigt. Das Gebirge verhindert – vereinfacht ausgedrückt – im Norden, daß die feuchten Luftmassen, die die vom Atlantik her wehenden Passate über Amazonien heranschieben, die Lee-Seite des Gebirges erreichen. Im Süden ist es umgekehrt, dort hält der Wall die pazifischen Luftmassen auf. Die Folgen sind üppiger Pflanzenwuchs auf der Windseite, Trockenheit und Dürre im „Regenschatten". Der Fachmann spricht von einer Trockendiagonale, die sich quer durch den südamerikanischen Kontinent zieht. Aber nicht nur das Gebirge, auch die Meeresströmungen spielen eine Rolle bei der Verteilung des Regens. Und gerade weil sie einen großen Einfluß auf den überwiegenden Teil der südamerikanischen Küste haben, trifft Humboldts Profil nur für einen Abschnitt zu: für die Nord-Anden am Äquator.

Auf Humboldts Profil der Nord-Anden raucht neben dem Eisdom des Chimborazo der Kegel des Cotopaxi-Vulkans. Unterhalb der Schneegrenze schieben sich zu beiden Seiten der Gebirgshänge Regenwolken heran, denen die Pflanzen der Páramo-Region, des Nebelwaldes und des Regenwaldes ihre Existenzgrundlagen mit verdanken. Auf der Amazonas-Seite ist das Anden-Profil tief gekerbt vom Längstal des Flußgiganten Rio Marañon. Bis hinab zum Rande des Amazonas-Beckens im Osten und zur Pazifik-Küste im Westen verzeichnet das Naturgemälde die Namen der Charakterpflanzen auf den verschiedenen Stufen des höchsten Tropengebirges der Welt.

Und vieles mehr: Humboldt hat an das Gemälde eine Meßlatte angelegt, hat Kulturpflanzen und Nutztiere der verschiedenen Höhen eingetragen und dazu den europäischen Höhenvergleich: Das Anden-Profil umfaßt – so sagt sein Schöpfer – „alle physikalischen Erscheinungen, welche die Oberfläche der Erde und des Luftkreises ... darbietet". Das tut es natürlich in vollem Umfange für heutige Begriffe nicht! Auch endet das Profil auf der amazonischen Seite in einer abrupten Kurve nach unten, als sei Amazonien eine tiefe, randgefüllte Wanne und nicht eine sanft abfallende Niederung. Dennoch ist es ein aufschlußreiches Bild und ein schönes Bild zugleich, das nach Alexander von Humboldts gediegenem Entwurf in Kupfer gestochen und dann koloriert worden ist. In Form und Inhalt ist es ein vollkommenes Beispiel für den neuen Geist der Naturforschung im 19. Jahrhundert.

Wir wollen nun sehen, wie es entstanden ist und wie die Forscher nachfolgender Generationen das Wissen um die Natur der Anden ständig erweitert haben. Daher können wir die Wege der Anden-Expedition nicht nach dem Plan gehen, der für Bonpland und Humboldt gegolten hat. Wir lassen also das reizvolle Quito und sein geschütztes, fruchtbares Hochtal schneller hinter uns als die Forscher und treffen die Gruppe am Fuße des Chimborazo wieder.

Im Páramo-Gebiet sind die Riesenmönche (Espeletia hartwegiana) *gegen Frost und Verdunstung durch filzige Blätter geschützt. Dieser Bestand wächst in 4000 m Höhe in der ecuadorianischen Provinz Carchi.*

Wahrscheinlich so, wie sie Georg Weitsch rund 18 Jahre später malen wird – Humboldt im Gehrock und gestreiften Hosen –, jedenfalls ohne besondere bergsteigerische Ausrüstung, untersuchen die Forscher die Lebensbedingungen bis zur Höhe von 4 900 Metern. Begleiten wir sie zuerst in eine Charakter-Landschaft hinein, die die Kolumbianer und die Ecuadorianer Páramo nennen. Humboldt hat die Bedeutung des Wortes ergründet: „Da die Páramos fast beständig in kalten, dichten Nebel gehüllt sind, sagt das Volk in Santa Fé und Mexico: ‚cae un paramito‘, wenn ein feiner Regen fällt und die Lufttemperatur bedeutend abnimmt. Aus Páramo hat man *empamarse* gemacht, das heißt frieren, als wäre man auf dem Rücken der Anden." Der Páramo gehört zu Humboldts *Regio frigida,* die von 2 200 m bis 4 900 m reicht.

Das Klima dort oben ist durch die verrücktesten Temperatursprünge gekennzeichnet. Änderungen, die in unseren Breitengraden der Wetter-Rhythmus eines ganzen Jahres mit sich bringt, erleben wir in diesen Höhen am Äquator oft innerhalb der 24 Stunden eines Tages: 25 und mehr

Grad Celsius Wärme bei Mittagssonne im Windschatten und frostige Nächte von minus 25 Grad. Solche Temperaturen sowie Schnee- und Hagelschauer prägen die Pflanzen, die diesem Tageszeiten-Klima ausgesetzt sind. Die Region wird auf Humboldts Anden-Profil nach den vorherrschenden Pflanzen in das Gebiet der Alpenkräuter und Espeletien (zwischen 3 300 m und 2 100 m) und die Region der Gräser, der Pajonales (von 4 100 m bis 4 600 m) eingeteilt.

Besonders gut für das Leben im Reiche des Frostes sind die sogenannten Mönchspflanzen gerüstet, die wir unter dem spanischen Namen *Freilejones* in Humboldts Naturgemälde finden. Sie halten den Frost nicht nur durch den Kranz abgestorbener Blätter fern, sondern tragen einen „Pelz" ähnlich unserem Edelweiß. Humboldt und Bonpland haben die Grenze des Lebens im Tropengebirge bei 4 900 m in Gestalt von Flechten ermittelt – und das stimmt, will man den Flug des Kondors nicht rechnen. Der Vogel läßt sich von den Aufwinden noch über 5 000 m hinaustragen.

Sie mögen sich selbst den Kondoren gleich gefühlt haben – Humboldt, Bonpland und ihr Begleiter Carlos Montúfar –, als sie über die Schotterfelder des Chimborazo stiegen und die Grenze des ewigen Schnees überschritten: 5 878 m errechnete

Humboldt mit Hilfe des Barometers. Wir spüren den Stolz in seinen Worten, wenn er schreibt: „Ich habe mir mein Leben lang etwas darauf eingebildet, unter den Sterblichen derjenige zu sein, der am höchsten in der Welt gestiegen ist." Humboldt weiß nicht, daß es in den Anden höhere Berge als den Chimborazo gibt und die Indianer auf Fünf- und Sechstausendern sogar Opferstätten gebaut haben!

Den ganzen Lebensraum, der vom ewigen Eis bis hinab zur Höhe von 2 200 m reicht, beschreibt Humboldt zunächst als *regio frigida,* später benutzt er die Bezeichnung der Anden-Bewohner: *tierra fria* für Kalte Erde. Er führt diesen Begriff in die wissenschaftliche Literatur ein. Erst in unserem Jahrhundert hat der deutsche Geologe Carl Troll diese Welt der extremen Höhen weiter erkundet und unterteilt. Die Lage zwischen 4 900 m und den Gipfeln ist bei ihm das Schneeland – *tierra nevada* –, weil hier der Schnee liegenbleibt. Und da der Boden noch in 4 000 m Höhe gefroren ist, hat Troll der Region zwischen 4 000 und 4 900 m den Namen *tierra helada,* also Eisland, gegeben.

Während der Flachländer Humboldt sich in extremen Höhen bewegt, beobachtet er bei sich und den Freunden die Reaktionen des Körpers: „Wir

Oben links: Die Anden-Rose (Raununculus guzmania) *blüht an der Schneegrenze in über 4000 m Höhe. Sie ist ein Hahnenfußgewächs.*

Unten links: Auch im Hochpáramo zu Hause: die Herkuleskeule. Puya clavis hercules *ist eines der größten Ananasgewächse. Es wird bis zu zweieinhalb Meter hoch. Der hohe Blütenstand trägt viele, etwa einen Zentimeter große Blüten.*

Oben rechts: In den feuchten Hochmoorwiesen, zwischen Farnen und Páramogras, blüht roter Enzian (Gentianella cernua). *Enzianarten treffen wir in Höhen bis zu 4500 m Höhe an. Mit zunehmender Höhe wird ihr Wuchs geringer.*

fingen nach und nach an, alle an großer Übelkeit zu leiden. Der Drang zum Erbrechen war mit etwas Schwindel verbunden und weit lästiger als die Schwierigkeit zu atmen.... Wir bluteten aus dem Zahnfleisch und aus den Lippen. Die Bindehaut der Augen war bei allen mit Blut unterlaufen." Erst lange nach Humboldt beschäftigte Wissenschaftler die Frage, wie denn der Körper der indianischen Bergbewohner diesem Lebensraum angepaßt sei.

Heute wissen wir, daß die indianischen Bewohner der extremen Höhenlagen größere Lungen besitzen als die Flachländer. Die Lungenbläschen, die

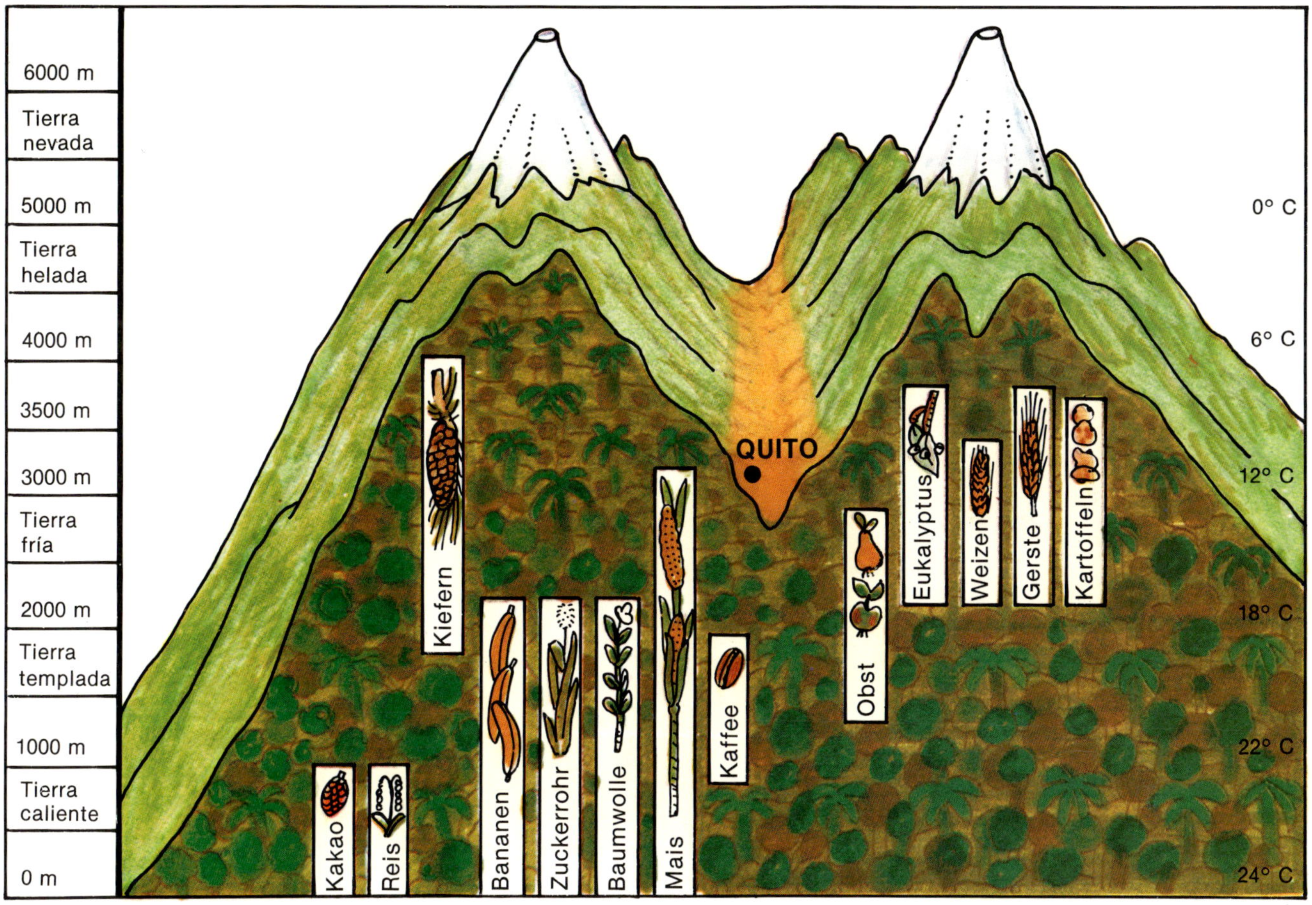

6000 m
Tierra nevada
5000 m
Tierra helada
4000 m
3500 m
3000 m
Tierra fría
2000 m
Tierra templada
1000 m
Tierra caliente
0 m
0° C
6° C
12° C
18° C
22° C
24° C
QUITO
Kakao
Reis
Kiefern
Bananen
Zuckerrohr
Baumwolle
Mais
Kaffee
Obst
Eukalyptus
Weizen
Gerste
Kartoffeln

den eingeatmeten Sauerstoff an das Blut weitervermitteln, sind so erweitert, daß der zwischen 3 000 m und 4 500 m Höhe geringere Sauerstoffgehalt der Luft voll ausgenutzt wird. Die Anzahl der roten Blutkörperchen der Hochlandindianer sind besonders groß, das Herz schlägt langsamer und hat zwei Liter Blut mehr zu bewältigen als das Herz des Tiefländers.

In den Hoch-Anden wächst übrigens ein Kraut, das den Indianern hilft, das anstrengende und entbehrungsreiche Leben besser zu ertragen. Das ist der Coca-Strauch. Die Alkaloide in den Blättern der Coca stumpfen die Sinne ab gegen Hunger und Durst und die schwere Arbeit, die die Indianer in der dünnen Luft zu bewältigen haben. Seit mindestens 5 000 Jahren kennen die Indianer schon dieses Mittel.

Für die Bauern kaum leichter zu bewirtschaften ist das Land an den Gebirgshängen unterhalb des Páramo zwischen 3 800 m und 2 200 m. Humboldt teilt es auf in die Region der Weinmania und Barnadesia (von 2 600 m bis 2 800 m) und die Region der Magnoliazeen *Wintera granadensis* (in 2 800 m bis 3 300 m Höhe).

Unterhalb 2 200 m Höhe beginnt die Regio temperata, das Gebiet des Mittelklimas oder die *tierra templada*. Das ist auch das Gebiet einer wichti-

Oben: Das vereinfachte, nach dem Vorbild von Humboldts „Naturgemälde" geschaffene Anden-Profil zeigt die verschiedenen Höhenstufen, in denen in den Äquator-Anden Nutzpflanzen angebaut werden.

Unten: Die Ausbreitung der natürlichen Pflanzendecke an den Anden-Osthängen Ecuadors und Perus veranschaulicht dieses Pflanzenprofil.

7000 m
Weiße Kordillere
Huascarán 6768 m
6000 m
5000 m
4000 m
3000 m
Rio Marañon
SO-Passat
2000 m
Nebelwald
1000 m
Regenwald

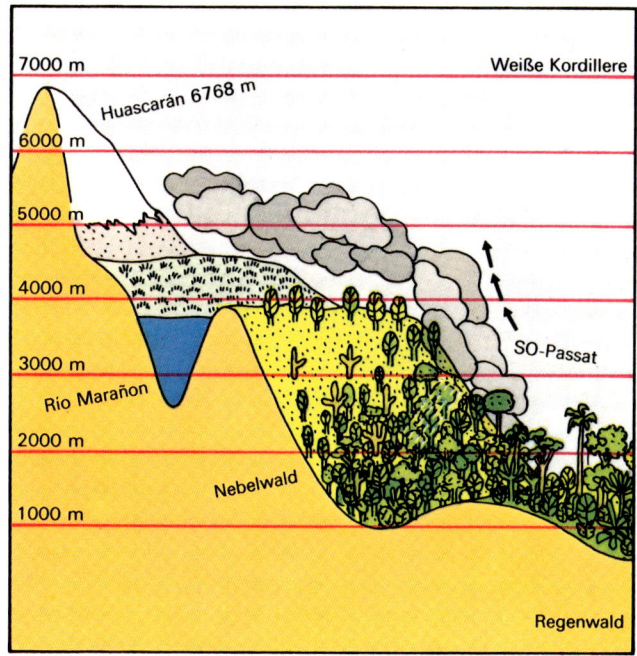

Oben: Die „Augenbraue" der Anden hat man die Höhenstufe des Nebelwaldes genannt. Der Nebelwald hier liegt in etwa 2000 m Höhe.

Rechte Seite: Ein natürliches Gerüst für zahllose Aufsitzer-Pflanzen – Farne, Moose, Orchideen, Bromelien, Lianen und Gräser – bildet dieser Baum in der feuchtwarmen Zone der Anden. Keine dieser Pflanzen gehört zu den Schmarotzern.

Unten: Im Bergwald zwischen 800 und 1200 m Höhe wächst der Cinchona-Baum (Cinchona pubescens). Das Bild zeigt Blatt und Blüte der ecuadorianischen Nationalpflanze. Ihren Namen hat sie nach dem Grafen Cinchon, dessen Frau im Jahre 1638 durch die Pflanze von der Malaria geheilt wurde.

gen Pflanze, des Fieberrindenbaumes Cinchona. Täglich schieben sich hier zu beiden Seiten des Gebirges regenschwere Wolken herauf. In größerer Höhe kondensieren sie durch die Abkühlung, und mit Millionen von feinsten Nebeltröpfchen sättigen sie einen Wald, der aufgrund dieser besonderen Wettersituation seinen Namen zu Recht trägt: Nebelwald. 90 Prozent Luftfeuchtigkeit haben wir hier an einem durchschnittlichen Nachmittag gemessen. Dagegen fällt während der Nacht- und der frühen Morgenstunden im Nebelwald fast immer Regen. Die Bewohner der nördlichen Gebirgsländer nennen dieses Gebiet auch die Augenbraue der Anden.

Der Pflanzenwuchs des Nebelwaldes wird von Bodentemperaturen um 16 bis 19 Grad Celsius begünstigt. Er ist noch immer nicht gründlich erforscht. Mit tausend Krallen und Barrieren wehrt sich die Vegetation gegen jeden Eindringling. An den harten Stämmen des Königsbambus schlägt man sich die Machete stumpf. Reißende Gebirgsbäche durchziehen die steilen Hänge. In der ewigen Feuchtigkeit faulende Baumstämme sind trügerische Brücken, und es erscheint günstiger, sich einen Tunnel durch das Unterholz zu schlagen, als über die auf den ersten Blick einladenden Brücken zu gehen.

Doch auch wer in das Halbdämmer eindringt, gewinnt nicht viel. Das Dickicht verweigert der Kamera jede Perspektive. Immerhin können wir im Unterholz viele jener dienstbaren Geister – Pilze und Insekten – ausmachen, die die schnelle Umwandlung toter Pflanzen in neue Nährstoffe besorgen. Der Boden, der hier voller Mineralien ist, begünstigt das Wachstum der Bäume. Ihre Stämme werden kräftiger, je weiter wir die Anden-Hänge hinabsteigen.

Einen guten Eindruck von der Lebensfülle in dieser Region können wir durch die einzeln stehenden Baumkathedralen am Rande des Nebelwaldes gewinnen. Die mächtigen Äste mancher Baumriesen dort vermögen die Last der vielen Bromelien kaum mehr zu tragen. In ihren Kelchen sammeln die Bromelien Feuchtigkeit und bilden Miniaturweiher, die oft die Heimstätte winziger, manchmal giftiger Schlangen und herrlich bunter Baumsteigerfrösche sind. Diese ernähren sich hier vom Insektenanflug und verlassen ohne Zwang niemals den Kelch. Auch die Paarung, die Laichablage und die Metamorphose vom Ei über die Kaulquappe zum fertigen Frosch spielt sich in den Bromelien-Weihern ab.

Nirgendwo haben wir übrigens mehr Orchideen versammelt gesehen als an den Nebelwald-Hängen links und rechts der Straßen, die durch das Nebelwaldgebiet führen.

Von den vielen Tieren, die im Nebelwald zu Hause sind, hat Humboldt die meisten nicht gesehen. Sie stehen auch nicht in den Originalausgaben von „Brehms Tierleben". Sie sind Schleicher und Bodenschlüpfer, meist dämmerungsaktiv und leben so „heimlich", daß man sie in freier Wildbahn kaum antrifft. Mit unendlich viel Glück sieht man einmal einen Bergtapir oder einen Brillenbär. Der Bergtapir ist zum Beispiel erst im Jahre 1950 von dem schwedischen Schriftsteller Rolf Blomberg entdeckt worden.

Die Grenze zwischen der *tierra templada* und der *tierra caliente,* wo der Regenwald beginnt, ist fließend. Auf Humboldts Naturgemälde ist die Grenze des gemäßigten Klimas mit 600 m über dem Meer eingezeichnet. Von hier bis hinab zum Fuß der Anden und dann über das ganze amazonische Tiefland erstreckt sich die *tierra caliente.* Der Wald am Hang, am Saum der Anden und im Überschwemmungsgebiet der Flüsse profitiert von den Mineralien, die der Regen aus den Berghängen herausgewaschen hat. Er ist ungeheuer artenreich. Nach den augenfälligen Pflanzen am Berghang ist die *tierra caliente* im „Anden-Profil" auch die Region der Palmen- und Pisanggewächse.

Zu den attraktivsten und artenreichsten Bewohnern fast aller Klima-Landschaften der Anden gehören die Orchideen. Ecuador, wo Humboldt und Bonpland unter anderem die herrliche Masdevalia bonplandii entdeckt haben, ist mit bisher gut 1 500 entdeckten Arten besonders reich an Orchideen.

Auf Entdeckungsjagd nach Orchideen

Es gibt Liebhaber, die eine Orchideenblüte mit den reizvollsten weiblichen Eigenschaften vergleichen. Sie schwärmen von der zauberhaften Gestalt und der samtenen Blütenlippe. Selbst im Text eines „nüchternen" Wissenschaftlers finden wir Worte wie in Liebesbriefen. Er besingt bei einer Orchideenblüte den „schimmernden Schmelz" ihrer Farben und den „lockenden Schwung ihrer Linien", spricht gar von Blüten, „die man begehrt, besitzen will". Manche Orchideenkenner weisen auch überzeugend nach, daß Orchideen besonders maskulin wirken, das sogenannte „Säulchen" in ihren Blüten einem Phallus gleiche und einige Arten einen so beißenden Geruch verströmten wie die Duftmarken eines brünstigen Katers. Soweit wollen wir nicht gehen. Vielleicht eint uns alle die Feststellung, daß Orchideen jedenfalls eine besondere Ausstrahlung haben. Es sind wohl

mehr die Männer, die sich mit ihnen beschäftigen. Aber es sind meist geliebte Frauen, denen man sie schenkt.

Man muß wissen, daß wohl nirgendwo auf der Welt mehr Orchideen gedeihen als in Südamerika in Äquatornähe. Viele der 1 500 Arten, die allein in Ecuador entdeckt worden sind, blühen noch unberührt, unerkannt in den Anden-Hängen und im Amazonas-Regenwald.

Den Vorhof zur Orchideen-Welt Ecuadors bildet für mich das Gewächshaus eines guten Freundes. Darin blühen bei meinem Besuch an einem Februartag nicht allzu viel Pflanzen. Doch es sind genügend, um mich, der ich im Gegensatz zu Erwin Patzelt Laie bin, zu verwirren, kaum daß ich das Typische zu erkennen glaube. Normalerweise haben alle Orchideen-Blüten, ob sie nun wenige Millimeter oder viele Zentimeter groß sind, drei äußere und zwei innere Blütenblätter sowie ein ausladendes, völlig anders gestaltetes Blütenblatt, das man die Lippe nennt. Diese Lippe trägt auch das sogenannte Säulchen, an dessen Schaft sich die Narbenhöhle befindet. Auf dem oberen Teil des Säulchens ist die sogenannte Anthere zu erkennen. Hier bewahrt die Orchidee ihre Pollenpäckchen auf, fein säuberlich getrennt von der Narbenhöhle, um eine Selbstbestäubung zu ver-

ONCIDIUM pictum .

Oben links: Die Blüte der Riesenosterluzei (Aristolochia gigas) ist als Insektenfalle konstruiert. Sie lockt Insekten durch Aasgeruch in den Kelch. Nach der Bestäubung gibt sie ihre „Gefangenen" wieder frei.

Oben rechts: Ein attraktives, acht bis zehn Meter hohes Gewächs in der tierra caliente ist der Warszewicza-Strauch. Seine roten Blätter täuschen Blüten vor, um Insekten anzulocken, die die kleinen unscheinbaren echten Blüten bestäuben.

Unten links: Eine Schönheit, die für das Reisewerk von Humboldt gestochen und naturgetreu koloriert worden ist: die großblütige Orchidee Oncidium pictum. Sie bewohnt den Nebelwald in 2000 m Höhe.

hindern. Bei der leisesten Berührung lösen sich die Pollenpakete ab. Dieses Prinzip aber wird durch die bizarren Blütenformen so vielfach variiert, daß der Laie es nicht immer gleich wiedererkennt. Mein Freund zeigt mir zum Beispiel eine sehr kleine Pflanze mit einer sehr großen Lippe, danach eine sehr große, drei Meter hohe Pflanze mit einer winzigen Blüte von nur zwei Zentimeter Durchmesser.
Einige Orchideenblüten sind als Fallen konstruiert, in denen Insekten ihr blaues Wunder erleben können. Die Blüten locken zum Beispiel durch Duft oder Farbe Bienen an, die beim Lan-

Oncidium serratum *ist eine Erdorchidee. Sie rankt und „klettert" in etwa 2000 m Höhe über schwieriges, felsiges Gelände, überwuchert andere Pflanzen und sogar stattliche Sträucher.*

Ein verschwenderischer Blütenregen ist für die Orchidee Oncidium serratum *typisch. Ihre Blüten werden acht bis zehn cm groß, und an einem Stand haben wir 120 davon gezählt.*

deversuch auf der rutschigen Lippe hilflos in einen kleinen „See" im Innern der Blüte gleiten. Natürlich will die Biene dem Gefängnis entkommen, und da gibt es nur einen Ausweg. Sie strebt dem Licht zu, das im Blüteninneren schimmert. Die Biene krabbelt aus dem „See" heraus, und während sie sich unter dem Säulchen hindurchzwängt, streift sie die Pollen an dessen Spitze mit dem Rücken ab, um sie bei einer neuen Runde eventuell bei einer weiblichen Blüte abzuladen.

Andere Orchideen sind auf der Lippe gezeichnet wie die Weibchen einer bestimmten Wespenart. Die Männchen dieser Art fliegen heran, vollführen sogleich Ehestandsbewegungen, ohne die „Dame" genauer zu kennen, und haben die Pollenpakete schon am Leibe haften, ehe sie ihren Irrtum bemerken und sich aus dem Blütenstaube machen können.

Ich sage mit Begeisterung zu, als mein Freund in Quito mich zu einer Orchideenjagd besonderer Art einlädt. Ein paar Tage später fahren wir schon im Morgengrauen durch die schlafende

Stadt, sind, ehe die große Blechlawine rollt, aus der Metropole heraus und auf der Panamericana-Süd. Sie folgt im Hochtal, nahe den Vulkanen, einer alten Inka-Route, die über die größeren Städte Latacunga, Ambato und Cuenca in den Süden des Landes führt.

Wir folgen ihr aber nur bis kurz vor Latacunga und biegen dann in eine Straße ein, die sich nach Überwindung der Paßhöhe zur Pazifik-Küste hinabschlängelt. Mein Begleiter meint, die Hänge links und rechts dieser Straße seien vielleicht das beste Orchideen-Revier der Welt: „Ich möchte meinen Bart darauf verwetten, daß wir mindestens eine Art entdecken werden!" Ich habe nichts Gleichwertiges gegen diesen schönen Bart zu setzen und schon gar nichts gegen soviel Zuversicht.

Als unser Wagen die Paßhöhe von 3 200 m überwindet, macht sich Sauerstoffmangel bemerkbar. Dem Motor fehlt er zur Verbrennung, und mir fehlt die Luft zum Atmen. Ins Führerhaus dringt die kühle Feuchtigkeit feinen Nebels, der in Spiralen die Anden-Hänge hinaufkriecht. Dem

Ecuadorianer macht das nichts aus. Für ihn hat die Orchideenjagd begonnen, und er hat alle Sinne auf die steilen Berglehnen am Straßenschnitt gerichtet. Der Laie meint, alle Orchideen stammten grundsätzlich aus den feuchtheißen Regenwäldern; doch diese Vorstellung ist falsch: „Von den vielen Arten, die wir kennen", berichtet der Ecuadorianer, „ist der weitaus geringere Teil in den tropischen Wäldern entdeckt worden. Dort müßten die Botaniker ja auch wie die Affen durch den Kronenraum wandern, den die Orchideen hauptsächlich besiedeln. Nein, Orchideen gibt es in allen Klima-Zonen, bodenständig und als Baumbewohner. Sogar in den Trockensteppen kann man sie finden."

„Warum suchst du sie aber am Straßenschnitt?" möchte ich wissen.

„Erst einmal, weil sich diese Straße hier vom Hochland über den Nebelwald bis hinab zum Regenwald windet, dann die feuchtheißen Niederungen durchläuft und schließlich die trockene Küste erreicht. Das sind fast alle möglichen Klima-Zonen. Genauso wichtig aber ist eine zweite Voraussetzung. Die Orchideen suchen das Licht, und das finden sie hier reichlicher als im dichten Wald, wo sie sich erst gegen konkurrierende Pflanzen durchsetzen müssen."

Die Orchidee Brassia caudata *ist eine epiphytisch wachsende Pflanze, deren Blütenstand wechselseitig besetzt ist. Wir haben sie in etwa 1000 m Höhe von Kolumbien bis Peru angetroffen.*

Als hier vor Jahrzehnten die Trasse für die „Bananenstraße" zwischen Quito und Guayaquil über Santo Domingo de los Colorados in den Berg gebaggert und gesprengt wurde, waren die Orchideen die ersten Pflanzen, die in der Vegetationsnarbe am Erdschnitt siedelten: „Vom fünften Jahr nach dem Bau an herrschten dann die besten Verhältnisse. Orchideen wurden die dominierenden Pflanzen. Es gibt heute noch Hunderttausende von ihnen!" behauptet mein Freund.

„Hunderttausende?" zweifle ich. „Ich sehe nicht eine einzige!"

Mein Freund gibt sich mystisch: „Ganz gleich, in welchem Tempo wir fahren, ich sehe die Orchideen sofort in der dichtesten Pflanzenwirrnis. Entweder ist das Gehirn ein viel besserer Computer, als wir denken, und hat somit mehr Erfahrungen gespeichert, als mir bewußt ist, oder es ist Telepathie – das heißt, die Pflanzen haben eine bestimmte Aura, die mich auf große Entfernungen erreicht: ich sehe die Orchideen. Und ich finde an einem Tag so viele davon, wie geübte Botaniker in einer Woche nicht!"

Eine der kleinsten Orchideen: die epiphytisch wachsende Oncidium pusillum. *Ihre Blüten sind kaum 1 cm groß. Rechts unten erkennt man den Fruchtstand.*

Geübte Botaniker, darunter die bekanntesten und berühmtesten in Europa und Amerika, verlassen sich gern auf den sechsten Sinn dieses Fachmanns; sie zahlen hundert Dollar pro Tag und mehr, dafür, daß er sie begleitet, und mehren seinen Ruhm in der wissenschaftlichen Literatur, denn es gibt schon viele Orchideen, die seinen Namen tragen. Ich nenne diesen Namen nicht, weil mein Freund Ruhe vor den Anfragen der vielen Orchideen-Fanatiker haben möchte, die seine Begleitung suchen. Entwickelt hat der Ecuadorianer seinen sechsten Sinn für Orchideen in gut 25 Jahren.

Auf der Ladefläche unserer cambionetta stehen Kartons für die Pflanzen bereit und Fläschchen mit Alkohol, in die nur die gefundenen Blüten kommen. Im Alkohol werden die Blüten zwar weiß, ihre Form aber bleibt für die wissenschaftliche Bestimmung genau erhalten. Früher wurden die Pflanzen nur gepreßt und in Herbarblättern aufbewahrt. Wollte man zum Beispiel sicher gehen, daß eine soeben entdeckte Art wirklich neu war und nicht schon in den großen Herbarien in

London oder Wien schlummerte, mußte man die gepreßten Blüten aus den Herbarblättern aufkochen, damit sie für einen Vergleich halbwegs ihre ursprüngliche Gestalt annahmen.

Mein Begleiter trägt für die Exkursion in die Hänge lange Hosen aus festem Leder und Halbschäfter mit gutem Kletterprofil. Er weiß um die böse Wirkung von Kakteenstacheln, Dornen und Widerhaken. Auch ich trage Kletterstiefel aus Büffelhaut. Am Rio Toachi, der auf der Höhe der Augenbraue der Anden fließt, wollen wir ein neues Orchideen-Revier erschließen.

Je weiter sich die Straße die Kordillere hinabwindet, desto wärmer und feuchter wird die Luft. An den Berghängen links und rechts der Straße hat der ursprüngliche Nebelwald nur noch wenige Reservate, wo steil abstürzende Schluchten den Menschen am Zugriff hindern. Wohin wir sonst schauen, sehen wir Brandrodungen und die mageren Felder von Kleinbauern. Das Orchideen-Paradies liegt vor allem an felsigen Abhängen, die von der Straße angeschnitten worden sind. Dort ist auch der Königsbambus, der schnell jeden Lichtschacht besiedelt, ein sicheres Indiz für Sekundärwuchs.

Hinter der Ortschaft Tandapi, die noch etwa tausend Meter über dem Meer liegt, biegen wir von der „Bananenstraße" in einen parallel zum Rio Toachi laufenden Weg ein, der so steinig ist, als wäre er ein trockengefallenes Flußbett. Hier suchen wir im Buschdickicht einen Durchschlupf zur Ufergalerie der Bäume.

Wir finden ihn in einem Pfad, den sich vermutlich Angler geschlagen haben. Der Orchideenjäger rutscht einfach auf dem Boden seiner Lederhose in das glitschige Loch zwischen dem Rankenwerk der Windengewächse hinein. Mich warnt er noch davor, mich an Ästen oder Lianen festzuhalten: „Damit könntest du Riesenameisen oder Schlangen auf dein Haupt herabschütteln!" Da kann ich also sehen, wo ich bleibe! Irgendwie, mehr fallend als laufend, komme ich doch hinunter zum Ufer. Ich finde meinen Freund bereits bäuchlings auf dem unteren Ast eines mächtigen Gummibaumes liegen. Der Lufthauch über der rasanten Strömung zerrt an den unteren Blättern des auf das Flußbett hinuntergebeugten Astes. Und wofür geht der Orchideenjäger das ganze Risiko der Kletterpartie ein? Für eine ziemlich unansehnliche Orchidee mit winzigen weißen Blüten und großen, runden, fleischigen Blättern. Vorsichtig löst er die Pflanze mit ihren Wurzeln und allem, was daran haftet, aus der Astgabel und läßt sie in meine Hände fallen: „Ich bin sicher, das ist eine neue Art", sagt er, als er wieder auf festem Boden steht.

Auf dem vom Wasser blank polierten, seifig erscheinenden Schiefer setzen wir am Toachi die Exkursion fort. Mein Freund behält dabei ständig die nässetriefende Wand und das Astwerk über uns im Auge. Als nächste Pflanze entdeckt er eine Orchidee, die ihre winzigen, hauchzarten Blüten rosettenartig auf der Blattunterseite trägt und so vor intensiver Sonne schützt. Auch sie löst er mit allem Drum und Dran aus ihrer Astgabel. Dabei gilt es nicht nur, die Wurzeln möglichst unbeschädigt zu erhalten: „Die Hauptsache ist der Pilz, mit dem die Orchidee in Symbiose lebt", erklärt mir der Fachmann. „Der muß erhalten bleiben, sonst wäre jeder Versuch zwecklos, die Orchidee im Gewächshaus anzupflanzen."

Über die lebenswichtige Rolle winziger Pilze im Dasein der Orchideen weiß ich soviel: An allen Plätzen, wo Orchideen wachsen, ist der Pilz zuerst da. Er ist schon eine Art von Geburtshelfer oder, besser, Wachstumshelfer. Vermutlich bietet er den winzigen Samen der Orchideen, die alle kein eigenes Nährstoffgewebe haben, bestimmte Nährstoffe oder schließt sie auf. Mehr weiß ich nicht. Und das Beruhigende ist, viel mehr weiß auch der Kenner nicht. Erst seit den zwanziger Jahren, erzählt mir mein Begleiter, habe die Wissenschaft überhaupt Kenntnis von der Lebensgemeinschaft der Orchideen mit bestimmten Pilzen. So seien frühere Zuchterfolge Zufallserfolge.

Am Beispiel einer Frauenschuh-Orchidee, die schon reife Samenkapseln aufweist, zeigt er mir, wie die Orchideen für ihre Verbreitung sorgen. Er öffnet die pralle Kapsel, und heraus quellen winzige Samenstäubchen: „Sie sind so leicht, daß vielleicht zwanzigtausend auf ein Gramm gehen!", erklärt er. Der leiseste Atemhauch kann sie bewegen. Wir blasen über die herausquellenden Stäubchen und sehen die Winzlinge, die davonfliegen, kaum noch. Ihre Flugfähigkeit wird durch Lufteinschlüsse noch erhöht. Und weil die Samen so winzig sind, besitzen sie eben auch kein eigenes Nährgewebe. Dies muß einer der Gründe dafür sein, warum sie auf die Lebensgemeinschaft mit Pilzen angewiesen sind.

In den nächsten Stunden lerne ich Orchideen kennen, deren Blüten kaum mehr als stecknadelgroß sind. Sie gehören der seltenen Gattung Stellilabium an. Wir finden auf einem Quadratkilometer fünfzehn, die mein Bekannter für die Herbarblätter botanischer Institute sammelt. Leichter zu entdecken ist eine Sobralienart, deren große, weiße Blüten acht Stunden nicht überdauern, die sich dafür aber jeden Tag neu entfaltet. Ich bin sehr stolz, als ich endlich zwischen Moosen und Farnen einer feuchten Felswand „meine" erste Orchidee entdecke. Nicht, daß sie der Wissenschaft nicht schon bekannt wäre. Nein, ich habe sie nur von uns beiden als erster gesehen – bilde ich mir wenigstens ein. Mein Begleiter identifiziert sie als besonders schönes Exemplar einer Frauenschuh-Art. Wer es genau wissen will: sie heißt Phragmipedilum longiflorum.

Am Ende des Vormittags verstauen wir vierzehn verschiedene Orchideen-Arten, die der Orchideen-Fachmann zuvor noch nicht in den Händen gehabt hat, auf der Ladefläche unseres Autos. Welche indessen wirklich neu davon sind, wird sich noch herausstellen. Ich bin froh, daß uns keine giftige Buschmeisterschlange angesprungen hat, deren Revier hier sein soll. Die einzigen Blessuren, die ich davongetragen habe, sind die Einstiche zahlreicher Moskitos, die sich merkwürdigerweise alle nebeneinander nur auf meinen Ellenbogen finden.

Auf dem Heimweg am Nachmittag haben wir Zeit und Augen für die Landschaft. Aber es ist nicht nur Erfreuliches, was da zu sehen ist. Die Mehrzahl der Orchideen am Straßenschnitt ist dem Tode preisgegeben. Die Rodungen der Bauern haben den Klima-Haushalt durcheinandergebracht. Soviel Nebel wie noch vor ein paar Jahren

Links: Die Blütentraube hängt bei der Erdorchidee Pleurothallis trunctata über dem entfalteten Blatt. Die Pflanze gedeiht im Nebelwald zwischen 1000 und 2000 m.

Rechts: Noch eine bizarre Pleurothallis-Art: Bei dieser Orchidee umschließt das Blatt den Stiel, und die Blüte hängt in den Blattkelch hinein.

bilde sich nicht mehr, meint mein Freund. Und die dünnen Schwaden, die jetzt noch die Berge hinaufziehen, würden nicht mehr abgekämmt, weil die Bäume dazu fehlten. Die anhaltenden Regengüsse haben die ohnehin schon zerschlissene Pflanzendecke weiter aufgerissen. Wieder einmal werden wir Zeugen der schizophrenen Handlungsweise des Menschen. Während sich der Staat auf der einen Seite dem Washingtoner Artenschutzabkommen von 1978 angeschlossen hat und damit auch die Ausfuhr von Orchideen strikt verbietet, verpflichtet er auf der anderen Seite die Kleinbauern, denen er das Land überläßt, binnen dreier Jahre zu roden und zu pflanzen.

Und was geschieht zuerst? Die Bauern fällen die großen, wertvollen Bäume, die ihnen sofort bares Geld bringen. Der Staat läßt diese selbstmörderischen Aktivitäten zu und ignoriert Erkenntnisse, die selbst die Spanier beachtet haben. Jedenfalls haben sie in der späten Kolonialzeit das Abholzen der Berghänge verboten.

Der Lebensraum zahlreicher Pflanzen, die doch durch das Artenschutz-Abkommen erhalten werden sollen, wird nun großflächig zerstört. „Würde man die Orchideen, die sowieso alsbald aufgrund der Trockenheit oder weil die Insekten ausbleiben, aussterben, sammeln und ausführen, könnten befähigte Züchter wenigstens die eine oder andere Art erhalten", meint der Ecuadorianer. Innerhalb der Landesgrenzen finde sich nicht ein einziges Institut, das sich um Zucht bemüht.

Mein Begleiter hat die Folgen, die das verhängnisvolle Zusammenwirken von privatem Raubbau und staatlichen Versäumnissen zeitigt, auf der Strecke von Riobamba nach Guayaquil beobachtet: „Für die erste Orchideen-Ausstellung in Guayaquil", erzählt er, „habe ich dort viele schöne Masdevallia-Arten gesammelt. Als ich zwei Jahre später dort sammeln wollte, waren alle Orchideen von der Sonne verbrannt oder verdorrt. Orchideen können kein Wasser zwischen den Regenfällen bevorraten. Die Bäume, die ihnen Schutz gewährt hatten, standen nicht mehr."

Nun lasse ich mich nicht gern in den Dienst von Argumenten nehmen, die dem Export seltener Pflanzen das Wort reden, ihre Gefährdung durch Brandrodung schwarz ausmalen und den Artenschutz ausgerechnet durch Export gesichert sehen. Ich meine, der Anden-Staat wäre besser beraten und seine Politik erst wirklich glaubwürdig, wenn er sowohl das Exportverbot beibehielte als auch der bedenkenlosen Umweltzerstörung ein Ende setzte.

Mein Freund gibt zu, daß die Hemmungslosigkeit, ja Kriminalität professioneller Orchideenjäger und besessener Liebhaber, die Sammler und Züchter in Verruf gebracht und mit zu dem Exportverbot beigetragen haben. Vom Orchideenmarkt früherer Jahre kamen in der Tat Nachrichten wie aus dem Tollhaus: „Im vorigen Jahrhundert", erzählt der Ecuadorianer unterwegs, „wurden für ein einziges Exemplar einer besonderen Art in England zweitausend Pfund bezahlt!" Er muß ein stattliches Orchideen-Lexikon im Kopf haben, denn er gräbt viele Fakten aus dem Gedächtnis aus. Da gab es im viktorianischen England einen „Orchideenkönig", der ein ganzes Heer von Raubrittern im Felde stehen hatte. Sie erbeuteten in den Tropen Asiens, Afrikas und Amerikas Tausende von Pflanzen und sandten sie in Frederick Saunders Reich bei der Stadt Albans. Sein Orchideenjäger Oversluys hat Anno 1892 von einer einziger Art mit Namen Cattleya rex 17 000 Exemplare in den peruanischen Anden gesammelt. Die Entdeckung der Pflanze war von Mord und Totschlag begleitet. Oversluys selbst konnte sie nur finden, nachdem er seine Rivalen ausspioniert hatte. Als seine Expedition zur Küste zurückkehrte, wurde sie von Peruanern überfallen, die in den Kisten andere Schätze als Orchideen erwartet hatten. Sie töteten seine Begleiter. Saunders war Ende des 19. Jahrhunderts Marktführer, war aber nur einer der großen Händler, die Zehntausende von Pflanzen umsetzten. Die Größenordnung ist nicht Symptom für eine Liebhaberei, sondern für eine Manie. Die Krankheit suchte fast ausschließlich reiche Leute heim, die es sich leisten konnten, Glashäuser mit Gas zu beheizen und oft mehr als hundert Pfund für eine bestimmte Orchidee zu bezahlen. Im Jahre 1904 kassierte Saunders für ein Exemplar der Odontoglossum crispum aus Kolumbien die stolze Summe von 1 500 Pfund.

Betrag und Jahr markieren Höhepunkt und Ende einer Entwicklung, die vermutlich im Jahre 1731 begonnen hat, als die erste Orchidee tropischer Herkunft nach England gelangte.

Die Schönheit tropischer Orchideen bezauberte bald die Gärtner in Großbritannien und auch im kalten Kontinentaleuropa.

Und weil sie die Tropen wohl für ebenso heiß wie die Vorhölle hielten, beheizten sie ihre Gewächshäuser so stark, daß die Orchideen viel zu heiß und trocken standen.

So gesehen sind die ersten Orchideenfreunde in Wahrheit Orchideenfeinde. Und sie bleiben das auch bis in die zwanziger Jahre unseres Jahrhunderts, obwohl sie bald sensibler auf die Naturnotwendigkeiten der Pflanzen einzugehen lernten und die Pflege-Erfolge besser wurden.

Der auch für Menschen unseres an Raubbau gewohnten Jahrhunderts erschreckend hohe Verbrauch an Orchideen im 19. Jahrhundert hat seinen Grund in dem Unvermögen der Gärtner, die Pflanzen aus den winzigen Samen zu züchten. Die Wende kündigte sich im Jahre 1904 an, als der französische Botaniker Noël Bernard unterm Mikroskop den Pilz entdeckte, der eine so wichtige Rolle für das Wachstum der Orchideen spielt. Damit begann der Fortschritt, der bald die Zucht der Orchideen ermöglichte.

Die Orchideenarten, um deren Zucht sich der Mensch heute so sehr bemüht, sind weder eßbar noch lassen sie sich irgendwie verarbeiten, von Duftstoffen für Parfüms und dem Aroma der Vanille abgesehen. Orchideen werden also allein ihrer Schönheit wegen gesammelt und gezüchtet. Mein Begleiter hat von den großblütigen Arten, die zu entdecken der Traum jedes Orchideenfreundes ist, einige der schönsten und berühmtesten gefunden. Sie tragen seinen Namen: „Man kann", erläutert er mir, „in jeder Gattung nur eine Orchideenart des eigenen Namens haben." Er gibt zu, daß ihn der Ehrgeiz, immer wieder eine neue Blüte in den Strauß „seiner" Orchideen einfügen zu können, in die Wildnis treibt. Diesen Ehrgeiz teilt er mit anderen Orchideenjägern, ohne freilich Verständnis für die Namensgebungsmanie einiger Wissenschaftler zu haben. Diese nutzen jede noch so bescheidene Variante in Form, Farbe, Größe, Lebensraum zur weiteren Unterteilung. „Keine zwei Orchideeologen", stellt mein Freund fest, „stimmen überein, wenn sie heute die Zahl der Arten nennen sollen. Die Literatur kennt mehr als 140 000 Namen. In der persönlichen Kartei des Amerikaners Lesley Garey stehen über 60 000 Namen. Natürlich sind darunter viele Zweifach- und Dreifachbeschreibungen derselben Art. Doch auch bereinigt dürfte die Artenzahl zwischen 20 000 und 35 000 liegen."

Wir werden dieser Zahl ein paar neue Arten hinzufügen. Von der Ausbeute auf der Ladefläche unseres Wagens „verdächtigt" mein Begleiter wenigstens vier Pflanzen, „neu" zu sein. Sie sind nicht spektakulär und wegen ihrer winzigen Blüten nur für Botaniker interessant.

Obwohl wir erst bei Dunkelheit verschmutzt, verschwitzt und hundemüde nach Quito zurückkommen, ist mein Freund noch bis weit nach Mitternacht damit beschäftigt, „Erntegut" zu pressen, in Alkohol einzulegen oder im Gewächshaus einzupflanzen. Die „Verdächtigen" überprüft er in einem dickleibigen Standardwerk sowie anhand der neuesten computer-prints. Am nächsten Morgen ruft er mich triumphierend in meiner Pension an: „Zwei sind mit Sicherheit neu. Die rankende Orchidee mit den tubusförmigen gelben Blüten und die Pflanze mit den großen, runden, fleischigen Blättern, die wir am Toachi gefunden haben, sind noch nirgendwo beschrieben. Vorläufig heißen sie Pleurothallis sp. nov. und Campilocentrum sp. nov."

Mein Freund wird sie dem Spezialisten Dr. Dodson nach Florida schicken, wird die Fundumstände schildern, und dann werden wir beide auf den endgültigen Namen warten.

Puna und Altiplano

Als Humboldts Expedition nach langer Bergwanderschaft über Cuenca, Loja, Cajamarca und Contumaza aus den nackten peruanischen Bergen bei Trujillo zur Küste herunter kommt, müßte sich dem Forscher die Frage nach den Gründen für die plötzliche Lebensfeindlichkeit des Landes stellen, und auch die unverhältnismäßig kühlen Luft- und Wassertemperaturen müßten ihm auffallen. Und Humboldt enttäuscht uns nicht. Er watet bei der ersten Gelegenheit mit dem Thermometer ins Meer und mißt: nur 16 °C stellt er fest.

Später läßt er sich von Limas Hafen Callao aus hinaus in den Pazifik rudern. Nicht weit von der Küste entfernt entdeckt er eine tiefblaue, kalte Oberflächenströmung. Ihre Temperaturen sind hier, so nahe am Äquator, ganz ungewöhnlich niedrig. Diese Meeresströmung aus der Antarktis trägt seit dem Jahre 1837 Humboldts Namen. Heinrich Berghaus ehrt den Forscher durch die Namensgebung in seinem Kartenwerk. Humboldt protestiert: „Die Strömung war schon 300 Jahre vor mir allen Fischerjungen von Peru bis Chile bekannt." Ungewöhnlich ist der Fischreichtum im Humboldt-Strom. Er hat seinen Grund in einer gewaltigen Planktonschwemme. Das Plankton ernährt Milliarden von Sardellen, deren Schwärme wiederum die Pelikane, Tölpel, Guanays und andere Meeresvögel in Massen anlocken. Sie leben in großen Kolonien auf menschenleeren Inseln und unzugänglichen Felswänden an der Küste.

Humboldt und Bonpland besuchen keine dieser Inseln. Es bleibt ihnen dennoch nicht verborgen, daß die Einheimischen den meterhohen Vogelkot, der von keinem Regen weggewaschen wird, als Dünger verwenden. Er überkrustet als Verdauungsergebnis von – wie man errechnet hat – 4 800 Tonnen Fisch täglich die nackten Felsen. Humboldt läßt Proben davon nach Europa gehen, und dort wird zur Gewißheit, daß Guano – wie der Vogelkot heißt – durch seinen hohen Phosphat- und Stickstoffgehalt ein hochwirksamer Dünger

ist. In dieser Erkenntnis sind die Indianer den Europäern voraus gewesen, denn schon die Inka haben Guano als Dünger genutzt.

Im Jahre 1840 begann Peru mit dem Export des hochwertigen Düngers, und bald mußten Tausende versklavter Chinesen auf den Inseln Guano abbauen. Um die Mitte unseres Jahrhunderts konnte der Vogelkot den Bedarf der Landwirtschaft nicht mehr decken. So verfiel man auf die Idee, den Umweg über den Darm der Meeresvögel nicht mehr abzuwarten. Man fischte viele hunderttausend Tonnen Sardellen aus dem Meer und verarbeitete sie zu Dungmehl. Ein paar Jahre ging das gut; dann kam der ökologische Zusammenbruch. Die Beute in den Netzen wurde immer magerer – und schließlich starben auch die Guanay-Vögel, ihrer Nahrung beraubt, in ganzen Völkern den Hungertod.

Der Humboldt-Strom nun, der so lange Zeit für reiche Fischbeute gesorgt hat, ist eine der Ursachen der extremen Pflanzenarmut des Küstenlandes. Den anderen wollen wir auf den Grund gehen. Das Naturgemälde, das Alexander von Humboldt mit genialer Hand entworfen hat, zeigt nur einen Ausschnitt der Klima-Verhältnisse. Der Forscher selbst hat als dessen Grenzen den zehnten Grad nördlicher und den zehnten Grad südlicher Breite gesehen. In diesen Grenzen liegen die Inneren Tropen. Forscher unserer Tage möchten die Grenzen des Humboldtschen Anden-Profils freilich noch enger gezogen sehen.

In Peru, das vom 4. bis zum 22. Grad südlicher Breite reicht, ändert sich nämlich das Bild auf drastische Weise. Nur auf der Ostseite der Anden bleibt es uns vertraut; dort überzieht der Regenwald die Hänge am Fuß der Anden, gibt dann dem immergrünen Bergwald Raum, der wiederum abgelöst wird vom Nebelwald. Ihm folgen die mit Zwergsträuchern überzogenen Hänge. Überwinden wir dann einen der östlichen Anden-Pässe und erreichen wir die Hochfläche zwischen der

Rechts: Über 25 Breitengrade prägt der kalte Humboldt-Meeresstrom der südamerikanischen Küste das kühle Klima sowie Regen- und Pflanzenarmut auf. Im Norden wird er von der zehn Grad wärmeren Gegenströmung des Äquatorialstromes in Richtung Galapagos-Inseln abgedrängt. Er löst an der Küste Nord-Ecuadors und Kolumbiens die Kältebarriere auf und sorgt für Regen und üppigeres Grün.

Linke Seite: Die Puya raimondi *wird als Charakterpflanze der peruanischen Anden geschützt. Mit fünf bis sieben Meter ist sie eine der großen Puya-Pflanzen, die zu den Bromelien gehören.*

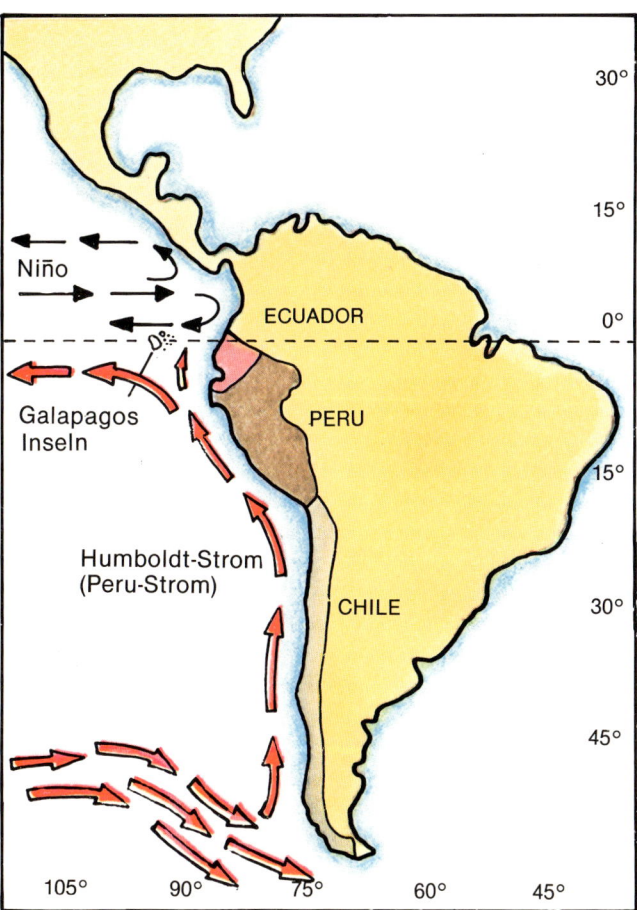

Ost- und der West-Kordillere, dann sind wir in dem Gebiet, das die Peruaner Puna nennen. Die ausgedehnte Puna hat einen ganz anderen Charakter als die Páramo-Landschaft im Norden. Sie erscheint schon auf den ersten Blick ärmer als der Páramo mit seiner dichten Grasdecke.

In der Puna kommt es auf die Jahreszeit an, ob wir ihr Pflanzenkleid verschlissen und graugelbverwaschen vorfinden oder dicht gewebt und in satten Farben. Hier bestimmen Südwinter und Südsommer Gedeihen und Verderben. Auch das Land zu beiden Seiten der West-Kordillere genießt den Segen mehr oder weniger kräftiger Niederschläge im Vergleich zum Norden nur saisonweise. Dagegen kommen die unteren Hänge der West-Kordillere südlich des sechsten Breitengrades wohl selten oder nie zu einem grünen Zweig. Auch die peruanische Küstenregion mit ihren 400 m bis 800 m hohen Gebirgsstreifen der Küsten-Kordillere ist nicht gerade lebensfreundlichen Wettergesetzen unterworfen. Südlich des vierten Breitengrades schon (nicht erst des zehnten, wie bei Humboldt) beginnt die Zone des Regenmangels. Die Trockenheit nimmt nach Süden hin immer mehr zu.

Armut an Niederschlägen ist indessen nicht gleichbedeutend mit toter Erde. Im Bereich der peruanischen Küste wachsen Pflanzen, die hervorragende Verwalter des Mangels sind. Und gerade weil sie da sind, weist – wie der Heidelberger Botaniker Werner Rauh sagt – die Pflanzenwelt im Gebiet der peruanischen Anden „eine vielfältige horizontale und vertikale Gliederung auf", wie sie an keiner Stelle der Erde gleicher geographischer Breitenlage wieder anzutreffen ist. So trägt also die Regenarmut der Küste zum Reichtum der Arten bei. Doch welche Kräfte sind hier am Werke?

Die Trockenheit hat zwei verschiedene Ursachen. Zum einen liegt die peruanische Costa im „Regenschatten" des breiten Anden-Walls, der für die

Wolken, die der Südost-Passat aus Amazonien heranschiebt, eine unüberwindliche Barriere bildet. Das gilt aber auch für Ecuador, wo die Küste nicht überall so trocken ist. Die zweite Ursache für die Dürre ist hier der Humboldt-Strom, der südlich des vierten Breitengrades energisch in das Klima-Geschehen eingreift. Durch die vom Strom ausgehende Kälte wird auch die Atmosphäre so abgekühlt, daß die vom Pazifik heraufziehenden Wolken unter dem Temperaturschock kondensieren. Sie geben den Regen ab oder lösen sich auf, ehe sie das Land erreichen.

Da bleibt die Frage, warum die Kraft des viele tausend Kilometer langen, aus der Antarktis heraufziehenden Meeresstromes nördlich des vierten Breitengrades versiege und dort üppiges Grün wenigstens zeitweilig die Szene bestimme! Die Antwort ist verblüffend: Dort ist eine warme Gegenströmung am Werk, deren Wirkung besonders Ecuador zu spüren bekommt. Dieser vom Äquator kommende Strom ist um 10 °C wärmer als der Humboldt-Strom. Er streicht an der Küste Ecuadors entlang und drängt den Humboldt-Strom in die Richtung der Galápagos-Inseln ab. Einmal im Jahr erstarkt der Strom unter dem Druck des auflebenden Passats, der aus dem Nordosten weht. Dann überlagern die warmen

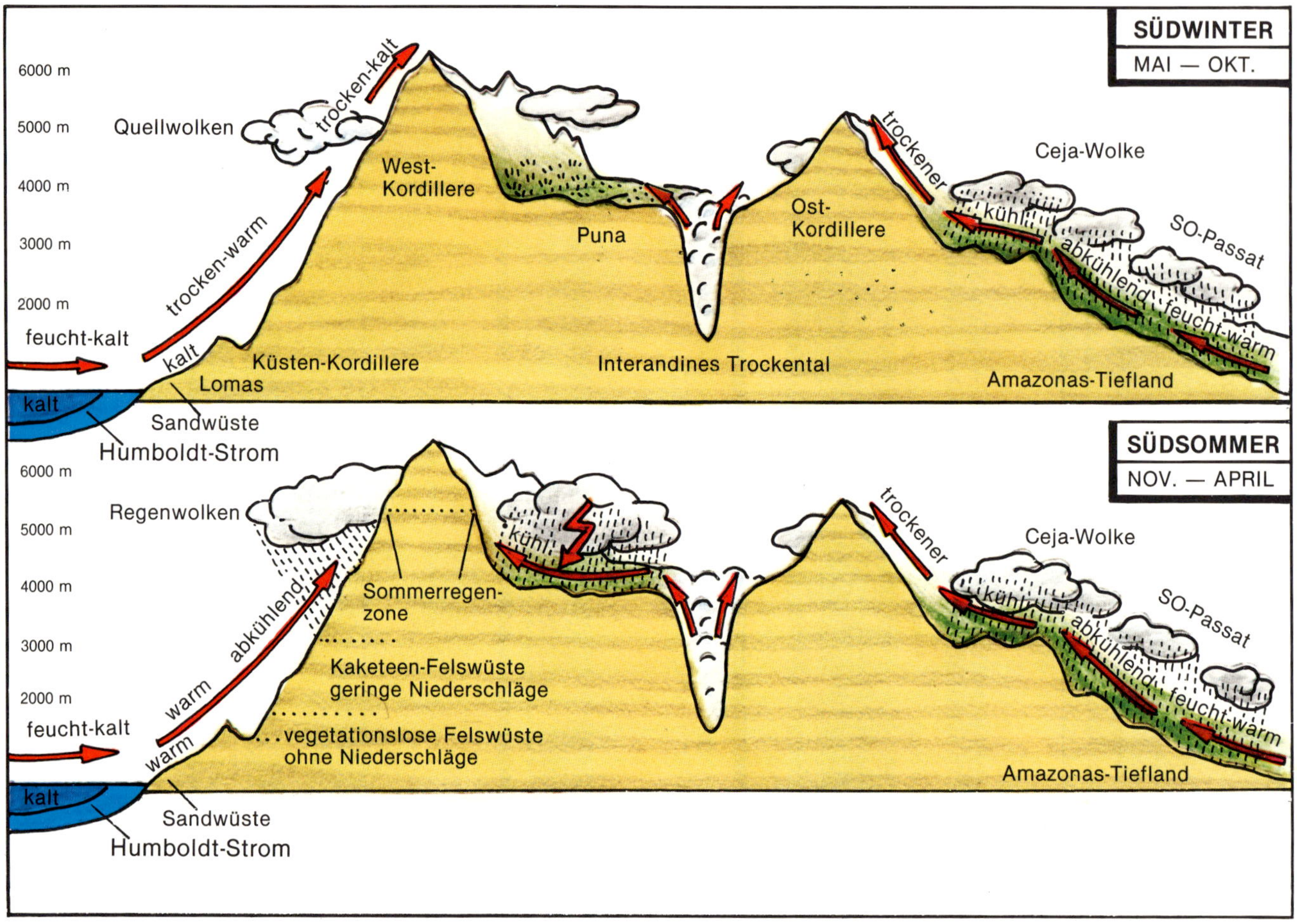

SÜDWINTER
MAI — OKT.

6000 m
5000 m — Quellwolken · trocken-kalt · West-Kordillere · Ceja-Wolke
4000 m
3000 m — trocken-warm · Puna · Ost-Kordillere · trockener · SO-Passat
2000 m
feucht-kalt · kalt · kühl · abkühlend · feucht-warm
Küsten-Kordillere · Interandines Trockental · Amazonas-Tiefland
Lomas
kalt · Sandwüste
Humboldt-Strom

SÜDSOMMER
NOV. — APRIL

6000 m
5000 m — Regenwolken · Ceja-Wolke
4000 m — abkühlend · Sommerregen-zone · kühl · trockener · SO-Passat
3000 m — warm · Kaketeen-Felswüste geringe Niederschläge · kühl · abkühlend · feucht-warm
2000 m — warm · vegetationslose Felswüste ohne Niederschläge
feucht-kalt
Amazonas-Tiefland
kalt · Sandwüste
Humboldt-Strom

Oben: Die Vegetation der Puna zwischen der West- und der Ostkordillere in den Zentral-Anden südlich des sechsten Breitengrades muß die regenarme Zeit während des Südwinters (von Mai bis Oktober) überstehen. Die regenstarke Zeit beginnt im November und dauert den Südsommer über bis April. Die Grafik (nach Werner Rauh) veranschaulicht den Wetterablauf.

Links: Dieser Borzi-Kaktus schützt sich im Hochland mit filzartigen Haaren gegen die Kälte. Er wird bis zu eineinhalb Meter hoch.

Unten: Eine Polsterpflanze, Yareta, die wir noch in 5000 m Höhe angetroffen haben: Sie wächst zwischen Stein und Geröll. Die harzige Pflanze wird manchmal zur Kupferschmelze benutzt.

*Der Titicaca-See dehnt sich im Altiplano über 8 300 km²
aus. Durchschnittlich ist er 103, an einer Stelle indessen
272 m tief. Schiffe verkehren auf dem Titicaca-See zwischen dem peruanischen und dem bolivianischen Ufer.
Über den Rio Desaguadero ist das 3 815 m hoch gelegene Gewässer mit dem Poopó-See verbunden.*

Wassermassen des sonst auf das Meer nördlich
des vierten Breitengrades beschränkten Äquatorialstromes den kalten antarktischen Strom und
erwärmen das Meer. Sie lösen auch weiter südlich
die Kältebarriere auf, die der Humboldt-Strom in
der Atmosphäre errichtet hat. Regenwolken erreichen die Küste Perus. Es gießt an der nördlichen
und mittleren Costa. Und weil das ungefähr zur
Weihnachtszeit geschieht, heißt der Strom Christ-
kindl-Strom, in Südamerika *El Niño*.
Natürlich begrüßen die Menschen den Regen.
Doch in manchem Jahr kommt der Tag, an dem
sie ihn verfluchen. Anfang 1983, als wir Südamerika erneut bereisten, war solch ein Jahr. Der Nord-
ost blies diesmal so kräftig und ausdauernd, daß
die Wärme- und Regenfront bis weit hinab nach
Lima vorrückte. Die Stadt stöhnte unter mehr als
30 °C. Es regnete, und das war seit unvordenkli-
chen Zeiten nicht mehr vorgekommen. Der Süden
Ecuadors und der Norden Perus aber gerieten in
den Überschwemmungsnotstand.

Normalerweise aber erreicht die weitaus längste
Zeit im Jahr – von April bis Dezember – nur feiner Nebel, den die Peruaner *Garua* nennen, das
Land und wallt bis zu einer Höhe von 800 m die
Küsten-Kordillere empor. Humboldt klagte über
solchen Nebel in Lima: „Die Wolke tötet den
Geist von Mensch und Tier." Sie mag die Gemü-
ter deprimieren, sie sorgt aber auch für bescheidenes Leben. Das Kümmerdasein der wenigen
Pflanzen, die unter der Nebelwolke wachsen, hat
der Heidelberger Botaniker Werner Rauh erforscht. Vorherrschend sind wurzellos wachsende
Wüsten-Tillandsien. Sie saugen mit den hochge-
bogenen toten Flügelzellen der feinen Schuppen
auf ihrer Oberseite die Feuchtigkeit auf wie
Löschpapier. Tillandsien können jedoch für längere Zeit „den Betrieb ruhen lassen", ohne einzugehen. In ihrer Gesellschaft leben Kakteen, die
sich nur nachts öffnen, um CO_2 aus der Luft aufzunehmen. Dann ist der Wasserverlust am gering-
sten.
Andere Wüstenpflanzen in Peru bilden die sogenannte Loma-Vegetation. Das sind krüppelwüch-
sige Bäume und Sträucher sowie Kräuter und
Stauden, die nur in den Nebelmonaten gedeihen.
Ein Teil davon verschwindet danach vollständig
von der Bildfläche.

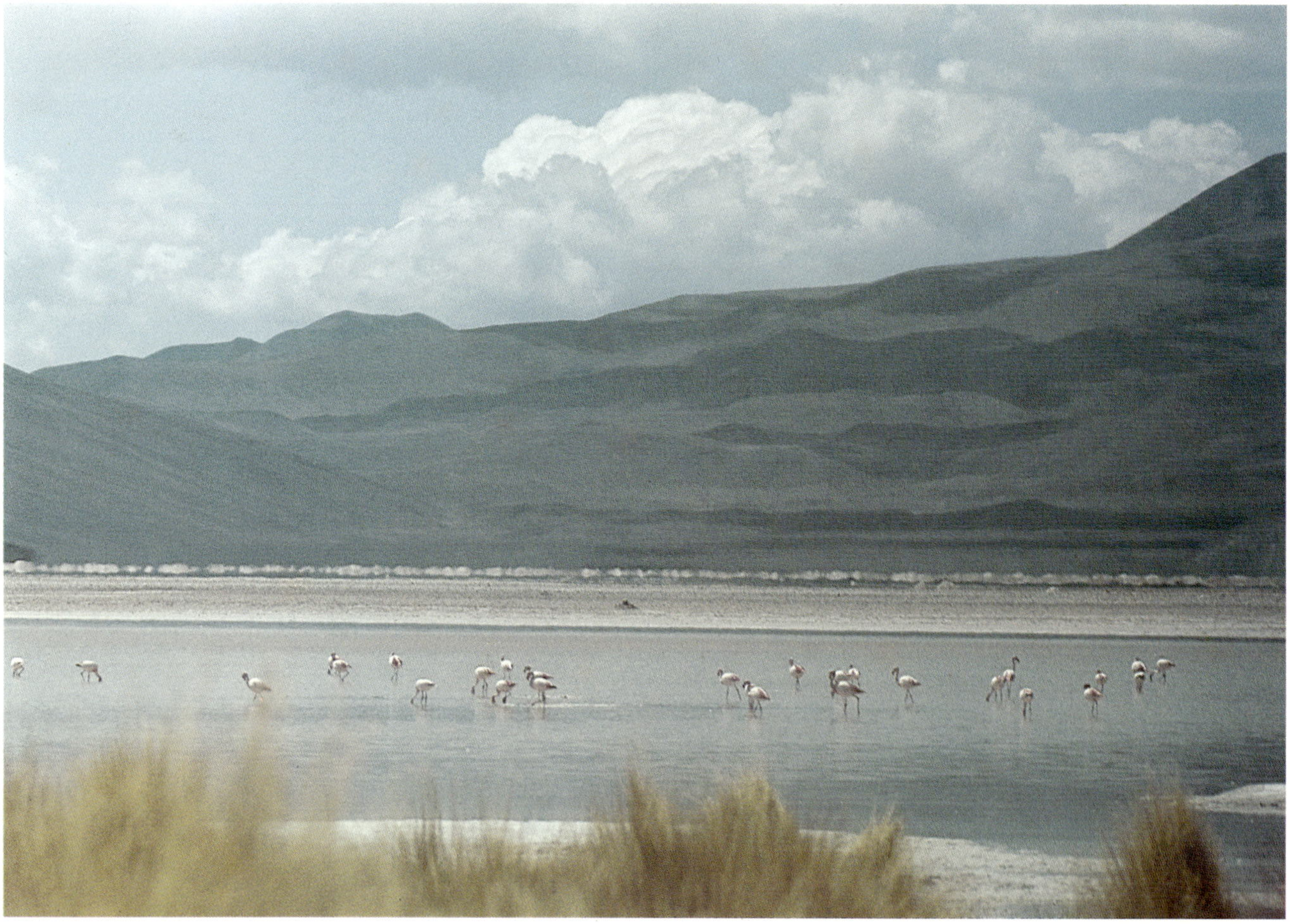

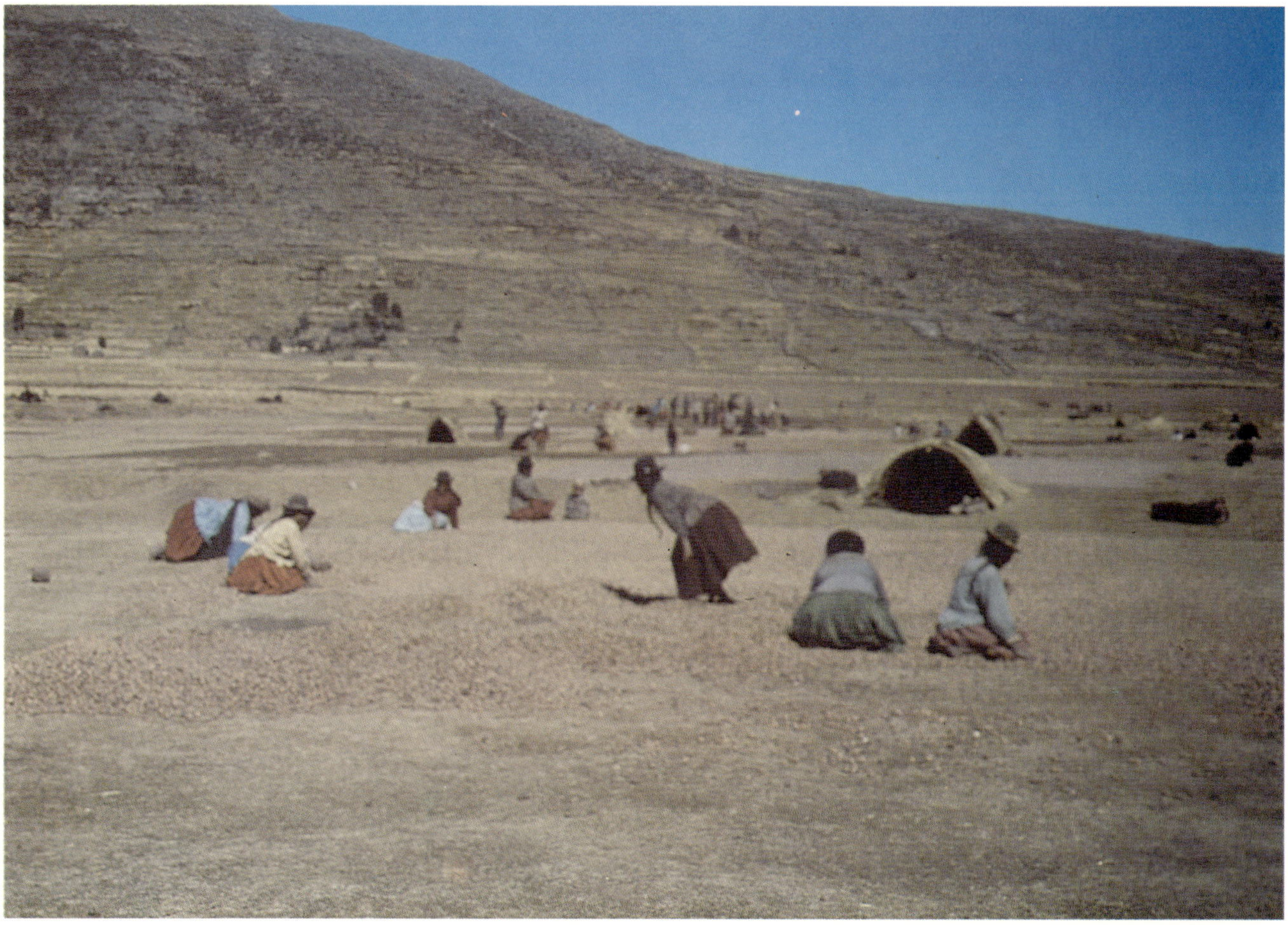

Oben: Die Lamaherden sind in den kargen Zonen wertvoller Besitz der Indianer. Ihre Weide wird – wie hier
am San Pedro-Fluß in Nordchile – nirgendwo durch
Stacheldraht eingegrenzt.

Linke Seite oben: Nur stipa-Gras hält sich noch in der
Umgebung der Salare, die am Rande der Atacama-Wüste liegen, und zwar nahe der Grenze zwischen Chile und
Bolivien. Die Salzseen ziehen Flamingos (Phoenicopte-
rus ruber) an, die mit ihren Siebschnäbeln Kleinkrebse
und Einzeller aus dem Wasser sintern. Das Salz, das sie
dabei aufnehmen, scheiden sie über besondere Drüsen,
die die Nieren entlasten, wieder aus.

Linke Seite unten: In der ständigen Sorge um Regen
wenden sich die indianischen Bauern in den entlegenen
Puna-Dörfern immer noch an die Berggötter, die nach
ihrem Glauben das Wetter beherrschen. Die geringe
Kartoffelernte wird hier noch wie in vorspanischer Zeit
gefriergetrocknet.

In der küstenfernen Hochebene Perus herrschen
nun ganz andere Klima-Gesetze. Der Name Puna,
den diese Hochfläche trägt, kommt auch in Humboldts Werk vor. Ihr Charakter, den später die
deutschen Wissenschaftler Troll, Weberbauer und
Werner Rauh gründlich untersucht haben, wird
bestimmt durch die von Norden nach Süden immer mehr abnehmenden Niederschläge. Im Norden erhält die Feucht-Puna während des Südsom-
mers von November bis April bis zu sechs bis sieben Monate Niederschläge, die hier meist als
Schnee fallen. Temperaturschwankungen zwischen minus 20 °C bei Nacht und plus 40 °C in
der Mittagssonne sind keine Seltenheit. Oft fährt
ein schneidend kalter Wind durch das derbe
Horstgras. Doch in den Winkeln, die der Wind
nicht erreicht, lockt die kraftvolle Sonne die
schüchternen Verwandten unseres Enzians und
viele andere Blütenpflanzen hervor. Die Trocken-
Puna erlebt noch bis zu sechs regenstärkere Monate. Hier fällt als Charakterpflanze die *Puya raimondii* mit ihren Schopfrosetten auf. Sie wird acht
bis zehn Meter hoch und gilt als Wahrzeichen der
peruanischen Anden.

Mit nur acht bis zwölf Wochen Regen im Jahr
muß im Süden Perus die Vegetation der Wüsten-
Puna auskommen. Ihr Bild wird von Wollkakteen
bestimmt, die aus der Ferne – so Werner Rauh –
wie „lagernde Schafherden"[1] wirken. In Gesellschaft mit ihnen finden wir Zwergsträucher und
Polsterpflanzen. Die interessanteste Polsterpflanze
ist wohl die *Azorella yarita*. Der Doldenblütler
besteht aus vielen aneinandergeschmiegten Trieben und winzigen Blättern. Sie stehen so eng, daß
man sie nicht einmal mit einem Messer auseinan-
derbiegen kann. Und so unglaublich langsam
wachsen diese Polsterpflanzen, daß ein Exemplar,

das heute die Größe eines Wagenrades erreicht hat, etwa zur Zeit der amerikanischen Reise Alexander von Humboldts zu wachsen begonnen hat. Die *Azorella yarita* ist bereits selten geworden, weil der Mensch sie als Brennmaterial benutzt.

Wären Humboldt und Bonpland noch weiter nach Süden gereist, hätten sie eine weitere Charakterlandschaft kennenlernen können: den Altiplano. Die Vegetation des Altiplano hat der Geograph Carl Troll in einer knappen Skizze geschildert:

„Terrassiert wie deutsche Weinberge ziehen an den Hängen um den Titicaca-See die Felder empor, die Erträge an Gerste, Kartoffeln ... ja selbst Weizen und Mais liefern. Mit sattgrünen Kronen heben sich um die Gehöfte, die Quenua- und olivenblättrigen Quishuara-Bäume von der sonst baumlosen Landschaft ab. Auf den kahlen Bergen über der Ackerbauzone und in den gelben Steppen der Niederungen hüten spinnende Indianerfrauen oder flötenspielende Kinder die Herden von Schafen und Lamas. Ungemein dicht sitzt in den fruchtbaren Winkeln die Indianerbevölkerung ..., besonders dicht dort, wo künstliche Bewässerung eine intensivere Kultur ermöglicht. Der ganze westliche Altiplano dagegen ist vornehmlich Weidegrund der Indianer und ist, wo man im Sü-

Eine einfache Kapelle auf dem Altiplano. Ihre Wände sind aus luftgetrockneten Lehmziegeln schnell errichtet. Das Dach ist mit stipa-*Gras gedeckt worden.*

den in das Salzgebiet eintritt, selbst dafür nur in dürftigster Form geeignet. Zwischen öden Steppen dürren, stechenden Büschelgrases *(iru-ichu)*, dunkelgrünen, harzig duftenden Heiden *(tola)* und Flugsandwüsten blenden die *salare*, in der Regenzeit aufgeschwemmter Salzschlamm, in der Trockenzeit schneeweiße, harte Krusten ... Ihnen entnimmt der Indianer in der Trockenheit in dicken Tafeln das Salz, das er mit Lamaherden in wochen- und monatelangen Reisen nach den östlichen Teilen des Gebirges ... bringt, wo es weiter in die Tropen verhandelt wird. Nur punktweise sitzen die Bewohner in den Winkeln der Berge, die etwas Wasser für den Anbau von Gerste, Weizen und Luzerne spenden. Mitten in dieser Öde liegt das Städtchen Uyuni, wo die internationalen Bahnen von Antofagasta, Buenos Aires und La Paz und das Bergwerksbähnchen von Huanchaca zusammentreffen. Es ist ein Wüstenstädtchen ohne eigene Existenzmöglichkeit, nur als Eisenbahnknotenpunkt und Sammelpunkt für die Minenerzeugnisse des östlichen Berglandes entstanden."[2]

Atacama: Darwins „Wüste aller Wüsten" lebt doch

Über 38 Breitengrade erstreckt sich Chile in seiner Länge von 4 230 km, mißt aber an der breitesten Stelle nur 350 km. Mehr als ein Viertel dieses langen, schmalen Landes gehört in seinem nördlichsten Teil zur großen Atacama-Wüste. Sie setzt sich an der Küste entlang über die Nordgrenze Chiles hinaus weit nach Peru hinein fort. Dieses so extrem trockene Gebiet, das etwa bis zum 28. Grad südlicher Breite reicht, wird auch als der Große Norden bezeichnet. Von der Küste des Pazifischen Ozeans steigt er landeinwärts bis zum westlichen Abfall der Anden auf über 3 000 m an.

Wir haben uns in den vier wichtigsten Städten des Nordens über die Niederschlagsmengen informiert: In Arica auf 18,5 Grad südlicher Breite stellte man während 39 Beobachtungsjahren ein Jahresmittel von 0,6 Millimeter fest; nur vier Jahre davon wiesen mehr als zwei Millimeter Niederschlag auf. In Iquique auf 20,5 Grad südlicher Breite ergaben die Messungen über 49 Jahre ein Mittel von 1,9 Millimeter pro Quadratmeter, wobei nur in 17 Jahren davon die Menge von zwei Millimeter überschritten wurde. In Antofagasta auf 23,5 Grad südliche Breite betrug das Jahresmittel während 41 Beobachtungsjahren 10,7 mm, in 25 Jahren davon fielen mehr als zwei, in zehn Jahr mehr als zehn Millimeter Regen. Vier Breitengrade weiter südlich, in Copiapo, verzeichnete man während 74 Beobachtungsjahren dann 25 mm als Jahresdurchschnitt.

Die Daten machen deutlich, daß weite Gebiete ohne jeglichen Pflanzenwuchs der sengenden Sonne ausgesetzt sind. Wir sind Hunderte von Kilometer durch eine im Relief sehr vielgestaltige Wüstenlandschaft aus Sand-, Geröll-, Fels- und Salzflächen gefahren, ohne auch nur einer einzigen Pflanze zu begegnen. Nirgendwo auf der Erde, so hat der Naturforscher Charles Darwin gesagt, verschwende die Sonne wohl so sinnlos ihre Strahlen. Neben der starken Sonnenstrahlung und der Trockenheit gehört auch die erodierende Wirkung des Windes zu den lebensfeindlichen Faktoren.

Nur sehr vereinzelt findet man in dieser regenlosen Wüste die von Menschen angelegten Oasen. Sie liegen am Rande der größten chilenischen Salzpfanne, am Salar de Atacama.

In manchen Gebieten der Atacama-Wüste ist seit Menschengedenken überhaupt noch kein Regen gefallen. Man muß schon wie Erwin Patzelt fast ein Jahrzehnt in Chile gearbeitet und dann noch das unverschämte Glück gehabt haben, als Biologe mit der Kamera zur Stelle zu sein, wenn in der trockensten Wüste der Welt wirklich einmal Regen fällt. Im Jahre 1963 geschah in der südlichen Atacama das Wunder! Erwin Patzelt hat damals für „Kosmos" wie ein Besessener das Leben fotografiert, das aus dem scheinbar leblosen, zementharten Boden hervorbrach. Viele Bilder von damals haben in diesem Buch Premiere. Hier sind seine Aufzeichnungen dazu.

Ein Wunder von kurzer Dauer

Immer, wenn ich in die Atacama fuhr, bedrückte mich die schwere, leblose Stille, die über der Wüste lag; es regte sich kein Lufthauch. Unbarmherzig und grell stand die sengende Sonne am wolkenlosen Junihimmel. Das Thermometer zeigte über vierzig Grad Celsius an. Nur vereinzelte, niedrige, blattlose xerophytische Sträucher und grauverstaubte Kakteen waren hier als Dauervegetation zu sehen. Eine besonders starke Verwitterung in diesem Wüstenstrich hat das anstehende Gestein zu mächtigen Schuttgletschern aufgesprengt, und frühere Regengüsse haben das Material in das Anden-Vorland hier geschafft. Kann ein Landschaftsbild trostloser wirken?

Und doch schlummert in diesen lebensfeindlichen Sand- und Steinflächen verborgen ein bunter Blütenzauber! Der Boden steckt voll von staubfeinen

Samen, von lebensfähigen Pflanzenkeimen, die die scheinbar endlosen Trockenperioden überdauern können.

Als ich nun in einem Wintermonat des Jahres 1963 – der Winter dauert hier von Juli bis Dezember – in die südliche Atacama, in das Gebiet auf der Höhe von La Serena kam, hatte es dort nach über zehn Jahren zum ersten Male wieder stark geregnet. Innerhalb weniger Tage nun waren weite Wüstenflächen mit einem grünen Schleier überzogen, und es dauerte dann auch gar nicht mehr lange, bis die ersten Pflanzen in Blüte standen. Das Bild sollte sich von Woche zu Woche ändern, bis im September und Oktober der Höhepunkt der Farbenpracht erreicht war.

In der Gegend von La Serena, im Norte Chico, also dem Kleinen Norden, liegt ein durch Strauch- und Sukkulentenformationen charakteristisches Gebiet, das sehr reich an Frühlingshygrophyten ist. Diese krautigen Pflanzen, die die Trockenzeit als Samen, Knollen oder Zwiebeln überdauern, entfalten nach starken Regenfällen einen kaum zu beschreibenden Farbenreichtum. Viele verfügen nicht einmal über besondere Anpassungsmöglichkeiten an die Dürrezeit, denn die häufige Bewölkung und der Nebel in diesem Gebiet sind ihnen behilflich, die außerordentliche

Oben: Unmittelbar vom Boden der Salzpfannen in den Tälern nimmt man das Salz in der nordchilenischen Atacama-Wüste ab. An Ort und Stelle werden die Platten zerkleinert und das Salz zum Transport in Säcke gefüllt.

Rechte Seite oben: Schon nach dem leichtesten Regen zeigen sich weiße Glockenwinden im trockenen Flußbett. Ihre Samen haben im Boden viele Jahre überdauert.

Rechte Seite unten: Brennesselgewächse mit dreifarbigen Blüten (Loasa tricolor) erobern nach kurzer Zeit weite Flächen.

Sonneneinstrahlung und die hohe Verdunstung zu ertragen. So werden in La Serena 26 Nebeltage durchschnittlich und 102 Tage mit bedecktem Himmel verzeichnet.

Der große Regen nun hatte auch nicht mehr als 130 mm Niederschlag gebracht, ein Achtel der mittleren Regenmenge von Hamburg. Hier aber wirkte der Regen Wunder. Als erste Pflanzen erschienen plötzlich die weißen oder zartblauen bis violetten Blüten einer Meerzwiebel (Scilla), die weithin leuchtenden roten Blüten eines Rittersterns (Hippeastrum), die hellblauen bis violetten Blüten der Inkalilie (Alstroemeria) und die großen elfenbeinfarbenen Blüten der Mittagsblume (Mesembryanthemum). Die nur wenige Zentimeter hohen, goldgelben Blüten der Schwertlilien so-

120

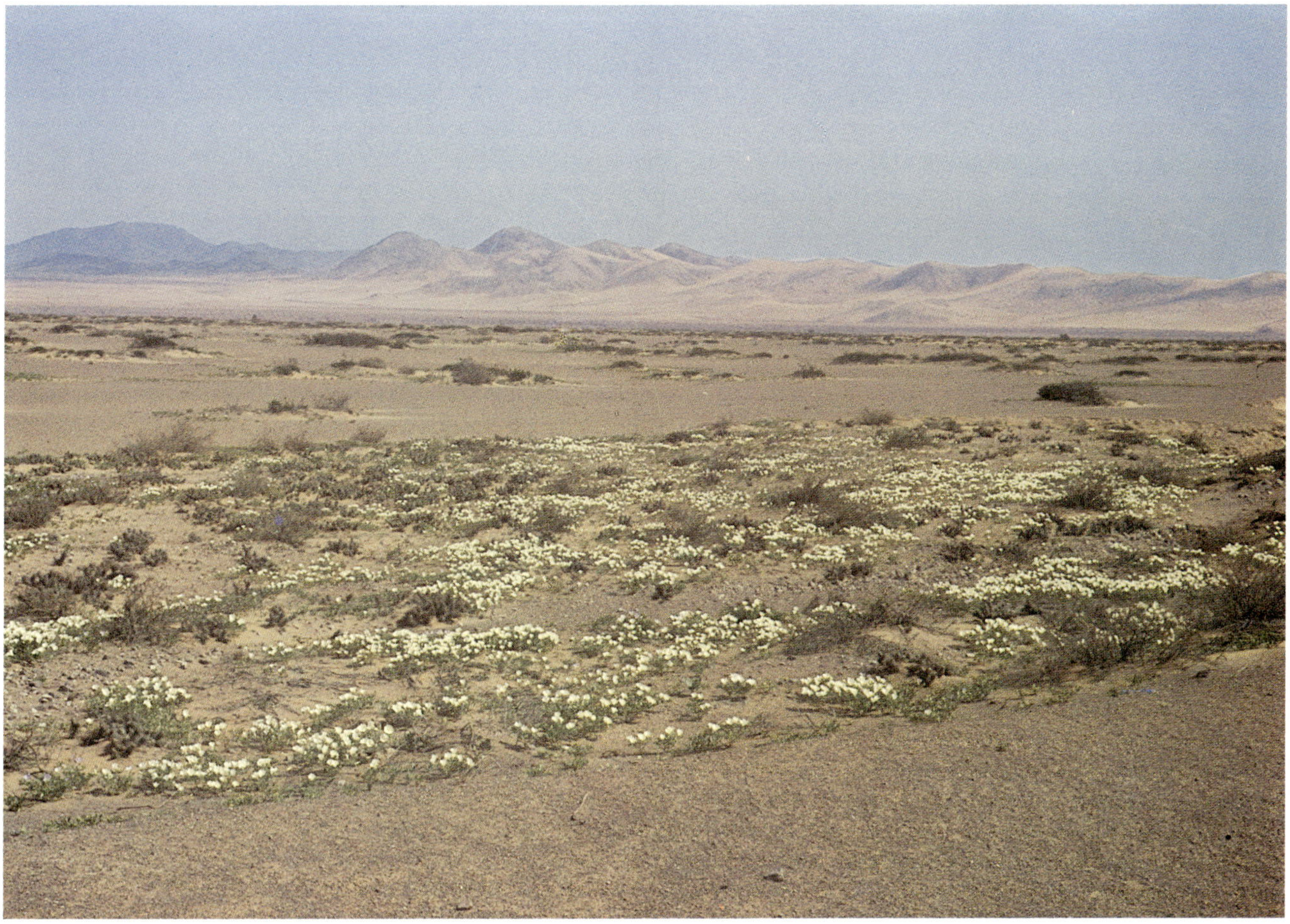

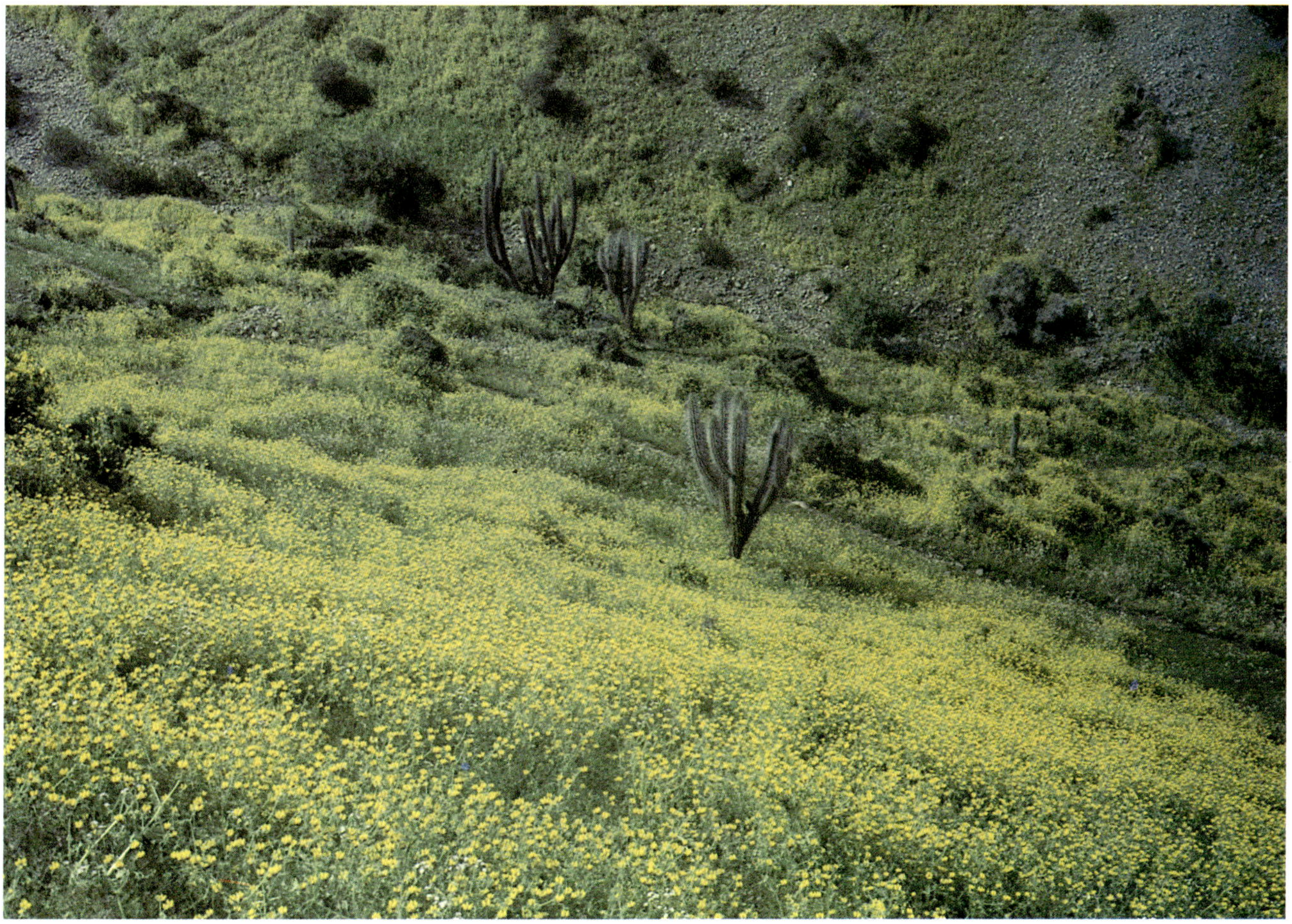

In den Jahren der Dürre hat er grau und wie abgestorben gewirkt, jetzt ist er erblüht: ein Sauerkleebusch der Art *Oxalis gigantea. Im Hintergrund der Säulenkaktus* Trychocerius sp. *und Trockensträucher.*

Rechts: *Am Rande der Atacama zum Pazifik hin wehen leichte Nebelwolken vom Meer über das Land, und feinste Tröpfchen benetzen Kakteen und Trockensträucher.*

wie die zartrosa Blüten einer kleinen Winde kamen etwas später, und goldgelb erblühte bald darauf der bis zu zwei Meter hohe Sauerklee (Oxalis gigantea).
Zwischen den Korbblütlern, die allmählich hervortraten, standen Nachtschattengewächse wie Portulak und Glockenwinden sowie die bis zu zehn Zentimeter hohen rotbraunen Blütenkannen der Osterluzei (Aristolochia chilensis). *Alle zusammen ergaben ein überaus farbenprächtiges Bild.*
Hier, aber auch in der Zwergstrauchsteppe und in der Wüste, blühten außerdem noch die verschiedensten Sukkulenten, darunter die sich rasenförmig ausbreitende Kugelopuntie (Tephrocactus), Neoporteria, Copiapoa *und der mehrere Meter hohe Säulenkaktus* (Trichocereus).
Je weiter ich nach Süden fuhr, desto niedriger wurden mit zunehmender Trockenheit die Sträu-

Der Blütenteppich in der Atacama wechselt ständig die Farben. Bald nachdem der Regen versiegt ist, bilden sich wieder Trockenrisse im Boden, in die die Samen vormals erblühter Pflanzen tief hineinfallen. Hier ruhen sie acht bis zehn Jahre im Boden, bis sie unter einem neuen Regen zum Leben erwachen. Trotz der extremen Trockenheit gibt es Insekten und Reptilien in der Atacama. Menschen trifft man nur am Rio Lao, dessen Ufer nachts meist leicht gefroren ist. Tagsüber herrschen hier Temperaturen bis zu 60 Grad Celsius.

Nachfolgende Doppelseite: Der Villarica-Vulkan in der südchilenischen Provinz Cautin. Die Schneegrenze liegt hier, bei 38 Grad südlicher Breite, schon nahe 2200 m, auf den Vulkanen am Äquator dagegen bei 4800 m. Auf dem Lavaboden breiten sich rote Sträucher der Art Embothrium coccineum *aus*.

cher der Steppe, und schließlich traten sie nur noch vereinzelt auf. In dieser Halbwüste oder Wüstensteppe änderte sich auch die Vegetation. Hier fallen durchschnittlich nur 25 mm Regen im Jahr und dementsprechend überwiegen xerophytische Zwergsträucher von sehr kümmerlichem Wuchs. Der Eindruck der Dürre wird noch verstärkt durch den steinigen, humuslosen Boden von oft kilometerlangen Schuttgletschern. Die auf solchen Flächen sehr sporadisch vorkommenden Pflanzen sind natürlich ganz auf Trockenheit eingestellt, wobei Wurzeln, Stämmchen und Blätter als Speicherorgane dienen.

Doch selbst auf diesen trostlosen Stein- und Sandflächen hatten in diesem Jahr 1963 die starken Regenfälle ein zartes Grün hervorgerufen, das nach wenigen Tagen von verschiedenfarbigen Blütenschleiern überzogen war. Einjährige Glockenwinden, Portulak und Storchschnabel – oft kaum zwei Zentimeter hoch und vielfach mit nur winzigen oberirdischen Trieben – zeigten ihre verhältnismäßig großen, leuchtenden Blüten. Dazu gesellten sich Zwiebel- und Knollengeophyten. Die Zwiebeln steckten meist tief im Boden.

Oft bestimmten die Pflanzen einer Familie über viele Kilometer das Bild. So wuchs auf weiten Flächen aus den Trockenrissen, die durch die starken Regenfälle und die darauf folgende Trockenheit entstanden waren, eine beachtliche Flora von Polsterpflanzen heran.

Mich interessierte besonders, wie sich einzelne Arten den extremen Lebensbedingungen angepaßt hatten. Unter den kurzlebigen Blütenpflanzen standen den sattblauen Glockenwinden (Nolanaceae) nur zwei bis drei Wochen für ihre Entwicklung von der Keimung des Samens bis zur Frucht zur Verfügung. In dieser kurzen Zeit schafften sie tatsächlich die Reife. Ihre Samen sind sehr hitze- und trockenheitsresistent und vermögen sich über viele Jahre ihre Keimkraft im Wüstenboden zu erhalten. Die kurzlebigen Pflanzen sind Flachwurzler, deren Entwicklung ausschließlich auf die sporadischen Regenfälle eingestellt ist. Die mit fünf Zentimetern auffallend großen, leuchtenden Blüten können in Weiß, Zartlila, Hell- und Dunkelblau erscheinen und bedecken in einem geschlossenen Blütenteppich den Boden. Unter ihnen sind die sehr schmalen, nur etwa zwei bis drei Millimeter dicken und ein bis zwei Zentimeter langen dickfleischigen Blättchen, die als Wasserspeicher dienen, kaum zu sehen.

Auch die Portulak-Pflanzen (Calandrineae) sind großartig an ihren Lebensraum angepaßt. Exemplare von kaum einem Zentimeter Höhe mit dicken sukkulenten Blättchen findet man neben anderen Pflanzen, die dreißig bis vierzig Zentimeter hoch werden. Manche Portulak-Pflanzen sind flaumig behaart. Das „Haarkleid" schützt sie vor der starken Sonneneinwirkung.

Die Mittagsblume mit ihren großen, weißen bis elfenbeinfarbenen Blüten erscheint kahl und glasig. Ihre Oberfläche wird von drüsenartigen Gebilden punktiert. Die Linsenzellen der Oberhaut dieser Pflanze liegen dünn, aber stark gewölbt an der Oberfläche und besitzen in ihrem Inneren eine Vakuole: Das senkrecht einfallende Sonnenlicht wird dadurch in einem anderen Winkel wieder hinausreflektiert. So schützt sich die Mittagsblume auf ganz eigene Art und Weise vor einem Zuviel an Sonne.

Charakteristische Pflanzentypen der Wüste sind die Kakteen, sogenannte Stammsukkulenten, bei denen Blätter und Sprosse zu Dornbüscheln zurückgebildet sind und deren Stamm in einen fleischigen Wasserspeicher umgewandelt ist. Mit Hilfe eines zum Teil sehr flach unter der Erdoberfläche liegenden, weitverzweigten Wurzelsystems können die meisten Kakteen sehr schnell das Regenwasser aufnehmen und speichern. Sie haben eine dicke Epidermis, also Oberhaut, die den Wasserverlust in Dürrezeiten auf ein Minimum einschränkt. Dadurch können die Kakteen ebenfalls lange Trockenperioden überdauern. Der Stamm einiger Kakteen-Arten verholzt vollkommen, so daß die Menschen ihn zu Brettern verarbeiten können. So haben die Chilenen die Decke einer kleinen Kirche in der Ortschaft San Pedro de Atacama mit Kakteenholz ausgelegt.

Die Wüste Atacama ist eine hermetische Grenze für die Vegetation. Wenn wir also heute Araukarien und andere Pflanzen aus Südchile in ekuadorianischen Gärten antreffen oder Orchideen aus Kolumbien in Chile, dann hat der Mensch seine Hand im Spiel gehabt.

So ist die Pflanzenwelt der südchilenischen Anden nicht nur vielgestaltig, sondern auch reich an charakteristischen Arten, die nur hier vorkommen. Sie findet zum Teil gute Lebensbedingungen, weil sie außerhalb der sogenannten Trockendiagonalen liegt, die vom Norden Perus über das bolivianische Hochland bis zum Atlantik reicht. In Südchile herrscht „pazifisches Wetter". Doch ist die Klimascheide so scharf, daß nur die Westhänge der nach Patagonien vorstoßenden Gebirgszüge dichten Wald aufweisen, während die Osthänge versteppt sind. Ausnahmen bilden die Quertäler in

Rechte Seite: Ein Südbuchen-Wald; die stattlichsten der chilenischen Buchen (Nothofagus dombeyi) erreichen an windgeschützten Stellen eine stolze Höhe von 40 m.

den Süd-Anden, durch die pazifisches Klima weit hinein nach Patagonien vordringen kann: „Durch das sommerliche Hitzetief in der patagonischen Steppe wird kühle Luft vom Westen angesaugt. Darauf beruht die auffallende Häufigkeit von Sommerstürmen", berichtet Herbert Wilhelmy in diesem Zusammenhang von einem Phänomen, das im Nahuel-Huapi-Gebiet auftritt.[3]

Wie Humboldt für den Bereich der tropischen Anden kann man auch ein Vegetationsprofil der südchilenischen Anden versuchen. Erwin Patzelt hat dazu zwei tätige Vulkane bestiegen, die der südlichen Haupt-Kordillere vorgelagert sind: den 3 124 m hohen Llaima und den 2 840 m hohen Villarica. Beide liegen nahe dem 38. und 39. Grad südlicher Breite. Das Wesentliche an dem Profil der Südanden von Erwin Patzelt ist der Überblick über die Pflanzenwelt, die in diesem Klimagebiet die verschiedenen Höhenstufen charakterisiert.

Vegetationsprofile südchilenischer Vulkane

Der Hauptkegel des Llaima mit dem großen Krater sowie der Parasitärkegel mit dem kleinen Krater sind jetzt geschlossen, doch sieht man auch während dieser Ruheperiode an den Kraterrän-

Oben links: Von Alaska bis tief in den Süden Chiles sind Kolibris über alle Klimazonen verbreitet. Sie sind also nicht nur tropische Vögel. Diese chilenische Art wird nur sechs bis acht Zentimeter groß und brütet in 500 bis 800 m Höhe.

Oben rechts: Eine „Kolibripflanze" ist diese Fuchsienart (Fuchsia magellanica). Sie ist vom südlichen Chile über Patagonien bis Feuerland häufig anzutreffen.

dern ständig Rauch. Die Ausbrüche des stark rauchenden Villarica kommen dagegen in großen Abständen aus dem offenen Schlot. Beide Berge sind Schichtvulkane und tragen wie die meisten chilenischen Vulkane in ihren Gipfelregionen einen Mantel aus Eis und Schnee.

Bei meiner Besteigung dieser Vulkane komme ich durch alle Höhenstufen, von den Laubwäldern an ihrem Fuß bis zum Gebiet der Firnfelder und Gletscher.

Den Fuß der Vulkane bedecken üppige Feuchtwälder, die überwiegend aus den immergrünen Südbuchen (Nothofagus) bestehen. Diese auch Chilenische Buchen genannten Bäume vertreten im amerikanischen Teil der südlichen Halbkugel der Erde die auf die nördliche Hemisphäre beschränkten Rotbuchen (Fagus). Ihren Reichtum an Arten verdanken die Buchen-Feuchtwälder

Links oben: Der Darwinfrosch (Rhinoderma darwini) *ist in der Provinz Cautin heimisch. Die Wohnstube der Brut ist das Maul des Weibchens.*

Rechts oben: Die chilenische Nationalpflanze Copihue. Das Liliengewächs (Lapageria rosea) *klettert sechs bis acht Meter an Bäumen und Sträuchern empor und läßt seine schönen Blütenglocken herunterhängen. Die Indianer winden die Blüten gern zu Ketten und Kränzen.*

Der chilenische Zwerghirsch (Pudu pudu) *erreicht nur 38 cm Schulterhöhe. Seine Spieße ragen nur wenig aus dem Pelz heraus. Der Pudu lebt versteckt in den Südbuchen-Wäldern und im Gestrüpp. Er ist vom Aussterben bedroht.*

den hohen Niederschlägen, die mitunter 2 000 mm im Jahr weit überschreiten. Die vom Pazifischen Ozean kommende Feuchtluft überquert nämlich ohne größere Verluste die niedrige Küsten-Kordillere und verdichtet sich erst an den Westhängen der Anden zu Nebel oder fällt dort als Regen.

Die Bäume des Urwaldes sind bis in die Wipfel mit Lianen, Epipyhten und Parasiten bedeckt. Das Unterholz wird nicht selten von einem undurchdringlichen Baumgestrüpp (Chusquea quila und Chusquea culeou), dem Quila der Chilenen, gebildet.

Hinzu kommt eine überaus üppige Krytogamenflora: meterhohe Farne, außerdem Bärlappe, Moose und Flechten in großen Exemplaren, die den Boden bedecken, aber auch auf den Bäumen wachsen und von ihnen herabhängen. Stellenweise ist der Wald nur schwer begehbar.

Die Copihue (Nothofagus dombeyi), die stattlichste der Chilenischen Buchen, erreicht an windgeschützten Stellen, in Tälern und Schluchten, vereinzelt eine Höhe von zehn Metern. Sie ist wie andere Baumarten auch mit der rotleuchtenden Bromelienart Fascicularia bicolor bewachsen; hinzu kommen epiphytische Milzfarne (Asplenium), Hautfarne (Hymenophyllium) und Tüpfelfarne (Polypodium) sowie die Gessneriengewächse Sarmienta repens und Asteranthera ovata mit ziegelroten Blüten. An Gebirgsflüssen und in Seenähe findet man häufig das Greisenhaar (Tillandsia usneoides), eine Bromelienart, die von den Bäumen in dichten, grauen Bärten herabhängt. Im Schatten der großen Südbuchen gedeihen kleinere Bäume aus der Familie der Myrten-, Magnolien-, Monimien- und Silberbaumgewächse. Die zuletzt genannte Familie ist vertreten durch den Notro (Embothrium coccineum), einen sattrot blühenden Baum, den man leicht mit einem auf mehreren Baumarten vorkommenden

129

*Links: Ein lebendes Fossil, das schon seit dem Tertiär in den Kordillen wächst: die Araukarie. Die kerzengerade wachsende Anden-Tanne (*Araucaria araucana*) kommt im südchilenisch-argentinischen Grenzgebiet in einem 250 km langen und 80 km breiten Streifen in 900 bis 1500 m Höhe vor. In ihrer schirmartigen Krone nistet der grüne Anden-Papagei.*

Oben: Der kinderkopfgroße Zapfen der Anden-Tanne. Ein bis zwei Jahre braucht er zu seiner Entwicklung. Aus den Samen brauen die Mapuche ein weißes „Indianerbier".

Unten: Das Vegetationsprofil eines südchilenischen Vulkans, wie es Erwin Patzelt für die Zeitschrift „Kosmos" erkundet hat. Der Vergleich mit dem Profil der Äquator-Anden (Seite 99) bietet sich an.

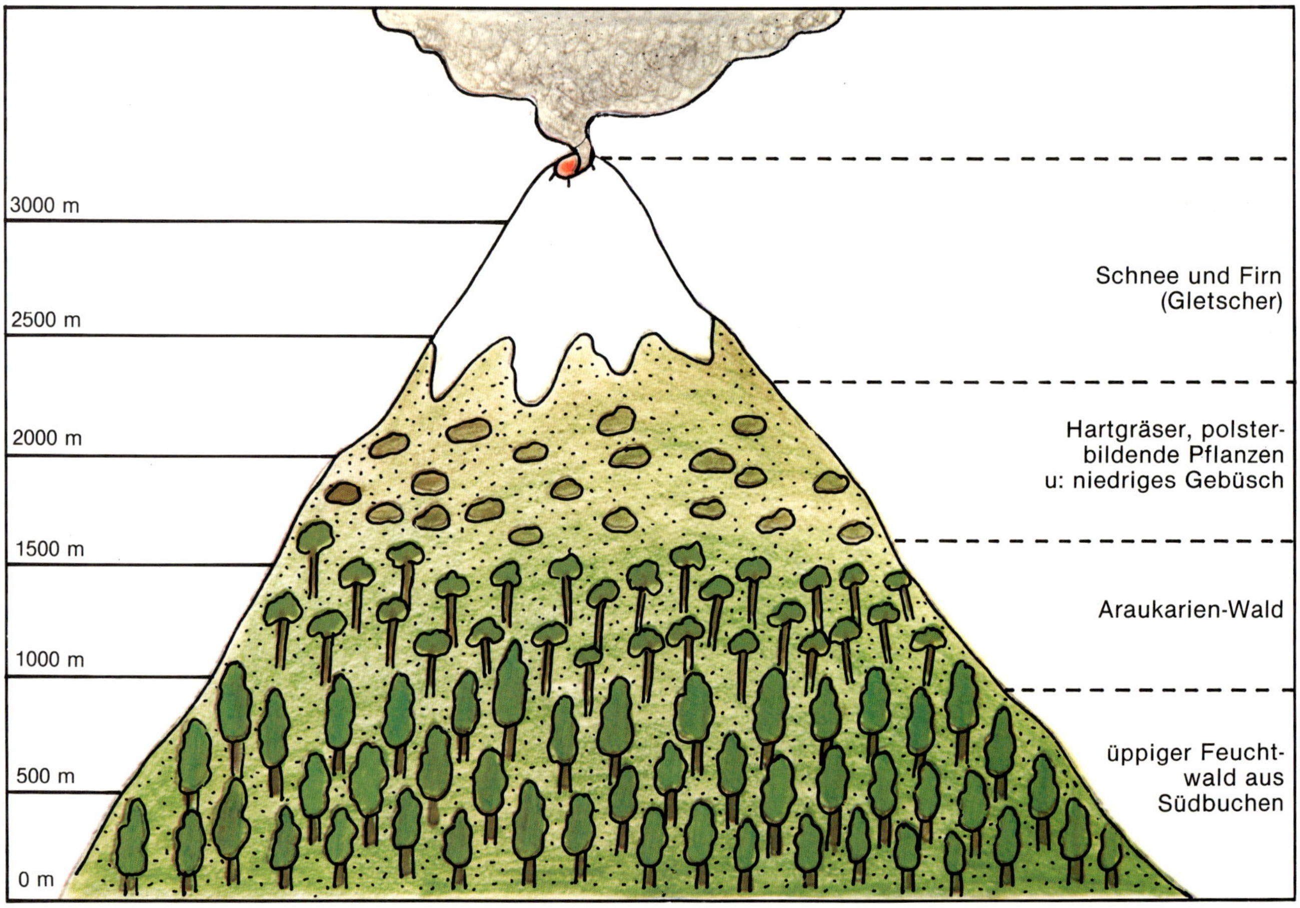

3000 m	
2500 m	Schnee und Firn (Gletscher)
2000 m	Hartgräser, polster-bildende Pflanzen u: niedriges Gebüsch
1500 m	
1000 m	Araukarien-Wald
500 m	üppiger Feucht-wald aus Südbuchen
0 m	

Halbschmarotzer, dem Mistelgewächs Quintal (Phrygilantus tetrandrus) *verwechseln kann. Vor ihren Blüten schwirren oft metallisch-blinkende Kolibris.*

Als Unterholz sind außerdem Schmetterlingsblütler, Nachtschattengewächse sowie Korb- und Rachenblütler häufig. Die Fuchsie (Fuchsia magellanica) wird hier mehrere Meter hoch.

Auch die Chilenische Brennessel oder Ortiga (Loasa urens), ein Loasengewächs, und der stechpalmenähnliche Strauch Taique, ein Logansgewächs mit dem lateinischen Namen Desfontainea spinosa, habe ich oft angetroffen. Dazu gesellten sich Orchideen und Liliengewächse, diese vor allem durch die berühmte Copihue vertreten. Diese chilenische Nationalpflanze mit dem lateinischen Namen Lapageria rosea klettert bis in die Baumkronen, wo ihre langen, schmalen, glockenförmigen roten Blüten weithin leuchten.

Neben den üppigen Südbuchen-Feuchtwäldern ist für die Hänge des Vulkans Llaima der Araukarienwald typisch. Die Anden-Tanne (Araucaria araucana oder Araucaria imbricata), ein zweihäusiger Nadelbaum, ist in diesem Gebiet weitverbreitet. Selbst an steilen Felswänden finden die kerzengeraden Bäume mit ihren schirmartigen Kronen dank ihres starken Wurzelsystems Halt. An windgeschützten Stellen erreichen sie eine Höhe von über 30 m bei einem Stammdurchmesser von eineinhalb bis zwei Meter. Der Araukariengürtel liegt zwischen 900 m und 1 700 m Höhe. An der oberen Grenze endet mit dem Anden-Tannenwald auch die üppige Baumvegetation. Ab 900 m ist die Araukarie auch häufig mit der Südbuche (Nothofagus dombeyi) und vereinzelt mit der Buche Nothofagus obliqua vergesellschaftet, wobei allerdings die Nadelbäume die Laubbäume überragen.

Die beiden Südbuchen treten in etwa 1 500 m Höhe zugunsten ihrer zwergartigen Schwestern Nothofagus pumilio und Nothofagus antarctica zurück, die als niedrige Sträucher noch an der oberen Baumgrenze auftreten, ja diese sogar überschreiten. Als zweiter Begleiter dieses Waldes entdeckte ich Sauergräser sowie Berberitzen (Berberis buxifolia und Berberis darwinii), Heidekraut- und Krähenbeerengewächse (Empetrum rubrum). Hinzu kamen eine reiche Korbblütler- und Kryptogamenflora, in der mir vor allem Bärlappe (Lycopodium paniculatum) und Flechten auffielen. Die Bäume und Sträucher waren mit

Rechts: Die natürlichen Landschaften der Anden von Kolumbien bis Mittelchile nach Carl Troll.

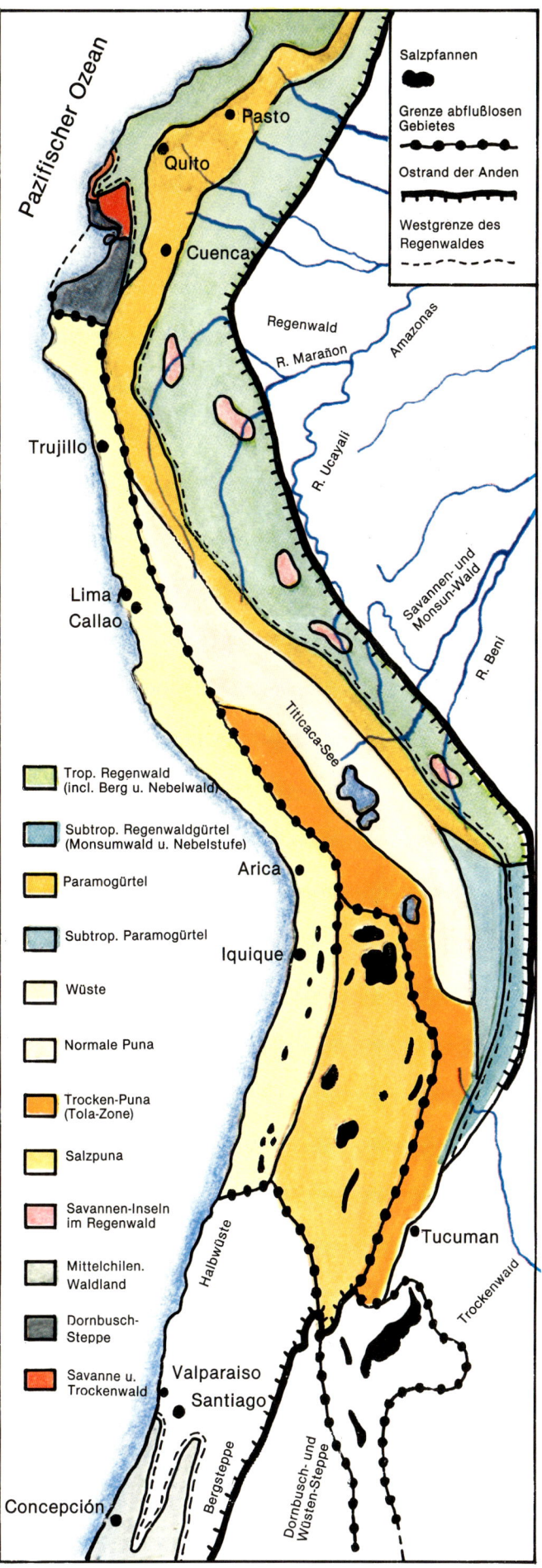

Bart- und Astflechten (Usnea- u. Ramalina-Arten) behangen. Dagegen fehlten diesem Waldtyp epipyhtische Farne und Schlinggewächse.

In großen Scharen kamen hier taubengroße, grüne Kordilleren-Papageien (Psittacus leptorrhynchus) vor. Sie finden in den schirmartigen Wipfeln der Araukarien Nistgelegenheit und in den kopfgroßen Araukarien-Zapfen reichlich Nahrung.

Unmittelbar auf die obere Baumgrenze folgt ein nur wenige Hundert Meter breiter Streifen als Übergang zur Schneeregion. In diesem Gürtel ist die Vegetationsperiode sehr kurz, denn fast zwei Drittel des Jahres ist er mit Schnee und Eis bedeckt. Harte Gräser, am Boden entlangkriechende Sträucher und mehrere Arten Korbblütler von polsterartigem Wuchs nutzen jedes geschützte Plätzchen zwischen Stein und Geröll aus. Auf den nackten Felsen in größeren Höhen finden wir nur noch Flechten.

Alljährlich verursachen Waldbrände unter den Südbuchen- und Araukarien-Wäldern großen Schaden. Dadurch wird vor allem die nur langsam wachsende Araukarie stark gefährdet. Zu den Brandschäden kommen die Insekten-Schädlinge sowie die immer größer werdende Nutzung des wertvollen Holzes durch die Chilenen. Dadurch ist dieser an die Urzeit erinnernde Wald in Gefahr, auszusterben.

Noch treffen wir in der Hoch-Kordillere im südchilenisch-argentischen Grenzgebiet in einem Streifen von 250 km Länge und 80 km Breite die Araukarien an. Noch ist es nicht zu spät, der rodenden Hand des Menschen Einhalt zu gebieten. Was hier geschaffen werden müßte, wäre ein Nationalpark!

4 Die Fauna

Tierleben,
das Brehm nicht kannte

Du raubst dem Tierkreis den Atem

Gabriela Mistral in dem Gedicht „Kordillere"

Zoologische Forschungsfahrten

Die Tierwelt der Anden ist so reich an Arten, in den Anpassungsformen so vielgestaltig, daß schon der Versuch einer Übersicht weit über die Grenzen dieses Buches hinausginge. Außerdem: Über welches Tier vom Alpaka bis zum Zitteraal im Alphabet der Anden-Fauna erhielte der Leser nicht Auskunft in einer vielbändigen Enzyklopädie?

Wir erzählen daher lieber von eigenen zoologischen Forschungsfahrten in den Anden, berichten über „Neuerscheinungen" in der Tierwelt und von Verhaltensweisen, von denen in den Originalausgaben von „Brehms Tierleben" noch nichts zu lesen stand.

Zur besonderen Ausbeute unserer Expeditionen gehört nicht nur eine Riesenkröte, die Beute in der Größe von Ratten verschlingen kann, sondern auch die Entdeckung des Wild-Meerschweinchens für Ecuador. Es trägt den Namen *Cavia apera patzelt*. Die Zufallsbekanntschaft mit einer Opossum-Maus stellte sich ebenfalls als wissenschaftliche Sensation heraus; die Begegnung mit diesem seltenen und verborgen lebenden Zeugen eines frühtertiären Abschnitts der Evolution werten wir als bescheidenen Ausgleich für verschiedene mißlungene Versuche, im ecuadorianischen Hoch-Páramo bei El Angel Kondore zu filmen.

„El Condor Pasa"

Wer den Kondor einmal aus der Nähe erleben und filmen will, muß nicht nur ausdauernd sein und körperliche Strapazen auf sich nehmen, er muß vor allem wissen, wie man den vorsichtigen Vogel, dessen scharfen Augen fast keine Bewegung entgeht, überlisten kann. Wir waren nicht nur auf den „König der Kordilleren" aus, denn die einzigartigen Klima-Landschaften über den Wolken sind vielen Tieren gastlich. Dazu gehört eine merkwürdige „Maus", die von höchstem Interesse für die Wissenschaft ist; sie wird zu den
stammesgeschichtlich ältesten Säugetieren auf der Erde gerechnet. Während seiner neun Jahre in Ecuador bekam mein Partner Erwin Patzelt die Opossum-Maus nur einmal lebend zu Gesicht. Über das Verhalten und die Biologie des Beutlers war kaum etwas bekannt. In der Politecnica der Stadt Quito fanden sich lediglich zwei Fellchen, die schon im Jahre 1928 in die Sammlung gelangt waren. Als wir sie bei einem Besuch dort sahen, fanden sich zum Glück Ortsangaben. Dort, wo man sie im Hochland entdeckt hatte, wollten wir die Caenolestes fuliginosus, wie sie mit wissenschaftlichem Namen heißt, suchen und möglichst lebend nach Hause bringen.*

Zu den besten Kondor-Gegenden Ecuadors gehört die ecuadorianische Provinz Carchi, die an Kolumbien grenzt und die man nach einer immer wieder abenteuerlichen Fahrt von Quito über die Indianerstadt Otavalo, durch Ibarra und das „exotische" Chota-Tal erreicht. Das Chota-Tal ist von Negern bewohnt, deren Vorfahren einst von spanischen Sklavenschiffen sprangen und nach der Flucht in die Berge ihre Rundhütten wie in ihrer afrikanischen Heimat in der Nachbarschaft der Indianer bauten. Solche Krale stehen noch heute im Tal. Welt der Kontraste!

El Angel, ein hochgelegenes Nest, war Ausgangspunkt unserer Expedition. Das Gebiet um diesen Ort ist keine reine Hochgebirgswildnis. Vielmehr hat man eine Landschaft vor sich, die seit mehreren Jahrtausenden von Indianern bebaut wird. Carchi – der Name einer Provinz – ist auch der Name einer Indianer-Kultur.

Das Gebiet, in das wir fahren wollten, ist eine weite, offene Páramo-Landschaft. Heute teilen sich viele Haziendas in das Land. Die größte umfaßt mehrere tausend Quadratkilometer. Verläßt man in der Ortschaft El Angel das Auto, kommt man in Gebiete mit einer ganz außergewöhnlichen Vegetation. Charakter-Pflanze ist der Riesenmönch (Espeletia grandiflora). Die großen dot-

Tableau einiger charakteristischer Tierarten in den Äquator-Anden zwischen Pazifik und Amazonien.
1 Tieflandtapir 2 Bergtapir 3 Iguana 4 Schwertschnabelkolibri 5 Orangefarbener Felsenhahn 6 Roter Ibis 7 Roter Felsenhahn 8 Kondor 9 Boa constrictor 10 Flußdelphin 11 Königsgeier 12 Pudu 13 Affenadler 14 Arapaima 15 Pakarana 16 Adlerschnabelkolibri 17 Ozelot 18 Brillenbär 19 Jaguar 20 Manati 21 Löffler 22 Riesengürteltier 23 Riesenfischotter 24 Pampakatze 25 Ameisenbär

tergelben Blüten der Riesenmönche gehören zur Familie der Kompositen. Vergeblich hat man versucht, diese Pflanze der Papierherstellung nutzbar zu machen. So blieb eine herrliche Vegetation zum Glück erhalten.

Flußbegleiter im Hochland ist ein Baum, der noch in 4000 Meter Höhe wächst. Die Leute nennen ihn el Rojo, den Roten. Wissenschaftlich heißt er Polylepsis hirsuta. An geschützten Stellen werden seine Stämme bis zu 15 cm dick. Die feuchte, unwirtliche Páramo-Landschaft wird als Weidegebiet genutzt. Anders als in der Puna herrscht hier das ganze Jahr hindurch Regen. Es gibt also nur

eine Jahreszeit. Die Vegetationsgrenze liegt bei 4500 m. Hier ist das Reich des Kondors!
Wir wollten ihn aus den Lüften in unsere Nähe holen und besannen uns auf die bewährte Praxis der alten Indianer, die gut sichtbar einen stattlichen Tierkadaver auf einen Hügel legten. Darunter hatten sie ein Loch ausgehoben, in dem ein Mann Platz fand. Die Öffnung wurde mit Reisig und Stämmchen abgedeckt und getarnt. Darüber lag der Kadaver. Gespannt wartete der Fänger darauf, daß der Kadaver den Kondor anlocken werde. Er sah ihn nicht, wenn er in Spiralen langsam herniederschwebte. Plötzlich vernahm er das

Rauschen seiner gewaltigen Schwingen. Wenn die dünnen Stämmchen vom Gewicht des großen Vogels knackten, hatte der Indianer allen Mut zusammenzunehmen, mit der ledergeschützten Hand nach den Beinen des Kondors zu greifen und ihm mit der anderen Hand das Messer in die Brust zu stoßen.

Mit einer solchen Methode, die bis weit hinaus in die Prärien Nordamerikas bekannt war, bemächtigten sich auch die Sioux, die Cheyenne und andere Stämme des Goldadlers, dessen prächtige schwarz-weiße Stoßfedern sie im Kopfschmuck als Statussymbole trugen. Eine Variation der indianischen Fängertechnik sollte uns helfen, den Kondor vor die Linse zu bekommen.

Wir kannten den Besitzer der Hazienda „Inguieza" schon lange, und wir waren sicher, daß er uns zuverlässige Träger und Pferde bereitstellen würde. Wir benötigten fünf Reiter, die mit uns zu einem Camp hinaufziehen sollten. Umfangreiches Gepäck, Kameras, Zelte, Planen und Proviant galt es zu transportieren. Als wir loszogen, trugen wir mehrere Pullover übereinander. Trotz der Äquatornähe drang die eisige Kälte in dieser Höhe durch die Kleidung bis in die Knochen. In der Karawane war ein Todeskandidat, der den Kondoren zum Köder dienen mußte: ein altes Pferd,

Kondor-Expedition zum Berg Chiltazon in der Hochland-Provinz Carchi in Ecuador.

das die Indianer ohnehin getötet hätten. Gnadenbrot ist in diesem Gebiet ein Fremdwort und wird es wohl immer bleiben. Der Ecuadorianer hatte uns ironisch verabschiedet: „Die Kondore werden Sie vermissen, wenn Sie nach Deutschland zurückgehen."

Als wir zu Pferde ins Gebirge vordrangen, bekamen wir eine Ahnung davon, warum dort oben bei den Indianern die Droge Coca eine so wichtige Rolle spielt. Das Herz schlägt in der dünnen Luft doppelt so schnell. Erwin hatte an seinem Handgelenk 130 bis 140 Pulsschläge in der Minute gezählt. Man bekommt Atembeschwerden, und die Kälte durchdringt einen auch bei Tag. Zum Glück gibt es Maultiere, Pferde und Cocablätter. Unser Ziel war der Chiltazon – der Siberberg. Das ist ein Vulkan, von dem man einen sehr weiten Blick hat in das Kondorland von Carchi und über Frailejon-Bestände in ein malerisches Tal. Auf dem Weg dorthin kamen wir an einer Stelle vorbei, wo die großen Vögel ein eben geborenes Lamm getötet hatten. Die Indianer meinten, Lämmer fielen den Kondoren leicht zum Opfer. Selbst Pferde könnten manchmal ihre Fohlen auf

Ein Páramo-Fuchs (Dusicyon culpaeus) *tut sich an dem für die Kondore bestimmten Köder gütlich.*

der freien Weide nicht vor ihnen schützen. Der große Geier ernährt sich also keineswegs nur von Aas. Aber er tötet nicht rasch und „professionell", wie dies viele Greife tun. „Erst", sagte uns ein Indianer, „ziehen sie dem Jungen den Darm heraus, dann hacken sie ihm die Augen aus. Dann fressen sie das Tier."

Dies war kurz zuvor an dieser Stelle geschehen – und wir waren besorgt, weil wir glaubten, satte Kondore würden sich kaum ködern lassen. Dann sahen wir sie: eine große Gruppe von über zwanzig Tieren. Die Vögel flogen nicht in einem Verband, sondern suchten in kleinen Gruppen zu drei oder vier Tieren die weiten Hänge ab. Schon für den Menschen reicht die Sicht an klaren Tagen zehn bis fünfzehn Kilometer weit. Kondore überblicken mit ihrem außergewöhnlichen Sehvermögen aber ganz andere Dimensionen.

Weit unterhalb des Platzes, der für den Köder vorgesehen war, schlugen wir unser Zeltlager auf. Ringsum im hohen Páramo-Gras huschten Kaninchen hin und her. Der Anführer der einheimischen Reiter meinte, man brauche keine besonderen Vorsichtsmaßnahmen zu beachten: „Wir se-

hen so viele Kondore immer wieder an toten Tieren. Da kann man sehr nahe heran."

Sie führten das alte Pferd weg und töteten es. Als der Kadaver ausgelegt worden war, versteckten wir uns in einer nahen Buschgruppe mit den Kameras. Unsere Leute waren noch nicht lange davongeritten, da kamen die ersten Aasgeier. Keine Kondore! Wir fürchteten, die Geier könnten reinen Tisch machen, bevor die großen Vögel kämen. Doch plötzlich landeten zwei herrliche Exemplare überraschend schnell beim Aas. Wir warteten mit den kostbaren Filmmetern und hofften auf mehr. Aber wir unterschätzten ihre Vorsicht. Irgendeine leichte Bewegung, vielleich auch nur das Aufblinken von Metall, warnte sie. Sie strichen ab und kamen den ganzen Tag nicht mehr wieder.

Die erste Kondor-Expedition ging dann sehr schnell zu Ende. Am Nachmittag erschien ein berittener Aufseher der Hazienda. Er betrachtete das tote Pferd lange und ritt dann wieder davon. Ob die Indianer ihn nicht um Erlaubnis gefragt hatten, das Tier zu töten? Der Haken war, daß der Aufseher einen Hund bei sich hatte, der am Aas zurückblieb und sich gütlich tat. Er verprellte auch die Páramo-Füchse, die Aasgeier und alle anderen Tiere. Als unsere Reiter abends heraufkamen, waren wir sehr verärgert. Nach der kalten Nacht im Camp mußten wir den Rückzug antreten.

Ein paar Wochen später ging Erwin allein noch höher hinauf. Diesmal verließ er sich nicht mehr auf sein Glück. Er ließ sich nahe den Büschen ein kleines Reisignest bauen und packte sich gut getarnt hinein. Am Abend wurde Aas ausgelegt, und er übernachtete am Fuße des Felsens in seinem Versteck. Als der Morgen graute, hatte ihn die Kälte fast umgebracht. Er hatte ja kein Feuer machen dürfen, das ihn hätte wärmen können, und die Kälte war durch drei Pullover und seinen Schlafsack durchgedrungen.

Als Erwin dann mit dem ersten Licht hinausspähte, traute er seinen Augen nicht. Höchstens die Hälfte des Maultieres lag noch da. Während der Nacht mußten einige ungebetene Gäste davon gespeist haben. Vielleich war auch ein Puma darunter gewesen. Jetzt saß noch immer ein Páramo-Fuchs am Luder. Er blieb nicht lange allein.

Interessant war das Verhalten der Füchse. Nur einer fraß jeweils vom Maultier. Die anderen saßen geduldig in einiger Entfernung und warteten. In der Reihenfolge also, in der sie gekommen waren, machten sie sich an das Fleisch. Manche spielten in der Zwischenzeit und balgten sich wie junge Hunde im hohen Gras. Sie ähnelten stark unserem Reineke, nur waren sie viel dreister. Am Aas waren sie immer die ersten. Obwohl sie als nachtaktiv gelten, kommen sie auch tagsüber aus ihren Höhlen. Die Kondore hatten vor dem Páramo-Fuchs, der mit Lunte 1,70 m lang wird, Respekt. Jedenfalls kamen sie nie heran, solange Füchse am Köder saßen; die Füchse waren auch daran schuld, daß die zweite Kondor-Tour ein Fehlschlag wurde!

Bis zehn Uhr morgens herrschte schönstes Wetter. Der Himmel war strahlend blau. Die Aussicht reichte weit ins Land. Wie gut hätte mein Freund jetzt Kondore filmen können. Doch die Vögel blieben aus, weil die Füchse sie störten. Da wurde es ihm zu bunt. Er schlüpfte aus seinem Bau, um die Füchse zu verscheuchen. So scheu Füchse bei uns sein mögen – diese hier hätte er sonstwohin treten können, so zögernd ließen sie vom Kadaver ab. Als mein Freund endlich Herr der Lage war und in sein Versteck zurückgehen wollte, da sah er in der Wand über sich 20 und mehr der Kondore warten. Sie sahen ihn natürlich auch – und damit war der zweite Versuch fehlgeschlagen.

Wir wollen vom dritten Fehlschlag nur kurz berichten. Eine lange Reiterkolonne mit Packpferden zog am Versteck vorbei – Schmuggler mit Waren aus Kolumbien. Von der Stecknadel bis zum Kühlschrank brachten sie das Schmuggelgut durch den Hoch-Páramo. Sie vertrauten darauf, daß der ecuadorianische Zoll nur die Autostraßen kontrollierte: Luftlinie 15 km von hier entfernt. Die Reiter grüßten gravitätisch nachdem sie die Kondore verscheucht hatten . . .

Später fragte Patzelt seine Träger, warum sie die Polizei nie benachrichtigten: „Die Schmuggler würden uns aus Rache das Vieh abknallen", war die Antwort.

Erst die vierte Exkursion ins Reich des Kondors brachte einen Teilerfolg. Patzelt ließ sich in den Berg hinein eine Höhle graben. Er hatte das Versteck nach dem letzten Fehlschlag bestellt, hatte genau die Stelle im Hang bezeichnet. Über mehrere Wochen sollte nun die Öffnung zuwachsen. Inzwischen wußte er, was er den Kondoren an Vorsicht schuldig war.

Die Indianer hatten gute Arbeit geleistet. Als mein Freund auf den Platz zurückkehrte, ließen sie ihn den Eingang suchen – vergeblich. Dann ging einer hin und hob ein paar Grassoden hoch. Erst jetzt sah man die Öffnung! Die Voraussetzungen für eine Begegnung mit den Kondoren waren an diesem Morgen nicht schlecht. Der Nebel hatte die Berge zugehängt, so daß die Vögel die Szene nicht überblicken konnten. Ein Tierkadaver wurde erneut zwanzig Meter vor dem Ausguck hingelegt. Patzelt verabredete sich mit den Leuten um fünf Uhr nachmittags. Bis dahin etwa reichte das Licht hier oben.

Es wurde Mittag. Die Nebelschwaden waren längst aufgelöst. Schöne Sonne – keine Kondore! Es wurde drei Uhr, und auf einmal waren sie da! Den einen Vogel sah mein Freund erst, als er sich bereits auf dem Kadaver niederließ. Das faustgroße Loch im Ausguck erlaubte keine Rundumsicht. Doch der zweite Vogel kam aus einem Winkel, aus dem Patzelt seinen Anflug filmen konnte. Endlich, endlich hatte er diese so vorsichtigen, majestätischen Vögel in nächster Nähe! Dem Weibchen fehlte der Hautkamm. Auch an Größe stand es dem Männchen etwas nach. Dieses hier mochte gut 1,50 m vom Schnabel bis zum Stoß messen.

Die beiden Kondore fraßen schnell und unmäßig wie so manche Majestäten. Sie schlangen die Brocken ganz hinunter und waren in kurzer Zeit gesättigt. Als Erwin einige sehr schöne Szenen gefilm hatte, kamen drei der Träger angeritten und störten die Kondore. Die beiden Vögel waren so voll und schwer, daß sie gar nicht richtig starten konnten. Sie liefen davon wie Hühner, bis sie endlich genug Auftrieb unter den Flügeln hatten und ihre vierzehn, fünfzehn Kilogramm ins ge-

Ihm hat all die Mühe gegolten – dem Kondor. An der weißen Halskrause erkennt man das männliche Tier. Der Kondor ist Wappenvogel Ecuadors. Der Ornithologe Claus König rechnet ihn neuerdings zu den Störchen.

wohnte Element aufschwingen konnten. Verärgert fuhr Patzelt aus seinem Versteck heraus, besann sich aber dann. Woher sollten die Indianer wissen, daß sie zu früh gekommen waren?

Im Camp erzählten die Indianer, daß sie in den letzten Jahren mehrmals Kondore auf die alte Weise gefangen hätten, und zwar für Tierhändler, die die zoologischen Gärten in aller Welt belieferten. Zum Glück schützt Ecuador seinen Nationalvogel jetzt. Es ist jedoch schwer, den Schutzgedanken im Lande zu verbreiten. Die Indianer haben kaum Verständnis, und die meisten haciendados *lassen sich vom Nutzen-Schaden-Prinzip leiten.* Einer von ihnen, dessen Betrieb am Fuße des Antisana-Vulkans liegt, empfand die Vögel als wahre Plage, weil sie ihm immer wieder seine Lämmer getötet hatten. Schließlich empfing er sie mit vergiftetem Schaffleisch.

Der Kondor lebt nicht als einziger Vogel in dieser Bergwelt. Konkurrenz am Aas hat er auch in dem Quiriguinge. Der schwarze Geier streift ebenfalls in den hohen Bergen umher, ist aber nicht so scheu oder scharfsinnig wie der Kondor. Meist je-

denfalls bleibt er auch dann an der Beute, wenn der Kondor sich gestört fühlt.

Zu den Säugetieren im Hoch-Páramo gehört als Gast der Brillenbär. Beherrscht aber wird das Gebiet vom Puma, gegen den die Indianer ihre Schaf- und Lamaherden durch Wälle aus Grassoden sowie einen Graben dahinter schützen, der der Katze Respekt machen soll. Die Einheimischen nennen die Großkatze Puma concolor. Hier ist sie nicht der „Silberlöwe", sondern ihre Färbung spielt vom Hellbraun bis zu ganz dunklen Tönen. Obwohl er nicht selten ist, bekam Patzelt ihn nicht zu Gesicht, dafür eine der größten zoologischen Besonderheiten des ganzen Gebietes – die Opossum-Maus.

Die Vorgeschichte: Mit einigen Fellchen der Opossum-Maus, die er sich in der Politecnica von Quito ausleihen konnte, fuhr er hinauf zu den einsamen Berghöfen am Pichincha-Vulkan, woher sie stammten, und zeigte den Bauern die lädierten Bälge: „Habt ihr so etwas schon mal gesehen?" Nur einer nickte. Erwin versprach ihm 1000 Sucre, also etwa 100 Mark, wenn er ein solches Tier finge. Die Menschen dort kennen ihr Gebiet genau. Dennoch dauerte es drei Jahre, bis der Mann in die Stadt kam und an Erwins Tür klopfte. Dafür brachte er nicht nur die Opossum-Maus

Der einzige Insektenfresser der Anden, die Zwergspitz-maus (Cryptotis thomasi), *jagt nachts in etwa 3000 bis 4200 m Höhe im Páramo-Gebiet. Der Name „Maus" täuscht. Das sechs bis acht Zentimeter große Tierchen hat keine Nagezähne, sondern ein sehr scharfes Gebiß mit roten Spitzen.*

Ein lebendes Fossil: Seit ihrer Entdeckung im Jahre 1928 war die Opossum-Maus (Caenolestes fuliginosus) *für Jahrzehnte verschollen. Erwin Patzelt hat sie wieder aufgespürt. Sie ist ein Beuteltier von etwa 16 cm Größe und lebt äußerst versteckt im Páramo-Gebiet.*

lebend mit nach Quito, sondern einen ebenfalls kaum bekannten Spitzrüßler.

Auf den ersten Blick sieht die Opossum-„Maus" tatsächlich einer Maus ähnlich. Betrachtet man sie aber genauer, dann werden die Unterschiede deutlich: Das Tier hat keine Nagezähne, auch ist es weit größer als eine Spitzmaus. Erwins kleiner Gast war ungefähr acht Zentimeter lang. Der haarlose Schwanz des Tierchens hatte noch einmal dieselbe Länge. Wichtigstes Merkmal dieser Caenolestes fuliginosus, *wie die kleine „Maus"* wissenschaftlich heißt, ist ein Beutel, in dem das Tier seinem Nachwuchs Schutz und Wärme gewährt. Das kleine „Fossil" dürfte sich von der frühtertiären Ausgangsform seiner Art kaum entfernt haben.

Von noch einem anderen Bewohner des Páramos soll hier die Rede sein, der auf seine Weise souverän das Terrain beherrscht. Er schlägt sogar den Menschen in die Flucht. Bei den Einheimischen ist er ganz zu Unrecht zu dem Namen Zorillo, also Füchschen, gekommen. Er hat zwar auch einen sehr buschigen Schwanz – aber hat man je einen Fuchs gesehen, der seinen Gegner mit einem Schuß aus der achterlichen „Spritzpistole" kampfunfähig machen kann? Seine Tugend ist, daß er diese Waffe nur zur Verteidigung einsetzt. Vom Stinktier ist die Rede.

Skunks sind dämmerungsaktiv. Wenn sie aus ihrer Wohnhöhle herauskommen, suchen sie vor allem Würmer, Insekten und auch pflanzliche Kost. Die Tiere sind sich ihrer Wirkung allerdings so

Im hohen Páramo-Gras ein Bergtapir (Tapirus pincha-que). Das junge Tier ist durch seine Streifen gut getarnt. 34 Jahre nach seiner Entdeckung durch den schwedischen Schriftsteller Rolf Blomberg ist der Bergtapir in den Anden schwer bedroht und äußerst selten.

Ein weiterer „Kandidat" auf der „Roten Liste" aussterbender Tiere: der Zwerghirsch. Dieser Pudu mephistopheles *wird etwa 40 cm hoch. Er bewohnt die Páramo-Regionen Ecuadors. Dem Chile-Pudu (Seite 122) ist er sehr ähnlich.*

bewußt, daß sie sich auch bei Tage ohne Scheu in der Nähe menschlicher Behausungen zeigen. Es heißt, der feine, auf mehrere Meter genaue Strahl ihrer Analdrüsenflüssigkeit wirke so ätzend, daß er, träfe er aufs Auge, die Bindehaut verletzte und sogar Erblindung zur Folge haben könne. Was man da über andere Gesundheitsschäden oder „wochenlangen" Geruch in seriösen Büchern zu lesen bekommt, trifft aber für die Páramo-Stinktiere nicht zu! Erwin weiß das aus – unangenehmer – Erfahrung.

Er kam aus der Ortschaft El Angel und wollte nach Quito zurück. Als er aus der Kurve hinausfuhr, sah er ein Stinktier auf der Straße. Zu spät! Während er scharf bremste und auf das kleine Ungeheuer zurutschte, bespritzte es unerschrocken den roten Volkswagen. Das Auto kam zwar rechtzeitig zum Stehen, hatte aber dennoch sein „Fett" weg. Als das Tier seinen Vorrat verschossen hatte, verzog es sich von der Straße und grub sich ein. Binnen zehn Minuten können Skunks im normalen, weichen Boden verschwunden sein. Erst graben sie sich vorn ein, dann schlüpfen sie in die Grube, decken das Loch zu und graben sich tiefer ein, bis sie nicht mehr zu sehen sind. Nur ein Luftloch bleibt.

Während der stundenlangen Heimfahrt stank das Auto bestialisch. In Quito rümpften die Leute die Nase, sobald der Wagen in den engen Straßen der Altstadt ins Fußgängergewühl kam. Zum erstenmal hatte er auf dem Weg zum Postamt zwei Tage lang freie Bahn!

Die Opossum-Maus ist nicht das einzige Tier in den Anden, das an einen früheren Abschnitt der Erdgeschichte erinnert. Weitaus bekannter als sie sind die Faultiere, die Gürteltiere und die Ameisenbären, die zur Familie der Zahnarmen gehören.

*Kein Bär, aber bärenstark –
der Ameisenbär*

Unsere Begegnung mit einem Ameisenbär war unerfreulich für beide Seiten. Es war kurz vor Einbruch der Dunkelheit auf dem Weg von Ambato nach Baños. Die Straße, die sich auf der Amazonas-Seite den, Kordilleren-Abhang zum Oriente-Urwald Ecuadors hinabwindet, war im Jahre 1973 noch nicht befestigt, jedoch schon vielbefahren. Unsere Scheinwerfer erfaßten den Ameisenbären am Straßenrand, als er sich gerade entschlossen hatte, auf die andere Seite hinüberzuwechseln. Seine lange Röhrenschnauze hatte er am Boden. Der prachtvolle Bursche

mochte samt Schwanz etwas über einen Meter messen. Der rauhe, weißlich-gelbe Pelz war von zwei schwarzen „Hosenträgern" geziert, die vom Hals über die Schultern zu den Flanken reichten. Dort verlief sich die schwarze Färbung und bekleidete das Tier bis zum Hinterrücken – ein Tamandua!

Wir fürchteten, nachfolgende Autos könnten das skurrile Tier überfahren, und Erwin Patzelt wollte es auf die andere Straßenseite tragen. Als der Wagen anhielt, blieb der Ameisenbär unschlüssig stehen. Einen Augenblick später waren wir aus dem Auto heraus und bei ihm. Das Tier „baute" Männchen, um die Arme für die Verteidigung freizubekommen. Wer die nackte, rosige Schnauze des Tamanduas, seine kleinen, harmlosen Augen und die lustigen eirunden Ohren sieht, könnte ihn für ungefährlich halten. Sein Maul birgt nicht einen Zahn, und die lange, klebrige Wurmzunge „leimt" ja nur Termiten. Aber wer sich darüber im klaren ist, daß die Ameisenbären mit ihren krallenbewehrten Armen Termitenbauten auseinanderreißen, die wir Menschen nur mit der schweren Machete oder einer Spitzhacke zerstören können, geht diesen Waffen respektvoll aus dem Wege!

Erwin Patzelt wollte den Ameisenbär daher ganz hart im Nacken packen. Der Tamandua schlug mit den Krallen nach uns und ließ in seiner Bedrängnis ein ärgerliches Pfeifen hören. Just in dem Augenblick, in dem Erwin Patzelt das Tier erwischte, nahm er seine freie linke Hand nicht in acht, und eine Kralle des Tamandua bohrte sich wie ein Messer hinein, sie traf von oben in das Fleisch zwischen Daumen und Zeigefinger.

Nun riß das Tier die Hand meines Freundes heftig hin und her – und er war so machtlos, daß er einfach nachgeben mußte, sonst hätte ihm der Ameisenbär die ganze Hand aufgerissen. Wie Patzelt sich endlich „aushaken" konnte, ist ihm heute noch ein Rätsel. Immerhin hatte er den Ameisenbär im Nacken festgehalten, konnte ihn auf die andere Straßenseite und ein Stück in den Hangwald tragen. Er setzte ihn am Fuß eines Stammes ab, und das Tier machte sich unverzüglich ans Klettern, ganz unbeeindruckt, wie es schien. Angesichts der heftig schmerzenden Wunde meines Freundes hatten wir eine Mordswut auf den Burschen, zugleich tat er uns leid. Die Ameisenbären sind hier nämlich schon recht selten, und es wäre traurig gewesen, hätte dieser auf der Straße sein Leben lassen müssen.

Dieser Ameisenbär (lateinisch Tamandua tetradactyla) ist, sieht man von Unterarten ab, eine von den drei Arten, die man in Südamerika finden kann. Weil er stark nach Moschus riecht,

wird er mancherorts „Stänker des Waldes" genannt. Da genießt der Zwergameisenbär schon größeren Kredit. Ihm gab man den Namen „Blüte des Balsabaumes" – Flor de balsa. Wenn man die kleine Halbkugel mit dem bräunlich-ockerfarbenen, seidigen Pelz im Geäst hängen sieht, versteht man die poetische Bezeichnung Blüte. Er ist freilich eine fleischfressende „Pflanze": Wie die größeren Vettern nutzt der Zwerg seine klebrige Wurmzunge, um Insekten – vor allem Ameisen, Wespen, Bienen und Termiten – zu erbeuten. Er ist jedoch ein echter Baumbewohner, der, den Faultieren gleich, kopfunter umherklettert. Im Gegensatz zu diesen Tieren hat er einen kräftigen Schwanz als Greif- und Kletterhilfe. Da er meist hoch oben in den Kronen den Tag verschläft, bekommt man den Zwergameisenbären ziemlich selten zu Gesicht, und er ist wohl auch selten.

Man muß wissen, daß Ameisenbären nur ein einziges Junges zur Welt bringen. Die zur selben Säugetier-Ordnung gehörenden Gürteltiere zum Beispiel sind viel fruchtbarer. Bei ihnen zerfällt die Eizelle nach der Befruchtung in vier Teile, oder, besser gesagt, der Keim teilt sich zu Beginn der Entwicklung entsprechend, so daß bei einer Art immer Vierlinge entwickelt werden. Eine andere Gürteltier-Art bringt sogar eineiige Sieben-

Er sieht so harmlos aus, aber unterschätzen sollte man den Ameisenbären nicht. Er kann sich mit seinen Krallen wirksam zur Wehr setzen. Die Körperlänge des Tamandua tetradactyla beträgt etwa 70 cm.

bis Zwölflinge hervor! Niemand weiß, warum das gerade bei den Gürteltieren so geschieht. Man spricht in diesem Zusammenhang von Polyembryonie. Die Tiere, die aus einem einzigen befruchteten Ei entstanden sind, haben alle dasselbe Geschlecht.

Und die Ameisenbären? Das frischgeborene einzige Junge des Großen Ameisenbären erklimmt sogleich seinen Stammplatz auf dem Rücken des Alttieres. Aus der Tatsache übrigens, daß das Jungtier des Großen Ameisenbären, wenn man es der Mutter gewaltsam abnimmt und an einen Baum setzt, recht gut klettert, schließen Zoologen auch bei dieser Art auf ein früheres Dasein als Baumbewohner.

Die Haltung und Aufzucht von Ameisenbären in der Gefangenschaft – die Feststellung schließt den Großen Ameisenbären (Myrmecophaga tridactyla), der bis zu 40 kg schwer wird, ein – ist auch für den Tiergärtner keine leichte Aufgabe, zudem sehr kostspielig. Immerhin gelang inzwischen die Nachzucht. In der Stuttgarter „Wilhelma" zum Beispiel überlebte nach vier Fehlschlä-

„Blume des Balsa-Baumes" wird der Zwergameisenbär (Cyclopes didactylus) scherzhaft in Ecuador genannt. Er hält sich an baumbewohnende Insekten, schlitzt mit seinen scharfen Krallen aber auch die Rinde auf und schlürft den austretenden Saft. Mit Schwanz wird der Zwergameisenbär etwa 30 cm groß.

gen das fünfte Junge. Diese heiklen Nahrungsspezialisten müssen bei uns auf ein neues Futter umgestellt werden. Da muß für ein erwachsenes Tier der großen Art täglich etwa ein Kilogramm Kalbfleisch durch den Wolf gedreht und mit vier bis sechs rohen Eiern sowie Kindermilch vermischt werden. Auch Ameiseneier – manchmal bis zu einem Pfund – gehören zur Diät. Mit dieser Zusammenstellung wird man in etwa den Bedürfnissen dieses Tieres gerecht, dessen Eigenart nicht nur den Zoologen fasziniert.

Nehmen wir den Großen Ameisenbären als Modell für die ganze merkwürdige Familie! Der etwa 50 cm lange Röhrenkopf des wolfsgroßen Tieres kommt fast ohne Kaumuskeln und entsprechend auch ohne die korrespondierenden „Knochenkanten und die knöchernen Verdickungen" aus, „an welchen bei anderen die Muskeln ansetzen" (Hans Krieg). Die Kraft der Kiefer ist in die Arme verlegt, an denen die Krallen als „Zahnersatz" dienen. Haben sie eine Bresche in eine der

betonharten Termitenburgen geschlagen, schnellt aus dem zahnlosen Maul des Ameisenbären die lange leimige Peitschenzunge, taucht in das Termitengewimmel ein und fährt durch die kaum groschengroße Maulöffnung zurück. Termiten, Larven und Eier werden in der Mundhöhle „entsaftet", das heißt ausgepreßt und heruntergeschluckt. Auch der Magen besitzt eine Abteilung „Saftpresse", röhrenförmig und muskulös, die ganze Arbeit leistet.

Man fragt sich, wie eine solche Sonderentwicklung im Tierreich möglich geworden ist. Sie hat ihren Ursprung vermutlich im frühen Tertiär. Damals stand die Ordnung der Edentata, die Säugetierordnung der Zahnarmen, in Blüte. Fossilfunde aus dem Tertiär beweisen die enge Verwandtschaft der Ameisenbären mit den Faul- und Gürteltieren. Dann und wann findet man in der Hoch-Kordillere versteinerte Knochen, aus denen sich manches ablesen läßt. Erwin Patzelt hat zum Beispiel die 74 cm langen Knochen eines Vorläufers des heutigen Gürteltieres ausgegraben. Bei dem versteinerten Tier ist der Panzer sehr gut erhalten, auch die Glieder und der Kopf sind sehr gut zu erkennen. Nach den Schätzungen der Wissenschaftler in Ecuador ist der fossile Fund mindestens 40 000, vielleicht sogar 100 000 Jahre alt.

Hans Krieg, der bekannte Südamerika-Forscher, meint, die spezifisch südamerikanische Ordnung ließe sich zurückverfolgen bis in die Zeit, da allem Anschein nach das heutige Südamerika nicht nur mit dem heutigen Nordamerika, sondern auch mit dem heutigen antarktischen Kontinent, dem heutigen Afrika und dem heutigen Australien (mit Neuseeland) verbunden war: „Als dann gegen Ende des Tertiärs eine neue Verbindung mit Amerika entstanden war und ein Austausch von Tieren von Norden nach Süden und von Süden nach Norden möglich wurde, bereicherte sich die Tierwelt Südamerikas durch Zuzug von Norden her, zum Beispiel durch Zuwanderung der Hunde, Bären, Marder und katzenartigen Raubtiere, vieler Huftiere und Nager, um nur Säuger zu nennen. Aber sie gab auch einigen ihrer eigenen Formen die Möglichkeit, ihr Gebiet nordwärts auszudehnen." Zu diesen gehörten die Ahnen der heutigen Faultiere, Gürteltiere und Ameisenbären, die nun begannen, „ihre eigenen Entwicklungswege zu gehen".

Der Große Ameisenbär ist im übrigen in Ecuador sehr viel seltener als es die beiden verwandten Arten sind. Wahrscheinlich fehlt dem Tier, das ja im Gegensatz zu Tamandua und Zwergameisenbär ausschließlich am Boden lebt, der lichtere Wald. Obwohl sein Fell nicht eben dauerhaft, das Fleisch gar ungenießbar ist, wird es verfolgt. Ein Stockhieb auf den dünnknochigen Schädel kann den Ameisenbären schon umbringen. Er ist überall gefährdet.

Auf der Suche nach dem „Froschkönig"

Schon lange ist ein einzigartiger Lurch auf der „Roten Liste", der mehr als jeder andere den Namen Froschkönig verdient. In vielen Zeichnungen zu Grimms Märchen vom „Froschkönig" hockt als verwunschener Prinz ein schmucker Laubfrosch auf dem Brunnenrand. Er erlebt, nachdem eine schöne Prinzessin erlösend ihre Lippen in seine feuchte Haut gestippt hat, die Metamorphose zum strahlenden Jüngling. Unvorstellbar, daß das Mädchen sich beim Anblick einer warzigen Blomberg-Kröte überwunden hätte – ein Kerl so groß wie ein Kuhfladen und ebenso unansehnlich! Zur Zeit der Gebrüder Grimm hätte das Tier auch allenfalls in Indianermärchen eine Rolle spielen können, denn es lebt am Rande der Kordilleren.

Und doch ist dieser Lurch der wahre „König" unter den Froschlurchen, wenn wir gelten lassen, daß dem größten Vertreter einer Tierordnung die-

Oben: Auf der Suche nach der Blomberg-Kröte wird Erwin Patzelt erstmalig in einem Gebirgsbach auf der Anden-Westseite Ecuadors fündig.

Rechte Seite: Ausgestreckt ist dieses Exemplar der Bufo blombergi einen halben Meter lang. Man traut der Kröte zu, daß sie Beute bis zur Größe junger Ratten verschlingen kann.

ser Rang gebührt. Die Blomberg-Kröte läßt eine solche Vermenschlichung zwar kalt, doch muß sie mit deren Folgen leben. Weil er mit einer Länge von gut einem halben Meter bei ausgestreckten Beinen „der Größte" ist, wollten so viele öffentliche und private Tiersammlungen den gigantischen Lurch besitzen, daß er, nur wenige Jahre nach seiner Entdeckung durch unseren Freund Rolf Blomberg im Jahre 1950, bereits auf der „Roten Liste" der gefährdeten Arten stand. „Meine Schuld indirekt", klagte der schwedische Schriftsteller und Naturforscher in einem Brief an uns, „und ich fühle mich in keiner Weise glücklich, daß ich diesen größten Froschlurch der Neuen Welt entdeckt habe . . . "

Solange die Blomberg-Kröte noch nicht geschützt war, kassierten Tierhändler in Kolumbien und Ecuador etwa achtzig und mehr Mark je Exemplar. Inzwischen sind die Kröten rarer und teurer

geworden, die Exportwege auch verschlungener. Aber das Geschäft geht weiter. Die Händler tun geheimnisvoll, wenn man sie nach den Vorkommensgebieten fragt.

Das mußte auch Erwin Patzelt erfahren, der die Bufo blombergii – so ihr lateinischer Name – jahrelang auf der Fotoliste hatte und nicht zum Schuß kam.

Als wir im Sommer 1978 einen Anlauf unternehmen, um die Riesenkröte in Ecuador zu finden, warnen uns die Tierhändler in Quito: Weil die Kröten nur nachts aus ihren Verstecken kämen, sei man wegen der vielen Giftschlangen in ihrem Verbreitungsgebiet besonders gefährdet. Nur ganz grob können wir uns nach den Ratschlägen der Tier-Exporteure einen Weg zu den Riesenkröten skizzieren. Offenbar sehen sie weniger uns als ihre Pfründe in Gefahr.

Durch die Fragerei haben wir immerhin herausgefunden, daß die Ecuadorianer ein Vorkommen ihrer Sapo gigante im Nordwesten, halbwegs zwischen der Gebirgsstadt Ibarra und der Hafenstadt San Lorenzo, in den Andenhängen, kennen. Während wir Zelte, Verpflegung, Kamera-Ausrüstung, Stiefel, Lampen und Gummizeug regensicher verpacken, besucht uns in unserer Pension ein Mann namens Carlos, der vielleicht durch die Händler erfahren hat, was wir suchen. Er will uns zu den Kröten führen, aber im voraus Geld, damit seine Frau während seiner Abwesenheit etwas zum Leben habe. Wir nehmen sein Angebot an und fallen auf ihn – wie sich bald zeigen soll – herein.

Eines Morgens, um halb drei Uhr in der Frühe, starten wir mit einem Leihwagen in Richtung Ibarra. Diese erste Etappe auf der gut ausgebauten Panamericana kostet uns nur eineinhalb Stunden. Wir überqueren dabei, acht Kilometer hinter Quito, den schon mehrmals „verlegten" Äquator. In der 2600 m hoch gelegenen Anden-Stadt Ibarra stellen wir den Wagen bei Patzelts Freund, dem Bischof, ein – und nun wird unsere Exkursion zu dem, was man getrost ein Abenteuer nennen darf.

Es beginnt in der Station der berühmt-berüchtigten Anden-Bahn. Der Schaltermann dort will sich nicht klarmachen lassen, daß wir nur die halbe Strecke fahren wollen. Ganz gleich, wo wir aussteigen, heißt es, wir müßten die ganze Strecke bis San Lorenzo bezahlen.

Um sieben Uhr früh dampft der Zug aus der Hauptstadt der Hochlandprovinz Imbabura hinaus – und hinein in eine Landschaft, die von Trockensträuchern geprägt ist. Dieses Gebiet ist die letzte Eroberung des Inka-Kaisers Huayna

Capac gewesen. Erst wenige Jahrzehnte vor der Landung Pizarros hatte er den Widerstand der Cara-Indianerfürsten brechen können und dann angeblich 25 000 Männer ihres Volkes in einen See werfen lassen. Jahuar Cocha heißt das Gewässer, an dem wir vorbeifahren – Blutsee.

Wir haben nicht gezählt, wie oft der Lokführer auf offener Strecke anhält, um Menschen und Fracht aufzunehmen oder einfach nur, um Gelegenheit zum Einkauf von Butter und Käse zu geben. Als er einmal auf ein Nebengleis fährt, mit zwei Drähten die Telefonleitung anzapft, um von der Telefonistin zu hören, wie weit der Gegenzug noch entfernt sei, nutzen wir die Zeit und wechseln mit Sack und Pack auf das Dach unseres Waggons über. Die Sonne wärmt jetzt den Tag, und wir genießen für die weitere Abfahrt von 1800 m auf 1100 m über Meereshöhe die herrliche Aussicht bei frischer Luft.

Carlos ist schon die ganze Zeit unruhig. Als er, noch im Trockengebiet, immer wieder behauptet, hier müsse es die Kröten geben, lacht ihn ein junger Bursche aus, der mit uns auf das Dach gezogen ist. Er rät uns, in seinem Dorf auszusteigen. Erwin, durch trübe Erfahrungen gewitzt, stellt ihm Fragen über die Riesenkröte, die der Ecuadorianer zufriedenstellend beantwortet. So verlassen wir mit ihm und dem keineswegs beschämt wirkenden Carlos den Zug, als er unmittelbar neben der Schule eines Dorfes hält, dessen Namen wir nicht nennen möchten, weil wir die Kröten vor Nachstellungen schützen wollen.

Der Besuch von Fremden ist in der Tausend-Seelen-Gemeinde schon eine Sensation. Als die um unser Zelt ziemlich vollzählig versammelten Leute erfahren, daß wir nichts weiter als eine Riesenkröte suchen wollen, schlägt der Alte, der schon viel erlebt hat, fassungslos die Hand vor den Mund. Die Menschen freuen sich aber darüber, daß wir nach Helfern fragen, die wir für die Exkursion in die Berghänge gut bezahlen wollen. Wir heuern mehr Leute an, als wir gebrauchen können.

Nach der Mittagsstunde steigen wir im Trockenbett eines Flusses den Berghang hinauf. Zwar macht uns der Marsch Mühe, aber Rolf Blombergs Ritt vor 30 Jahren ist denn doch wesentlich härter gewesen. Er hat erst von Quito aus in die kolumbianische Provinz Nariño reisen müssen und dann 90 km von Pasto nach El Castigo, 550 m hoch am westlichen Fuß der Kordillere gelegen. Der Weg zum Ziel war, was dessen Name El Castigo besagt, eine „Strafe": „Ich hatte mich einer Maulesel-Karawane angeschlossen, die desselben Weges zog, und obwohl Maulesel dafür

Porträt eines „Froschkönigs": Im Gegensatz zu den meisten Krötenarten sitzt dieser größte Froschlurch der Neuen Welt meist hoch aufgerichtet da und beobachtet wachsam seine Umgebung.

bekannt sind, daß sie selbst im unwegsamen Terrain wie Ziegen klettern können, waren sie mehr als einmal daran, abzustürzen."

Das Abenteuer des wagemutigen Schweden wurde durch die Ungewißheit noch größer. Ihm klangen zwar die Worte eines Kolumbianers in den Ohren, der ihm von einem beinahe 100 kg schweren Kröten-Monstrum erzählt hatte. Mehr als eine vage Skizze über das mögliche Vorkommensgebiet und eine Bestellung über sechs Kröten durch amerikanische Amphibienforscher aber hatte er nicht im Gepäck.

Immerhin war ihm in Kolumbien Glück beschieden: Ein Mann aus dem nahe El Castigo gelegenen Nachao, der von dem krötenbesessenen Gringo gehört hatte, schüttelte eines Morgens das 1 kg schwere und – vom Kopf bis zum Steiß – 20,7 cm messende Exemplar einer Kröte aus dem Sack. Die Zoologen George S. Myers und John W. Funkhouser haben es dann für die Wissenschaft erstmals beschrieben, und zwar am 28. Dezember 1951 als „Neue Riesenkröte von Südwest-Kolumbien" in den Blättern der New Yorker Zoologischen Gesellschaft. Der junge Schwede Rolf Blomberg, dessen Name das Tier fortan trug, versicherte den Wissenschaftlern, es gäbe nach den Bekundungen der Einheimischen gewichtigere Exemplare der Bufo blomgerii, und zwar solche von mehr als 30 cm Körperlänge.

Ob auch wir in Ecuador Glück haben? Wir dringen bis in das sumpfige Quellgebiet einiger Bergbäche vor, wo riesige Aronstabgewächse eine weite Fläche bedecken. Drei, vier Stunden waten wir vergebens knietief im Schlamm umher und kehren dann in einem weiten Bogen zum Bahndamm zurück. Dort gesellen sich Dorfbewohner zu uns, die uns raten, bis zum Einbruch der Dunkelheit zu warten. „Nach Sonnenuntergang", behaupten die Männer, „kann man die großen Kröten rufen hören."

Die Sonne sinkt am Äquator mit der Geschwindigkeit einer Jalousie herab, und kurz nach 18 Uhr beginnt, als führte ein Dirigent den Stab, ein Quakkonzert. Es sind aber nicht die Riesenkröten, sondern zu unserer Enttäuschung hübsche Laubfrösche, die wir als Musikanten orten. Erwin hatte am Nachmittag die Idee, 500 Sucre für eine gefundene Kröte zu bieten. Das sind etwa 50 DM, soviel, wie ein Dienstmädchen dort im Monat erhält. Für die Aussicht auf einen solchen

Betrag schlägt sich an diesem Abend das halbe Dorf in die Büsche. Erwin sucht selbst mit am Bahndamm. Dort gibt es ebenfalls Feuchtgebiete. Das Wasser hat sich am Gleiskörper gesammelt und mündet in gewissen Abständen in Kanäle, die unter den Schienen hindurchführen. Immer wieder leuchten wir in die Unterführungen hinein. Vergebens!

Schließlich kommen wir zu einem klaren Gebirgsbach, übersteigen die Schienen und leuchten von der Abflußseite her das Bachbett hinauf – Freude! Unter einem Felsbrocken sitzt, hochaufgerichtet, der „Froschkönig"! Er ist so groß, daß er Patzelts Hut ausfüllen könnte. Behaglich, scheint's, läßt er sich vom Spritzwasser die Haut benetzen und rückt auch nicht von der Stelle, als Fotolampen ihn in gleißende Helle tauchen. Selbst Blitzlicht bringt ihn nicht aus der Ruhe.

Einer unserer Helfer soll die Riesenkröte hochheben, damit Erwin Patzelt das Tier im Größenvergleich fotografieren kann. Doch der Mann hat Angst. Auch Rolf Blomberg hat diese Erfahrung mit den Einheimischen gemacht: Man bekomme Ausschlag, behaupten sie, schon der bloße Anblick der Riesenkröte bringe Unglück, und ein verrückter Gringo, der vom Fleisch der Kröte gegessen habe, sei danach angeschwollen wie ein Ballon.

Solche Verleumdungen hat die Bufo blombergii nicht verdient. Sie kommen aber nicht von ungefähr. Es gibt andere Angehörige der Familien von Kröten und Fröschen, die Fängern einen bösen Denkzettel verpassen können. Die Indianer Südamerikas kennen Frösche, deren Hautabsonderungen tödliches Pfeilgift hergeben. Eine Art davon ist der orangefarbene Phyllobates. Erwin hat mir von einem Frosch erzählt, den die Einheimischen Gualag nennen. Wissenschaftlich heißt er Leptodactylus pentadactylus. Erwin fand ein Exemplar in ziemlicher Höhe und setzte es für ein Foto zurecht. In der tropischen Hitze war er ins Schwitzen geraten und wischte sich nach getaner Arbeit die Stirn ab. Kurz darauf begannen seine Augen schrecklich zu brennen. Als das Brennen nach zehn Minuten immer noch nicht aufhörte, wußte er sich nicht anders zu helfen, als schmutziges, braunes Wasser aus einer Pfütze zu schöpfen und sich damit die ätzende Hautabsonderung aus den Augen zu waschen.

Unsere Blomberg-Kröte erspart uns solche bösen Überraschungen. Sie läßt sich auch drehen und wenden und fotografieren, ohne ungeduldig zu werden. Müde und zufrieden kriechen wir endlich gegen ein Uhr dreißig ins Zelt, kommen jedoch in

Der Maki-Frosch kann mit seinen Fingern und Zehen greifen wie mit Händen. Die senkrecht stehende Pupille weist ihn als dämmerungsaktives Tier aus. In der Literatur ist diese Phyllomedusa-Art, die in etwa 800 m Höhe lebt, bis heute nicht beschrieben worden.

dieser Nacht nicht zur Ruhe, weil noch drei Krötenfänger mit Beute kommen und ihre Belohnung von je 500 Sucre kassieren wollen. Versprochen ist versprochen! Zum Glück wird nicht die halbe Einwohnerschaft fündig.

Unter den weiteren Fängen ist übrigens keiner größer als 21 cm. Die voll ausgewachsene Blomberg-Kröte kann mit ausgestreckten Gliedmaßen gar mehr als einen halben Meter Körperlänge erreichen.

Über die Biologie der Tiere ist, 30 Jahre nach ihrer Entdeckung, leider noch immer herzlich wenig bekannt. Wir nutzen die nächsten Tage, um das Wissen über Riesenkröten um einen bescheidenen Beitrag zu erweitern. Die Herpetologen vermuten die Kröten außerhalb der Laichzeit im trocknen Schlamm. Doch als wir am Morgen zu den Fundorten ziehen, sehen wir, daß die anderen Tiere – genau wie unsere Kröte – im spritzenden, schäumenden, kühlen Gebirgsbach, meist geschützt durch einen Gesteinsvorsprung, zu Hause sind. Im Gegensatz zu dem Lebensraum, in dem Rolf Blomberg in Südkolumbien 550 m über dem Meer seine Kröten fand, liegt dieses Biotop in Ecuador 1100 m hoch. In den Nächten, in denen die Kröte jagt, ist es hier oben empfindlich kalt, das Gebirgswasser ist kaum mehr als zehn bis zwölf Grad Celsius warm. Diese Beobachtungen stehen im Gegensatz zu der Auffassung, daß die Tiere nur in warmen Gebieten vorkämen.

Dem Beobachter fällt auch die „königliche" Haltung der Riesenkröte auf. Während die anderen Kröten meist flach auf dem Boden liegen oder kriechen, sitzt die Blomberg-Kröte wachsam, hochaufgerichtet, in ihrem feuchten Schlupfwin-

Atelopus-Frösche jagen ebenfalls nachts. Man findet sie in vielen Farbvarianten in den interandinen Gebieten bis zu einer Höhe von 4000 m.

kel. Wer das behäbige Hüpfen und Schwimmen des Tieres gesehen hat, ist über das Jagdtempo verblüfft. Die Kröte schleudert ihre Zunge sekundenschnell zehn bis fünfzehn Zentimeter wie ein Lasso aus dem Maul und „leimt" Würmer, Heuschrecken, Käfer, Spinnen, Frösche und sogar kleine Säuger. Der Zuschauer vernimmt beim Zuklappen des Maules ein ähnliches Geräusch wie beim Entkorken einer Weinflasche.

Im Terrarium läßt sich das Beutemachen genau beobachten. Das Opfer muß sich immer bewegen, ehe die Kröte aufmerksam wird. Selbst junge Mäuse, junge Ratten und Küken sind für die Lassozunge nicht zu schwer. Kleine Beute wie Regenwürmer werden so geschickt geschnappt, daß die Zunge nie Sand mit aufnimmt.

Noch viele weitere Kröten und Frösche können wir bei unserer Exkursion in die Umgebung entdecken, ehe wir inmitten einer Schar schwer bepackter Männer und Frauen, die lärmende Kinder, Schafe und Hühner verladen, in die Anden-Bahn steigen. Dort oben lebt auch die eindrucksvolle Bufo marinus mit einer Körperlänge von vierzehn Zentimetern. Laubfrösche sind in unvorstellbarer Mannigfaltigkeit vertreten. Sogar beim Sonnenbaden an den Hauswänden können wir sie sehen. Besonders interessant ist das Laichverhalten einiger Froscharten. Da gibt es welche, die Schlammnester bauen, und andere, die an den Ufern auf überhängenden Gebüschen ablaichen. Die geschlüpften Larven fallen ins Wasser und entwickeln sich fort.

Es ist bekannt, daß im tropischen Südamerika wohl die größte Artenvielfalt an Lurchen heimisch ist. Nur wenige aber leben in einem solchen Schlaraffenland wie jene Kröten, die wir später bei einer Tankstelle an der Bananenstraße Quito-

Guayaquil sehen werden. Die Gesellschaft dort versammelt sich am Abend unterm Lampenlicht und wartet einfach, bis die Insekten, die um die Glühbirnen taumeln, herunterfallen – leicht angebraten!

Die Entdeckung der Blomberg-Kröte für Ecuador im Sommer 1978 hat die Fachwelt interessiert. Weitaus spektakulärer aber war die Entdeckung des wilden Stammvaters der Meerschweinchen, die unsere Wohnstuben bevölkern. In Ecuador schienen die Wild-Meerschweinchen verschollen zu sein, bis sie kürzlich wiedergefunden wurden, und zwar auch von Erwin Patzelt, im Herbst 1978.

Die Entdeckung der Wild-Meerschweinchen

Wer wie wir eine der mit Hartgras gedeckten Ketschua-Hütten in den Bergen Ecuadors besuchen darf, entdeckt schnell mehr Bewohner als nur Menschen, sobald sich die Augen an das Halbdämmer gewöhnt haben. Er bemerkt auf dem festgetretenen Boden eine ganze Kolonie von Meerschweinchen. Emsig kurven die Tiere zwischen den Füßen der Indianer umher. Es mögen 50 oder 60 der buntscheckigen Nager sein. Sie leben zwischen Pfannen und Töpfen, bis die Hausfrau sie hineinsteckt. Das ist nämlich der Zweck der Wohngemeinschaft. Meerschweinchen sind lebende Fleischkonserven. Sie bereichern die Kost der Hochlandindianer um die notwendigen Eiweißstoffe.

Conejo nennen die Ketschua ihren Braten. Das ist auch der spanische Name für Kaninchenfleisch, und Meerschweinchenbraten schmeckt ähnlich.

Fragt man den Chef eines Indianerhaushalts, ob denn in der Umgebung noch Wild-Meerschweinchen lebten, antwortet er meist: „Bastante!" Das bedeutet soviel wie: „Genug!" Doch bis zum Jahre 1978 hat niemand wilde Meerschweinchen in Ecuador nachweisen können. Selbst die Indianer, deren Vertrautheit mit der Natur uns so oft geholfen hatte, schienen überfordert.

Gab es die Tiere überhaupt noch?

Auf der Suche nach ihnen begegnet man ihren Namen in alten indianischen Bezeichnungen für Flure und Gewässer. So heißt ein hundert Kilometer von Quito entfernter See Cuy Cocha; Meerschweinchen-See würden wir ins Deutsche übersetzen. Forscht man aber dem Wort cuy in der Ketschua-Sprache nach, so begegnet man *noch anderen Tiergestalten, die es meint.* Sacha cuy *nennen die Indianer auch die Pakarana (Dinomys branickii) und die Bergpaka (Cuniculus taczanowski), die ebenfalls Nagezähne, einen dunklen Pelz und Grabkrallen besitzen. Die beiden viel größeren Nager siedeln wie die Meerschweinchen in der Gebirgsregion.*

Nicht nur mancher Fachmann wurde durch Namensverwechslungen gefoppt. Gar manche Übersetzung englischer Literatur berichtete dem staunenden Publikum hierzulande von Guinea-Schweinen, die spanische Eroberer in der Indianerwelt der Anden oder die Archäologen mumifiziert in alten Gräbern gefunden hätten. Das war aber keine neue Tierart, sondern schlicht die allzu wörtliche Übersetzung von guinea-pigs, *dem englischen Wort für Meerschweinchen. Doch kann es in diesem Punkt keinen Zweifel geben: jene Tiere, die holländische Seeleute übers Meer zu uns brachten und wegen ihrer quiekenden Stimmen und des rundlichen Aussehens Meerschweinchen nannten, waren schon zahme, gezüchtete Tiere. Ein deutscher Text aus dem Jahre 1538, verfaßt von einem Konrad Geßner, nannte sie „indianische Kanäle" oder „Seuwle".*

Pizarros Schar, Anno 1532 auf ihrem Eroberungszug von der Küste zur Bergstadt Cajamarca, kam durch strohgedeckte Siedlungen, in denen die Indianer saure chicha *tranken und das Fleisch „rattengroßer Tiere" aßen. Die Spanier nannten sie „Indianer-Kaninchen". Diese müssen schon den Indianern der Chavín-Zeit geschmeckt haben: An der Küste fanden Archäologen Knochen in den Abfallresten, die aus der Zeit um 800 vor Christus datieren. Mumifizierte Meerschweinchen entdeckten sie auch in 2300 Jahre alten Gräbern. Sollten die Tiere als Totenspeise dienen?*

Wenn alle Meerschweinchen, die von Eroberern und Archäologen erwähnt wurden, Zuchtformen waren, wer hat dann je die wilden gesehen? Beim weiteren Nachforschen in der Literatur stellt man verblüfft fest, daß sich Zoologen anscheinend recht wenig für die Tiere interessiert haben. Brehm erwähnte im „Thierleben" der „Zweiten umgearbeiteten und vermehrten Auflage" von 1879 Wild-Meerschweinchen nur kurz. „Grzimeks Tierleben" ist da schon hundert Jahre weiter: Der Band „Säugetiere 2" nennt heute vier Gattungen: Cavia, Galea, Microcavia sowie Kerodon. Er gibt insgesamt sechs Arten an. Doch steht das Werk im Gegensatz zu „Mammals of the World", in dem 23 Arten in drei Gattungen genannt werden. Doch wer hat sie gezählt?

Von Wild-Meerschweinchen, die er in Peru sah, berichtete auch der Archäologe Hans-Dietrich Disselhoff: *„Wir haben im Jahre 1958 bei einer Ausgrabungsexpedition in Bolivien Indiojungen beauftragt, mit der Schleuder wilde Meerschweinchen zu jagen. Ihr Fell ist im Gegensatz zu den bunten, domestizierten Meerschweinchen graubraun gefärbt",* schrieb er in seinem Buch *„Das Imperium der Inka". Mit dieser Beobachtung erlahmte schon seine zoologische Auskunftsfreudigkeit. Die weitere Bemerkung, als Festbraten stünden die wilden den zahmen Artgenossen in nichts nach, ist im Sinne klassischer Tierbeschreibungen nicht brauchbar, obschon die Geschmacksfrage interessant ist. Die Hochland-Indianer betrachten Tiere durchaus unter diesem Aspekt, und ein Ketschua machte uns geradezu hellhörig, als er von einer Hochzeitssuppe erzählte, für die der Gastgeber 30 Wild-Meerschweinchen gefangen hätte. Zu diesem Zeitpunkt war Patzelt den Tieren freilich schon sehr nahe.*

Eine Suche, die wir 1976 am Cilotoa-Krater ergebnislos abbrechen mußten, wurde für Erwin Patzelt im August 1978 wieder aktuell, als Professor Gustavo Orcés in Quito ihm von einem Meerschweinchen-Fell erzählte, das die Universität gerade erworben hatte. Sofort fuhr mein Freund zur Universität und sah sich das Fellchen an. Es stammte nach Form, Größe und Färbung anscheinend wirklich von einem Wild-Meerschweinchen. Leider hatte der Indio, der es verkauft hatte, seine Adresse nicht angegeben. Es hieß, das Fell stamme aus der Provinz Chimborazo.

Erwin Patzelt lieh sich den kleinen Pelz aus, um ihn Indianer in der Páramo-Landschaft nahe des Chimborazo-Vulkans zu zeigen. Mit dieser Methode hatte er gute Erfahrungen gemacht. Bei einer früheren Gelegenheit hatte Patzelt den tierkundigen Indianern aus einer alten zoologischen Sammlung verstaubte Fellchen vorgelegt und mit ihrer Hilfe eine „verschollene", sehr seltene Beutelratte (Caenolestes fuliginosus) sowie Südamerikas einzigen Insektenfresser (Cryptotis thomasi equatoris) wiederentdecken können.

Wer in der Provinz Chimborazo bei Sonnenaufgang – hier am Äquator beinahe Schlag sechs Uhr früh – eine Suchexpedition beginnen will, muß mit dem Auto kurz nach Mitternacht in Quito aufbrechen. Auf schwierigen, unbefestigten Wegen erreicht er Aloa. Das kleine Indianerdorf liegt etwa 3200 m hoch in einem U-förmigen Gletschertal. Wo ein solcher Traumberg wie der Chimborazo über dem Páramo thront, wirkt die Landschaft gar nicht melancholisch: Im Lichtspiel der rasch aufsteigenden Sonne schimmert der Berg erst im tiefen Violett, dann wechselt er vom kraftvollen Rot zum schwachen Rosa über –

150

In der Provinz Chimborazo, nahe dem Indianerdorf Aloa, hat Erwin Patzelt „seine" neue Wildmeerschweinchen-Art entdeckt. Die Indianer haben ihm dabei geholfen.

und endlich zeigt er strahlendes Weiß im intensiven Blau des Himmels. Gut 1000 m bergan, also bis zur Höhe von 4000 m hinauf, klettern hier noch die Schafe, Rinder und Pferde der Indianer, während die „unteren" Lagen dem Feldbau dienen. Wo die Indianer nicht Feldbau treiben, überziehen hartblättrige Horst- oder Büschelgräser die Berglehnen und Plateaus um das Dorf Aloa. Doch der pflanzengeographische und klimatische Begriff Páramo umfaßt auch die moorigen Hochflächen und die reicher besiedelten Taleinschnitte, in deren Windschutz Sträucher, und zwar Erikazeen sowie Korbblütler, gedeihen. Außerdem entdeckt man eine Baumart mit dem lateinischen Namen Polyleis hirsuta. Dieser zu den Rosazeen gehörende Baum klammert sich noch in Höhen bis 4000 m fest und bezahlt diesen Rekord mit krüppelhaftem Wuchs.

Erwin Patzelt hatte an diesem Augustmorgen kaum Augen für die Majestät des Sechstausenders. Gleich nach der Ankunft zeigte er den Leuten im erwachenden Aloa das Meerschweinchen-

fell und fragte, ob sie Tierchen, die ein solches Haarkleid trügen, in der Umgebung schon gesehen hätten. Das Echo war lebhaft. In der Trokkenzeit, erzählte ein alter Mann, würden sie die Büschelgrasflächen abbrennen, um Raum für frischeres Weidegrün zu schaffen. Danach könne man die Eingänge zu den Bauten der Tiere finden. Ein jüngerer Indio meinte, die cuys würden das Feuer in ihren Bauten überstehen. Mit Glück könne man sie dann im übersichtlicher gewordenen Gelände besser überlisten, wenn sie vom frischen Grün fräßen.

Nun sind Leute, die bei der herrschenden Armut einen Job wittern, immer recht zuversichtlich, wenn man sie nach den Erfolgsaussichten eines Unternehmens fragt. Doch diese Indianer hier wirkten besonders kundig.

Erwin stellte zwei kleine Trupps zusammen, auf die er auch die Lasten – Zelte, Verpflegung und Kamerastative – verteilte. Dann stieg er mit den Männern die Berglehnen hinauf. Der Vorstoß ins Hochgebirge verlangt von „Flachlandtirolern" alle Kraft. Nur, wenn man sich möglichst wenig aufbürdet, kann man mit den Hochlandketschuas überhaupt Schritt halten, die von Jugend auf an das Klettern und Arbeiten in dünner Luft gewöhnt sind.

Die Exkursion war schon weit hinauf in einen offenen, felsigen Bereich geraten, da zeigten die Männer meinem Freund nach einigem Suchen Erdlöcher, die angeblich zu den Bauten der Meerschweinchen führten. Wenn sich auch kein Bewohner entdecken ließ, so brachte der erste Tag doch Aufschlüsse über den unterirdischen Bau der Tiere. Gräbt man in ihrer „Spur", so stößt man zuerst auf eine Röhre von sechs bis zwölf Zentimeter Durchmesser, die ziemlich steil nach unten führt. In einer Tiefe von etwa einem halben Meter macht sie einen Knick und verläuft etwa waagerecht. Die Röhre ist mehrere Meter lang und verzweigt sich endlich in mehrere Ausgänge oder Fluchtwege, aber auch in Blindstrecken.

Am nächsten Tag sollte Patzelt tatsächlich Meerschweinchen sehen. Für die Vergünstigung aber mußte er ganz schön bezahlen. Vergebens warteten er und die Männer am Abend auf den zweiten Trupp, der den Proviant und die Zelte schleppte. Hungrig rückten sie um ein Feuerchen zusammen, das sie mit brennbaren Zweigen und Holzstücken unterhielten. An Schlaf war überhaupt nicht zu denken, denn die Kälte setzte ihnen zu. Vorn versengten sie sich fast, und hinten froren sie. Am nächsten Morgen waren sie regelrecht mit Reif überzogen. Erwin schickte einen Mann ins

Links oben: Beim Anmarsch in das Fanggebiet mußte die kleine Expedition beträchtliche Strapazen auf sich nehmen. Die Gebirgsbäche sind empfindlich kalt.

Rechts oben: Der Indianer hätte seine Beute wahrscheinlich lieber im Kochtopf gesehen. Doch mit seiner Fangprämie war er mehr als zufrieden.

Rechte Seite: Porträt des neu entdeckten Wildmeerschweinchens. Harald Schliemann von der Universität Hamburg, der den Nager wissenschaftlich beschrieben hat, nennt ihn Cavia aperea patzelti.

Dorf, der dann nach Stunden von den Vorräten nur noch Suppenwürfel mitbrachte. Als sie die Fastensuppe aßen, sagte einer der Indianer, er wünsche sich ein paar Meerschweinchen als Fleischbeilage. Was die klammen Männer dann belebte, war nicht die Suppe, sondern die Prämie von 1000 Sucre – etwa 100 DM –, die Erwin für jedes gefangene Meerschweinchen aussetzte.

Als die Sonne höher stand, sah Patzelt die ersten Meerschweinchen. Eines huschte zwischen den Felsen umher. Ein zweites nahm, wie es schien, ein Sonnenbad. Nahe kam er leider nicht an sie heran, weil sie ihn mit scharfen Sinnen frühzeitig

wahrnahmen und blitzschnell in ihrer Röhre flüchteten. Auch hier oben gehört neben Páramo-Füchsen und Kanincheneulen der Mensch zu ihren Feinden. Nach mehreren vergeblichen Überlistungsversuchen, die er zusammen mit einem Indio unternommen hatte, hörte Erwin plötzlich Jauchzer von einem benachbarten Hügel. Er rannte, so schnell das in der dünnen Luft gelingen wollte, hinüber, und – Freude! – einer der Indianer hielt ihm strahlend zwei erwachsene Meerschweinchen entgegen.

Erwin nahm die beiden arg verschreckten Tiere, die die Männer buchstäblich aus ihrem Bau gegraben hatten, in seine Tragtasche, und dann ging es zurück nach Aloa, wo das Ereignis mit viel Bier gefeiert wurde. Die Indianer freilich hatten einen anderen Grund als mein Freund. Sie hatten in den zwei Jagdtagen einen Betrag verdient, der ihrem doppeltem Monatseinkommen entsprach.

Vorsorglich hatte Erwin Patzelt auf der Terrasse seiner Wohnung in Quito einen stabilen, hohen Käfig gebaut, den er bei seiner Rückkehr noch mit Büschelgras bepflanzte. In dem Dickicht fühlte sich das Pärchen bald zu Hause. Nach kurzer Zeit nahm es ganze Maiskolben, Haferflocken und Salat an. Bald mußten beide Tiere im Dienste der Wissenschaft die strapaziöse Reise nach Deutschland antreten. Sie sollten die Frage beantworten, ob die nun erstmals für Ecuador nachgewiesenen Tiere sich von Gattungen unterscheiden, die Klaus-Dieter Koch und Udo Hirsch 1977 im bolivianischen Altiplano gefangen hatten. Die beiden Männer hatten anläßlich eines Vicuña-Projektes, das sie für den World Wildlife Fund betreuten, das Verhalten der Wildformen Cavia und Galea recht genau beobachten können, und zwar in einem Hochtal zwischen La Paz und Oruro, 3800 m über dem Meer, wo nachts die Temperaturen auf −20 °C sinken und tagsüber die Sonne den Boden ausdörrt, der nur drei Monate im Jahr vom Wasser eines Flusses überschwemmt wird.

„Es schien", berichtete Klaus-Dieter Koch, „als seien es die Galeas, die immer auf der Wacht waren, während die Cavias so heimlich lebten, daß oft nur das in der Nacht weggeholte Futter auf ihre Anwesenheit schließen ließ." Zum Zeitpunkt dieser Beobachtung aber waren die Tiere schon Gefangene. Draußen in der Wildbahn ließen die Cavia-Meerschweinchen bei Gefahr ein Warnpfeifen hören, während die mit ihnen in der Kolonie lebenden Galeas kurz nach dem Pfiff noch mit den Beinen trommelten und dann verschwanden. Die Tiere waren aber anscheinend nicht ganz so vorsichtig wie ihre Verwandten in Ecuador. Wahrscheinlich hatte die Kolonie in dem bolivianischen Tal mehr Ruhe vor den Menschen.

„Als wir uns ruhig in der Kolonie ansetzten", schrieb Koch in der „Zeitschrift des Kölner Zoos", „erschienen schon nach zehn Minuten die ersten Köpfe wieder in den Löchern, und wenn wir uns weiter ruhig verhielten, so kamen einige von ihnen auch bald ganz aus ihren Höhlen und begannen das kurze Gras zu nagen ... Unser erster Versuch, die Tiere auszugraben, brachte nichts außer Sand und trockenes Gras ans Tageslicht ... Das folgende Patentrezpt brachte dann endlich den erhofften Erfolg: Wir suchten ein isoliert liegendes Röhrensystem aus und beobachteten einen Bewohner bei seiner Flucht in eine dieser Höhlen. Dann spurtete unser Begleiter, ein Indio, so schnell er konnte, zu dem Einschlupfloch und hackte dort zielsicher in den Boden, wo er die Fluchtgänge vermutete. Nachdem wir alle offenen Löcher im Umkreis mit Erde verstopft hatten, begannen wir vom Eingang her die Gänge freizulegen. Vielleicht hätten wir uns viel Mühe sparen können, hätten wir eher bemerkt, daß sich oft mehrere Tiere zum Ende einer Röhre hingeflüchtet hatten und nicht, wie zuvor angenommen, nur das bei der Flucht beobachtete. Eine Höhle beherbergte sogar zwei Tiere der Gattung Cavia und eines der Gattung Galea. Ob die Tiere allerdings in demselben Bau lebten oder ob sie sich zufällig in eine Röhre geflüchtet hatten, muß dahingestellt bleiben."

Von den beiden Arten ist nach Kochs Ansicht das Cavia-Meerschweinchen unseren Hausmeerschweinchen erheblich ähnlicher als es die Galeas sind. Sie seien zwar ausgewachsen gut ein Drittel kleiner als unsere Heimtiere, aber sie hätten den etwas gedrungenen, rundlicheren Körperbau und den längeren Kopf, wogegen die Galeas eher wie Kaninchen wirkten, „abgesehen natürlich von den kurzen Ohren".

Aber nun zu Erwin Patzelts Fang! Harald Schliemann vom Hamburger Zoologischen Museum stellte an den Tieren aus Ekuador im Schädelbau und in der Körpergröße erhebliche Unterschiede zu den bekannten Arten Perus und Kolumbiens fest. Die neue Unterart nannte er Cavia aperea patzelti.

Erfolge wie die Entdeckung neuer Tierarten oder Unterarten sind auch in unseren Tagen immer noch möglich. Doch mindestens so wichtig wie die Bestimmung immer neuer Arten sind Erkenntnisse über die Lebensweise der Tiere. Das gilt besonders für solche Tiere, die der Mensch – aus welchen Gründen auch immer – verfolgt und in Ge-

fangenschaft halten will, obwohl er viel zu wenig von ihnen weiß. Dazu gehören in den Anden die Kolibris.

Fliegende Edelsteine

In der Vogelwelt sind sie die Kleinsten. Als Flugartisten sind sie die Größten. Sie können sogar rückwärts fliegen und vor Blüten in der Luft stehen bleiben wie Hummeln und andere Nektar saugende Insekten. Die Pracht ihres Gefieders ist kaum zu überbieten. Sie funkeln metallisch in allen Farben; verwandt sind sie übrigens mit unseren Mauerseglern. In den Anden trifft man sie bis zu einer Höhe von mehr als 4000 m an. Alfred Brehm, zu dessen Lebzeiten man noch wenig über die Kolibris wußte, nannte sie „Fliegende Edelsteine".

Auch heute sind unsere spärlichen Kenntnisse über die Kolibris Inseln in einem Meer vergleichbar. Doch immerhin ist einiges über ihre Flugkünste und andere Leistungen ihres winzigen Organismus bekannt. Man kann zum Beispiel nachlesen, daß der kleine Rotkehl-Kolibri, der im Sommer in Alaska brütet, auf dem Zug in sein Überwinterungsland Mexiko 3600 km hinter sich bringt. Dies ist besonders erstaunlich, weil allgemein als Tatsache gilt, daß Kolibris pro Tag das Doppelte ihres Eigengewichts an Nahrung aufnehmen.

Auf solch einer Reise aber müssen sie von Reserven zehren. Das trifft auch für den Calliope-Kolibri zu, der von British-Columbia nach Südkalifornien fliegt, und für den Rubin-Kolibri, der auf seiner Reise von New-Braunschweig in Kanada nach Guatemala in Mittelamerika den Golf überquert. Zu solch gewaltigen Unternehmungen werden die Kolibris vor allem durch Nahrungssorgen gezwungen. In Sachen Klima können sie nämlich Erstaunliches aushalten. Sie sind zwar – wie es heißt – „Charaktervögel der Tropen", doch steigen einige Arten in den Kordilleren hinauf bis nahe zur Schneegrenze in 4000 m Höhe. Zu ihnen gehört der Chimborazo-Star.

Die Flugkünste der Kolibris sind wirklich verblüffend. „Welches Aufsehen", fragt der Kolibri-Kenner Hans Havelland, „würde wohl ein Läufer erregen, der eine Geschwindigkeit von 150 km in der Stunde erreicht und dabei in seinen Beinen eine Antriebskraft von 40 PS entwickelte?" Solche Leistungen im Vergleich zum Körpergewicht des Menschen errechnete er für die Kolibri-Flugartisten, die nicht nur wie ein Hubschrauber in waagerechter Lage senkrecht steigen, sondern sogar

als einzige Vogelgattung rückwärts fliegen können. Über 40 Blüten soll ein Kolibri binnen einer Minute im „raketenschnellen" Flug besuchen können. Wenn er in der Luft steht, Nektar und Kleininsekten aus den Blüten „pinselt", dann macht zum Beispiel der Hummelkolibri bis zu 100 Flügelschläge in der Sekunde. Beim Balzflug bringt er es sogar auf 200 Flügelschläge pro Sekunde.

Die Leistungen kommen nicht von ungefähr – und insofern hinkt der Vergleich mit dem Menschen. H. Engel hat nämlich festgestellt, daß der „Motor" des Kolibris, das Herz, 28,5 Promille seines Gewichts ausmacht. (Zum Vergleich: die Taube hat ein Herzgewicht von knapp neun Promille). Hinzu kommt, daß die Flugmuskulatur des Kolibris immerhin ein Drittel seines Gewichts ausmacht. Nicht die lufthaltigen Röhrenknochen – typisch sonst für Vögel – sondern feste und massive Knochen zeichnen seinen Bau aus. Auch für die charakteristischen Flugbewegungen gibt es keinen Vergleich in der Vogelwelt. Kolibriflügel beschreiben wie Insekten beim Schwirrflug eine Acht.

Über den Haushalt des Kolibrikörpers schrieb der Fachmann Engel: „Das Knochenmark hat die Aufgabe, sehr zahlreiche und besonders kleine rote Blutkörperchen zu bilden; denn eine wichtige Voraussetzung für so große Leistungen ist ja, daß die Blutkörperchen eine relativ große Oberfläche zur Aufnahme von möglichst viel Sauerstoff haben. Nur durch einen äußerst raschen Stoffwechsel kann der Kolibri auch den großen Wärmeentzug wettmachen, der selbst in den Tropen dadurch entsteht, daß die Lufttemperatur niedriger ist als die Körpertemperatur."

In der Tat verlieren manche Kolibri-Arten während der Nachtruhe 50 Prozent ihrer Temperatur. Sie geht also von 40 auf 20 bis 25 °C zurück. Das gilt wohl auch um so mehr für die Vögelchen, deren Lebensraum nahe der Schneegrenze liegt. Sie müssen in den Morgenstunden erst „auftauen".

Das Hauptinteresse meines Freundes galt dem Brutverhalten der Vögel. Dem Rosenschiller-Kolibri gehörte das höchstgelegene Nest, das wir in Ecuador beobachten konnten. Mein Freund fand es am Herzberg, dem Cerro Corazon, in 3450 m Höhe. Wenn man ein solches Nest entdecken will, muß man sich mit dem Fernglas eine Weile hinsetzen und die Stelle beobachten, zu der ein Kolibri von seinen Blütenbesuchen regelmäßig zurückkehrt. Voraussetzung ist natürlich, daß man sich über das Vorkommen und die Brutzeit gründlich informiert hat.

Wir mußten auf der Panamericana von Quito aus 40 km in Richtung Latacunga fahren und dann

Bis zur Schneegrenze haben die Kolibris am Äquator alle Höhenlagen der Anden erobert. Die Tafel stellt einige der bekanntesten Arten vor: den Chimborazo-Kolibri (Oreotrochilus estella) *bei 4000 m Höhe (1); bei 3000 m Höhe, mit extrem langem Schnabel, den (2) Schwertschnabel-Kolibri* (Ensifera ensifera); *auf gleicher Höhe die (3) Victoria-Sylphe* (Lesbia victoriae), *darunter, auf 2000 m Höhe fliegend, den (4) Einsiedler-Kolibri* (Phaetornis syrmatophoris) *und am Fuße der Anden den (5) Adlerschnabel-Kolibri* (Eutoxeres aguila) *sowie die (6) Blaugrüne Sylphe* (Aglaiocerus kingi), *davor in der Luft links oben (7) der im tropischen Regenwald heimische Topaskolibri* (Topaza pyra).

sechs Kilometer hinauf in die Berge, um in das Brutgebiet des *Rosenschiller-Kolibris* Agleactis cupripennis *zu gelangen.* Patzelt wußte, daß der Vogel hier auf der oberen Terrasse der Kordillere im Dezember brütet. Da mein Freund Weihnachtsferien hatte, konnten wir uns auf eine längere Beobachtungsphase einrichten. Die Bäume in dem Gebiet sind morsch und alt, viele von Epiphyten, Farnen und Fuchsien überwachsen. Sie bilden eine Art von Rest-Urwald am Berghang. Nur eindreiviertel Meter über dem Boden hatte Erwin das winzige Nest in einem Doldenblütlerstrauch entdeckt. In dieser Höhenlage war das kunstvolle Bauwerk von vielleicht zwei, drei Zentimeter Durchmesser nicht nur aus Moos errichtet worden. Zu den Materialien gehörte auch Schafwolle. Dann war es von außen – das ist wohl nur für das Hochland typisch – mit Flechten regelrecht tapeziert. Eine Vorsorge gegen den Wärmeverlust!

Nahe bei dem Busch bauten wir uns aus einem zusammenschraubbaren Stahlgesteck einen Anstand, in den man von der Bergseite her hineinsteigen konnte. Er war mit Sackleinen getarnt. Die Beobachtungsbedingungen hier oben waren recht schwierig. Für die Kamera gab es nur selten günstiges Licht, weil es häufig bewölkt und regnerisch war. Außerdem fühlten wir uns von Indianern beobachtet. Sie hatten keine Ahnung davon, was wir da über ihren Hütten taten, und waren zu Recht mißtrauisch. Jeden Abend, wenn wir die Stelle verließen, verbargen wir das Gesteck unter einem Busch. Eines Abends hatten sie es dann aber doch gefunden, und wir mußten ausgerechnet an einem sehr sonnigen Tag in alle Hütten schauen, um es wiederzubekommen. Wir nahmen uns also vor, heimlich, wenn wirklich keine Menschenseele in der Nähe war, den Beobachtungsposten zu beziehen, um weiteren Scherereien zu entgehen.

Um so mehr Freude hatten wir an den Kolibris. Das Weibchen gewöhnte sich rasch an den Beobachter. Die Hochland-Kolibris haben ja kaum Feinde und sind deshalb nicht so scheu. So nahe konnten wir unser Versteck bei dem Busch anlegen, daß wir das Nest zehn bis fünfzehn Zentimeter vor der Linse hatten. Mit einem feinen Nylonfaden, den er in einem geeigneten Augenblick an einem Zweig befestigte, zog Erwin Patzelt das Nest ganz nahe an die Kamera heran.

Als wir das Nest entdeckt hatten, waren die Jungen noch nicht geschlüpft. Am 14. Dezember, um 13.50 Uhr, schlüpfte das erste Junge. Um 14.15 Uhr wurde es dann zum ersten Mal gefüttert, erst eine Stunde später zum zweiten Mal. In

Wie ein Wunder wirkt es, wenn ein Kolibri aus dem Ei schlüpft. Der Körper des gerade zur Welt gekommenen ersten Jungen in einem Nest von Veilchenohrkolibris ist so winzig, daß man kaum Beinchen, Kopf und Schnabel unterscheiden kann. Das zweite Junge schlüpft erst einen Tag später. Etwa 16 bis 18 Tage später reichen die jungen Kolibris noch nicht über den Nestrand (unten).

dieser Zeit kam man ungetarnt auf zwei Meter an den Vogel heran. Er ließ sich gar nicht stören.

Es gehört zu den größten Erlebnissen in der Natur, dabei zu sein, wenn aus den sechs bis acht Millimeter großen Kolibri-Eiern die Jungen schlüpfen. Die Körper sind so winzig, daß man kaum Beinchen, Kopf oder Schnabel unterscheiden kann. Ein wirkliches Wunder!

Während der gesamten Fütterungszeit war das Rosenschiller-Weibchen gegen andere Vögel, die sich in der Nähe des Nestes niederlassen wollten,

besonders angriffslustig. Solange die Jungen noch sehr klein waren, schlief es nachts nur auf dem Nest. Als sie größer und unruhiger wurden, schlief es nahebei. Meist setzte sich der Vogel, wenn er Nahrung in die Jungen „pumpte", auf den Nestrand. Fühlte er sich gestört, geschah die Fütterung im „stehenden" Schwirrflug.

Wir konnten nicht die ganze Zeit am Nest bleiben, sondern mußten eine zehntägige Beobachtungspause einlegen. Am 31. Dezember starteten wir wieder. Bei Dunkelheit noch tasteten wir uns ganz vorsichtig heran und bezogen unser Versteck. Um sechs Uhr war Sonnenaufgang, und um 6.36 Uhr fing das Weibchen bereits Mücken in der Umgebung. Wahrscheinlich nahm es die erste Mahlzeit für sich. Dann machte es eine Ruhepause auf seinem Lieblingsplatz beim Nest und putzte sich den Schnabel.

An diesem Morgen war das Weibchen nicht so aktiv, weil es besonders kalt hier oben war. Je höher die Sonne aber stieg, desto lebhafter wurde der Vogel. Die Fütterung begann um 6.53 Uhr. Dann kehrte der Vogel in etwa halbstündigen Abständen wieder. Später wurden die Fütterungsintervalle kürzer. Zum Abend hin verlangsamte sich der Rhythmus mit zunehmender Kühle wieder – auch durch das Nachlassen des Insektenfluges.

Ein Nest mit Rosenschillerkolibris (Aglaeactis cupritennis) in 3450 m Höhe. Zum Füttern steckt das Weibchen den Schnabel in den Schlund des Küken und würgt die Nahrung aus. Die Jungen bekommen Nektar, Kleininsekten und sogar Fliegen bis zu 8 mm Größe angeboten. Gefüttert wird in sehr kurzen Zeitabständen.

Am 8. Januar war das eine Junge 25 Tage alt. Es war voll ausgefiedert, das Nest viel zu klein geworden. Der Jungvogel saß jetzt dauernd auf dem Rand herum. Wir ahnten, er würde jede Stunde davonfliegen. Doch Nebel, Kälte, Schneeregen und gar Blitzschläge verzögerten den Absprung ins Flugabenteuer.

Als wir am 9. Januar gegen Mittag zum Versteck kamen, war das eine Junge bereits ausgeflogen, das andere saß noch. Die Mutter kam immer noch zur Fütterung. Auch der flügge gewordene Jungvogel hielt sich in der Nähe des Nestes auf, wo er gefüttert wurde. Einmal kam er sogar mit der Mutter zum Nest zurück und wollte sich darin niederlassen. Er setzte sich jedoch nur kurze Zeit auf den Rand und flog dann wieder ab. Sehr interessant war, daß die Mutter, nachdem sie den Nesthocker um 12.41 Uhr gefüttert hatte, sich auf ihn setzte, wie um ihn anzuwärmen, und ihn dann immer wieder mit den Beinen anstieß und schubste – eine Aufforderung, den ersten Flug zu wa-

Bei Langschwanzkolibris (Aglaiocercus kingi) *sind die zu langen Wimpeln ausgezogenen Schwanzfedern beinahe doppelt so lang wie der kleine Körper des Vogels. Im Flug wird dieser lange Schwanz nicht etwa, wie man annehmen könnte, zusammengelegt, sondern er ist wie beim ruhenden Kolibri weit gespreizt.*

Der Fadenkolibri (Urosticte benjamini) *ist einer der kleinsten. Er wiegt nicht mehr als vier bis fünf Gramm. Zum Vergleich: Ein Luftpostbrief hat fünf Gramm Gewicht. Von der einheimischen Bevölkerung wird dieser Kolibri* Cinco reales *(Fünfpfennigstück) genannt. Im Flug sieht er fast aus wie eine Hummel.*

gen. *Um 12.47 Uhr derselbe Vorgang. Dann erneut um 13.03 Uhr ein Versuch. Der Erfolg blieb aber aus. Als wir dann am 10. Januar wieder zum Nest hinaufstiegen, war es bereits leer.*
Wir konnten feststellen, daß der Rosenschiller-Kolibri mit größter Regelmäßigkeit füttert. Man durfte sich sogar zwischen den Fütterungen vom Nest entfernen und war doch rechtzeitig wieder zur Stelle. Er bot den Jungen übrigens nicht nur Nektar und kleine Insekten an, sondern sogar Fliegen bis zu acht Millimeter Größe. Die Jungen erhielten also gemischte Kost. Um Mücken fangen zu können, wählte der Altvogel eine Art Ansitz. Zu ihm flog er auch immer zuerst, wenn er zum Nest zurückkehrte. Kontrollflüge durch das Revier begann ebenfalls von diesem Lieblingsast aus.
Aus der Summe der Beobachtungen läßt sich ein deutlicher Rhythmus herauslesen, der für diese Hochlandvögel gilt. Sobald nämlich die Jungen

ein paar Tage alt sind, verkürzt das Weibchen die Zeitspanne der Fütterungen von etwa 30 auf 20 Minuten. In den ersten Tagen bleibt es wohl länger auf dem Nest, um die Jungen vor Unterkühlung zu schützen. Sind die Vögel 15 Tage alt, kommt es zu Fütterungsfolgen von 10 bis 15 Minuten. Werden die Jungvögel dann flügge, füttert sie die Mutter alle 8 bis 10 Minuten. Der Organismus der Kleinen verbraucht jetzt mehr Energie – die Tiere bewegen die Flügel und beginnen zu üben. Nach 25 Tagen verlassen die jungen Kolibris im Hochland das Nest.
Wir haben die Kolibris jedoch auch in anderen Klima-Landschaften beobachtet – im tropischen Urwald, im Küstengürtel mit seinen Sukkulenten und Xerophyten, in den Subtropen und eben auf der Sierra. Jede Region hat ihre besonderen Arten. So lebt der Chimborazo-Star in über 4000 m Höhe. Dieser schöne Kolibri mit dem blau schillernden Kopf, dem türkisfarbenen Kehlfleck und

Ein Weibchen des Metallkolibris (Eriocnemis luciani) läßt nach dem Bade die feuchten Federn von der Tropensonne trocknen. Wie alle Kolibris hat es nicht viel Zeit zum Ausruhen, denn der hohe Bedarf an Nahrung hält es ständig in Bewegung. Kolibris scheinen alle zehn bis fünfzehn Minuten fressen zu müssen. Bis zu 40 Blüten können sie in einer Minute besuchen.

Kolibris sind alles andere als wasserscheu. Hier badet ein Weißspitzchen (Coeligena torquata) sein schönes Gefieder im Moos, das von Spritzern eines kleinen Wasserfalls getränkt ist. Auch seinen Schnabel taucht es zum Säubern hinein. Häufig fliegen Kolibris im Sprühregen oder sie streifen dicht an nassen Blättern entlang.

der fast weißen Bauchseite fliegt wirklich bis an die Eisgrenze der Vulkane. In der Astgabel eines verkrüppelten Baumes, inmitten weniger Páramo-Büsche, fanden wir einmal sein Nest. Die nahe Umgebung bot dem Kolibri hier in Großglockner-Höhe so wenig Blütennahrung, daß er fast ausschließlich auf Insekten angewiesen sein mußte. Auf der Westseite der Anden filmte mein Freund die Weiße Nonne am Nest in 1954 m Höhe. Bei der Weißen Nonne machte er eine interessante Entdeckung. Es wird oft geschrieben, daß die Kolibris auf ihren Beinen nicht laufen oder hüpfen könnten. Die Beine seien nur zum Festhalten da, für andere Funktionen zu dünn oder zu schwach. Patzelt hat gesehen, daß der Kolibri, wenn er auf einem dünnen Zweiglein saß, immer wieder zur Seite trippelte. Auch ein anderes bekanntes Vorurteil fand er nicht bestätigt. Er hat Kolibris so gut wie nie an Orchideen saugen sehen. Nur bei

ein oder zwei Gelegenheiten sah er sie eine Epidendrum-Blüte anfliegen.

In Ecuador brüten Kolibris fast das ganze Jahr hindurch. Man kann den Veilchenohr-Kolibri in 2800 m Höhe im Dezember brüten sehen und auch den Langschwanz-Kolibri. Bis in den Januar hinein findet man den Rosenschiller-Kolibri bei der Brutpflege. Im subtropischen Gebiet läßt sich die Weiße Nonne im Juni bei der Aufzucht der Jungen beobachten.

In den verschiedenen Klima-Landschaften der Anden leben gut 130 der etwa 350 Kolibri-Arten, und einige von ihnen ziehen sogar in die Städte ein. So bevorzugt der Veilchenohr-Kolibri die Araukarie zum Nestbau. Oft haben Naturschützer in Quito dafür plädiert, den Baum mit seinen spitzen Nadeln in den Gärten anzupflanzen, weil er die Gelege gut gegen Katzen schützt. In den Gärten kann man die Vögel auch besonders gut filmen. Wir kennen die Blüten, die sie bevorzugen und halten sie länger davor, indem wir etwas Zuckerwasser in die Kelche pipettieren.

Übrigens gehört der Veilchenohr-Kolibri zu den „schweren" Arten. Er wiegt 10 bis 11 Gramm und mißt vom Schnabel bis zur Schwanzspitze 13 bis 14 Zentimeter. Ingsgesamt zählt man in der stark besiedelten ecuadorianischen Provinz Pichincha 14 Kolibri-Arten, die keine Kulturflüchter sind. Am Stadtrand Quitos konnten wir als größten Kolibri sogar den Patagonia gigas sehen. Er mißt 19 cm – wie etwa die Mehlschwalbe – und wiegt 22 g. Im Vergleich dazu sind die Hummel-Kolibris des Amazonas-Gebietes mit ihrem Gewicht von 2 bis 3 Gramm zehnmal leichter. Es gibt also unter den Kolibris „Riesen" und „Zwerge".

Wenn man über den Kolibri-Flug spricht, sollte man auch erwähnen, daß die großen Kolibris nur durchschnittlich 28 Flügelschläge in der Sekunde machen.

Durch ihre große Aktivität verbrauchen Kolibris ihre Energiereserven rasch. Wenn sie aktiv sind, scheinen sie alle zehn bis fünfzehn Minuten Nahrung zu benötigen. Auch brauchen sie viel Wasser. Bei gefangenen Kolibris wird die Ernährung oft zum Problem. Nur in wissenschaftlich geführten Zoos gelang es bisher, die robusteren Arten zu halten. Die meisten privaten Halter begehen tödliche Fehler: Wenn Kolibris nur Zuckerwasser und Honig bekommen, fehlen ihnen wichtige Nährstoffe. Patzelt, den das Thema Ernährung besonders interessiert, hat gefangene Kolibris längere Zeit im Gewächshaus seiner Schule in Quito gehalten. Bei der Fütterung seiner Kolibris machte er gute Erfahrungen mit der Babynahrung Gevral-Protein, die in Kolumbien mit amerikanischer Lizenz hergestellt wird. Darin sind nicht nur Eiweiß und Vitamine, sondern auch wichtige Mineralstoffe wie Kalzium, Eisen, Jod, Magnesium und Zink enthalten. Ein Löffel dieser Babynahrung stellte die Grundsubstanz dar. Dazu kamen ungekochte, im Wasser aufgelöste Haferflocken. Erwin quetschte sie aus und setzte der milchigen Flüssigkeit neben dem Protein je ein Löffelchen Zucker und Honig zu. Die Nährlösung füllte er in kleine Trinkgefäße aus Plastik, die er in die Zweige hängte. Die Öffnungen umrahmte er kräftig mit roter Farbe; denn Kolibri-Augen sprechen besonders auf Rot an.

Solche Mühe machen sich die vielen Kolibri-Fänger freilich mit den heiklen Nahrungsspezialisten nicht. Das Massensterben der hübschen Vögel, verursacht durch die große Nachfrage nach Kolibris, ist ein trauriges Kapitel. Schon die Fangmethoden in den Anden sind schlimm. Einige

Scheinbar bewegungslos in der Luft stehend saugt ein Langschwanzkolibri-Weibchen an der nektarreichen Blüte einer Fuchsie. Der Schwanz der Weibchen dieser Kolibriart ist allerdings von gewöhnlicher Länge.

Tierfänger konnten wir beobachten. Sie stellten zum Beispiel vor einen rotblühenden Busch ein sehr feines, für Vogelaugen unsichtbares Fangnetz auf. Kolibris, die zu den Blüten wollten, blieben darin hängen. Ein Teil des Fanges war natürlich für den Verkauf nicht mehr zu gebrauchen, weil die Vögel sich die Flügel oder die Beine gebrochen hatten. Das geschah auch oft noch, als die empfindlichen Tiere in die Transportkisten gesteckt wurden.

Die meisten Kolibris aber gingen ein, weil sie nicht richtig ernährt wurden. Die Einheimischen hängten höchstens mal ein Röhrchen mit Zuckerwasser in die Transportkisten. Es war erschütternd mit anzusehen, wie der Schwertschnabel-Kolibri sich mühte, seinen acht Zentimeter langen Schnabel in das Futtergefäß zu tauchen. Die meisten Kolibris gingen zugrunde, weil sie das Gefäß nicht finden konnten. Später in der Gefangenschaft gelang ihnen oft die Umstellung vom Blütenbeflug zur künstlichen Ernährung nicht.

Hundert Kolibris – das ist unsere Schätzung – müssen sterben, damit fünf lebend beim Käufer in Europa oder Nordamerika ankommen. Für ihren Tod seien noch ein paar weitere Ursachen genannt: Durch verdünnten Honig, der den Kolibris von den Fängern meist gereicht wird, verpilzen leicht die Schnäbel. Bevor sie an der Verpilzung eingehen, stecken die Vögel an den gemeinsamen Nahrungsgefäßen andere an. Manche Händler schneiden Vögeln mit verpilzten Schnäbeln einfach ein Stück der langen Saugzunge weg und zerstören aus Unwissenheit die zwei Hornröhrchen samt Borstenpinsel, in denen die Kolibrizunge endet. Aber gerade mit dieser Zunge „pinselt" der Kolibri die Blüten aus, holt sich zum Nektar auch Kleininsekten und damit das wichtige Protein. Derartig verstümmelte Vögel überleben vielleicht noch die Reise nach Übersee. Am Ziel sterben sie. Der Händler jedenfalls ist sie los.

Das Risiko bei Fang und Transport hat die Preise hochschnellen lassen. Exemplare vom Chimborazo-Star oder vom Schwert- und Adlerschnabel-Kolibri mußten sich deutsche Halter schon vor ein paar Jahren 350 DM und mehr kosten lassen.

Bei einem Tierpräparator in Quito konnten wir uns davon überzeugen, daß viele Kolibris schon im Fängerlande auf der Strecke geblieben waren. Er sammelte die toten Vögelchen bei den Fängern und besaß bald viele hundert Bälge, die er an zoologische Sammlungen verkaufte.

Als offiziell beauftragter Naturschützer hat sich mein Freund in Quito lange um ein Exportverbot bemüht. Er hat auch immer wieder darauf hingewiesen, daß zahllose Jungvögel in den Nestern verhungern müssen, wenn während der Brutzeit gefangen werden darf. Da sich nur das Weibchen um das Gehege kümmert, muß die Brut verkommen, wenn es ins Netz geht. Inzwischen hat der Staat reagiert: Aus Ecuador dürfen legal keine Kolibris mehr ausgeführt werden.

Es gibt Tiere in den Anden, die der Mensch so gründlich wie nur irgend möglich erforscht. Sie genießen diesen Vorzug aber nicht um ihrer selbst willen, sondern weil sie im Mittelpunkt einer aus unserer Sicht grausamen Volksbelustigung stehen: die Kampfhähne für die Arena.

Killer-Hähne

Auf dem Hof, auf dem dieser Hahn herrscht, haben Hühner nichts zu lachen: Der Gockel macht ein paar müde Trippelschritte, wenn er sich „herablassend" der Henne nähert, sträubt er kaum die schillernde Halskrause; dann „tritt" er die

Henne beim nachlässigen Begattungsakt und verabschiedet sich ohne die übliche Balzschleife – nur mit einem lässigen Kratzfuß. So weit ist es nun einmal mit vielen Nachfahren des stolzen Bankiva-Hahnes gekommen, seit indische Völker diese Stammform aller Haushuhnrassen zu ihrem Nutzen entdeckt haben.

In den gut 4000 Jahren, in denen sich all die Varianten des Gallus gallus von Südostasien aus über die ganze Welt verbreitet haben, hat ihnen die Menschheit nicht nur Fleischlasten bis zu sechs Kilogramm und eine Produktion bis zu 300 Eiern im Jahr angezüchtet, sondern auch das Balz- und Kampfverhalten der Hühner auf vage Andeutungen reduziert: „Angriffslust muß verhindert werden; der Mensch", weiß der Kieler Haustierforscher Herre, „wünscht ruhige, leicht beherrschbare Tiere."

Doch nicht ausschließlich: Er züchtet auch aggressive Tiere für den Nervenkitzel. Kampfhähne zum Beispiel. Was die Kampfbahnhalter verschämt mit dem Begriff Sportgefühl verundeutlichen, ist zum Verbrauch in der Todesarena bestimmtes Material, ist Gladiatoren-Ersatz. Tiersportler von Südostasien bis nach Südamerika setzen hohe Summen auf Sieg oder Niederlage im mörderischen Kampf der Hähne. Ihr Zuchtideal ist der Killer-Hahn. Er bringt seinem Besitzer Geld und Ansehen, ohne daß dieser selbst die Haut zu Markte tragen muß.

Fast jede große Stadt in Kolumbien, Ecuador, Peru oder Bolivien hat eine Arena der Hähne. Einmal findet man sie, bescheiden genug, zwischen Bergen von Orangen, Kartoffeln, Gemüse, Salzfisch und Ponchostapeln der Ketschua-Indianer in einer alten Markthalle, einmal in ausgebauten Stätten, die man – wie die Arena in Ecuadors Hauptstadt Quito – hochtrabend „Kolosseum" nennt. Dort, in der Hölle der Hähne, ist des Volkes wahrer Himmel, auch wenn der Mensch kein Mensch mehr ist. Eine brodelnde, begeisterte Menge aus Männern, Frauen und Kindern versammelt sich an den Wochenenden – besonders dann, wenn Wettbewerbe zwischen Städten, Provinzen oder gar Ländern auf dem Programm stehen. So ein Nachmittag mit 40 bis 50 Kämpfen hat Volksfest-Charakter. Es wird diskutiert, gewettet, gegessen und getrunken. Wie gut tut doch so ein canelaso doble! Das ist ein heißes Getränk aus Zuckerrohrschnaps, heißem Wasser, Zimt, Zucker und Carnelum. Alles Interesse konzentriert sich zunächst auf die großen Tische unten in der Arena. Dort bauen die Kampfhahnbesitzer ihre Vögel auf, nachdem der Richter die Tiere gewogen hat.

Ein Kampfhahn mit knallroter, kraftvoller Beinmuskulatur: Zwei Monate lang hat sie der Besitzer jede Woche einmal mit Zitronensaft und Alkohol eingerieben.

Der Richter ist eine Respektsperson. Er achtet darauf, daß nur conclinantes *– das heißt Mitbewerber oder Gegenspieler – zusammentreffen, die in Größe, Statur (*la corpulencia*) und den charakteristischen Merkmalen der Rasse übereinstimmen. In der Quitenser Arena kennt man vor allem „Angel", den Englischen Hahn, „Español", den Spanischen Hahn, „Calcutta" und die Ergebnisse der Kreuzungen aus diesen Rassen.*
„Es sind stolze Gestalten, deren schwache Befiederung kaum noch die massigen Muskeln verdeckt. Die tiefliegenden Augen geben den Kämpfern einen wilden, stolzen Gesichtsausdruck . . . Man sieht es ihnen an, daß sie todesmutig den Gegner packen mögen. Das ist ihre Bestimmung . . . !" So feiert Hans von der Nordmark Kampfhühner in einem alten, vom Bergischen Kraftfutterwerk herausgegebenen Bildwerk. Dieser „Bestimmung" aber hilft der Mensch auf seine Weise nach.
Die Atmosphäre an den Tischen im „Kolosseum" von Quito ist geprägt von unterdrückter Wettleidenschaft und geschmeidigem Wortgeplänkel.

Wer Gelassenheit vorspiegeln kann, hat bessere Aussichten, einen Gegner für seinen Hahn zu finden. Man weist auf die Schwächen des eigenen Tieres hin. Man tut so, als wäre es besser, den Hahn an diesem Tag nicht kämpfen zu lassen, weil man ihn nicht genug trainiert hätte. Auch verrät der Hahnbesitzer nicht, wieviele Kämpfe er schon gewonnen hat. Wer zu sehr angibt, anstatt die Qualitäten seines Kämpfers herunterzuspielen, findet kaum einen Gegner. Alle Täuschungsmanöver dienen dem Ziel einer aussichtsreichen Wette gegen einen siegessicheren Mann. Die handelseinigen Gegner ziehen nun zum Richter, der fünf Prozent der Wettsumme erhält, den Kampf leitet und auch die ordnungsgemäße Auszahlung der Summen sichert. Mindestens 1000 Sucre, also 100 DM, muß den Rivalen ihre Sache schon wert sein. Nach oben aber sind keine Grenzen gesetzt. Es gibt im „Kolosseum" Kämpfe, bei denen 300 000 Sucre verwettet werden. Und natürlich ist auch davon die Rede, daß Leute schon Haus und Hof aufs Spiel gesetzt hätten. Zwischen den Hahnbesitzern drängen sich auch die Wettsetzer aus dem Publikum und setzen ihrerseits hohe Summen auf Sieg und Niederlage.
Die Glocke des Kampfrichters treibt alles auf die Plätze. Das erste Turnier ist eröffnet. Am Saum

163

der Arena lassen die ersten beiden Rivalen ihren Hähnen die Bajonette aufpflanzen. Eine neutrale Person – oft der Kampfrichter selbst – entnimmt einer kleinen Tasche metallene Ringe, die er über die Sporen an den Hahnenbeinen befestigt, nachdem die Sporne an der Spitze abgeschnitten wurden. Jetzt kommen die gefährlichen Waffen aus dem Horn der Carey-Schildkröte oder aus Fischknochen zum Vorschein. Sie sind sechs Zentimeter lang und nadelspitz. Wenn sie in den Ringen verankert sind, haben sie die Wirkung tödlicher Dolche, die mit der Kraft der muskulösen Hahnenbeine tief in den Körper des Feindes eindringen können.

Nach solchen Vorbereitungen werden die Hähne dem zugeführt, was der Sportgeflügelzüchter ihre „blutmäßig vererbte Bestimmung" nennt. Der Kampfrichter gibt das Handzeichen. Seine Stoppuhr läuft. Die beiden Besitzer halten ihre Gladiatoren gegeneinander, um deren Aggressivität zu steigern. Sie lassen die Hähne picken – und geben sie frei zum Todestanz. Jetzt gehört das Feld der roten Wut! Die Hähne fliegen aufeinander zu. Schon beim ersten Angriffswirbel stieben Federn hoch. Es setzt Schnabelhiebe. Die ganze antrainierte und angefütterte Energie und Erbarmungslosigkeit entlädt sich in mörderischen

Eine Hahnenkampf-Arena in Cayambe in der Provinz Imbabura in Ecuador: Für den tödlichen Kampf in solch einem Haus wird das „Sportgeflügel" trainiert.

Dolchstößen der muskelbepackten Beine. Und schon fließt Blut. Die Menge sieht es auf dem Kleid des Weizenfarbenen. Noch ehe die Menschen so richtig im Fieber sind, haben die aufgesteckten Dolche des fasanenbraunen Kämpfers anscheinend einen Lebensnerv des Rivalen erwischt. Nach Sekunden schon liegt er kläglich krächzend am Boden.

Enttäuschung rundum. Doch dann! Der schon totgeglaubte Hahn ist plötzlich vom Boden hoch und landet einen alles entscheidenden Treffer. Tapferer Hahn! Ihm gehören jetzt die Herzen. „Was zählt, ist die Tapferkeit, nicht wahr?" sagt man, während man vom Verlierer die Wetten einkassiert.

Dem hohen Ideal der Tapferkeit, das die Geldmengen zirkulieren läßt, werden an diesem Nachmittag über 40 Hähne geopfert. Einige Kämpfe dauern nur Sekunden, andere eine halbe Stunde. Jeder Kampf aber ist für eine Überraschung gut. Es gab schon Hähne, die noch mit zerhacktem Kopf und erblindeten Augen ihren Gegner besiegten.

164

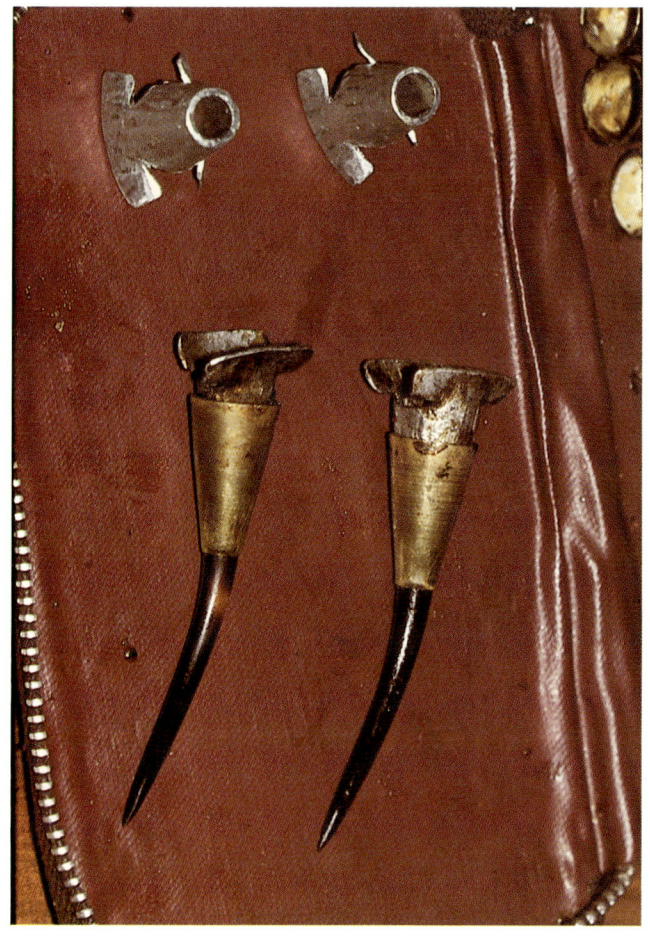

Die Waffen für den Kampf: Metallene Ringe werden über die Sporne an den Hahnenbeinen gestülpt und festgeklebt. Darunter befestigt man die tödlichen Dolche aus dem Horn der Carey-Schildkröte.

Ein stolzer Besitzer, der schon viele Killer-Hähne in die Arena geschickt hat. Sein ausgeklügeltes Zucht- und Trainingsprogramm bewahrt er gegenüber Konkurrenten als Erfolgsgeheimnis für sich.

Die langen Gefechte, in denen Ausdauer, Zähigkeit und Erfahrung siegen, während im ersten wütenden Ansturm oft Zufallstreffer entscheiden, sind für die Zuschauer eine packende Sache. Die langen Gefechte treiben auch die Wetten hoch und die Wut der Zuschauer, wenn „ihr" Hahn etwa durch scheinbar unmotiviertes Picken nach nicht vorhandenen Körnern Verlegenheit und Rückzugbereitschaft gegenüber dem stärkeren Rivalen erkennen läßt. Damit aber geben sich die Schreihälse im „Kolosseum" nicht zufrieden. Einer muß tot in der Arena liegenbleiben – es sei denn, die dreißig Minuten wären erreicht, und der Richter beendete den Kampf. Der Richter prämiiert im übrigen die Sieger in den langen Kämpfen nicht. Er hebt den Vogel aufs Podest, der am schnellsten mit seinem Gegner fertiggeworden ist. Pepe Torres besitzt unter seinen Hähnen einen Killer, der schon zwölfmal kurzen Prozeß mit seinen Gegnern gemacht hat. Wären wir Konkurrenten oder Landsleute des Mannes, würde er

sich lieber die Zunge abbeißen, als uns in das Geheimnis seines Erfolges einzuweihen. Weil Patzelt dem Züchter aber seit langem bekannt ist, können wir ihn am Rande der Arena sprechen, nachdem er seinen Champion kalt geduscht und mit Alkohol besprüht hat. Zunächst bleibt Torres allgemein: „Erstklassige Zucht und ein ausgeklügeltes Ernährungs- und Trainingsprogramm sind die Voraussetzungen für optimale Kondition", sagt er. Was der Ecuadorianer darunter versteht, will er uns auf seiner Hazienda vorführen.
Die Hazienda bei Quito ist im Nebenbetrieb eine „Gladiatorenschule". Sie ist nur eine von den drei Besitzungen des Pepe Torres, in denen ein Teil seiner Leute ständig mit Kampfhähnen beschäftigt ist. Der Patron läßt es sich nicht nehmen, die abschließende Entwicklung ausgewählter Hähne auf seinem Hauptsitz zu überwachen. Er führt uns zu einer Schulungsarena, wo gerade zwei etwa gleichstarke Hähne derselben Rasse einen entschärften 40-Minuten-Kampf überstehen müs-

Jeder Zoll eine Respektperson: der Richter in der Hahnenkampf-Arena. Er prüft die Hähne, verwaltet die Wettsumme, leitet den Kampf und zahlt die Prämien aus. Dafür kassiert er fünf Prozent des Umsatzes.

Zwei Hähne beim Reizspiel. Man stachelt sie bis zur Weißglut auf und läßt sie dann aufeinander los. Beim Training werden sie 40 Minuten lang bis zur Erschöpfung aufeinandergehetzt.

sen, also ein Turnier ohne Zusatzwaffen. Es ist dennoch mörderisch genug, denn die Distanz geht bis an die Grenze ihrer Belastbarkeit.

Immer wieder werden die bis zum Umfallen erschöpften Tiere von den Trainern gegeneinander geschoben. Läßt ihr Kampfeswillen nach, duckt man sie mit einem kräftigen Druck auf den Rükken. Das bringt sie in Wut. Will sich ein Waffenstillstand anbahnen, dreht man die müden Krieger wieder gegeneinander. Fliehende Tiere fängt man wieder ein und zwingt sie zum Streit. „Ein Hahn, der 40 Minuten aushält", erklärt uns Pepe Torres, „ist für das Kolosseum ausgerüstet. Dieses Training auf Ausdauer beginnt erst vierzehn Tage vor dem ersten Turnier."

Das Turnier ist der Höhepunkt im Leben der Todgeweihten. Ihre kriegerische Laufbahn beginnt sozusagen im Ei: Don Pepe legt allergrößten Wert auf Stammbaum. Zur Zeit unterhält er mehrere Züchtungen. Seine Fachleute sind ständig auf der Suche nach erprobten Kampfhähnen,

die sie mit ausgewählten Hennen zusammenführen. Während der Aufzucht werden die Tiere genau beobachtet. Die rauflustigsten und kräftigsten Junghähne läßt Pepe in die Zentrale bei Quito bringen und beaufsichtigt ihre Schulung.

Die Vorbereitungen für den ersten Kampf dauern zwei bis drei Monate: „Zunächst trainieren wir die Hähne täglich etwa 15 Minuten. Nach jedem Kampf duschen wir sie, wenn eine Ruhepause von 10 Minuten vergangen ist. Anschließend besprühen wir die Tiere mit Zuckerrohrschnaps zur Desinfektion; denn es gibt ja fast immer Verletzungen", berichtet uns Pepe.

Mit der „Mundbrause" sprühen die Betreuer den Hähnen Alkohol besonders über den Kopf und unter die Flügel. Sie öffnen den Tieren auch den Schnabel und sprühen Alkohol hinein. Dann tasten sie den Körper ab und behandeln etwaige Schwellungen mit Eukalyptusöl. „Viele Leute tun gar nichts für die Hähne. Sie verlieren daher auch meistens. Ich aber will gewinnen!" erklärte Pepe.

Der Kampf hat begonnen. Sieger wird der Hahn sein, der mit den nadelspitzen Spornen an seinen Beinen den Gegner tödlich getroffen hat.

„Leider kennen mich die meisten Gegner schon und treten gar nicht mehr an. Provinz- und Länderkämpfe sind mir deshalb am liebsten."

„Was tun Sie, um Ihre Tiere zu kräftigen?" fragen wir.

„Sie erhalten Spezialfutter und Injektionen. Das tägliche Futter ist Mais. Morocho und Morochillo sind die geeigneten Sorten. Jeden Morgen bekommen die Tiere auch Hafer und Brot. Milch gibt's selten."

„Was für Injektionen verabreichen Sie?" Don Pepe druckst herum, gibt uns dann aber doch sein – wie er meint – Erfolgsrezept preis: „Etwa einen Monat vor dem Kampf spritze ich Leberextrakt mit Vitamin B und auch Kalzium zur Stärkung des Knochenbaus in die Brust. Außerdem verabreiche ich fünf Tabletten Bierhefe."

Zwei Monate lang werden auch die Beinmuskeln der Hähne jede Woche einmal mit Alkohol und Zitronensaft eingerieben. Zuerst läßt man den Ztironensaft ein paar Minuten trocknen, und dann folgt der Alkohol: „Dadurch wird der Mus-

kel knallrot und stark!" erklärt uns Pepe und ergänzt: „Alle Kampfhahnbesitzer machen das so. Aber nicht alle geben das gleiche Futter. Manche haben andere Rezepte, und manche tun gar nichts."

Die Hähne müssen für den Geldbeutel und das Renommee des Züchters das erstemal kämpfen, sobald sie ein Jahr alt geworden sind. Überstehen sie den Kampf, so kann man sie in fünf bis sechs Monaten fünf- oder sechsmal einsetzen. Mit dem Wechsel des Federkleides beginnt die sechsmonatige Ruhepause. Ihr schließt sich ein erneutes Fitneß-Training an. Ein Gladiatorenleben dauert mit Glück zwei bis drei Jahre. Ein vierjähriger Hahn, falls er dieses Alter überhaupt erlebt, hat kaum noch Chancen im Turnier.

Der Marktwert von Don Pepes Hähnen ist hoch, weil er überdurchschnittlich viele über die Zeit bringt. Für einen guten Hahn, der noch nie gekämpft hat, erlöst der Züchter etwa 50 DM. Mit jedem Sieg steigt nun der Wert des Tieres. Für einen wahren Champion werden gut und gern 1000 DM geboten. Zwar führt der Ecuadorianer die Qualität seiner Killer-Hähne auf seine – wie er sagt – „wissenschaftlichen Methoden bei Zucht, Training und Fütterung" zurück. Er weiß aber nicht, daß bei Sexualität und Aggression vermutlich das Hormon Testosteron eine Rolle spielt. Auch kennt er die Wirkung von Androgenen nicht, deren Injektion die Kampfbereitschaft vieler Tiere erhöht.

Der Mensch hat über die Jahrtausende die Aggressivität der meisten Haustiere beinahe „hinweggezüchtet", aber bei den Kampfhähnen nur wenig steigern können. Als wir behaupten, keine von Don Pepes stolzen Züchtungen könne an Kampfeslust den wilden, urigen Bankivahahn übertreffen, da lacht er, der Praktiker, uns aus.

Das grausame Spiel nahm vor gut zweieinhalb Jahrtausenden seinen Anfang, und es lebt in der südlichen Hemisphäre dort heute noch weiter, wo die Gesetzgeber von barbarischer Unempfindlichkeit gegenüber dem Leid der Kreatur sind. Im ersten vorchristlichen Jahrtausend schon sollen die Mittelmeervölker gezähmte Formen des indischen Bankivahuhnes von den Persern übernommen haben. Darwin vermutete, daß Hühner bereits 600 vor Christus auch in Mitteleuropa gehalten wurden, daß die Vögel aber vermutlich nicht über die Alpen, sondern aus dem Osten bezogen wurden. Für die alten Germanen jedenfalls war ein heller Hahn Pförtner am Eingang zu Wallhall, und ein dunkler Hahn stand Wache am Tor zur Unterwelt. Es waren ausgerechnet die Griechen, die Väter der europäischen Zivilisation, die Kampfhähne nicht nur dem Kriegsgott Ares und der Pallas Athene weihten, sondern sich auch an Hahnenkampfspielen ergötzten. Die Römer, die den Hellenen so vieles nachmachten, übernahmen das rohe Spiel und brachten es schließlich nach Gallien, Britannien und Spanien. Von den Spaniern endlich, denen die Neue Welt mehr Leid als Leistungen verdankt, hat Südamerika im 16. Jahrhundert mit der Todes-Arena für Stiere auch den Hahnenkampf kennengelernt und weiter perfektioniert. Hahnenkampf ist der Sport des kleinen Mannes und gehört zu den wenigen Abwechslungen, die auch in den Dörfern den Indianern möglich sind.

5 Die Indianer

Eine Zivilisation
so fern wie die Sterne

Dann bin ich die Treppe der Erde emporgestiegen, zwischen grausem Gestrüpp verlorener Wälder, bis zu dir Machu Picchu.
Hohe Stadt aus stufigem Stein, endlich Wohnstatt dem, der das Irdische nicht verbarg in schlafbefallenen Gewändern.
In dir einigt sich, als zwei parallele Linien, des Blitzes und des Menschen Wiege in einem Dornenwind.
Mutter des Steins, Schaum der Kondore.
Der Menschheitsdämmerung hohes Riff.
Schaufel, im ersten Sand verloren.

Auszug aus Pablo Nerudas Gedicht
„Machu Picchu"

Ein Maiskorn macht Geschichte

Die Unsicherheit der weißen Eroberer in der Frage, ob sie in den Indianern wirklich Menschen vor sich hätten oder nicht, beseitigte offiziell erst eine Bulle Papst Alexanders VI. In ihr wurde klargestellt, die Ureinwohner Amerikas seien „fähig, den christlichen Glauben anzunehmen, und deshalb wie Menschen zu behandeln". Auf das Urteil des Entdeckers Kolumbus allein wollte man sich offenbar nicht verlassen: „So fügsam", hatte er festgestellt, „und so friedlich sind diese Menschen, daß ich Euren Majestäten schwöre, es gibt auf der ganzen Welt kein besseres Volk. Sie lieben ihren Nächsten wie sich selbst, und ihre Sprache ist stets sanft und von einem Lächeln begleitet, und obzwar sie nackt sind, ist ihr Betragen dennoch anständig und lobenswert."

Das stimmte natürlich so auch wieder nicht. Zwar floß – wie bezeugt wird – die Sprache des Inka-Herrschers Atahualpa durchaus sanft. Aber von Macht, von Krieg und List verstand er etwas; darin war er dem spanischen Eroberer Pizarro beinahe ebenbürtig. Nur war er kein heuchlerischer Christ, der seine Gier hinter würdevollen Leerformeln versteckte.

Die Überlegenheit der Konquistadoren beruhte vor allem auf ihren Kriegsgeräten, die die Indianer nicht fertigen konnten, auf Pulver und Blei, Feldschlangen und Arkebusen, Degen und Dolchen, Brustpanzer und Helmen aus Stahl. Schiff, Pferd und Rad multiplizierten ihren Spielraum und die Kräfte. Angesichts solcher Errungenschaften übersieht man schon leicht die Leistungen der Indianer: Architektur, Straßenbau, Terrassen-Feldbau, künstliche Bewässerung, gesellschaftliche Organisation, Schmiedekunst, Weberei und so fort. Nun wäre für die Spanier Respekt vor solchen Fortschritten in der heißen Phase der Eroberung der Anden nicht vorteilhaft gewesen; denn Achtung vor dem Gegenüber lähmt das Schwert. Im übrigen wäre der Analphabet Pizarro auch nicht der Mann gewesen, der den Indianern

hätte vorwerfen dürfen, sie könnten nicht lesen und nicht schreiben.

Anscheinend sind die Archäologen und Museumsdirektoren die wenigen Angehörigen unserer Zivilisation, die den Leistungen der Völker Amerikas einigermaßen gerecht geworden sind. Ein Satz der Amerikanistin Betty J. Meggers läßt dies erkennen: „Erloschene Kulturen und vergessene Völker wieder auf ihren rechtmäßigen Platz in der Geschichte zu setzen, gehört zu den Taten, die dem Archäologen die größte Genugtuung bereiten."

Dieses Grobraster der archäologischen Geschichte war schon um das Jahr 1919 vollendet, als der peruanische Archäologe Julio C. Tello die Chavín-Kultur entdeckt und mit den damaligen Mitteln zeitlich eingeordnet hatte:

1500 n. Chr.	Inka-Imperium
	Lokale Staaten
	Chimú-Imperium
1000 n. Chr.	(Nordküste Perus)
	Ausbreitung der
500 n. Chr.	Tiahuanaco-Huari-Kultur
	Mochica Nazca
	(Nordküste) (Südküste)
100 v. Chr.	Chavin

Seit Tello und seinen Zeitgenossen ist Alt-Amerika mit genaueren, vor allem naturwissenschaftlichen Hilfsmitteln weiter erforscht worden. Wir wollen aber hier nicht all die großen archäologischen Entdeckungen in den Anden feiern. Vielmehr geht es uns um Nachrichten und Erkenntnisse, die entweder eine Wende im Wissen von den alten Indianern eingeleitet oder wertvolle

Rechte Seite: Bei vielen Festen der Indianer sind das alte und das spanische Amerika eine Symbiose eingegangen: Im Juli kommen Indianer Boliviens und Chiles am Rande der Atacama-Wüste zu ihren Festen zusammen. Dies ist ein Teufelstänzer. Sein wertvolles Kostüm ist mit Silbermünzen aus Potosí geschmückt.

Erweiterungen gebracht haben. Zu den Sternstunden der Archäologie zählt in dieser Hinsicht wohl die Entdeckung der bisher ältesten Zivilisation Amerikas.

Vor über fünftausend Jahren blühte in Ecuador eine Zivilisation, über die wir bis vor kurzem kaum etwas gewußt haben. Sie ist nicht nur die älteste heute bekannte Kultur der Neuen Welt, sondern sie ist auch von größter Bedeutung für die Genesis der amerikanischen Hochkulturen gewesen. Inzwischen ist Ecuador – lange Zeit im Schatten Perus ein Nebenschauplatz der Archäologie – zu einem der Zentren der Alt-Amerika-Forschung geworden, und was dort gefunden worden ist, hat unser Bild der „beiden Amerika" von Grund auf verändert, ja, es ist dazu angetan, gängige Kultur- und Siedlungstheorien zu revolutionieren. Vor allem müssen sich jene Wissenschaftler irritiert fühlen, die den Ursprung aller Zivilisation den frühen Kulturen im Alten Orient zuschreiben. Der Beginn der zivilisierten Formen menschlichen Zusammenlebens wird bislang bei 7000 v. Chr. angenommen. Es ist aber durchaus möglich, daß diese Anfänge in Amerika zeitgleich stattfanden.

Da ist zum Beispiel Valdivia, ein kleines Fischerdorf auf der Halbinsel Santa Elena, 160 km westlich der Hafenstadt Guayaquil. In seiner Dürftig-

Die eindrucksvolle Architektur der Inka hat erst den wenigen spanischen Chronisten, die nach der Eroberung ins Land kamen, Bewunderung abgerungen: Kreismauern nördlich von Cuzco bei der Festung Sacsayhuaman.

keit läßt es den Besucher kaum ahnen, daß ausgerechnet dort die Wiege der amerikanischen Kultur gestanden haben soll. Die Grabungen auf der Halbinsel seit den sechziger Jahren blieben zunächst wenig beachtet, bis sich, überraschend für alle, Alter, Reichtum und Einfluß dieser Kultur herausstellten.

Laboranalysen brachten ans Licht, daß die älteste Keramik auf Santa Elena vor fast 6000 Jahren geschaffen worden war. Die ersten Figuren und Gefäße, die man auf verschiedenen Schauplätzen fand, waren nicht etwa primitiv, sondern Ergebnisse einer lange vorausgegangenen Entwicklung. Die Qualität der Keramik und Vergleiche mit ähnlichen Funden verführten einige Archäologen – darunter den Entdecker Emilio Estrada selbst – zu dem Schluß, vor Zeiten hätte ein Kulturimport von See her stattgefunden. Tatsächlich hatten sie überrascht vor Zeugnissen eines menschlichen Fortschritts gestanden, zu dem es sonst nirgendwo in der westlichen Hemisphäre eine Parallele gab, dafür aber auf der Insel Jōmon, die zum heutigen

Kühne Terrassen stufen den Steilhang zum tiefen Tal des Urumbamba bei Machu Picchu. Sie wurden zur Versorgung der Stadt mit den wichtigsten Nahrungspflanzen bebaut.

Japan gehört. Die Idee, daß man hier vor der ersten Keramik Amerikas stand, die keine Vorbilder anderswo benötigte, wollte man anscheinend nicht gelten lassen. Auch das liebgewordene alte Wissensmuster war in Gefahr geraten; denn störend auf die gehegten Aufassungen wirkte auch die Entdeckung, daß Menschen an der Küste Ecuadors mindestens 1000 Jahre früher als in Peru und Mexiko mit der Töpferei begonnen hatten. Schließlich entdeckten Ausgräber gar Relikte, die einen besonders frühen Anbau der Nahrungspflanze Mais erkennen ließen. Wann hatten die alten Indianer den so entscheidenden Schritt getan, der sie unabhängiger vom Jäger- und Sammlerglück machte?

Die erste Antwort auf diese Frage entdeckte der Ecuadorianer Carlos Zevallos Menéndez buchstäblich in einer Tonscherbe. Als er seinen Fund verkündete, wurde er ignoriert. Unter den Töpferwaren, die der Archäologe aus der Erde bei San Pablo, nahe Valdivia, aus dem Boden geholt hatte, war nämlich eine Scherbe mit einer Mais-Dekora-

tion. Ein Doppelband aus winzigen Buchten, dicht an dicht, schmückte den Fund. Der Ecuadorianer schrieb im Jahre 1971, der Dekor müsse entstanden sein, indem der frühe Töpfer einfach Maiskörner in die weiche Tonmasse gepreßt hatte. Manche Wissenschaftler taten, als wisse der Mann nicht, wovon er rede.

Zwei Amerikaner aber fesselte die Veröffentlichung – Donald Collier und Donald W. Lathrap. Sie wollten der Sache auf den Grund gehen. Lathrap selbst fand dann auf Santa Elena nahe dem Ort Chanduy Scherben, deren Schmuck aus Abdrücken von Maiskörnern bestand: Die „Mais-Ohren" repräsentierten nach Ansicht der Ausgräber eine besonders weit entwickelte Sorte. Dagegen wirkte die Maisrasse, die man zur gleichen Zeit, also zwischen 2000 und 1800 v. Chr., in Mexiko und Peru geerntet hatte, wahrhaft kümmerlich!

Solange die Archäologen nur auf Maisspuren im Keramik-Dekor angewiesen waren, mag Skepsis noch am Platze gewesen sein. Der schlüssige Beweis für die Existenz einer so frühen Pflanzenzivilisation in Amerika wären Kolben und Korn gewesen. Aber wie sollte sich beides über Jahrtausende hinweg erhalten haben; und wo sollte man Maiskörner unter den Erdmassen finden?

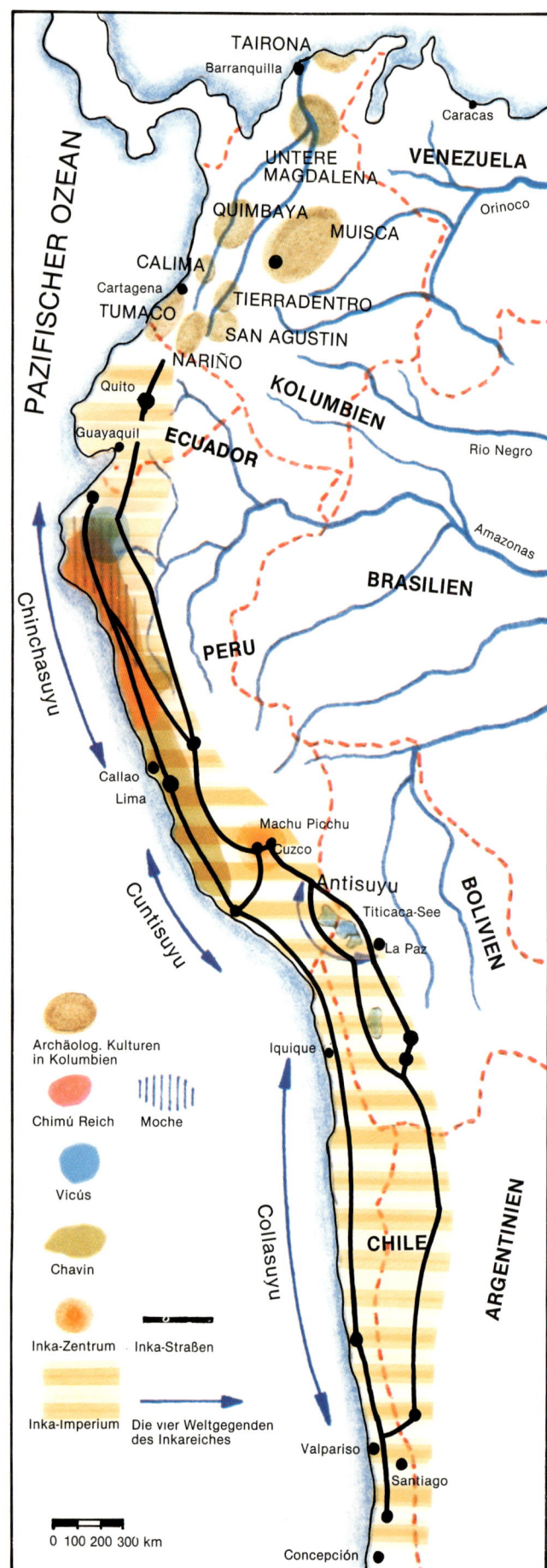

Map labels:

PAZIFISCHER OZEAN

TAIRONA
Barranquilla
Caracas
VENEZUELA
UNTERE MAGDALENA
QUIMBAYA
MUISCA
Orinoco
CALIMA
Cartagena
TIERRADENTRO
TUMACO
SAN AGUSTIN
NARIÑO
KOLUMBIEN
Quito
Guayaquil
ECUADOR
Rio Negro
PERU
Amazonas
BRASILIEN
Chinchasuyu
Callao
Lima
Machu Picchu
Cuzco
Antisuyu
Titicaca-See
BOLIVIEN
La Paz
Cuntisuyu
Iquique
Collasuyu
CHILE
ARGENTINIEN
Valpariso
Santiago
Concepción

Legend:

Archäolog. Kulturen in Kolumbien
Chimú Reich — Moche
Vicús
Chavin
Inka-Zentrum — Inka-Straßen
Inka-Imperium — Die vier Weltgegenden des Inkareiches

0 100 200 300 km

174

Links: Das vorspanische Südamerika mit den „archäologischen Provinzen" und Fundplätzen. Die Karte nach einer Vorlage von Hans-Dietrich Disselhoff reicht von der Valdivia-Kultur bis zum Imperium der Inka. An der Zeittafel im Anhang läßt sich das Werden und Vergehen der alten Indianer-Kulturen ablesen.

Diese Aufgabe glich der sprichwörtlichen Suche nach der Stecknadel im Heuhaufen. Doch das Unfaßbare geschah: Wiederum in San Pablo wurde ein Stück Keramik der Valdivia-Kultur mit den verkohlten Überresten eines Maiskorns gefunden. Erhalten hatte sich der winzige Beweis, auf dem Boden eines Tellers. Dem Töpfer mag das Maiskorn vor 4000 Jahren durch Zufall in den feuchten Ton geraten sein, bevor er mit dem Brennen begann. Zwar verbrannte das Körnchen dann bei dem Prozeß im Meiler, doch blieb für die Fachleute der Rest klar genug erkennbar.

So hatte ein Mißgeschick „historische" Folgen. „Die stattliche Größe und die fortgeschrittenen Eigenschaften dieses so gut erhaltenen Maiskorns in der Valdivia-Keramik haben einige Experten veranlaßt, dessen Echtheit anzuzweifeln. Aber es gibt keine vernünftigen Gründe, den Befund in Frage zu stellen", schrieb der Archäologe Donald W. Lathrap von der Universität Urbana (Illinois) über den neuerlichen Fund des Ecuadorianers Menéndez. In der archäologischen Forschung bedeutet der Fund ein Meilenstein: Nach gründlicher Untersuchung geht man davon aus, daß in Amerika schon 5800 v. Chr. der erste Mais gepflanzt worden ist. Die jungsteinzeitliche Evolution, die dem gleichen Entwicklungsstand entspricht, ist für Europa erst mit dem fünften Jahrtausend vor Christus verbürgt.

Gemessen an der Entwicklungsgeschichte der Menschheit nur ein paar „Augenblicke" nach der Gründung von Jericho, bauten die ersten Pflanzer auch die ersten festen Siedlungen in Südamerika. Zur Zeit unseres Besuchs herrschte unter den Forschern kein Zweifel, daß die bisher älteste Stadt Amerikas ebenfalls zur sogenannten Valdivia-Kultur gehört. Ihren Namen erhielt die Zivilisation von dem Ecuadorianer Emilio Estrada, der in dem kleinen Fischerdorf Valdivia schon Anfang der sechziger Jahre die erste Keramik ausgegraben hatte.

Nicht weit von Valdivia entfernt liegt Real Alto. Dort hatten vor mehr als vier Jahrtausenden die ersten 50 oder gar 100 Häuser einer ständigen Siedlung gestanden. Jedes mochte bis zu 30 Personen Platz geboten haben. Das antike Real Alto war charakterisiert durch eine ausgedehnte Plaza. Alle Straßen oder Häuserreihen waren zu diesem Platz hin orientiert. Und wie sahen diese Häuser aus?

Der Entdecker Jorge Marcos, der Real Alto in zwei Grabungskampagnen 1971 und 1974 ausgegraben hat, stellte ovale Grundrisse fest. Auf festen Steinwerk und Hartholz-Pfosten bis zu 20 cm Durchmesser hatten die Baumeister vor über 4000 Jahren eine Balkenkonstruktion gesetzt; das stolze Dach war vermutlich mit wetterfesten Paja-Blättern gedeckt. Außer der Größe des Baues besagte die Anzahl der Geräte, die man innerhalb eines Grundrisses freilegte, daß unter einem Dach mehrere Familien wohnten. Mehr als 3000 Menschen lebten damals vermutlich in der ältesten Stadt Amerikas und viele mehr im benachbarten Tal des Rio Verde.

Für die wachsende Bauerngesellschaft der Valdivia-Kultur entwickelte sich Real Alto mehr und mehr zu einem religiösen Zentrum, von dem aus die verstreuten Heimstätten auch regiert wurden. Den Grabungsergebnissen zufolge, wurden die Hügel dort im Laufe der Jahrhunderte mehrfach vergrößert und bebaut.

Wohl bis zu achtmal wurde zum Beispiel ein Bau auf dem sogenannten „Festhügel" neu errichtet. Sein Eingang lag nach Westen und war von der Plaza aus über Treppen erreichbar. Von ihm aus blickte man über den öffentlichen Platz hinüber zu einem „Tempel der Toten". Dieser Bau bot ein anderes Bild. Vor dem zwei Meter breiten Eingang in der Mitte lag eine Plattform, auf der Priester vermutlich vor den Augen der Menge heilige Opfer- und Bestattungszeremonien vollzogen.

Die Archäologen kamen dem Zeremonial-Zentrum auf die Spur, als sie unter der Schwelle des „Tempels der Toten" ein Grab mit dem über 5000 Jahre alten Skelett einer Frau fanden. Der Boden des Grabes war bedeckt mit Handmühlen, die für die Maisbau-Kultur typisch sind. Daran allein wäre noch nichts Ungewöhnliches gewesen. Unmittelbar neben der Frau aber fand man die Reste eines kräftigen Mannes. Die Beine hatte man ihm am Knie zertrennt. Kopf, Beine und Arme lagen auf dem Boden des Grabes gestapelt, der Torso wurde darüber in Balance gehalten, und ganz oben darüber fand man Becken- und Schenkelknochen. Sieben Messer, die vermutlich in einem Ritual gedient hatten, umgaben das Opfer.

Damit nicht genug: Ein Stück von der Begräbnisstätte entfernt wurden in einem gemeinsamen Grab die Knochen von weiteren sieben Männern gefunden. Vermutlich hatte das Volk von Valdivia eine Göttin der Fruchtbarkeit verehrt, die als Opfer Menschen verlangte.

Das Zeremonial-Zentrum von Real Alto sagt dem Archäologen vieles über die Gesellschaft, die es gegründet hat. Solche Zentren standen in der

Die ältesten Keramikfiguren der Neuen Welt sind zuerst in der Ortschaft Valdivia an der Küste Ecuadors gefunden worden: Die Frauenfigürchen hier sind nur vier bis fünf Zentimeter groß und über 4000 Jahre alt.

Neuen Welt, zum Beispiel nicht am Beginn einer Zivilisation. Sie waren vielmehr baulicher Ausdruck der Weltauffassung einer schon entwickelten Gesellschaft, die einer auf Religion und Verwaltung spezialisierten Elite erlaubte, wachsende Abgaben an Nahrungsmitteln zu kontrollieren.

Ohne Ausnahme sind – nach Donald W. Lathrap – die Zivilisationen Alt-Amerikas mit solchen Zentren oder Tempelstädten verbunden – ob wir die Kultur der Maya oder die der Azteken betrachten, in Mittelamerika oder Peru, überall hielten die Völker ihre verschwenderisch ausgestatteten Zentren als unabdingbar für ihr Wohl.

Aus dieser Erkenntnis stellt sich den Amerikanisten die Frage: Entstanden die Ideen eines Zeremonial-Zentrums nur einmal in der Neuen Welt, oder wurde sie unabhängig voneinander in den beiden Zentren ersonnen, welche die Hochzivilisationen Amerikas hervorbrachten?

Für Collier und Lathrap ist die Antwort klar: „*Eine* Kosmologie, die früh in den tropischen Niederungen des nördlichen Südamerikas entstand, lag

175

der späteren Entwicklung religiöser Systeme zugrunde"[1]. Zur Pilgerstätte des internationalen Tourismus kann Real Alto nicht werden. Dazu fehlen die monumentalen Bauten, und auch hat der Wind die Pfostenlöcher der ersten Bauten längst zugeweht. Nur eine „Idee" wurde in Ecuador ausgegraben – eine Idee aber, die in Alt-Amerika zündete. Zum Vergleich: Das Zeremonialzentrum von Chavín de Huantar, das von einer der frühesten Zivilisationen Perus gebaut worden ist, ist in jüngster Zeit auf das Jahr 850 v. Chr. datiert worden. Zu den ältesten Siedlungen in Mittelamerika gehört Tlatilco am Rande von Mexico City, das in das Jahr 1000 v. Chr. zurückreicht. Real Alto aber blühte schon um 3400 v. Chr.

Auch in der Technologie und der Kunst scheint Ecuador den beiden anderen bekannten Zentren der amerikanischen Zivilisation vorangegangen zu sein. Die Archäologen entdeckten eine aufregende Ähnlichkeit der Keramik der sogenannten Chorrera-Kultur (ab 1000 v. Chr.) mit der von Peru, West-Mexico und der eines sehr alten Fundortes bei La Victoria in Guatemala. Nirgendwo außerhalb Ecuadors aber findet man eine Vorgeschichte zu dieser Keramik, deren Anfänge in Ecuador bis in das Jahr 3100 v. Chr. zurückreichen. Es scheint, daß von der Küste Ecuadors aus der Fortschritt durch Seehandel und Kommunikation dorthin gelangt ist, wo man bisher den Beginn der amerikanischen Zivilisation vermutet hat: nach Mexiko, Guatemala, Honduras und Peru.

Wenn auch der Seehandel vermutlich noch länger ihre Domäne blieb, hatten die alten Ecuadorianer um 300 v. Chr. bereits ihre Position „als die hervorragenden Neuerer" (Lathrap) verloren. Wir wissen nicht, warum ihre Energien geschwunden sind. Dafür gibt es keine klar ablesbaren Fakten. Doch überall in der Welt wuchsen und vergingen Kulturen im Laufe der Zeit. Sie hatten ihre großen Eingebungen und leisteten ihre Beiträge zur Entwicklung der Menschheit – und dann fielen sie zurück.

Akzeptieren wir also, daß die Anfänge indianischer Kultur nicht irgendwo jenseits der Meere zu finden sind, sondern in Amerika, bleibt doch die Frage, ob Landungen frühzeitlicher Seefahrer an amerikanischen Gestaden überhaupt vorgekommen sein könnten. Auch auf diese Frage hält der Schauplatz Ecuador eine mögliche Antwort bereit. Um 500 v. Chr. muß dort ein entschiedener Wandel eingesetzt haben. Das demonstriert auf drastische Weise die Keramik der Bahía-Kultur, so bezeichnet nach ihrem Fundort Bahía de Carquez. Sie macht uns mit einem „neuen" Menschentypus bekannt, der mit Gold für üppigen Ohren-, Lippen- und Nasenschmuck nicht sparte, auf andere Art wohnte als die Menschen der Chorrera-Zeit und offensichtlich die ansässigen Gesellschaften mit neuen Auffassungen durchdrang.

Zunächst zeigt die Keramik eine Stilmischung mit der vorausgehenden Chorrera-Töpferei. Dann spricht aus vielen Keramik-Darstellungen von Mensch, Tier und Ding der Wandel: Da ist eine geradezu amerikafremde Architektur mit dem typischen südostasiatischen Satteldach, das durch geschweifte, hochgebogene Ränder auffällt. Zu diesem merkwürdigen Haustyp kommen Gestalten mit Barttracht und in „Yoga"-Haltung. Eine ganz außergewöhnliche Errungenschaft ist auch die Nackenstütze.

Selbst in der Fachwelt der Archäologen waren die weiteren Fundorte und Kulturphasen in Ecuador lange Zeit kaum bekannt. Sie heißen zum Beispiel: Chorrera, Bahía, La Tolita, Jambéli, Guangala oder Jama-Coaque. Es ist schwierig, diese Kulturen richtig einzuordnen. Nur wenige Grabungen im Lande lassen sich mit den exakteren Forschungen um Valdivia vergleichen. Deshalb blühen auch die verschiedensten Spekulationen. Die meisten Goldarbeiten zum Beispiel stammen aus Raubgrabungen, daher fehlen die Befunde. Die Amerikanerin Betty Meggers bezeichnet diese Tatsache „als eines der tragischsten Geschehnisse für die Archäologie der Neuen Welt".

Die Banco Central von Ecuador ist aus patriotischen Gründen, aber auch in Kenntnis des materiellen Wertes, seit Jahren um den Erwerb der Zufallsfunde der Raubgräber bemüht. Ihr Museum in Quito liegt im fünften Stock des Bankgebäudes an der Schwelle zur Altstadt. Seine Ausstellung bietet einen Überblick über die präkolumbischen Kulturen Ecuadors bis zur Invasion der Inka. Grundmotiv ist zwar der Entwicklungsgang der Zivilisation. Die Schau nutzt indessen jeden wissenschaftlich zulässigen Spielraum für reizvolle optische Variationen.

Die Vergangenheit in Impressionen

Unmittelbar nach dem Eintritt ins Museum gehen wir geradewegs auf einen Glaskasten zu, in dem eine an feinen Sehnen schwingende Lupe eine winzige Goldfigur vergrößert, die auf einer Drehscheibe rotiert. Während dieser Inszenierung entdecken wir, daß die Figur drei winzige Schrumpfköpfe auf dem Rücken trägt. Das kleine Kunstwerk stammt aus der sogenannten Jama Coaque-Kultur und beweist, daß die Indianer um

Die Chorrera-Kultur hat in der Keramik-Kunst schon um 1000 vor Christus große Meisterschaft erreicht. Ihre Flötenflaschen dürften in einem lebhaften Küstenhandel verbreitet worden sein.

500 v. Chr. in den Anden Ecuadors der Kopfjagd nachgegangen sind, wie das die Jivaro im amazonischen Vorland des Gebirges bis in die jüngste Zeit getan haben.

Einige Meter weiter stehen wir vor einem großen Fenster und gewinnen einen Panoramablick über die Altstadt von Quito. Über der Stadt wölbt sich ein tiefblauer Himmel mit ziehenden Kumuluswolken; er gibt einem Schaubild Weite, das eine vor dem Fenster an feinen Fäden hängende und durch einen leisen Luftzug bewegte Modellflotte vorgeschichtlicher Flöße und Schiffe zeigt. Sie driftet von Asien nach Amerika.

Die schwarze Silhouette der beiden Kontinente, auf dem Fensterglas angebracht, kontrastiert wie ein Scherenschnitt gegen den blauen, bewegten Hintergrund des Himmels draußen, der die Unendlichkeit des Meeres symbolisiert. Dieses Bild veranschaulicht die Hypothese, daß durch eine Meeresströmung, die vor Japan beginnt und vor den Gestaden von Niederkalifornien endet, die zufällige Landung frühzeitiger Seefahrer denk-

bar gewesen sei. Die Thesen dazu sind umstritten; doch werden außer diesem Bild, das Seereisen auf dem „Transportband" des Kuro-Shivo-Meeresstromes veranschaulicht, im Museum noch verblüffendere amerikafremde Keramiken gezeigt.

Mit akustischen Eindrücken wird der Besucher ein wenig später vor einer Vitrine konfrontiert, die die berühmten Flötenflaschen der Chorrera-Kultur zeigt. Eine dieser Flaschen, mit Wasser gefüllt, wird durch einen Mechanismus bewegt. Und während sie von der einen zur anderen Seite kippt, fließt das Wasser vom linken Kessel in den rechten oder umgekehrt, drückt dabei die Luft durch die engen Kanäle der Flöte, und ein warmer Trillerton erklingt. Er erinnert an einen Singvogel, dessen Gestalt auf die Flasche modelliert worden ist.

Das vielleicht älteste Instrument Ecuadors hängt ein paar Schritte weiter an einer kräftigen Stange. Es besteht aus fünf genau aufeinander abgestimmte Platten aus Stein, die man mit einem Schlegel zum Klingen bringen darf: fünf Tonschritte und ein gebrochener Dreiklang lassen sich auf diesem Instrument spielen.

Große Mais-Vorratsgefäße, wie sie in der ecuadorianischen Carchi-Kultur bis 1500 n. Chr. und wohl auch noch zur Inka-Zeit gebräuchlich waren, sind nicht in sterilen Vitrinen aufbewahrt, sondern von den Museumsleuten mutig in ein Sandbett gedreht worden, so daß man sich ihre frühere Art der Aufstellung vergegenwärtigen kann.

In einer Abteilung, die der Kulturregion La Tolita Raum gibt, ist ein blitzblanker Obsidianspiegel so ausgelegt worden, daß sich der Besucher darin betrachten kann. Er gibt Details fast so genau wieder wie ein moderner Spiegel unserer Tage, auf dem die aufgedampfte blaue Metallfläche das Licht reflektiert. Neben dem Spiegel hat man eine Quarzkette durchleuchtet, so daß wir die Bohrung sehen können. Das indianische Bohrverfahren, das wohl schon um 500 v. Chr. in Nord-Ecuador und Kolumbien bekannt gewesen ist, ist uns heute ein Rätsel. Quarz splittert nämlich bei einer normalen Bohrung nur allzu leicht.

Eindrucksvoll ist auch eine Versammlung schwarzer Männer, eine Rats- oder Priestergruppe darstellend, die in einem Halbrund sitzt. Die Figuren aus Keramik sind in der sogenannten Manteño-Kultur geschaffen worden. In ihrem Hohlkörper konnte man ein von der Seite belüftetes Schwelfeuer anzünden, das durch bestimmte Kräuter besonders wohlriechend gemacht wurde.

Ein kleines Dorado Ecuadors, das eine breite Palette von Gold-, Platin- und Edelsteinarbeiten in fast allen Techniken der alten Indianer bietet, präsentiert eine durch schwere Glastüren ge-schützte Sonderabteilung. Mittelpunkt dieser Schau ist eine Goldmaske mit fast lebensecht wirkenden Zügen. Sie wird durch einen feinen Luftzug von der Seite angefächelt, so daß die Platinaugen in dem Gesicht unheimlich flackern. Diese Maske ist in der La Tolita-Kultur geschaffen worden.

Eine rechte Sensation wird zunächst noch als Provisorium vorgeführt: ein Relief aus Papiermaché, auf dem ein Modell soeben entdeckter Pyramiden steht. Seit kurzem weiß man, daß nicht nur die vorinkaischen Kulturen Perus zu großen Bauanlagen fähig gewesen sind. Die Ausgrabungen von Cochasqui, das nahe bei Quito liegt, beweisen, daß auch die Nordvölker großzügig geplant und gebaut haben. Auf einer Gruppe von sieben gestuften Pyramiden sehen wir Plattformen aus gebranntem Ton, auf denen mit Hartgras gedeckte Rundhäuser gestanden haben. Man konnte sie über einen langen Anweg erreichen. Die Entdeckung ist vielleicht nicht so aufregend wie die Ausgrabung der „Verlorenen Stadt", der Ciudad perdida in Kolumbien. Sie wird aber die Archäologen noch lange beschäftigen.

In einem Kinoraum können die Besucher das ganze Panorama der ecuadorianischen Kulturfolgen in Filmen erleben. Einen davon, in deutscher Sprache, haben wir für das Zweite Deutsche Fernsehen gedreht und dem Lande zur Verfügung gestellt.

Adam und Eva im Indianerland

Unser Wissen über Amerika wandelt sich rasch mit immer neuen Erkenntnissen. Auch auf die uralte Frage nach den ersten Einwanderern gibt die Forschung jetzt überraschende Antworten. Das rassentypische Erscheinungsbild des Indianers ist so einheitlich nicht, als daß man über den Ursprung der ersten Amerikaner nicht schon die hitzigsten Kontroversen ausgetragen hätte.

Lange Zeit galt, daß die „Eroberung" des Landes von Asien her nicht früher als vor 17 000 Jahren begonnen haben konnte. Man mußte sich mit der Feststellung begnügen, die Wanderschaft auf den Fährten gewaltiger Jagdtiere hätten Jägernomaden zufällig in den neuen Kontinent geführt. Einige Anthropologen erklärten dann, vor 20 000 Jahren schon wären die ersten Indianer in den Regenwäldern von Amazonas und Orinoko angekommen. Doch es mehren sich die Indizien dafür, daß es verschiedene Einwanderungswellen gegeben hat. Ihre Zäsuren waren mit dem Ansteigen und Absinken des Meeresspiegels verbunden, mit dem sich der Bering-Korridor von Asien nach Amerika öffnete und schloß.

Solche Überlegungen im Zusammenhang mit erdgeschichtlichen Vorgängen sind nicht neu. Belebt aber worden ist die Debatte durch ungewöhnliche Forschungen bei den „archaischen" Jägernomaden der Waika oder Yanoami in Venezuela, die in der Isolierung des Regenwaldes bis in unsere Zeit ihr uraltes Kulturmuster behauptet haben. Als vor 8000 Jahren mit dem Aussterben der letzten Mastodonten die gewohnten Großwild-Nahrungsquellen versiegten, paßten sich die meisten Jäger durch die Verfeinerung ihrer Waffen den neuen Lebensumständen, also kleinerem Jagdwild, an –

nur wenigen gelang dies nicht. Die Waika zum Beispiel sind bis heute das geblieben, was die Anthropologen als Vor-Feldbau-Völker bezeichnen. Sie jagen noch immer mit übergroßen Bogen und Speeren, kennen das moderne Blasrohr nicht und auch erst seit ihrem Kontakt mit den Missionaren die sonst wichtigste Nahrungspflanze der Indianer im Regenwald: Maniok.

Einige Wissenschaftler „verdächtigen" nun diese abgeschieden lebenden Jäger, sie seien vielleicht nicht allein Nachfahren der frühesten Einwanderer über die Bering-Brücke, sondern stammten gar von einer anderen Rasse ab als von den später nachrückenden mongolischen Jägern. Ein erstes ungewöhnliches Forschungsprogrammm brachte verblüffende Ergebnisse. Aufgrund von Blutuntersuchungen stellten die Forscher Johannes Wilbert, Zulay und Miguel Layrisse fest, daß den Waika ein wichtiger Gen-Faktor im Blut fehlt, den Indianer normalerweise alle besitzen: der Diego-Faktor. Er fehlt zum Beispiel auch im Blut der Europäer, die ja kaukasischen Ursprungs sind [2]. Eine heiße Spur auf der Suche nach Adam und Eva im Indianerland?

Als vielleicht noch etwas frühreife Frucht vom Baum der Erkenntnis fällt jedenfalls die These ab, schon vor 50 000 Jahren seien Menschen von Asien nach Amerika gekommen; und diese Menschen seien urkaukasische, also nicht mongolische Jäger gewesen, von denen möglicherweise die Waika abstammten. Es scheint, als sei die Forschung in Amerika auf dem Weg, nicht nur „die Tonne zu finden", sondern – um ein Wort des großen Wissenschaftlers Mortimer Wheeler abzuwandeln – auch „den Diogenes".

Die verarmten Erben der Inka

Nach Schätzungen, die wir nicht nachprüfen können, ist in den ersten 200 Jahren der weißen Herrschaft über die Neue Welt die Zahl der Ureinwohner von 45 auf 5 Millionen Menschen zurückgegangen. Nicht nur das Schwert, der Hunger und die Sklavenpeitsche, sondern auch Krankheiten der Europäer, gegen die die Indianer keine Immunstoffe entwickelt hatten, sollen diese Katastrophe bewirkt haben.

In den Anden-Staaten hat der größte indianische Bevölkerungsanteil überlebt. Die Integrationspolitik der Inka hat indessen dazu beigetragen, daß nur sehr wenige Völker ihre Eigenständigkeit bewahren konnten. Die meisten Indianer – mehrere Millionen in Peru, Bolivien, Ecuador und Nordchile – sprechen Ketschua oder Quechua, die Staatssprache der Inka, einige hunderttausend Menschen auch Aymará und Chibcha. Im Süden Chiles hat auch eine halbe Million Mapuche lange ein Stück kultureller Eigenart behauptet.

Wir folgen dem Völkerkundler Fritz Trupp gern, der für sensiblen Sprachgebrauch plädiert, wenn von den Ureinwohnern gesprochen wird: „Das Wort „Indio", das für unsere Ohren unverfänglich klingt, hat einen ähnlichen Beigeschmack erhalten wie die Bezeichnung „Nigger" für Neger. In Lateinamerika verwendet man daher lieber das Wort *indigena*(Einheimischer) oder *pueblos indigenas* (einheimische Völker) [3]."

Die Ketschua gelten als die Erben der untergegangenen Inka-Kultur. Es sind verarmte Erben. Obwohl über sieben Millionen Hochland-Indianer dieselbe klangvolle, wortreiche, wohlentwickelte Sprache sprechen, nach der man sie alle Ketschua nennt, und außerdem noch viele kulturelle Gemeinsamkeiten mehr besitzen – die Materialkultur und eine gemeinsame von der Inka- und der Spanierherrschaft geprägte Geschichte, besser Leidensgeschichte –, sind sie doch weit entfernt, ein Volk zu sein, wie der Name Ketschua vermuten ließe. Sie sind durch die Staatsgrenzen von Ecua-

dor, Peru, Bolivien und Chile getrennt, auch wenn sich die meisten Ketschua nicht gerade als Staatsbürger empfinden. Die Antwort mancher Ketschua bei einer Umfrage in Ecuador läßt jedenfalls darauf schließen: *Patria,* der spanische Begriff für Vaterland, war für sie nur der Name einer Autobuslinie, die durch die Provinz Chimborazo führt, das Land, in dem sie wohnten, nannten sie „Amazonas". Fritz Trupp, der diese ein bißchen anekdotisch klingende Geschichte übermittelt, will sie als Ausdruck der strikt „dualistischen Gesellschaftsstruktur" betrachtet sehen und der „Probleme ... , die die Beziehungen zwischen den ethnischen Gruppen im Anden-Raum belasten" [4].

Nun läßt zwar kein Staat bei indianischen Schülern die Gelegenheit zur Einübung patriotischer Bekenntnisse aus. Andererseits läuft die Gesellschaftspolitik meist an den Indianern vorbei. Das gilt auch für jene gesellschaftlichen Kräfte, denen es um soziale Veränderungen geht. So haben wir zum Beispiel gesehen, wie auch Indianer am 1. Mai Schilder mit gewerkschaftlichen Parolen durch die Straßen von Quito trugen, doch wissen wir, daß nur wenige dieser Marschierer die Sprüche auf den Schildern lesen konnten. Die Erfüllung der Forderungen hätte i h r Los wohl auch kaum gebessert. Ein vertrauenswürdiger Kenner der Szene verriet uns dann, das Versprechen, am Zielort der Demonstration werde warme Suppe ausgegeben, habe die Indianer in die Reihe gebracht.

Unerbittliche Gesetze freilich erreichten die Indianer auch noch in ihren strohgedeckten Lehmziegelhäusern hoch in der Sierra. Vor Jahrhunderten schon wurde die Aufteilung der Böden in Lati- und Minifundien verfügt. Den Indianern blieb meist nur der kleinste Acker in extremen Lagen. Starb das Oberhaupt einer Familie, so sorgten die Erbschaftsregelungen für die weitere Aufteilung der ohnedies schon zu kleinen Fincas: „Die Indianer", stellt Fritz

Die Peitsche des Antreibers ist noch immer nicht endgültig im Museum für Sozialgeschichte gelandet: Indianische Landarbeiter bei der Kartoffelernte auf einer Hazienda in der Provinz Chimborazo.

Trupp fest, „waren daher schon während der Kolonialzeit gezwungen, als *peones,* besitzlose Landarbeiter, auf den großen *haciendas* (Landgütern) zu arbeiten. Im Jahre 1934 veröffentlichte der ekuadorianische Dichter Jorge Icaza seinen Roman „Huasipungo", in dem er das Schicksal der unterdrückten Landarbeiter, der *huasipungeros,* auf dramatische Weise dokumentierte. In diesem System erhielt der *peon* für seine Selbstversorgung ein kleines Stück minderen Bodens, wofür er sich verpflichten mußte, fünf Tage in der Woche unentgeltlich für seinen Patron zu arbeiten. Durch eine gezielt herbeigeführte Verschuldung geriet der *huasipungero* außerdem noch in Abhängigkeit, von der er sich ein Leben lang nicht mehr freikaufen konnte." [5].

Als die Regierung von Ecuador im Jahre 1964 dieser besonders raffinierten Form der Sklavenhaltung durch Gesetz ein Ende machte, löste sie damit das Problem des Hungers, also des Überlebens, noch nicht. Es ist bis heute nicht gelöst. Hilfe wird den Ketschua wohl hauptsächlich von den Ketschua selbst zuteil. Seit den uralten Tagen der Inka-Zeit hat sich das Prinzip der gegenseitigen Hilfe in manchen Regionen bis heute behauptet. Sie hat die Form einer Art landwirtschaftlichen Kollektivs, das seit alters her *minga* genannt wird. In diesem System ist die alte Welt der Indianer noch lebendig.

Mehr noch ist sie das in ihrem magischen Kosmos. Wir haben mit Staunen erfahren, wie viele Geister und Götter darin der Verfolgung durch christliche Missionare entgangen sind und wie die Ketschua durch ihre Schamanen bei vielen Gelegenheiten Verbindung zu ihnen halten. So wird in Peru und Bolivien noch immer eine ganze Hierarchie von Berggöttern verehrt und in Regenzeremonien angerufen. Eine besonders wichtige Rolle spielen die Magiker der Krankenheilung. Für diesen Heilkundigen kennt die spanische Sprache verschiedene Worte: das Wort *brujo* bedeutet Zauberer. Das Wort *curandero* bezeichnet einen Mann, der Kranke kuriert. Der *hierbatero* ist ein Pflanzenkundiger, und der eigentliche Arzt in unserem Sinne ist der *medico.* Die Ketschua, des Spanischen mächtig, benutzen diese Begriffe. Sie selbst haben für den Heilkundigen freilich das schönste Wort gefunden. Sie nennen ihn den *yachag taita,* den Wissenden. Ein Mann kann in

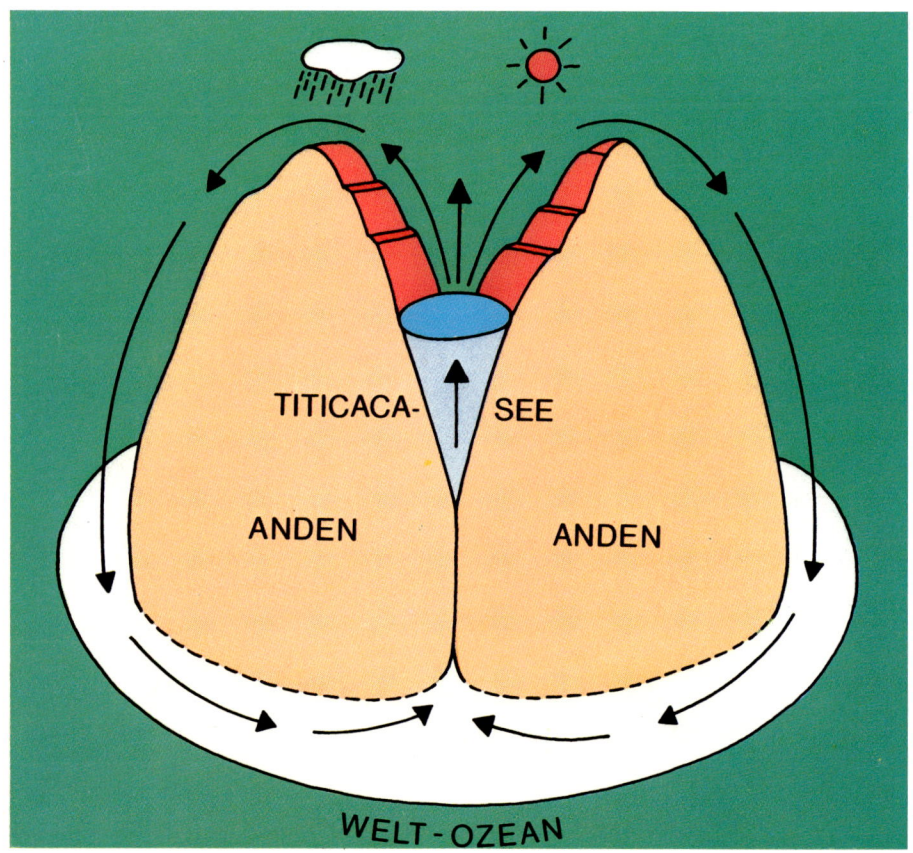

Oben: Seit dem Ende des Inka-Imperiums hat sich die Welt vieler Hochland-Indianer wenig geändert: Diese Hütten der Salazaca-Indianer östlich von Ambato sind umgeben von Bohnen- und Kartoffelfeldern.

Links: In den regenarmen Zonen der Zentral-Anden gelten die Berge in manchen Indianerdörfern noch immer als Götter, die das Wetter kontrollieren: Die Vorstellungen der Indianer erinnern an das Inka-Weltbild vom ewigen Wasserkreislauf. Danach ruht die Erde auf dem Meer, und die Berge, in denen das Wasser aufsteigt, sind Bindeglied zwischen Unterwelt (Meer), Erde und Himmel.

ihrer Gesellschaft dies alles sein oder nur ein Teil dessen – im Guten wie im Bösen. Es leben freilich Zauberer unter ihnen, die nur fähig sind, Schaden zu stiften: Das sind die *brujos maleros* oder *hechiceros*.

Beinahe jeder Ort, wo Indianer wohnen, hat seinen *yachag taita*; und auch aus den Großstädten des Hochlandes und der Küste sind sie nicht wegzudenken. Zudem gibt es berühmte Hochburgen. In Ecuador gehören die Ortschaften Iluman und Santo Domingo de los Colorados dazu. In Santo Domingo, am Westhang der Anden, wird die magische Medizin zwar von Chibcha sprechenden Colorado-Familien ausgeübt, aber es sind meist Ketschua-Indianer, die aus dem ganzen Land zu ihnen kommen.

Was sind das nun für Menschen, die zu den alten Meistern der Magie gehen, wo doch die moderne, naturwissenschaftlich orientierte Medizin immer neue Triumphe feiert und auch die Universitäten Südamerikas gut gerüstete Ärzte in die kranke Welt hinausschicken? Es sind Tausende von Menschen, die in den Anden-Staaten ohne einen Arzt auskommen müssen, weil sie nicht genügend Geld für die Behandlung und für die viel zu teuren Medikamente besitzen. Die entlegenen Bergnester erreicht außerdem nur selten ein Arzt.

Doch Zulauf haben die Medizinmänner auch von den Grenzgängern, die in beiden Welten wandeln: Sie trennen Erkrankungen wie Brüche, Verletzungen und klar erkennbare Infektionen von solchen, die in der Tiefe der Seele bohren, sich gleichwohl körperlich auswirken.

Unheil kann ihnen zum Beispiel ein plötzlicher Wind bringen, der von den Schneegipfeln her ins Tal fällt. Er sucht die Menschen heim, die sich gegen die Regeln des Glaubens oder die Sitten der Gemeinschaft vergangen haben, und alsbald leiden sie wirklich an Schweißausbrüchen und heftigen Magenkrämpfen: *Susto* nennen die Ketschua diese verbreitete Krankheit, das Erschrecken. Ebenso gefürchtet sind Erkrankungen durch *mal aire* oder *mal viento*, was „schlechte Luft" bedeutet. Sie greifen Geist und Seele an und äußern sich in Fallsucht, Angstzuständen und Hysterie. Die meisten Leiden aber werden auf Schadenszauber zurückgeführt. Bei einer solchen Erkrankung hat ein schlechter *brujo* einen *supay*, einen Bösen Geist, oder einen magischen Gegenstand geschickt, der in den Körper des Betroffenen eingedrungen ist.

Gegen all das und auch gegen den Verlust der Seele erhoffen sich die meisten Indianer, viele Mischlinge, aber auch eine große Anzahl Weißer, in den Anden Hilfe vom *brujo*.

Schwerstarbeit gehört leider noch immer zum Alltag der Indianerinnen: Die Frau hat Brennholz in den weit vom Dorf entfernten Bergen geschlagen. Im weißen Tuch trägt sie Schafwolle, die sie während der kleinen Pausen unterwegs verspinnt.

Wir durften manchen Heilungssitzungen weithin gerühmter Medizinmänner beiwohnen. Dabei haben wir bemerkenswerte regionale Unterschiede in ihrer Praxis kennengelernt und solche, die nur den persönlichen Stil, den Erfahrungsschatz und die Erfolgsrezepte des Heilers ausmachen. Zahlreich sind aber auch die Gemeinsamkeiten, die sich im Laufe von Jahrhunderten ausgeprägt haben.

Da ist zunächst die materielle Ausstattung. Mittelpunkt jeder Medizinhütte oder -kammer ist zum Beispiel der Tisch mit den vielen magischen Dingen, den *poderos artes*, die im Ritual eine Rolle spielen. *Mesa* nennt man ihn einfach oder auch Altar. Davor steht die Bank, auf der der Patient neben dem Medizinmann Platz nimmt. Er blickt auf Hufeisen-Magnete, Basaltsteine, Keramiken aus vorkolumbischen Gräbern, auf große Meeresmuscheln, eine Flasche mit Zuckerrohrschnaps, halluzinogene Getränke, Zigaretten, das Kreuz, die Bilder der Jungfrau oder katholischer Heiliger

und Wachskerzen: alle diese Dinge sind „Waffen"
in der Strategie gegen die Verursacher der Krankheit.

Zu Beginn der Sitzung ruft der *curandero* die
Hilfsgeister – manchmal sind das die Ahnen –
und als guter Christ, der er vielleicht ist, die bevorzugten Heiligen. Sie alle sollen ihm bei der Er-
kennung der Krankheit auf die Sprünge helfen.
Danach muß der Patient Mundduschen mit Zuk-
kerrohrschnaps über sich ergehen lassen. Auch
bläst ihm der Medizinmann neben Schnaps Ta-
baksrauch ins Gesicht und auf den Körper, um
ihn zu weihen. Endlich beginnt die Heilung.

Das kann in einigen Gebieten des Hochlandes
von Ecuador und Peru eine „Reinigung mit Hilfe
des Meerschweinchens", *limpia de cuy,* sein.
Dann greift sich der Wissende eines aus der Menge der oft zahlreich auf dem Boden seines Hauses
herumkurvenden Tiere. Seine Hand umspannt es
an der Kehle, und während er über die Arme,
Schultern, Brust, Rücken oder den ganzen Körper
des Kranken reibt, erwürgt er das Tier. Bei der
Meerschweinchen-Massage, glauben Medizinmann und Patient, gehe die Krankheit in den
Tierkörper über. Den Erfolg oder Mißerfolg der
Prozedur liest der „Heilpraktiker" aus den Orga-
nen des Tieres ab, indem er es mit den Nägeln am

*Prominente Medizinmänner, zu denen außer den Hoch-
land-Indianern auch Weiße aus den fernen Städten in
die Urwald-Praxis kommen, leben unter den Colorado-
Indianern bei der Stadt Santo Domingo in Ecuador.*

Bauch öffnet und die Eingeweide dann sorgfältig
studiert. Manchmal triumphiert er, zeigt einen
Holzsplitter oder einen anderen Gegenstand herum, den er aus dem Bauch des Meerschweinchens
herausgelesen und der die Beschwerden verursacht hat. Manchmal resigniert er auch und sagt
dem Kranken offen, daß er weiterhin leiden müsse.

Häufig spielt auch ein Hühnerei bei der Reinigung
eine Rolle. Der Dotter ist dann mit besonders
dunkler Färbung Indikator für das ins Ei überge-
gangene Übel.

Von einem verblüffenden Heilungserfolg mit Hilfe des Hühnereis erzählte uns vor einigen Jahren
ein katholischer Diakon, der zu unseren engen
Freunden gehört. Seine Geschichte ist nicht nur
interessant, weil der Zeuge der gelungenen Heilung unverdächtig ist, sie ist auch durch die genaue Beobachtung des rituellen Ablaufs auf-
schlußreich.

„Da müssen wir uns von Gott entfernen . . .“

Juan hat uns erzählt: „Es gibt wirklich Kapazitäten unter ihnen. Vor zwei Jahren flog ich nach Quito, weil es meiner Frau sehr schlecht ging. Sie war in den Wechseljahren. Ihr könnt euch denken, was das heißt, in der Hauptstadt zu sein und von einem Doktor zum anderen zu laufen. Einmal nun brachte mich ein Taxi vom Arzt in eine Apotheke. Unterwegs kam ich mit dem Fahrer ins Gespräch. Ich erzählte ihm von meinen Sorgen, und er sagte: Gib doch für die Ärzte kein Geld aus. Mir erging es wie dir. Ich bin dann nach Cumbaya gegangen, einem kleinen Vorort von Quito. Dort gibt es einen Mann, der helfen kann. Er ist ein Freund der Heilpflanzen!

Der Taxifahrer bot mir an, meine Frau und mich hinzufahren. „Wir müssen aber ganz früh wegfahren“, erklärte er, „denn um vier Uhr früh kommen schon die Leute.“

Am nächsten Morgen sind wir dann gefahren, obwohl ich sehr skeptisch war. Als wir eintrafen, waren schon 15 und mehr Männer dort. Ich sagte dem Fahrer, es sei kalt, meine Frau müsse im Wagen sitzenbleiben. Machen Sie sich keine Sorgen, sagte der Mann.

Ich stellte fest, daß alle angemeldet waren. Man sagte mir: „Kommen Sie morgen wieder. Heute sind zu viele Kranke da“. Entmutigt wollte ich schon aufgeben, da hielt mich der Taxifahrer zurück. „Der Zauberer hat auch die Frau eines früheren Präsidenten kuriert, die in den Vereinigten Staaten nicht geheilt werden konnte.“

So blieben wir. Der Zulauf war so groß, daß der Medizinmann vor seinem Haus zwei Polizisten Wache halten ließ, damit Ordnung herrschte. Ihnen gab ich in einem Umschlag 100 Sucre – und sie halfen uns, umgehend mit dem Doktor zu sprechen.

Die anderen, die so lange gewartet hatten, waren darüber natürlich sehr böse. Ich besänftigte sie, indem ich erzählte, ich käme tief aus dem Urwald: Meine Frau sei so krank, daß ich nicht warten könne.

Im Vorzimmer des Zauberers sah ich drei Menschen mit Eiern und Kerzen. „Was macht ihr denn damit?“ fragte ich. „Die Sachen brauchst du“, antworten sie, „Eier, Kerzen und Zigaretten“.

Was ist denn eigentlich hier los, dachte ich bei mir, aber ich mußte sehen, daß ich die Geschichte durchstand, und kaufte einem der Männer Eier, Kerzen und Zigaretten ab.

Nun waren wir an der Reihe. Wir traten ein. Ich schaute mich um. Auf dem Tisch lag ein Totenkopf. An den Wänden hingen Kreuze, Heiligenfiguren, Bilder. Der Medizinmann, im Halbdämmer des Kerzenlichts sitzend, sagte zu meiner Frau: „Legen Sie die Hand auf den Tisch. Was haben Sie?“. „Die ganze Zeit schwere Unterleibsschmerzen.“ „Legen Sie die Hand auf den Totenkopf!“ Dann betete er: „Herr, gib mir Kraft, daß ich die Frau heilen kann, daß das Schlechte verschwindet.“

Ich war sehr aufgeregt. Der Medizinmann fragte: „Habt ihr Eier mitgebracht? Habt ihr auch Kerzen dabei?“ „Ja“, antwortete ich. „Alles haben wir hier.“

Der Mann pustete Zigarettenrauch über den Kopf meiner Frau. Dann reinigte er die Kerzen und zündete sie vor uns an. Schließlich nahm er die Eier und legte sie meiner Frau in den Schoß. Er begann zu murmeln. Ich glaube, es war ein Gebet. Als er fertig war, nahm er die Eier und legte sie auf den Tisch. „Jetzt wollen wir mal sehen, was die Frau hat“, sagte er.

Er öffnete eines der Eier – und heraus kam ein Tier, das wie ein Skorpion aussah. Ich war sehr überrascht. Damit hatte ich nicht gerechnet. Was sollte ich davon halten?

„Arme Frau“, sagte der brujo. Er nahm das Tier mit Nadel und Pinzette und legte es beiseite. Dann öffnete er das zweite Ei. Es kamen Haare zum Vorschein und ein bißchen Unrat. In dem dritten Ei war gar nichts.

Naja, dachte ich bei mir, ich kenne das Handwerk der brujos. „Erklären Sie mir, Doktor, was geschehen ist!“ verlangte ich. Er wies auf den Inhalt der Eier. „Es gibt schlechte Menschen“, sagte er. „Sie schicken Schlechtes zu den Menschen, und das können nur wir kurieren. Da müssen wir uns leider von Gott entfernen. Nehmen Sie sich vor den bösen Leuten in acht!“

Die Sitzung kostete mich noch 200 Sucre. Auf die Frage, was ich nun weiter für meine Frau solle, sagte der Doktor: „Die Vagina ist sehr entzündet. Gehen Sie zum Santa Clara-Markt in Quito. Kaufen sie Nelkenblüten und Nelken.“ An die anderen Pflanzen kann ich mich nicht erinnern. Aus allen sollte meine Frau einen Tee kochen und ihn vormittags um neun Uhr regelmäßig trinken. Nach und nach würde sich ihr Zustand bessern. Und wirklich – alles, was meiner Frau Schmerzen bereitet hatte, verlor sich allmählich. Und nun ist sie gesund. Könnt ihr mir das erklären?

Ich fragte die Salesianer-Padres Carolo und Fernando in Quito nach einer Erklärung. Sie konnten mir keine geben, zählten aber noch verschiedene andere Fälle auf, in denen die brujos geholfen hatten.

185

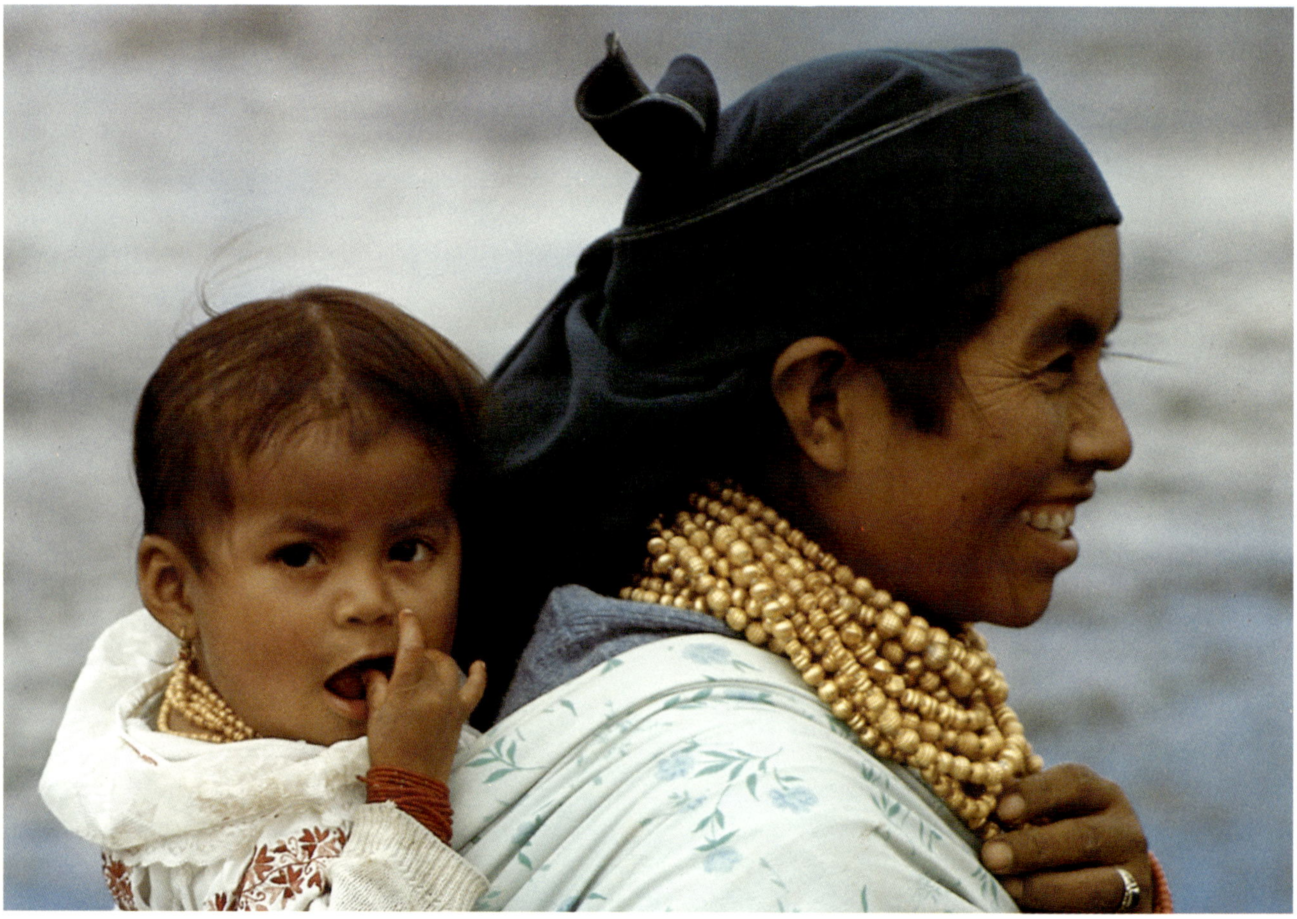

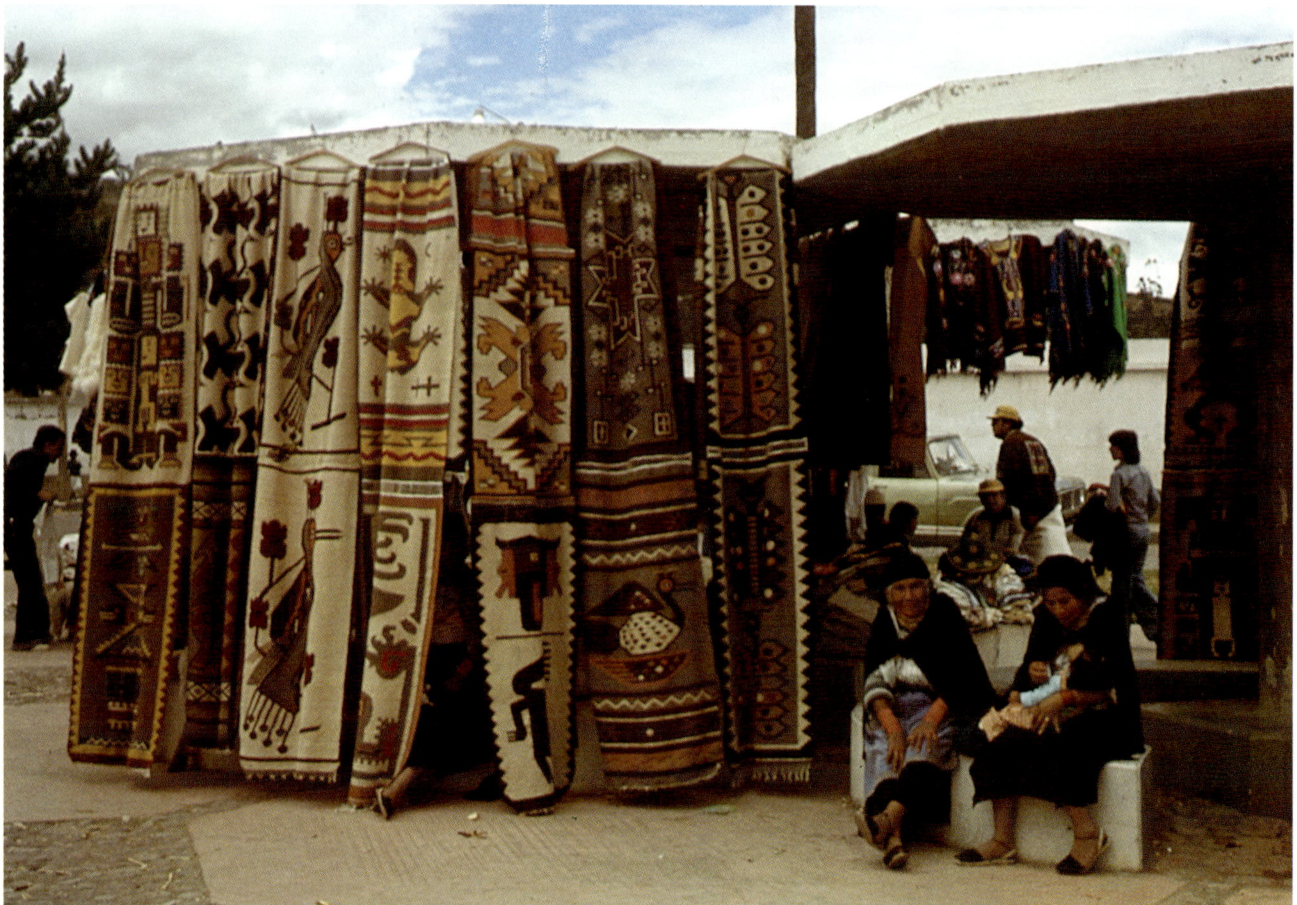

Oben links: Die Schnüre weisen diesen Indianer des peruanischen Hochlandes um Cuzco als Lastenträger aus. Die Wollmütze mit den Ohrklappen ist typisch für die Puna-Bewohner Perus.

Oben rechts: Diese Frauentracht mit der charakteristischen Kopfbedeckung trifft man besonders häufig in der Gegend bei Cuzco an.

Linke Seite oben: Die Otavalo-Indianer haben ihren eigenen Weg zu relativem Wohlstand gefunden. Sie gelten als die erfolgreichsten Indianer Lateinamerikas und sind bekannt für ihre Textilien. Die Indianerstadt Otavalo liegt 100 km nördlich von Quito.

Linke Seite unten: Nicht nur auf dem großen Markt in Otavalo, der viele Indianermärkte im Angebot übertrifft, verkaufen die Otavalenos ihre Textilien. Ihre Ware geht weit über die Landesgrenzen hinaus.

Rechts unten: Binsenboote sind in Altamerika weit verbreitet gewesen. Heute werden sie als caballitos del mar *(Seepferdchen) noch bei Trujillo an der peruanischen Küste genutzt und auf dem Titicaca-See. Auf dem Lago San Pablo in Ecuador ist dieses letzte Binsenboot einer Fischerfamilie inzwischen nicht mehr in Gebrauch.*

Auch mit Schicki, einem anderen Medizinmann, hatte ich vor längerer Zeit ein Erlebnis. Ich fühlte mich sehr krank, und Schicki, der noch bei Miasal wohnte, riet: „Komm, ich werde dich kurieren." Ich wehrte mich. „Was sollen die Padres dazu sagen?" „Komm, du wirst sterben", meinte der Brujo, „trinke Natema!"

Ich wollte nicht. Er sah, wie ich immer kränker wurde, und fragte erneut: „Warum läßt du dir das nicht machen? Du bist verhext."

Ich ging nicht zu ihm und ließ mir später von einem Padre mit einer Injektion helfen. Dennoch bin ich überzeugt, daß brujos den Menschen helfen können – im Urwald hier und im Hochland auch!" [6]

Für den aufgeklärten Zeitgenossen in unseren Breitengraden klingt das alles nach Hokuspokus, Scharlatanerie und naiver Wundergläubigkeit. Aber so leicht dürfen wir es uns nicht machen; denn wir müssen anerkennen, daß dem *curandero* wirksame Heilpflanzen zu Gebote stehen.

Die katholische Kirche in den Anden-Staaten hat vergeblich gegen die alten Götter und die „ketzerische" Religionsvermischung gekämpft, die die Heiligen mit den Dämonen der Indianerwelt zusammenbringt. Doch die Weltgesundheitsorganisation (WHO), die um die Grenzen des Wirkens der modernen Mediziner weiß, hat für die *curanderos* Partei ergriffen und sie als Heiler anerkannt, wenn sie das Vertrauen ihrer Leute haben. Was der Heiler außerdem zur Wiederherstellung der Harmonie zwischen Patient, Gruppe, Umwelt und Kosmos beitragen kann, dürfen wir nicht gering achten.

Es ist vielleicht Ausdruck erwachenden Selbstbewußtseins, wenn immer mehr Indianer auf die Frage nach ihrer Abkunft antworten: „Von den Inka." In den Nord-Anden freilich berufen sich nicht alle Ketschua auf die Inka. Neben dem Salazaca im Hochland betonen auch die Canelos am Saum der Anden ihre Identität. Nördlich der ecuadorianischen Hauptstadt pochen besonders die Otavaleños auf ihre Eigenständigkeit. Farbe bekennen sie schon durch die typische Frauentracht mit dem schwarzen oder nachtblauen Wickelrock, der bis zu den Füßen fällt, mit dem gleichfarbenen Schultertuch, dem breiten blauen oder roten Wollgürtel mit seinen feinen Motiven, der weißen, reich bestickten Bluse, der typischen Kopfbedeckung und dem dicken Kranz goldfarbener Halsketten.

Auch die Erscheinung der Männer ist auffallend. Unter dem Sombrero wird die Haarfülle in einem dicken Zopf gebündelt. Unter dem Wollponcho tragen die Männer weiße Leinenhosen, die die Waden unbedeckt lassen. Sandalen bestehen bei Männern und Frauen aus widerstandsfähigen Agavenfaser-Sohlen.

Es ist nicht nur die Tracht, die die Otavaleños beispielhaft macht. Diese Indianer verkörpern Fleiß, Kunstfertigkeit und den Handelsgeist, der schon den präkolumbischen Indianern Ecuadors den Beinamen „Phönizier Amerikas" eingetragen hat. Ihr Handel floriert nicht nur auf dem eigenen Markt in der Stadt Otavalo. Die Männer schleppen ihre dicken Umschlagtücher, in denen sie Textilien oder Matten aus eigenen Werkstätten verkaufen, auch durch die Straßen vieler südamerikanischer Städte. Ja, sogar auf Teneriffa, in Madrid oder Barcelona und selbst in New York kann man Otavaleños treffen.

Trotz solcher Beispiele kann man leider nicht sagen, die indianische Zivilisation insgesamt habe sich aus der Agonie, in die sie durch die Europäer gestürzt worden ist, wieder erholt. Weder hat sie zu einer wirklichen Synthese von traditionell indianischer und eingeführter spanischer Kultur gefunden, noch hat sie erfolgreich am Althergebrachten angeknüpft oder etwas Neues geformt. Hätten Archäologen und Schatzgräber während der letzten hundert Jahre nicht eine große Anzahl von Erzeugnissen der Schmiede-, Web-, Schnitz- und Keramikkunst ans Licht gebracht, die indianischen Kooperativen und Handwerksbetriebe wären auch arm an Vorlagen.

Bei den südlichsten Indianern Amerikas

Nach dem allmählichen Aussterben der Feuerländer sind die südlichsten Indianer Amerikas die Mapuche. Das Wort bedeutet Erdleute. Wir kennen dieses Volk auch unter dem Namen Araukaner. So wurden vermutlich schon zu Inka-Zeiten die Völker genannt, die den Inka feindlich gegenüberstanden und ihre Angriffe blutig abwiesen: Araucas bedeutet Feinde. Den Araukanern ist der Name geblieben.

Die Araukaner hatten dem Imperium der Inka am Rio Maule nach Süden hin eine endgültige Grenze gezogen. In geschichtlicher Zeit überließen sie dann den Konquistadoren unter Pedro de Valdivia nicht einen Quadratmeter ihres Bodens kampflos. Als die Spanier nach Süden vordrangen, gelang es ihnen nur vorübergehend, sich gegen die Mapuche durchzusetzen. Sie gründeten in Südchile die Orte Carahue und Valdivia. Im Jahre 1553 aber stellte sich ihnen eine Streitmacht unter dem jungen Kaziken Lautaro bei Tucapel entgegen. Die Indianer brachten im Getümmel Pedro de Valdivia in ihre Gewalt, marterten und aßen ihn. Die spanische Truppe wurde aufgerieben.

Für die Spanier und später die Chilenische Republik blieb der südliche Teil des Indianerlandes verschlossen, bis nach dem Jahre 1860 die „Befriedung" der Araucania mit Hilfe von Winchester- und Spencer-Repetiergewehren sowie Krupp-Kanonen allmählich gelang. Die chilenische Armee errichtete überall Forts im Lande, und um das Jahr 1883 war der Stamm soweit unter Kontrolle, daß Kolonisatoren ins Indianerland gerufen werden konnten. Italiener, Spanier von den Kanaren und Deutsche folgten dem Ruf. Temuco, Chiles jüngste Stadt, wurde 1881 gegründet, und bald kamen auch italienische Missionare vom Kapuziner-Orden, um die „Landleute" zu rechten Christen zu machen. Im Jahre 1903 überließen sie die Sorge um die Seelen bayerischen Kapuzinern, die ihr Zentrum seither in Padre Las Casas bei Temuco haben.

Wer heute zu den Araukanern will, wird wohl zuerst nach Temuco fahren. Die Stadt liegt etwa 700 Kilometer südlich von Santiago. Die Provinz Cautin, deren Metropole mit über 50 000 Einwohnern Temuco ist, hat inzwischen ihre Pionier-Atmosphäre verloren, obwohl die Namen von Firmen und Hotels immer noch an die *frontera* erinnern. Der Markt beim Bahnhof von Temuco hat noch etwas Grenzatmosphäre bewahrt. Da sieht man gelegentlich Mapuche-Frauen mit den typischen, über der Stirn verknoteten Kopftüchern und den großen, von silbernen Gewandnadeln gehaltenen Schultertüchern hinter ihren Früchtebergen.

Früher haben auch „Cowboys" ihre Rinder zum Markt beim Bahnhof getrieben. Heute liegen die Corrals vor der Stadt. Viehgestank will nicht mehr zum Glanz der Banken und der Wohn-Hochhäuser passen.

Das Längstal zwischen den beiden Gebirgsketten, in dem auch Temuco liegt, ist besonders stark besiedelt. In der Provinz Cautin, in den benachbarten Provinzen Malleco und Arauco im Norden sowie in Valdivia im Süden leben heute noch einige hunderttausend Indianer, die etwa 350 000 ha Land bewirtschaften. Allein in dieser Gegend zwischen dem Bio-Bio-Fluß und der Stadt Valdivia heißen sie Mapuche. Nur hier leben auch einige Sippen noch wie früher in ihren Rucas.

Das Landschaftsbild hier hat sich im Laufe der Jahrzehnte geändert. Wo einst dichte Urwälder gestanden haben, finden wir Wiesen und Äcker, Sekundärwälder und nur selten noch Reste des Urwaldes als Zeugen einer herrlichen Pflanzenwelt früherer Zeit. Die Urwälder und sumpfigen Niederungen dieser Gegend machten es den Mapuche möglich, den Weißen so lange Jahre zu trotzen. Jetzt sind die Wälder dahin.

Während einer Überlandfahrt auf nur zum Teil befestigten Straßen entdeckt man schon bald hinter Temuco einige der grasgedeckten, traditionel-

190

Oben: Indianer aus der ganzen Provinz Cautin in Chile sind nach einem der häufigen Beben versammelt, um mit einem Opferfest die Erde zu beruhigen. Noch vor wenigen Jahrzehnten sind aus solchen Anlässen Menschenopfer dargebracht worden. Bei diesem Fest opfern die Mapuche ein Schaf.

Linke Seite: Im Trance-Zustand hängt die Medizinfrau der Mapuche hoch oben am Kultpfahl und spricht mit ihrem Gott. Die Männer am Fuße des Pfahles sind bereit, die machi aufzufangen, falls sie herunterfällt.

len Häuser der Mapuche, die *rucas*. Die meisten aber liegen weitab von der Straße. Eine dreistündige Fahrt zum Küstenort Puerto Saavedra führt uns durch meist extensiv bewirtschaftetes Land. Nur noch Fetzen der ursprünglichen Pflanzendecke bedecken Abhänge und Taleinschnitte, die zum Bepflanzen oder Beweiden zu steil sind. Da steht der Bambus mannshoch, wird überragt von Hartlaubbäumen, die man hier Quiloa und Robles nennt. Die Bäume mit den fettglänzenden, dicken Blättern haben um die Jahrhundertwende noch in Wäldern das Land bedeckt. Aus ihrer dicken Rinde braut man einen Tee. Auch Magnolienbäume sind früher zahlreich gewesen. Vereinzelt stehen die kugeligen Quiloa-Bäume auch auf den großen Schaf- und Rinderweiden, und in der Mittagshitze lagert in ihrem Schatten das Vieh, wenn nicht die

landfremden Kiefern diese Aufgabe übernommen haben, die hier zur Charakterpflanze geworden sind.

Von großen Veränderungen sind auch die Reduktionen der Indianer betroffen. Auf den ersten Blick nehmen sie ein weites Gebiet in der Umgebung von Temuco ein. Doch der Schein trügt. Viele Mapuche befinden sich in einem Dilemma, denn das Land wurde unter den Erben jeder Generation immer weiter aufgeteilt, so daß vielen Familien mit mehr als zehn Köpfen die zur Ernährung notwendigen fünf Hektar des meist mittelmäßigen Bodens nicht mehr zur Verfügung stehen, einigen gar nur ein oder zwei Hektar. Mancher Besitz ist auch trotz guter Gesetze durch betrügerische Geschäftsleute, mit denen sich verarmte Indianer eingelassen haben, geschmälert worden.

Die Indianer sind dem Gesetz nach dem chilenischen Volk eingegliedert. Dennoch besteht zwischen den Chilenen – die Mapuche sagen *españoles!* – und den Indianern kühle Distanz. Sie rührt zum Teil von der Mißachtung her, die den Mapuche von vielen Seiten entgegenschlägt. Die Mißachtung hat auch zur Folge, daß viele Indianer, die Ärzte, Rechtsanwälte oder Lehrer geworden sind, nicht selten ihr Blut verleugnen und sich

Allmählich verrotten die letzten Opferpfähle im Mapu-che-Land. Die etwa zwei bis drei Meter hohe Figur stellt einen Vermittler zwischen den Menschen und dem Gott Gñechen *dar. Die Indianer stecken Geld und Kerzen in das Heiligtum.*

von ihren Sippen abwenden, anstatt ihnen zu helfen. Anfang 1983 herrschte besonderes Mißtrauen im Mapuche-Land. Es entstand durch Pläne der Regierung, jedem Indianer einen Titel auf sein Land zu geben, also die Reduktionen, die einer ganzen Sippe gehörten, aufzulösen. Kenner der Verhältnisse, wie die Kapuziner-Pater, fürchteten, die Verwirklichung dieser Politik bedeutete für manche Familie neuen Hunger. Denn manches Stück Land innerhalb der Reduktionen, das vorher brach lag, wurde gemeinsam als Weide benutzt und wäre unter der neuen Regelung verloren. Es gibt auch genügend Beispiele für verfehlte Parzellierungs-Politik von Indianerland in Nordamerika. Sie öffnete das Gemeinschaftsland indianischer Reservate den weißen Farmern, die nun einzelnen Familien zu Spottpreisen Land abkauften. Die Regierung in Chile wollte eine solche Entwicklung zwar durch Gesetz verhindern, aber Hintertüren blieben über Nutzungs- und Pachtverträge offen.

Wer heute sehen will, wie die Mapuche leben, der muß von Temuco aus in Richtung Küste fahren und hinter der Stadt Carahue und der Brücke über den Rio Imperial von der Hauptstraße abbiegen. Er kommt über eine rauhe Sandpiste bald zum Budi-See. In der Umgebung dieses Sees hat sich die Kapuziner-Mission in Puerto Dominguez unter Pater Juan Weverring über ein Vierteljahrhundert lang um die Verbesserung der indianischen Lebensbedingungen bemüht.

Von der Mission aus genießt man heute einen weiten Blick über den merkwürdigen See. Er ist ursprünglich ein Süßwasser-See gewesen. Im Jahre 1960 aber, während des gewaltigen Meerebebens, dessen Wellen sich tief ins Land fortsetzten und die Häuser tanzen ließen wie Schiffe im Sturm, sank der Erdboden um mehrere Meter ab und erweiterte den Spielraum des Sees. Er machte Festland zu Inseln, griff weit hinein in die Senken und raubte den Mapuche Weideland. Die Indianer opferten der aufgebrachten Mutter Erde damals ein Kind.

Da aber der See nun einmal tiefer lag und ohnehin fast ans Meer grenzte, schaufelte man später einen Verbindungsgraben aus, der das Meer einließ. Er versalzte der ursprünglichen Flora und Fauna das Wasser so gründlich, daß Tiere und Pflanzen ausstarben; dafür zogen Lachse, Äschen und andere Meeresfische in das Gewässer ein, die den Fischern nun reichlich ins Netz gehen – auch den Mapuche-Fischern.

Auf den Inseln im See und auch in der Umgebung von Puerto Dominguez stehen noch besonders ursprüngliche *rucas*. Früher wurden hier alle Wege zu Pferde erledigt; die Indianer säten sogar von Pferderücken aus. Im Winter, der manchmal unvorstellbare Regengüsse brachte, versanken die Pferde oft bis zum Bauch im Morast. Heute sind die meisten Straßen befestigt. Je tiefer wir aber mit dem Allrad-Wagen in das Mapuche-Gebiet hineinfahren, desto mehr wird uns deutlich, wie weit die Landwirtschaft noch vom Anschluß an die Zeit entfernt ist. Schwerfällige, zweirädrige Ochsenkarren stehen am Wege, ihre Räder haben keine Speichen und Eisenbänder. Es sind Scheibenräder. Draußen im Feld mähen ganze Indianerfamilien die mageren Garben niedrigen Weizens noch mit der Sichel. Ein qualvolles Geschäft!

Und doch sind die grimmigsten Feinde der Mapuche – Hunger, Kälte, Mangelkrankheiten – hier schon zurückgedrängt worden. Die *rucas* sind meist soliden kleinen Häusern gewichen, die mit einem Eisenofen beheizt werden können. In den Gärten ums Haus haben die Indianer inzwischen allerlei Gemüse gepflanzt. Die Kapuziner haben ihnen auch wirtschaftlich viel Hilfe gebracht. Sie sind außerdem verantwortlich für die meisten neuen Schulen. Die Pater setzen auf die junge Indianer-Generation. Auch wenn die Gesundheitsfürsorge noch in den Anfängen steckt, ist durch das Wirken der Mission der Einfluß der Medizinfrauen zurückgegangen. Der frühere Glaube behauptet sich nur noch auf letzten Inseln. Er war noch beherrschend, als Erwin Patzelt in Temuco als Lehrer wirkte.

Ein Sieg über das Mißtrauen

Niemand in Temuco wollte mir anfangs Genaues über die Feste der Mapuche, die kultischen Handlungen der machis, *der Medizinfrauen, und das Leben der Indianer erzählen. Es hieß nur: „Zu den Indianern finden wir Weißen keinen Zugang." Meist kam ich niedergeschlagen von meinen anstrengenden Touren zurück, denn ich bekam keine Verbindung zu den Araukanern. Sie gaben mir keine Antwort, versteckten sich vor mir oder hetzten die Hunde auf mich.*

Um so mehr erstaunt war ich, als ich eines Tages in der Hütte des Juan Huentemil freundlich aufgenommen wurde, den ich später noch oft aufsuchen sollte. Eine seiner Frauen saß am offenen Feuer mitten in der Hütte, hatte vier Kinder um sich versammelt und spann. Mir wurde ein selbstgezimmerter Hocker angeboten, und so konnte ich mich nun in aller Ruhe in der ruca *umsehen. An eine Unterhaltung war nicht zu denken. Wir saßen uns freundlich gegenüber. Ich tat so, als ruhte ich mich aus, nahm aber in Wirklichkeit jede Kleinigkeit um mich herum wahr. Ein Gerüst aus vier Eckpfosten und Stangen für eine neue Hütte hatte ich einmal im Freien betrachten können. Hier sah ich nun, wie in die Stangen ein dichtes Geflecht von Reisig und Schilf hineingewunden worden war. Über die Stangen hatten die Indianer* colihue (Bambus gleich Chusque coleu) *gelegt und mit Lianen festgebunden. Ich sah, daß beim Bau dieser* ruca *alten Stils kein einziger Nagel verwendet worden war. Das Strohdach bot dem Qualm die einzige Abzugsmöglichkeit, denn außer der Tür gab es keine Öffnung ins Freie.*

Viele rucas *werden heute auch schon mit Brettern verschalt, die aber selten so dicht genagelt sind, daß man nicht immer noch einen Blick nach draußen tun könnte. So fühlt man sich immer von unsichtbaren Augen beobachtet, wenn man sich einer* ruca *nähert, denn man weiß genau, daß den Indianern keine Bewegung im Umkreis ihrer Hütte entgeht.*

Diesmal war ich der Beobachtende und konnte sehen, wie draußen eine alte Mapuche-Frau in dem gelben Überschwemmungswasser auf der Wiese zwei Kinder wusch. Neben ihnen wälzten sich Schweine, die dann ungehindert mit in die Hütte kamen! Es war Mai, die ersten Regengüsse des nahenden Winters hatten alles unter Wasser gesetzt, und das wurde nun zu einem Bade genutzt. Als sich meine Augen an das Halbdunkel in der ruca *gewöhnt hatten, entdeckte ich, daß hinter dem Rücken der Indianerin Hühner, Hunde und Katzen friedlich nebeneinander lagen.*

Nachdem ich an die Kinder Bonbons verteilt hatte, ging ich weiter zu einer Hütte auf demselben Grundstück. Hier sah ich eine junge Indianerin, die auf einem primitiven Webstuhl aus zusammengebundenen Ästen eine Decke in weißer und roter Wolle fertigte. Sie war die älteste Tochter des Juan Huentemil und half schon, Geld zu verdienen. Um sich versammelt hatte sie ihre kleinen Geschwister, die ihr, in den spärlichen Kleidern frierend, zuschauten. Ein Bad auf der Wiese hätten sie dringend nötig gehabt. Die nackten Füßchen waren blaugefroren; sie boten einen erbarmungswürdigen Anblick. Nur zögernd nahmen die Kinder die Bonbons aus meiner Hand.

Einige Zeit später entdeckte ich, etwa zweieinhalb Stunden Fußmarsch vom Hauptweg entfernt, auf dem Vorhof einer ruca *einen eigenartigen Stufenpfahl. Nie hatte ich bei anderen Hütten etwas Ähnliches gesehen. Der Pfahl endete in einem geschnitzten Gesicht, das gen Osten gerichtet war – der Hoch-Kordillere, den Vulkanen zu. Auf mein Rufen hin erschien eine alte Frau, die zunächst äußerst zurückhaltend meinen Gruß erwiderte und mich dann einfach übersah.*

Zwei Hütten standen hier beisammen. Die alte Indianerin lief von einer in die andere, wobei sie vor sich hinsprach. Das Wort huinca *hörte ich dabei immer wieder. Das Wort sollte ich noch oft vernehmen. Es bedeutet Feind und geht auf die Zeit zurück, da die Inka die Mapuche bedrängten.*

Noch ahnte ich nicht, daß ich auf dem Gehöft der gesuchten machi, *der Medizinfrau, stand. Ihr Sohn Lucho lehnte an einem alten Apfelbaum, den großen schwarzen Hut tief ins Gesicht gezogen und beobachtete mich unbeweglich. Auch er zeigte keinerlei Lust, sich mit mir einzulassen, und ich war nur froh, meine Kamera unter dem Mantel versteckt zu haben. Von anderen Streifzügen wußte ich, daß allein der Anblick eines Fotoapparates genügte, die Indianer in Wut zu bringen. Die meisten von ihnen glaubten, durch die Aufnahme ihr Gesicht zu verlieren.*

Der trutruca-Bläser ruft mit seinem kilometerweit hörbaren Instrument zu Festen und Versammlungen.

Erst, nachdem ich Lucho eine Zigarette angeboten hatte, wurde er etwas zugänglicher. Doch die Unterhaltung mit ihm war belanglos: „Wie geht's?" „Danke, gut." „Das Wetter ist aber schlecht." „Ja, schlecht." „Sind das deine Hunde?" „Ja, meine Hunde." Ich verabschiedete mich bald.

Da ich nun wußte, wo ein rehue, ein Kultpfahl, stand, wollte ich fürs erste zufrieden sein. Lucho begleitete mich schweigend bis an die Grenze des Anwesens. Lange stand er an der Stechginsterhecke und schaute mir nach. Immerhin: Ich war auf dem Hof der machi Clorinda Manquilef gewesen.

Die Macht der Medizinfrauen

Als ich mich das zweite Mal auf den Weg zur Machi Clorinda Manquilef (manqui = Kondor, lefi = fortgeflogen) machte, begleitete mich ein Mapuchemädchen, das ich schon von meinen Streifzügen her kannte, und erzählte mir, nachts verlöre die machi ihren Kopf und flöge als Eule umher. Alle Eulen, die man des Nachts schreien hörte, seien machis, und man müsse ihnen durch Schreien antworten. Als es mein ungläubiges Gesicht sah, verstummte das Mädchen. „Alle glau-

ben daran, nur die Gringos nicht", bemerkte es abschließend.

Aber schon bald überwand das Mädchen seine Verstimmung. Wir waren ein Stück des Weges gegangen, als ich einige Fadenwürmer von etwa 20 Zentimeter Länge fand. Das Mädchen konnte mir für die Entstehung dieser eigenartigen Tiere eine genaue Erklärung geben. Sie seien nichts anderes als Frauenhaare, die man mit den Wurzel ausgerissen habe. Sobald sie auf die Erde fielen, lebten sie dort weiter – sie hätten ja eine Wurzel. Später entwickelten sie sich zur Schlange weiter. Kein Indianer zweifelt an solch seltsamen Erklärungen, einer übernimmt sie vom anderen und gibt sie genau so unangefochten an die Kinder weiter. Jedes Tier, jede Pflanze wird so in das Denken einbezogen und hat seine Bedeutung im Guten wie im Bösen. Das Mädchen verkürzte mir mit seinen Erläuterungen die Zeit auf dem langen Weg zur ruca der machi. Ich war voller Spannung. Würde es mir diesmal gelingen, die Zurückhaltung der alten Medizinfrau zu überwinden? Wie könnte ich Kontakt zu ihr bekommen? Die bangen Fragen erwiesen sich als völlig über-

Wenn Mapuche-Familien verreisen, sind noch heute Ochsenkarren mit Vollscheibenrädern in Gebrauch, deren Bauweise die Indianer von den spanischen Kolonisatoren übernommen haben.

flüssig, denn die machi *trat mir diesmal wie verwandelt entgegen. Sie begrüßte mich mit der freundlichen Bitte, in der* ruca *am Feuer Platz zu nehmen, was ich nur zu gerne tat, denn draußen war es empfindlich kalt. Außerdem begann es zu regnen. Auf meine Bitte hin zeigte die alte Frau mir ihren Silberschmuck.*

Schon in Temuco war mir aufgefallen, daß alle Indianerinnen auf der Brust Silbergehänge trugen, mit denen das typisch große schwarze Umschlagtuch, das mit einem grünen oder weinroten Streifen endet, zusammengehalten wird. Als Kopfschmuck sah ich auch alte Silbermünzen zu einem Stirnband verarbeitet und leider nur noch ganz selten die mit von Hand geschmiedeten Silberperlen besetzten Bänder, die um den Kopf geschlungen und in die Zöpfe eingeflochten wurden. Fast jede Indianerin trug Ohrringe. Leider hatte Nickel das Silber meist verdrängt, weil die alten ererbten Stücke in Geld umgesetzt worden waren und die wenigen noch existierenden Silberschmiede auch kein Silber mehr für ihre Arbeiten bekamen.

Diese machi *besaß reichen Silberschmuck. Sie legte aber nur wenige Teile davon an, wenn sie in die Stadt oder zu Besuch in die Nachbarschaft ging. Bei den Festen trug sie ihn ganz und dazu noch Nandufedern auf dem Kopf als besonderes Zeichen ihrer Würde. Die Federn müssen die Indianer im Süden erhandelt haben, wo in der Pampa die Strauße leben, denn im Raum von Temuco gibt es keine.*

Ein großes, trommelartiges Instrument in der Hütte erregte meine Aufmerksamkeit. Die machi *gab es mir zu meinem Erstaunen ohne weiteres in die Hände. Ich hielt einen* kultrún, *eine Kulttrommel! Wie ich später erfuhr, entsteht ein* kultrún, *indem große Holzschalen aus einem Baumstamm herausgearbeitet und mit Ziegenbockleder bespannt werden. Diese Trommel hatte einen Durchmesser von achtzig Zentimetern! Mit einem kunstvoll geflochtenen Netz aus Roßhaar hält man das Leder in Spannung. Die Trommel wird noch praller, wenn man sie vor jedem Gebrauch am Feuer gut anwärmt. Eingeschlossen in den Klangkörper sind Silbermünzen, die beim Schlagen des Instrumentes klirrend die dumpfen Töne untermalen.*

Die machi *erzählte mir bereitwillig, daß sie den* kultrún *bei Krankenheilungen, Bittopferfesten,*

195

196

Oben: Reicher Silberschmuck ist selten geworden unter den Mapuche. Auch im Schmuck werden Glaubensvorstellungen umgesetzt. So zeigt das Stück unten rechts Idole. Das Kreuz ist hier kein christliches Symbol.

Linke Seite: Vor dem Fest schwärmen die Indianer in Gruppen aus, um Copihue- und Caneloblüten zu suchen, mit denen sie den Kultpfahl schmücken.

Rechts: Unter den Mapuche sterben die Silberschmiede aus, die noch einen solchen Kopfschmuck aus gestanzten Perlen mit bunten Bändern anfertigen können.

beim Morgengebet und Tanz schlägt. Aber zum Spielen und Vorsingen konnte ich sie nicht bewegen. Mit dieser Bitte hatte ich die Grenze ihrer Mitteilsamkeit überschritten. Der *kultrún* wurde abrupt an die Wand zurückgehängt.

Nur zögernd kam wieder eine „Unterhaltung" in Gang. Ich erfuhr noch, daß es sich bei den Zweigen am Stufenpfahl auf dem Hof um die drei wichtigsten Heilpflanzen einer Medizinfrau handelte. Lange Äste des Magnoliengewächses Canelo (Drimys winteri), *der Lorbeerart* Laurel (Laurelia sempervirens) *und des* Maqui (Aristotelia chilensis) *schmückten den Pfahl.*

Mittlerweile hatten sich verschiedene Familienmitglieder am Feuer eingefunden. Es wurde Zeit, daß ich mich verabschiedete. Daß ein neuer Besuch willkommen war, entnahm ich der Bitte der *machi*, aus der Stadt Zucker und Jerba-Tee mitzubringen.

Über den *rehue* oder *kemo-kemo*, wie die Mapuche den Stufenpfahl nennen, erfuhr ich mit der Zeit noch manche Einzelheit. Die beiden Silben des Wortes *rehue* (re gleich ausschließlich, unverfälscht, hue gleich Ort) bezeichnen einen für religiöse Handlungen auserlesenen Ort. *kemo-kemo* nennen die Mapuche einen Pfahl, der lediglich kultischen Handlungen vorbehalten ist. Nur auf dem

Hof einer Medizinfrauenhütte ist er zu finden, und zwar vier bis sechs Meter vor dem Eingang. Je nach der Würde und dem Alter der *machi* schlägt man in diesen Pfahl vier bis sieben Stufen einer „Himmelsleiter". Die letzte Stufe des *rehue* endet oft in einem nach Osten gerichteten, geschnitzten Gesicht, und eine kleine Plattform darunter dient ausschließlich der *machi* als Ort des Gebetes, an dem sie mit Gott in Verbindung tritt, wo sie von ihm Anweisungen und Eingebungen erhält.

Die *machi* besteigt den eineinhalb Meter hohen *rehue* beim *pillantún*, dem Morgengebet, beim *baile de machi*, *dem Tanz der Medizinfrauen*, und zuweilen auch beim *machitún*, *dem Ritual der Krankenheilung. Bei festlichen Anlässen wird der Stufenpfahl noch zusätzlich mit Blumen und Zweigen der drei heiligen Bäume –* Canelo, Laurel *und* Maqui *–, der* Quilineja *und den feuerroten Blüten der* Copihue *geschmückt.*

In den Zweigen hängt der Cantarito, *der Kelch der* machi, *ein kleiner Tonkrug, den die Mapuche mit würzigem Heilwasser von ausgekochten Caneloblättern füllen. Mit diesem Sud wird zum Beispiel Kranken der Körper eingerieben. Immer wird dabei der Kopf zuerst eingerieben; es mag mit dem Glauben zusammenhängen, daß die bö-*

sen Krankheitsgeister den Körper stets durch die Finger- und Zehenspitzen verlassen. Der cantarito wird nie vom rehue genommen.

Besteigt die machi den Stufenpfahl, so hält sie oft noch Canelozweige in den Händen, um die Verbindung zu Gott zu verstärken. Beginnt sie das Gebet, reicht man ihr den kultrún, den sie dann zum Gesang in eigenartigen Rhythmen schlägt. Der Wortlaut des Gebetes ist nicht festgelegt, sondern in freier Form dem jeweiligen Anliegen an die Geister und Gott angepaßt.

Eines Morgens machte ich mich wieder auf den Weg nach Rucahue, wie sich die Reduktion der Clorinda Manquilef nannte, beladen mit Jerba, Zucker und Früchten für die beiden Enkel Pancho und Gloria und Zigaretten für den Mann der machi. Er nannte sich zwar Kazike, also Häuptling, schien mir aber wegen seines Alters keine Sonderstellung unter den Indianern einzunehmen, während seine Frau von allen ehrfürchtig behandelt wurde. Sie hatte zu entscheiden, und ihrem Urteil beugte man sich. Zwar nahm die Indianerin auch diesmal gern meine Geschenke an, aber sie war nicht eben gesprächig. Im Korb beim Feuer schrie ihr Enkel. Als er sich nicht beruhigte, gab die Alte ihm kurzerhand die Brust. Die Medizinfrau klagte über Schmerzen in den Augen. Sie ging zum rehue auf dem Hof, pflückte ein Caneloblatt ab, benetzte es mit Speichel und klebte dieses Pflaster unter das besonders schmerzende Auge. Still saß sie dann auf dem Hocker. So erging es mir oft mit ihr. Aber ich verlor die Geduld nicht und wurde dafür belohnt.

Als ich die Reduktion, das Sippengebiet, wieder einmal bei strömendem Regen besuchte, sah ich auf dem Hof der machi am Pfahl eine weiße Fahne wehen und erfuhr, daß man gñechen, den Lenker der Menschheit (gñe gleich Lenker, Chen gleich Menschen) um gutes Wetter bitte. Anstelle der weißen Fahne hängen die Mapuche auch manchmal eine hellblaue hinaus, und war es lange Zeit zu trocken, so bitten sie gñechen mit einer schwarzen Fahne um Regen.

Diesmal erzählte mir die machi, wie sie Medizinfrau geworden sei. Die Indianerin sei, wie sie sagte, einer höheren Eingebung gefolgt. Als ganz junges Mädchen habe sie plötzlich die Kraft in sich verspürt, Kranke zu heilen. Sie sei eine Zeitlang wie benommen gewesen und habe viel zu gñechen gebetet, bis sie Gewißheit besaß, daß er sie zur machi auserkoren habe. Sie wurde dann von einer älteren Medizinfrau angelernt. Ich sah oft, wie sich den alten machis bei den Festlichkeiten eine junge Indianerin zugesellte. Sie hatte keine andere Aufgabe, als alles zu beobachten und kleine Handreichungen zu machen. Auf diese Weise lernen die künftigen machis die Heilkräuter kennen, die einzelnen Anzeichen für bestimmte Krankheiten und die vorgeschriebenen Riten für deren Heilung.

Die alte, zierliche Medizinfrau war mit ihren gewiß siebzig Jahren noch immer tagelang zu Fuß oder zu Pferd unterwegs, um den Kranken ihres Gebietes Linderung zu bringen. Sie erhielt dafür Naturalien oder Geld. Bei leichteren Erkrankungen, die auch wir mit Heilkräutern behandeln, hatte sie Erfolg. Indianer haben als naturverbundene Menschen mit Kräutern reiche Erfahrung. Wenn die Medizinfrau aber bei schweren Leiden keine Heilung erzielen konnte und ihre „Patienten" starben, kam sie nach ihrer felsenfesten Überzeugung gegen die Strafe Gottes oder die Rache eines Menschen nicht an und konnte deshalb die bösen Geister nicht aus dem Körper des Kranken vertreiben.

Durch Lucho erfuhr ich, daß seine Mutter ein Pferd, ein Schaf und einen Hahn besaß und sie als heilige Tiere pflegte. Diese durften nicht geschlachtet werden. Wenn sie einmal starb, sollten die Herzen der heiligen Tiere zusammen mit der in vier Teile zerschnittenen Kulttrommel mit ihr begraben werden. Von dem in früheren Zeiten üblichen Brauch, den Toten Schmuck, Waffen sowie in Tonkrügen Speisen und Getränke ins Grab zu legen, damit sie auf dem Wege ins nächste Leben Stärkung hätten, schien man hier nichts mehr zu wissen.

Clorinda Manquilef besaß nicht mehr viele Angehörige, denen sie bei ihrem Tode etwas hinterlassen konnte. Von ihren vierzehn Kindern lebten nur noch drei. Die anderen elf waren bereits im Kindesalter gestorben. Die hohe Sterblichkeit der Babys erstaunte mich nicht, als ich erlebte, unter welchen Verhältnissen die Neugeborenen aufwuchsen. In den Hütten war es nur dicht am Feuer warm; es zog durch die undichten Wände. Oft reichte die Nahrung nicht aus, die Eltern waren selber krank, besondere Hygiene war unter den primitiven Bedingungen kaum möglich.

Lucho meinte, daß er nach dem Tode seines Vaters Kazike, also Häuptling, sein würde. Als er scherzte, er würde sich dann mehrere Frauen halten, nahm ihm das seine Frau sehr übel.

„Jetzt sterbe ich nicht mehr!"

An einem strahlenden Sonntagmorgen wurde in Rucahue Johannistag gefeiert. Aus der Ferne leuchteten die Vulkane Llaima und Villarica herüber. *Ihre schneebedeckten Gipfel hoben sich leuchtend vom tiefblauen Himmel ab. Das Blau bot einen kräftigen Kontrast zu der weißen Rauchfahne, die aus dem Krater des Villarica aufstieg.*

Lucho war Festmeister. Er nahm gern die mitgebrachte damajuana *in Empfang, eine Korbflasche mit Rotwein.*

Die Vorbereitungen zum Fest waren in vollem Gange. Mit einigen großen Bambuszweigen wurde der Platz vor der Hütte gefegt und der Stufenpfahl mit Blumen geschmückt, wozu die greise machi *genaue Anweisungen gab. Die Männer – mit dem typischen Poncho und dem großen schwarzen Hut bekleidet – gruben zunächst die alten, trockenen Zweige vor dem* rehue *aus, lehnten sie an die* ruca *und steckten dann frische Äste der heiligen Pflanzen dicht am Pfahl in die Erde. Auch eine weiße und eine blaue Fahne banden sie am* rehue *fest. Zuletzt trugen die Indianer die Sippenfahne herbei, ein gelbes Tuch mit einer schwarzen Diagonale. Die Frauen brieten in der Hütte Fleisch am Spieß.*

Endlich nahm die machi *im vollen Festschmuck am Fuße des* rehue *auf einem Hocker Platz. Zu Ehren des Tages hatte man ihn mit einer bunten, handgewebten Decke überzogen. Zwei junge Indianerinnen brachten der Alten den am Feuer vorgewärmten* kultrún. *Das Fest konnte beginnen. Die* machi *schlug einige Rhythmen und forderte laut singend die Mapuche zum Tanz auf.*

Schon bei den ersten Klängen der Trommel erhoben sich alle, kamen eilig herbei und begannen, im Hüpfschritt um den Pfahl zu tanzen. Dabei trugen sie Canelozweige in den Händen. Hörte die machi *auf zu spielen, wurde in Tonkrügen mudai, ein Getränk aus gekautem Weizen, gereicht. Der* pulco, *wie sie den Rotwein nennen, trug sehr zur gehobenen Stimmung bei. Man tanzte und trank an diesem Morgen abwechselnd, bis plötzlich die Männer, die die zuvor an die* ruca *gelehnten trockenen Zweige vom* kemo-kemo *aufnahmen, einige Male damit zu den Klängen des* kultrún *um den Pfahl und die Medizinfrau herumtanzten und die Zweige dann zu einem etwa fünfzig Meter entfernten Bach trugen. Dort stellten sie den verwelkten Schmuck im dichten Gebüsch ab. Man sagte mir, daß niemand die Zweige verbrennen dürfe.*

Nach diesem Zeremoniell durfte ich die machi *zum ersten Male fotografieren. Dazu mußte ich in ihre* ruca *kommen, denn die anderen sollten es nicht sehen. Die alte Frau war sich wohl nicht sicher, ob an dem Glauben, man verliere durchs Fotografieren sein Gesicht, vielleicht nicht doch*

etwas Wahres sei. Aber sie hatte es mir versprochen und wollte nun daran festhalten, denn ich erfüllte ihr ja auch alle Wünsche. So entstand mein erstes Bild von der machi *im vollen Silberschmuck mit dem* kultrún *in der Hand!*

In der ruca *hingen an langen Drähten Töpfe über dem Feuer. In der Asche am Rande buken die Tortillas aus Weizenmehl, die ich noch oft bei den Indianern zu essen bekam und mit Appetit verzehrte. Für mich war eigens ein kleiner Tisch in Türnähe aufgestellt worden, und man „servierte" mir dort eine frische Tortilla, dazu zwei blauschalige Eier und ein Glas Rotwein.*

Inzwischen hatten sich draußen viele geladene und ungeladene Nachbarn eingefunden. Selbst zu Pferd kamen sie von weit her, um San Juan zu feiern, so daß bald der ganze Hof mit Indianern angefüllt war. Sie wurden alle freundlich bewirtet. Zur Mittagszeit schlachtete Lucho ein Schaf, damit für die zahlreichen Gäste auch genügend Essen vorhanden war. Seine Freunde standen um ihn herum, um entweder gleich etwas von dem frischen Blut zu trinken oder wenigstens später etwas gnachi, *geronnenes Blut, zu ergattern. Vom großen Spießbraten schnitt sich dann jeder nach Belieben ab und trank dazu tüchtig Rotwein. Bei allem, auch beim Tanzen, mußte ich mithalten, nachdem die fremden Indianer mich anfangs mißtrauisch betrachtet hatten und wohl jeder die* machi *nach mir ausgefragt hatte.*

Am Spätnachmittag machten sich die Mapuche langsam auf den Heimweg. Auch für mich wurde es Zeit, nach Temuco zurückzukehren. Ich verabschiedete mich mit dem Versprechen, bald Fotos zu bringen. Als ich das nach einigen Tagen tat, war die Freude über das wohlgelungene Bild groß. Die machi *bedankte sich mit den Worten: „Jetzt sterbe ich nicht mehr. Auch wenn ich tot bin, bleibe ich da!"*

Ein machitún *für eine* machi

Bei meinen vielen Besuchen in Rucahue klagte die machi *oft über Kopfschmerzen. Das Augenlicht ließ im Laufe des Jahres 1960 ständig nach, immer häufiger traf ich die Indianerin krank an. Sie saß meist apathisch auf ihrem Hocker und erzählte mir wieder und wieder von ihren Schmerzen. Als ich mich dann für fast drei Monate von ihr verabschiedete, um eine Reise zu den Galápagos-Inseln anzutreten, ahnte ich noch nicht, daß ich die* machi *bei meiner Rückkehr fast erblindet antreffen würde. Ende März 1961 war ich recht erschüttert, daß mich die Medizinfrau nur noch* an meiner Stimme erkannte. Das Augenleiden hatte fast alle Sehkraft zerstört. Die machi unterschied nur hell und dunkel, nahm aber keine Bilder mehr wahr. In ihrer Ratlosigkeit schickte sie eine Nachricht an eine Medizinfrau der benachbarten Reduktion Toltén und bat sie um einen machitún.

So befreundet ich inzwischen mit der Familie Manquilef war, von dem bevorstehenden machitún hatte mir keiner etwas gesagt. Und wäre ich nicht ganz zufällig am 17. März 1961 nach Rucahue gefahren, um einige Kleidungsstücke an die Indianer zu verschenken, so hätte ich eine seltene Zeremonie niemals miterleben können – einen machitún für eine machi!

Bei meiner Ankunft war trotz des herrlichen Sonnenwetters niemand auf dem Hof zu sehen. Die Tür zur ruca der Medizinfrau hatte man fest verschlossen. Irgend etwas Besonderes mußte vorliegen, denn sonst wurde ich schon von weitem begrüßt, wenn die Indianer das Geknatter meines Mopeds auf dem Karretenweg herannahen hörten. Schließlich kam Luisa, die Tochter der machi, aus der ruca und erzählte mir, eine Medizinfrau aus dem Süden sei gekommen, um ihrer Mutter zu helfen. Alle waren sie in der Hütte versammelt und bereiteten sich auf die Heilungszeremonie vor. Sie sollte am Nachmittag beginnen und auch noch den ganzen nächsten Tag dauern.

Während Luisa mit den Geschenken in die ruca zurückging, um zu fragen, ob ich hineinkommen und dableiben dürfe, sah ich mich auf dem Hof um. Meine Aufmerksamkeit galt drei Körben. Sie waren mit Pflanzen angefüllt, und beim genauen Hinsehen entdeckte ich, daß diese fein säuberlich sortiert waren. Im ersten Korb lagen ausschließlich Pflanzen vom Feld, im zweiten nur solche aus dem Walde – man hatte hauptsächlich Copihueblüten und Canelozweige gepflückt – und im dritten Gewächse aus den Bergen.

Während meiner Betrachtungen erklang plötzlich laut die Kulttrommel. Lucho erschien in der Tür und holte mich herein. Zuerst begrüßte ich die Kranke, die mich weinend umarmte. Längst hatte ich mich daran gewöhnt, wie ein Sohn von der greisen Indianerin begrüßt zu werden. Diesmal ergriff mich der Empfang besonders, denn die machi schien am Ende ihrer Kraft zu sein. Die Schmerzen hatten sie völlig ausgezehrt. Hilflos tastete sie sich zu ihrem Hocker zurück, während ich die mir fremde machi und die Verwandten der Manquilefs begrüßte. Alle saßen um das Feuer herum und beobachteten die Tortillas.

Nach und nach kamen immer mehr Indianer zusammen, Nachbarn und Freunde. Der Raum in

Die Medizinfrau Clorinda Manquilef schlägt ihre Kulttrommel. Wenn eine Medizinfrau stirbt, teilt man die Trommel in vier Teile und legt sie ihr mit ins Grab.

der ruca reichte schon längst nicht mehr aus; man gruppierte sich auf dem Hof und wartete.

Am Feuer wurde der kultrún angewärmt. Dann begann die Gast-machi zu singen. Luisa erzählte mir, die machi bäte gñechen um Hilfe bei der Heilung.

Plötzlich kam die betende Medizinfrau, die mich bisher recht skeptisch betrachtet hatte, und erbat sich eine der Schmerztabletten, die ich für die Kranke mitgebracht hatte. Es war etwas eigenartig und erheiternd, denn die Gast-machi wurde von Zahnweh geplagt.

Inzwischen gruben die Männer auf dem Hof vier etwa 30 cm tiefe Löcher. Auf beiden Seiten setzten sie je einen Canelozweig ein, in die beiden anderen Löcher die chilenische Nationalflagge und die Sippenfahne. Bevor die heilige Handlung begann, wurde zum Essen gerufen, das sich aus am Spieß gebratenem Schweinefleisch, Tortillas und gesüßtem Mate-Tee zusammensetzte. Dann wurden die letzten Vorbereitungen getroffen. Die Töchter der machi legten zwischen Tür und Feuerstelle eine Schafwolldecke, breiteten darüber das

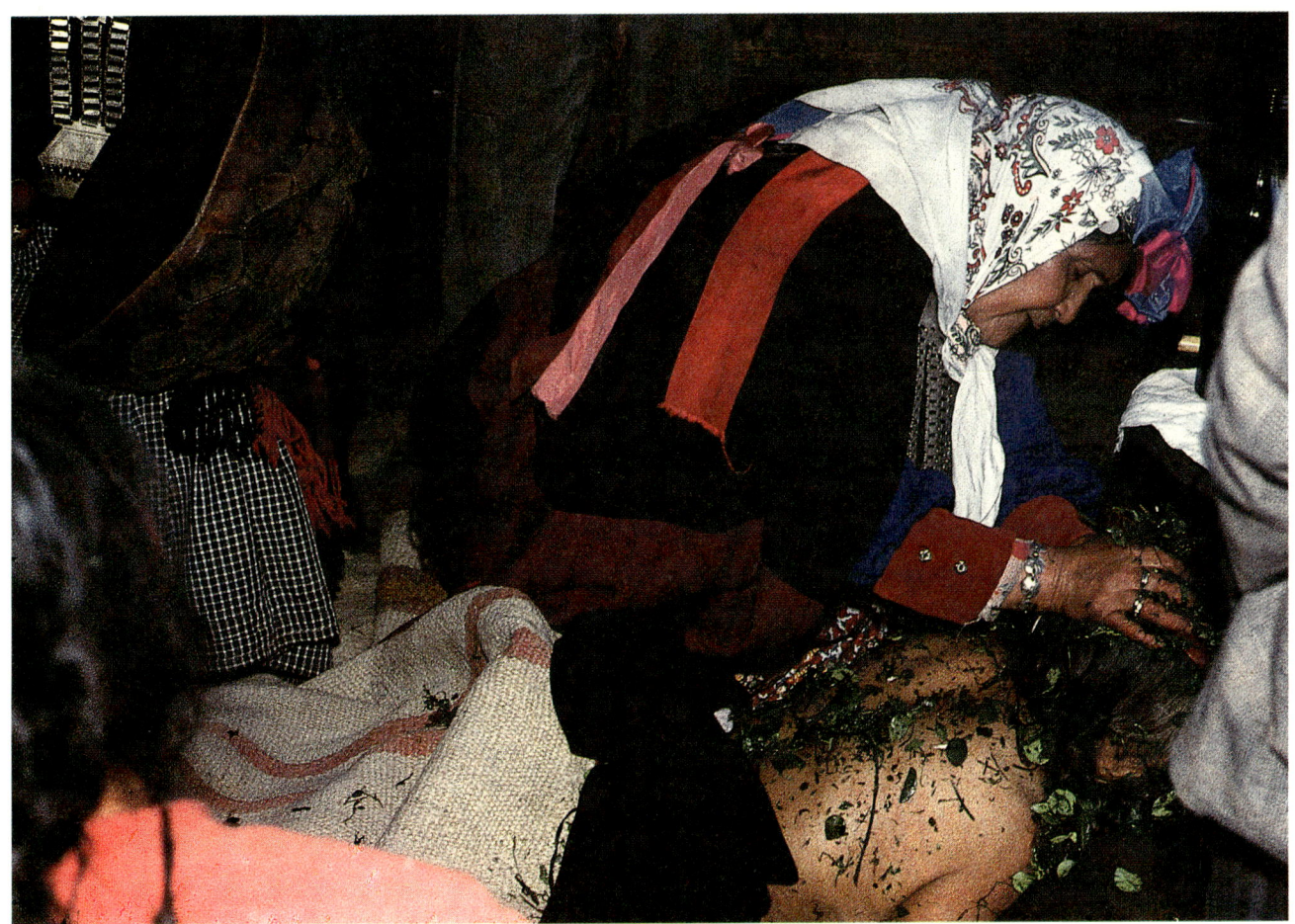

Die erblindete Clorinda Manquilet liegt entblößt, mit dem Gesicht nach unten, am Boden. Die Medizinfrau reibt sie mit Heilkräutern ein.

Umschlagtuch der Kranken und rollten ein Schaffell als Kopfkissen zusammen, das an das zur Tür weisende Ende gelegt wurde, so daß die machi dem Hof abgewandt liegen würde. Der Hocker der heilenden machi mußte so neben dem Lager stehen, daß sie stets den Blick auf den Hof zu dem Pfahl, den Zweigen und den Fahnen frei hatte. Zuletzt wurden am Fuß- und Kopfende je ein zwei Meter hoher Canelobusch eingegraben – dann war es soweit.

Die heilende machi ergriff den kultrún, verließ singend die Hütte und eilte zu den Fahnen, wo ein Tischchen mit dem Schmuck der Kranken und mit Geld stand. Sie setzte ihren flehenden Gesang zum monotonen Klang des kultrúns fort, den Blick zum Himmel gerichtet. Um die Medizinfrau hatten sich die Männer mit Stöcken in den Händen gruppiert, dahinter die Frauen. Direkt vor der Fahne standen ein Junge und ein Mädchen von etwa 15 Jahren. Beide hielten in der rechten Hand ein großes Messer und tanzten ununterbrochen zu dem schwermütigen Gesang der machi – eigentlich war es nur ein Vor- und Rückwärts-

schreiten. Plötzlich wurde das Singen lauter, bis es in Schreien überging. Das war das Zeichen für die Männer, die Knüppel über ihren Köpfen zusammenzuschlagen und die bösen Geister durch den Lärm zu verjagen. Die Medizinfrau schlug den kultrún immer heftiger und drehte sich in halben Umdrehungen nach allen Himmelsrichtungen. Schließlich brach sie den Gesang ab und ließ sich einen Krug mit vergorenem Apfelsaft reichen, um bald die gleiche Zeremonie in verstärkter Form zu beginnen. Dabei geriet sie in völlige Ekstase. Mit geschlossenen Augen unterbrach sie immer wieder durch lautes Schreien ihren Gesang und bat nach allen Seiten hin gñechen, die bösen Geister zu vertreiben.

Dann begann die eigentliche Heilung. Die machi kehrte in die Hütte zurück, wo die Kranke auf ihrem Hocker saß, in tiefem Gebet versunken. Sie wurde von den Frauen entkleidet, während die Männer mit ihren Stöcken und Canelozweigen um das Lager tanzten; sie ließen sich von einem Fuß auf den anderen fallen und rückten so immer ein Stückchen weiter. Die machi wurde mit dem Kopf zur Tür auf das Lager gelegt, der Unterleib mit einem schwarzen Tuch bedeckt. Das Tischchen mit dem Schmuck und einem Krug chicha wurde an das Kopfende der Krankenstatt gestellt,

wo bereits die drei Körbe mit den Heilpflanzen standen. Die Heilende kniete sich barfuß links neben die Kranke, nahm die Messer der beiden jungen Indianer und schärfte sie über dem chicha-krug. Der Junge und das Mädchen stellten sich rechts und links von der Tür auf, die anderen schlossen sich an und bildeten so einen Kreis um die beiden Medizinfrauen.

Wieder wurde der kultrún geschlagen, diesmal von einer Gehilfin, und die Medizinfrau begann erneut ihren Gesang, zu dem die Männer tanzten. Hinter uns standen die Frauen, von denen eine Heilkräuter mit zwei großen Mahlsteinen zerquetschte und den Pflanzenbrei in einen der Körbe neben den Kopf der Kranken füllte. Nun entnahm die Medizinfrau mit beiden Händen das Gemenge und drückte es der Blinden in die Augen und gegen den Kopf. Unter Singen und Sprechen salbte sie das Gesicht, die Haare und den Hals. Plötzlich schrie sie, so laut sie konnte, der Kranken ins Ohr, um die Geister auszutreiben – ziehende Bewegungen unterstrichen ihr Tun. Sie zerrte das Unsichtbare aus dem Haupt, hielt inne und begann erneut, den Hals einzureiben. Sie erfaßte beide Brüste, zog und preßte, zog an jedem Finger und saugte schließlich mit dem Mund das Böse aus ihnen heraus. In äußerster Ekstase zerr-

Oben: Dankopferfest für die gelungene Heilung der alten Medizinfrau. Die hier versammelten machis haben freilich keinen Anteil an dem Erfolg.

Rechte Seite: Eine gelungene Operation hat der Medizinfrau das Augenlicht zurückgegeben. Mit den Alten sterben die meisten Traditionen im Indianerland.

te sie an der Kranken und stieß heulende Laute dabei aus. Mit neuen Heilkräutern bearbeitete sie den Leib, knetete ihn durch und walkte beide Beine. Bewegungslos und schweigend ließ die Blinde alles über sich ergehen. Nur wer glaubt, kann solche Qualen ertragen.

Nach einer kurzen Pause schliff die machi erneut die Messer über dem Krug und trank ein von Feilspänen durchsetztes Getränk. Sie begann durch die Hütte zu tanzen – vorwärts und rückwärts –, das Messer über dem Kopfe schwingend. Mit dem Maquizweig, den sie in der linken Hand hielt, berührte sie alles. Zwei Gehilfinnen begleiteten ihren Tanz mit den kultrúns der beiden machis. Die schwermütigen Töne eines trutruca-Bläsers untermalten den Rhythmus. Völlig erschöpft sank die Medizinfrau auf einen Hocker. Aber schon bald wiederholte sich das Heilungsritual. Vom Kopf

bis zu den Zehenspitzen, diesmal auf dem Bauche liegend, wurde die Kranke behandelt.

Es war dunkel geworden, als die Indianerin von ihren Töchtern wieder angezogen wurde. Alle Kultgegenstände wurden weggeräumt, und die Tänzer zogen hinaus vor die Hütte, um den Bittgesang anzustimmen. Erschöpft blieb die blinde machi zurück. Noch einmal wurde der kultrún geschlagen, und unter lautem Schreien der Indianer wandte sich die Medizinfrau in ruckhaften halben Umdrehungen nach rechts und links. Damit war nach über zweistündigem Ritual der machitún für diesen Tag zu Ende. Die Mapuche setzten sich ans Feuer und plauderten miteinander, während die Töchter der Clorinda Manquilef Tortillas, chicha und mudai verteilten. Erst spät in der Nacht kehrte ich nach Temuco zurück.

Als ich am nächsten Morgen nach Rucahue kam, saßen beide machis am Pfahl in der Sonne. Die Männer ersetzten gerade die welk gewordenen Canelozweige durch frische und größere. Beide machis ergriffen ihren Kultrún und begannen zu spielen. Die Mapuche nahmen Maquizweige und stellten sich in Doppelreihe zum Tanz auf. Lucho führte ein geschmücktes Pferd zum Pfahl. Ihm folgten ein Indianer mit einem bekränzten Schaf und eine junge Frau mit einem Huhn. Die kranke machi streichelte das Huhn und sprach mit ihm, nahm Maquizweige und Schellen und bewegte beides schüttelnd auf das Tier zu. Dann wurde ihr das Huhn auf den Kopf gesetzt. Auch dem Schaf und dem Pferd legte die Kranke singend die Hände auf. Alle drei Tiere gelten unter den Mapuche als heilig.

Die alte machi ging nun mit der Gast-machi zum Pfahl. Sie benetzte Maquizweige mit Mudai und besprizte ihn. Auch sie selbst ließ sich besprizten, bis das Getränk an ihr herunterlief. Bis zum Dunkelwerden tanzten die Indianer um den Pfahl, sangen und tranken. Als die blinde machi über heftige Schmerzen klagte, legte ihr die Gast-machi noch einmal Heilkräuter auf die Augen und schrie ihr in beide Ohren: das sollte die bösen Geister endgültig vertreiben. Schweigend und aufmerksam hörten die Indianer zu, als die Medizinfrau die Hände über dem Kopf der Kranken ausbreitete und das letzte Gebet sang.

Da dieser machitún der greisen Clorinda Manquilef keine Heilung brachte, begab sie sich in der zweiten Aprilhälfte mit ihrer Tochter Luisa nach Toltén, um die Behandlung fortsetzen zu lassen. Immer noch blind und elender als je zuvor kehrte sie nach zehn Tagen zurück. Sie wurde von einer anderen machi, auf deren Hilfe sie nun ihre letzte Hoffnung setzte, begleitet. Erneut begann die Heilungszeremonie. Ich hatte erst in einer kurzen Pause Gelegenheit, meine Freundin zu begrüßen. Sie begann bitterlich zu weinen, als sie meine Stimme erkannte, und sagte immer wieder: „Wie oft habe ich Kranke geheilt, wie vielen Menschen habe ich geholfen. Mir bringt keiner Hilfe." Bis zum Abend dauerte das Heilungsritual. Am nächsten Tag wurde es wiederholt.

Am dritten Tag begannen beide Medizinfrauen am Pfahl um die Rückgabe des Augenlichtes zu beten. Da die Mapuche diesmal nicht dazu tanzten, konnte mir Lucho das Gebet der Heilenden übersetzen: „Gñechen, du hast mich auserwählt, machi zu sein. Nun gib mir die Kraft – hilf mir, die Kranke zu heilen. Laß das Böse, das in ihrem Körper steckt, wieder entweichen, damit sie wieder sehen und arbeiten kann. gñechen, ich rufe dich! gñechen, hilf mir!"

Während einer kleinen Pause legte Lucho beiden machis einen Kranz roter Copihues um. Nach einem besonders starken Trommelwirbel entnahm die fremde machi ihrer Blumenkette eine große Blüte, die sie zerkaute und hinunterschluckte. Mit der linken Hand stützte sie den Kopf der Kranken, zog mit der rechten die Lider auseinander und leckte das kranke Auge aus. Dies wiederholte sich zweimal. Mit dem höchsten Stand der Sonne endete die Zeremonie. Auch sie brachte keinen Erfolg.

Als die Greisin zum Skelett abgemagert war und am Ende ihrer geistigen und körperlichen Kräfte zu sein schien, brachte ich zwei Ärzte aus Temuco mit hinaus nach Rucahue. Der eine, Augenspezialist, stellte fest, daß beide Augen am grauen Star erkrankt waren und nur eine Operation dem einen Auge etwas Sehkraft wiedergeben konnte. Das andere war, vermutlich durch die Rituale, zu stark verletzt. Beide Ärzte erklärten sich bereit, die alte Medizinfrau kostenlos zu operieren und zu betreuen.

Wie aber konnten wir eine Medizinfrau, die glaubte, nur gñechen könne Kranke heilen und ihr allein sei Kraft gegeben, als Vermittler zwischen Gott und den Menschen zu dienen, davon überzeugen, daß nur eine Operation sie von den Schmerzen befreien und ihr einen Teil des Augenlichtes zurückgeben konnte? Es dauerte lange, bis der Eingriff endlich unternommen werden konnte. Wie sehr mich die Vorstellung eines möglichen

Mißlingens peinigte, soll hier nicht geschildert werden. Ängstlich verfolgte ich die Operation und die fortschreitende Heilung.

Nie werde ich vergessen, wie ich mit der geheilten machi *im Auto aus der Stadt zur* ruca *zurückkehrte! Mit welcher Freude begrüßte sie ihre Kinder und Enkel, jeden Baum, jedes Tier! Sie lief zu den Feldern und genoß das unbeschreibliche Glück, wieder sehen zu können. Behutsam strich sie mit der Hand über den Weizen und feierte im wahrsten Sinne des Wortes – Wiedersehen. Unzählige Male murmelte sie: „Gracias, Dios! – Dank, Gott!"*

Mich nannte sie von da an ihren Sohn, und ich hatte nicht nur Zugang zu den Festen ihrer Sippe, sondern auch zu denen der näheren Umgebung. Stets wurde ich freundlich aufgenommen – ich gehörte dazu.

Was wir in den entlegenen Indianerdörfern von Kolumbien bis Chile beobachten können, ist das bescheidene Beharren auf solchen Traditionen, die untrennbar mit der Seelenwelt der Indianer verbunden sind und schon vor den Inka existiert haben. Auch die katholische Kirche, deren Kreuz in blutigen Boden gepflanzt worden ist, hat das zur Kenntnis nehmen müssen.

6 Gefahren

Natur
auf dem Rückzug

*Möge es der Nachwelt glücken, den Zusammen-
hang zwischen der materiellen und der moralischen Welt in ein helles Licht zu rücken*

Alexander von Humboldt

Die Stimmen des ökologischen Gewissens

Überall in den Anden muß die Natur dem Menschen weichen.

Noch in Humboldts Jahrhundert hat García Moreno, Präsident im unabhängigen Ecuador, die abgeholzten Hänge um die großen Städte mit landfremden Eukalyptusbäumen bepflanzen lassen. Inzwischen sind die seit 1860 eingeführten Bäume schon zu Charakterpflanzen in den Nord-Anden geworden. Dort sind die Behörden auch stolz auf die ausgedehnten Bestände landfremder Kiefern. Während der heutige Betrachter hier „nur" den Verlust einer in Jahrtausenden entstandenen Artenvielfalt, nicht aber die Erosion zu beklagen hat, brennt man an anderer Stelle den Wald einfach nieder. Er muß den dürftigen Anpflanzungen Raum geben, die auf die Dauer nicht einmal die Familien der Kleinbauern ernähren.

Eine verfehlte Gesetzgebung verpflichtet in einigen Anden-Staaten die Neusiedler gar, zuerst die Bäume zu fällen. Sie mißachtet auch die Erkenntnis, daß gerade die Kammwälder, deren Wipfel den Nebel und die Regenwolken auskämmen und deren Wurzelwerk den Boden festhält, unbehelligt bleiben müssen. An vielen Stellen kann man nun sehen, daß das Regenwasser von den nackten und damit ungefestigten Hängen heute zehnmal schneller abfließt als das früher geschehen ist. Die Flüsse schwellen sehr schnell an, ihr Delta verschlammt. In den Niederungen sind Überschwemmungskatastrophen, aber auch Regenarmut und Dürre, die Folgen. Der Feuchtigkeitsgehalt der Luft ist schon nach ein paar Stunden aufgesaugt, so daß selbst die auf den Rodungen wachsenden Nahrungspflanzen auf die Dauer kaum eine Chance haben. Immer mehr empfindliche Wildpflanzen des Nebelwaldes sterben aus.

Wachsame Naturbeobachter sehen noch weitere, schlimmere Veränderungen. Sie sehen frühere Schneegipfel ihrer Eiskappe beraubt. Auf dem Vulkan Chiles, auf dem Cotacachi und dem Tungurahua sind zum Beispiel die Eis- und Firnfelder abgeschmolzen, während auf dem Illiniza, dem Chimborazo und an der Westseite des Cotopaxi die Gletscher zurückweichen und immer größere Felsflächen zum Vorschein kommen.

Heute ist es zwar im Gegensatz zu Humboldts Tagen möglich, die Ansprüche einer Organismen-Gruppe und ganzer Lebensgemeinschaften entlang der Nahrungskette bis zu den hochorganisierten Lebewesen zu ermitteln, tief ist indessen die Kluft zwischen den Einsichten der Ökologen und den Zwängen, die Armut und Hunger in den Anden-Staaten schaffen.

Harald Sioli, der ehemalige Direktor des Max-Planck-Instituts für Tropenökologie, den wir mit unseren Aufnahmen fortschreitender Umweltzerstörung in Plön besuchten, beklagte, daß der Mensch sich nicht mehr passiv mit seiner Umwelt auseinandersetze, sondern nur noch aktiv: „Ökologisch betrachtet", sagt er, „ist der Mensch ein Organismus mit einer inneren Gesetzlichkeit, nach der er handelt und von der er regiert wird. Dieser Organismus steht in der Auseinandersetzung mit seiner Umwelt, die eine andere Gesetzlichkeit hat. Zwischen Mensch und Umwelt besteht ein Spannungsfeld, das wir die Bühne des Lebens nennen können. Lange haben auf dieser Bühne die Partner dasselbe Recht auf Existenz gehabt. Doch nun hat der Mensch die Eigengesetzlichkeit der Natur zerstört und ihr seine Gesetze aufgezwungen."

Sioli beklagt im Gespräch mit uns auch den Verlust der Gesamtschau in der Wissenschaft: „Alexander von Humboldt hat den Menschen in das Gesamtbild der Natur einbezogen. Doch weil dessen Gesamtschau heute nicht mehr angestrebt wird, dies auch gar nicht mehr möglich ist, fällt der Mensch aus dem Rahmen. Worum geht es also? Es geht darum, den Menschen – wie es einst Humboldt getan hat – in den Naturzusammenhang wieder einzugliedern."

Der Forschungsreisende aus Preußen, der Südamerika am 15. Februar des Jahres 1803 verließ, hat wohl seinen Ausspruch nicht so wörtlich genommen, aber wir möchten ihn dennoch im Sinne einer Aufforderung zur Versöhnung des Menschen mit der Natur verstehen: „Möge es der Nachwelt glücken, den Zusammenhang zwischen der materiellen und moralischen Welt in ein helles Licht zu rücken."

ANHANG

Anden-Lexikon

Achiote: Der Strauch der *Bixa orellana* (siehe dort!) bildet Fruchtkapseln, aus denen die Indianer einen roten Fettfarbstoff gewinnen, mit dem sie ihre Haartrachten einfärben und Gesicht und Körper bemalen.

Äquinoktium: Das Gebiet der Tag- und Nachtgleiche am Äquator; in den Anden verläuft der Nullmeridian nördlich von Quito durch Ecuador.

Acullicu: Ein Wort aus der Ketschua-Sprache. Gemeint ist damit eine Kugel aus Quinoa-Asche in der Größe eines Tischtennisballes. Die Substanz wird aus der Asche von Quinoa-Stengeln gewonnen, mit Wasser vermischt und zum Ball geformt. Der Wirkstoff darin heißt auf Ketschua Llipta. Er entzieht den Coca-Blättern den bitteren Geschmack. Beim Drogengebrauch schaben die Hochland-Indianer mit den Zähnen etwas Asche vom Rand der harten Kugel ab und behalten sie zusammen mit den Cocablättern im Mund.

Ají: Spanische Bezeichnung für Paprika.

Alama: Indianer in Ecuador, die Ketschua sprechen. Sie haben im 16. Jahrhundert noch im Hochland von Ecuador gesiedelt. Die spanischen Eroberer drängten sie an den Saum der Anden ab.

Alcalufes: So nannte sich einer der drei Stämme der Feuerländer. Um das Jahr 1960 wurde die Zahl der Alcalufes noch auf 160 Personen geschätzt.

Aldea: Spanische Bezeichnung für Siedlung.

Altiplano: Das Wort aus dem Spanischen charakterisiert die Hochebene südlich des Titicaca-Sees in Bolivien (vgl. auch Reg.).

Alto Perú: Die Spanier nannten den Teil ihres Herrschaftsgebietes, der heute weitgehend in den Grenzen Boliviens liegt, Alto Perú, also Hoch-Peru.

Anaco: Der traditionelle Rock der Frauen vom Volk der Otavaleño in Ecuador.

Añchimallín: Einäugiger Zwerg, der nach dem Glauben der Mapuche in Südchile nachts umhergeistert und demjenigen, der ihn sieht, Unheil bringt.

Andenes: Altes indianisches Wort, das schon vor der Inka-Zeit die charakteristischen, in die Berghänge gestuften Pflanzterrassen der Indianer bezeichnete. Seit der Eroberung durch die Spanier gilt das Wort für die gesamte Gebirgskette.

Andira: Spanische Bezeichnung für die Fledermaus.

Apachetas: Die kleinen Steintürmchen in der Ketschua-Sprache, in denen die Indianer den Paßgöttern oder Bergmächten Cocablätter, Kugeln aus Quinoa-Asche und andere Opfer darbringen, um auf gefährlichen Wegen Schutz zu finden.

Araukaner: Dieses Indianer-Volk hat nicht nur Reduktionen südlich des Bio-Bio-Flusses in Chile als Wohngebiet, sondern lebt auch in einigen Dörfern in der argentinischen Provinz Nuiguín. Araukaner nennen sich selbst Mapuche (vgl. auch Reg.).

Arazee: Das im Hochland verbreitete Aronstabgewächs gehört zu den Kolbenblütlern.

Atacama: Nordchilenische Wüste (vgl. auch Reg.).

Ayacucho: Der Name für Stadt und Provinz in Peru stammt aus dem Ketschua und bedeutet Ecke des Todes.

Ayahuasca: In der Ketschua-Sprache wird mit diesem Wort, das „Liane des Todes" bedeutet, eine Rauschdroge bezeichnet, die vor allem in Heilungszeremonien eingesetzt wird, und zwar in der heißen Zone von den Indianern im Regenwald. Die Pflanze, aus der der Sud gewonnen wird, gehört zu den Banisteriopsis-Arten.

Ayllu: Ketschua-Bezeichnung für den Familienverband, dem blutsverwandte Familien angehören. Die strenge Struktur, die noch aus der Vor-Inka-Zeit überliefert ist, hat sich gelockert, ist unter den Bergbauern jedoch noch immer intakt. Eine Anzahl Ayllus sind in der Comunidad, der Gemeinde, zusammengeschlossen, der ein Alcalde, ein Bürgermeister, vorsteht.

Aymará: Viehhalter. Das Hauptsiedlungsgebiet dieser Indianer ist die Puna Boliviens. Ihre Vorfahren gelten als Schöpfer der Tiahuanaco-Kultur. Neben dem Ketschua, dem Chibcha und dem Mapuche ist das Aymará auch eine der großen, noch lebendigen Indianersprachen in den Anden. Zu den Aymará gehören auch die Bewohner der schwimmenden Inseln aus Schilfpolstern im Titicaca-See. Sie gelten als Nachfahren der Uru, die einst zwischen Tiahuanaco und dem Pazifischen Ozean siedelten. Sie selbst werden auch Uru genannt (siehe auch unter *Uru*).

Bactris-Gewächse: Diese Pflanzen bilden größere Dickichte an den Anden-Hängen und gehören zu den Stechpalmen.

Balsa: Das geläufige Wort für den Ochroma-Baum, der in der feuchtheißen Zone, der *tierra caliente*, zu beiden Seiten der Anden ein häufiger Flußbegleiter ist. Sein leichtes Holz wird im Flugzeug- und Modellbau sowie in Ecuador auch immer noch zu Flößen verwendet. Schon in Alt-Amerika wurden mit Balsa-Flößen Handelsreisen und Expeditionen unternommen.

Bambus: Bambus gehört zur Gattung der Gräser. In der *tierra caliente* wird der Königsbambus bis zu 30 m hoch.

Barbasco: Gebräuchliches Wort für ein Gift, das aus der Pflanze *Lonchocarpus iteles* gewonnen wird. Die Indianer der *tierra caliente* fischen damit. Es lähmt die Atmungsorgane der Fische.

Barriadas: Slums und Elendsviertel, Barackensiedlungen der landflüchtigen Menschen, die in südamerikanischen Großstädten nicht Fuß fassen können und provisorische Hütten bauen. Die Einwohnerzahl der Barriadas ist zum Beispiel um Lima größer als die der eigentlichen Stadt und steigt weiter.

Bayetas: Wollstoffe von den Webstühlen der Indianer, die auf ihren Märkten verkauft werden.

Bichos: Sandflöhe, die Badelustigen an der Küste und an Flußläufen leicht den Spaß verderben.

Bignoniazeen: Dieser Pflanzenfamilie gehören rund 500 Arten – Lianen, Bäume und Sträucher – an.

Bixa orellana: Der Strauch der *Bixa orellana* kommt in der *tierra caliente* am Saum der Anden vor. Die Colorado-Indianer bei Santo Domingo in Ecuador färben sich mit dem roten Fettfarbstoff aus den Fruchtkapseln heute noch die Haartracht ein. Die gebräuchlichsten Bezeichnungen in Südamerika sind Achiote, Anotto, Onoto und Attalo.

Boa: Boas (lat. *Boidae*) sind eine Familie der Riesenschlangen, deren in Südamerika bekannteste Vertreterin, die Anakonda, in der Klimazone der *tierra caliente* auch am Anden-Saum vorkommt. Die zehn Meter lange Anakonda, für die die New Yorker Zoologische Gesellschaft eine hohe Dollar-Prämie ausgesetzt hat, wird seit Jahrzehnten gesucht und nicht gefunden.

Boca: Spanisches Wort für Flußmündung (Maul).

Bocina: Blasinstrument aus den Segmenten des Rinderhorns, ähnlich der *corneta*.

Boldo fragrans: Aromatischer chilenischer Laubbaum, dessen Früchte und Blätter in Heilmitteln für Leberkranke verwendet werden.

Bombo: Große Trommel, die zum Instrumentarium jeder dörflichen Blaskapelle der Anden-Indianer gehört.

Bromeliazeen: Epiphyten, sogenannte Überwuchspflanzen, die zur Familie der Ananasgewächse gehören (vgl. auch Reg.).

Brujo: Spanisches Wort für Zauberer (*brujeria* bedeutet Hexerei). Der Einfluß der Zauberer ist unter Indianern und Weißen in manchen Anden-Gebieten noch groß (vgl. auch Reg.).

Caballitos de totora: Leichte Binsenboote der Indianer auf dem Titicaca-See. *Caballito* ist das spanische Wort für Pferdchen.

Cabildo: Dem *cabildo* oblag in der Kolonialzeit die Verwaltung der lokalen Angelegenheiten (vgl. auch Reg.).

Camancháca: In Chile der vom Humboldt-Strom aufsteigende Kältenebel (siehe auch unter *Garua* und vgl. Reg.).

Cañari-Indianer: Im südlichen Hochland Ecuadors ansässig. Ihre Vorfahren spielten eine wichtige Rolle als Verbündete der Spanier während der verschiedenen Schlachten mit den Inka.

Caño: Wenn der Fluß in der Trockenzeit zurücktritt bleiben die *caños,* die Trockenbetten oder Kanäle, zurück.

Canoa: Einbaum, Kanu.

Capybara: Das „Wasserschwein", die größte Nagetierart der Welt, kommt in den Flußgebieten der *tierra caliente* bis 500 m Höhe vor.

Ceiba: Der Wollbaum *(Bombazee)*, eine Gattung aus der Familie der *Bombazeen*, trägt Kapseln, in denen die Samen in Wolle eingebettet sind.

Ceviche: Sehr schmackhaftes, scharfes Gericht, bei dem roher Fisch oder rohe Krabbenschwänze durch den Saft grüner Limonen gar werden.

Chacra: Kleine, meist von Indianern bepflanzte Rodungen in der Nebelwald-Region und der *tierra caliente*.

Charango: In den Anden ein kleines, mandolinenartiges Saiteninstrument, dessen Resonanzboden aus dem Panzer des Gürteltieres besteht.

Charki: Bezeichnung der Hochland-Indianer für gefriergetrocknetes Fleisch.

Chicha: Das Wort aus der Ketschua-Sprache bezeichnet eine Standardnahrung der Hochland- und der Urwald-Indianer. *Chicha* wird schon seit Jahrtausenden getrunken. Das nahrhafte Getränk entsteht, indem die Frauen Maniok- oder Maisbrei durchkauen und in die Breimasse zurückspeien. Mundbakterien und Enzyme im Speichel bewirken die Fermentierung. Nach kurzer Lagerung genießt man, vermischt mit Wasser, das leicht alkoholisierte, nach Sauermilch schmeckende Getränk. Im Hochland trinkt man Mais-*Chicha*. Andere Worte für *chicha* sind *poqu, pajuaro* oder *püserego*.

Chiloten: Volk in Südchile, das den Archipiélago de Chiloé bewohnt und auf kleinen Segelschiffen das Meer befährt. Fische, Muscheln, Krebse (Picos), Riesenkrabben und die Meerespflanze „Luche" bilden die Ernährungs- und Handelsgrundlage der Chiloten. Sie wanderten als abgedrängter Zweig der araukanischen Huiliche (Südleute) in die Inselwelt ein und vertrieben die Chonos. Sie selbst nannten sich Cuncos, als die Spanier sie auf den Inseln antrafen.

Chimborazo: Der Name dieses höchsten Berges in Ecuador bedeutet König des Todes und stammt aus dem Ketschua (vgl. auch Reg.).

Chinchillas: Kleine Nager, die in großen Höhen über 3000 m leben und sich hauptsächlich von Algarobelles-Samen ernähren. Durch die Jagd wurde wegen ihres kostbaren Pelzes insbesondere die Art *Eryomis brevicaudata* schon Ende des vorigen Jahrhunderts an den Rand des Artentodes gebracht. Die Ausfuhr der chilenischen Provinz Coquimbo betrug im Jahre 1900 40 000 Felle. Heute gibt es staatliche Zuchtanstalten.

Chinchona officinalis: Wissenschaftlicher Name des Chinarinden-Baumes (vgl. auch Reg.).

Chinos: Tänzer im „Kleinen Norden" Chiles, die in der alten Tracht der *mineros* zum Klang der *quena* tanzen. Ihre Sprünge erinnern an Tier-Pantomimen.

Chipaya-Indianer: Sie bewohnen nur noch mit etwa fünftausend Menschen in Rundhäusern ein kaltes, wenig fruchtbares Hochplateau am Rio Lauca, im bolivianischen Departement Oruro. Sie halten sich für direkte Nachfahren der Inka. Eigentümlich ist ihre aus vielen kleinen Zöpfen bestehende Haartracht.

Chirimia: Bambusflöte von 20 cm Länge mit sechs Zungen, die über acht Grifflöcher kontrolliert werden; nur in den Anden Ecuadors gebräuchlich.

Choclos: Gekochte Maiskolben, die von den Indianern meist zusammen mit Käse an Bahn- und Busstationen sowie auf Märkten angeboten werden.

Cholo: Verächtlich gemeinte Bezeichnung für den Mischling indianischer und weißer Herkunft.

Chullos: Typische, mit Ohrenschützern versehene Kopfbedeckungen peruanischer Hochanden-Bewohner. Chullos werden meist von den Männern gestrickt.

Chuño: Die durch Frost und Sonnenstrahlen systematisch gefriergetrocknete und damit konservierte Kartoffel der Hochland-Indianer.

Clarin: Der *clarin*, eine eineinhalb Meter lange Bambusflöte, wird im Raum Cajamarca, Peru, und bei der Reinigung der Bewässerungskanäle der Atacameños in Nordchile gespielt.

Coca: Die kokainhaltigen getrockneten Blätter des Cocastrauches werden in den Anden seit vermutlich mehr als 4000 Jahren als Droge gegen Hunger, Durst, Kälte und Müdigkeit, aber auch gegen akute Schmerzen genommen. Späte Folgen des regelmäßigen Genusses sind Schäden im Blutkreislauf, an der Haut und den Zähnen; geistig-seelische Folgen sind Apathie und Konzentrationsschwäche. Die Droge ist für die Indianer indessen kein Schutzmittel, sondern Helfer bei extremen Belastungen. Nur im Hochland ist der Cocagenuß erlaubt. Dort bieten die Indianer getrocknete Blätter der Pflanze *Erychroxylon coca* aus der Familie der Rubiazeen an.

Cocha: In geographischen Namen häufig auftretende Ketschua-Bezeichnung für See.

Cofradias: Die Organisation der Laienbruderschaften (vgl. auch Reg.).

Colorados: Die Chibcha sprechenden Indianer Ecuadors, die am Fuß der Anden bei Santo Domingo wohnen. Sie sind durch ihre rotgefärbte Haartracht charakterisiert und bepflanzen mit etwa 1000 Stammesangehörigen ein fruchtbares Gebiet. Die Medizinmänner der Colorados sind im weiten Umkreis berühmt.

Coquitos: Eßbare Kerne der chilenischen Palme *(Yubaea spectabilis)*.

Cordillera: Spanisch für Kette oder Gebirgskette (vgl. auch Reg.).

Cueca: Chilenischer Nationaltanz. Er breitete sich als *cueca chilena* auch nach Bolivien und Peru aus, wo er auch unter den Namen *chilena* und *marinera* weitergepflegt wurde.

Cultrum: Handtrommel der Araukaner in Südchile, die die *machi,* die Medizinfrau, bei den Ritualen schlägt, auch *kultrún* genannt (vgl. auch Reg.).

Cuntur: In der Ketschua-Sprache bezeichnet das Wort den Kondor.

Curaca: Alte Ketschua-Bezeichnung für den Häuptling oder das Oberhaupt eines Dorfes, eines Stammes oder eines Gebietes. Später wurde es mehr und mehr verdrängt durch das Wort *kazike*.

Curandero: Spanisches Wort für Quacksalber; der *curandero* kuriert die Leute mit Zaubermitteln (vgl. auch Reg.)

Curanto: Hauptgericht der Chiloten, das heute in ganz Chile gegessen wird. Es besteht aus Muscheln, Kartoffeln, Fleisch und Fisch und wird in einer Erdgrube auf erhitzten Steinen zubereitet. Die einzelnen Schichten werden mit Pangiblättern abgedeckt.

Cuy: Bezeichnung der Ketschua-Indianer für das Meerschweinchen (vgl. auch Reg.).

Diabladas: Teufelstänzer in der bolivianischen Bergbau-Stadt Oruro und in Puno am Titicaca-See, deren expressive Darbietungen viele Menschen anlocken; sie tanzen während der Prozessionen anläßlich der Feste der Madonna de la Candelora.

ENAFER: Abk. auf den Zügen der staatlichen peruanischen Eisenbahngesellschaft für Empresa Nacional de Ferrocarriles de Peru.

ENFE: Abk. für Empresa Nacional de Ferrocarril del Estado, die staatliche Eisenbahngesellschaft, die das ekuadorianische Eisenbahnnetz betreibt.

Entradas: Streifzüge während der Eroberung, bei denen Indianer eingefangen, bekehrt und zur Arbeit gepreßt wurden. Ein anderes spanisches Wort dafür war in der Kolonialzeit *descimento.* Es bedeutet Preßgang oder Einfall.

Erke: Musikinstrument aus Binsenrohr, vornehmlich in den Nordwest-Anden Argentiniens; es bringt nur drei weithin hörbare Töne hervor.

Esgravatana: Blasrohr, die Schußwaffe der Indianer am Anden-Saum und in Amazonien.

Fabriquero: Stellvertreter des Pfarrers in den entlegenen Dorfgemeinden ohne eigenen Pfarrer.

Fachalino: Schulter- oder Kopftuch der Frauen in den Trachten der Ketschuas.

Faja: Sehr schöne, handgewebte Gürtel der Hochland-Indianer.

Flauta: Querflöte aus Riedgras; neben dem Blasloch hat sie sechs Grifflöcher.

Fortaleza: Befestigter Platz oder Festung.

Furo: Durchfahrt oder Passage.

Ghülmen: In der Sprache der Mapuche in Chile Bezeichnung für einen Häuptling, der mehreren Großfamilien in einem Bewirtschaftungsgebiet vorsteht.

Guadua: Riesenbambus, dessen dichte Bestände noch immer die Nebelwald-Region überziehen.

Huaico: Wort aus der Ketschua-Sprache für die katastrophalen Schlammfluten, die sich nicht selten aus dem Bruch von Moränen-Stauseen in den Bergen ergeben.

Huasipunguero: Seit den Tagen der Kolonialherrschaft Bezeichnung für die besitzlosen Landarbeiter (vgl. auch Reg.).

Huecurus: Bei den Mapuche böse Dämonen des Feuergottes *pillán,* die in Tiergestalt umherwandern und Krankheiten und Unheil bringen.

Ichu: Wetterharte Grasart die als typischer Bodenbedecker in den weiten Hochebenen gilt.

Indigenas: Das spanische Wort für Einheimische (auch *pueblos indígenas:* einheimische Völker), ersetzt im sensiblen Sprachgebrauch das Wort Indios, das einen herablassenden Beigeschmack hat (vgl. auch Reg.).

Intiwatana: Sonnenuhr der Inka.

Iscupuru: Ketschua-Bezeichnung für die kleinen birnenförmigen Behälter von Kalk, die man beim Coca-Genuß der Blattkugel beimengt.

Jipijapa-Palme: Aus den getrockneten Blättern dieser zwergwüchsigen Palme werden die Fasern für den feinen Panama-Hut gewonnen. Der Hut wird zwar zum größten Teil in Ecuador an der Küste hergestellt, hat den Namen aber nach seinem wichtigsten Handelszentrum erhalten.

Junta de vecinos: Die Versammlung, die in den Gemeinden der Indianer den Bürgermeister wählt.

Kaya: Gefriergetrocknete Frucht der knollenbildenden *Oca*-Pflanze, ein wichtiges Nahrungsmittel der Hochland-Indianer.

Kazike: Häuptling (vgl. auch Reg.).

Ketschua: Siehe unter *Quetschua* und vgl. auch Reg.

Kogi-Indianer: Diese Indianer in den Vorgebirgen der Sierra Nevada de Santa Marta Kolumbiens kennen noch das Männerhaus und die gesonderten Rundhäuser für Frauen und Kinder in den Dörfern. Sie finden nur während bestimmter Zeremonien zweimal im Monat zusammen, während sie die meiste Zeit – ebenfalls durch Männer- und Frauenhäuser getrennt – bei ihren Feldern leben.

Kolibri: Von den über 500 Arten leben viele in den Anden (vgl. auch Reg.).

Kursawa: Siehe unter *Maniok*.

Ladinos: In Chile die Bezeichnung für die Mestizen, die die meisten Land- und Minenarbeiter stellen.

Laguna: Portugiesisch und spanisch für Lagune, Sumpf, Salzsee.

Legua: Die spanische Meile hat in den verschiedenen Ländern unterschiedliche Längen, und zwar zwischen 4000 m und 6687 m.

Lliclia: Ketschua-Begriff für das quadratische Brusttuch, in dem die Indianerinnen ihre Kleinkinder, aber auch Lasten tragen.

Linkan Antai: „Menschen der Erde", Eigenname der Indianer im Gebiet zwischen Rio Loa und dem Salar de Atacama im Norden Chiles, die allgemein als Atacameños bekannt sind. Sie sprechen Ketschua und nur in ihren entlegensten Dörfern, sonst, wie zum Beispiel in Peire, noch ihre alte Sprache Kunza.

Llipta: Siehe unter *Acullicu* und *Coca*.

Machitún: Die Krankenheilung bei den Mapuche, die von einer Medizinfrau, der Machi, durch Geisterbeschwörung und Anwendung von Heilpflanzen durchgeführt wird (vgl. auch Reg.).

Malpaso: Spanisches Wort für Flußenge oder einfach schlechte Durchfahrt.

Mamachumbi: Langer Webgürtel des traditionellen Frauengewandes (siehe auch unter *faja*).

Mameluco: Veraltetes Wort für Mischling indianischer und weißer Abkunft.

Mandioka: Siehe unter *Maniok*.

Manglares: Immergrüne Mangrovensümpfe oder -wälder im Gezeitenbereich der Tropenküsten. Mangrovenpflanzen gedeihen auf salzhaltigem, schlammigem Boden; sie bilden dort charakteristische Stelzwurzeln, die der Atmung und der Nahrungsaufnahme dienen.

Maniok: Diese im Gebiet der *tierra caliente* verbreitete Kulturpflanze hat viele Namen: *Mandioka, Manihot, Juca, Yuka, Kassawa* usw. Die Knollen des Maniokstrauches *(Manihot utilissima)*, der zu den Wolfsmilchgewächsen gehört, sind für die Tropenbewohner ein ebenso wichtiges Nahrungsmittel wie Getreide oder Kartoffeln für Europäer. Sie werden zu Chicha, zu Mehl, zu *Manioksago, Tapioka* und Backfladen verarbeitet (siehe auch unter *chicha*).

Mápu: Schöpfergott der Araukaner oder Mapuche.

Mashua: Eine der vielen knollenbildenden Kulturpflanzen der Hochland-Indianer, unserer Kapuzinerkresse verwandt.

Mate: Gebräuchliche Bezeichnung für den Flaschenkürbis *(Lagenaria vulgaris)*, der noch immer, reich verziert, zu zahlreichen Behältern und Gefäßen verarbeitet wird. Die Tradition ist Jahrtausende alt. Gleichzeitig ist mit Mate der Tee aus den Blättern der Stechpalme *Ilex paraguayensis* gemeint. Yerba ist ein anderes Wort dafür.

Minga: Traditionelle landwirtschaftliche Organisation der gegenseitigen Hilfe bei den Bergbauern (vgl. auch Reg.).

Ñgillatúnes: Bei diesem wichtigen Bittopferfest kommen die Mapuche zusammen, um Regen oder Wetterbesserung und Ähnliches von ihrem höchsten Gott, *gñechen,* zu erflehen (vgl. auch Reg.).

Nudo: Gebirgsschwellen oder Querriegel in den Anden (vgl. auch Reg.).

Oca: Knolle einer Nahrungspflanze, die Hochland-Indianer seit Jahrhunderten kultivieren (siehe auch unter *Kaya*).

Olluco: Der *olluco* gehört zu den knollenbildenden Kulturpflanzen der Hochland-Indianer, die ihnen ein stärkehaltiges Grundnahrungsmittel liefern (siehe auch unter *Chuño*).

Onas: Der Stamm der Onas, der einst auf Feuerland lebte, ist in den siebziger Jahren dieses Jahrhunderts ausgestorben.

Oroya-Fieber: Siehe unter *Verruga-Fieber*.

Otavaleños: Indianische Bewohner der Stadt Otavalo und der Umgebung in Ecuador. Diese besonders tüchtige, emanzipierte Indianergemeinde unterhält einen Textilhandel, der weit über die Grenzen des Staates hinausgeht. Ethnologen zählen diese heute Ketschua sprechenden Indianer zu den Nachkommen der Cara, die entschiedene Feinde der Inka waren und einst Cibcha sprachen (vgl. auch Reg.).

Paez-Indianer: In Kolumbien bewohnen sie das Gebiet um San Agustín und den Süden des Landes, wo sie weitgehend von den Erträgen ihrer Felder leben.

Pago: Der Tribut, den die den alten Glaubensvorstellungen noch anhängenden Hochland-Indianer der Erdgöttin Pachamama in Form eines Mahles „zahlen".

Panamericana: Vgl. Register.

Panamericano: Längste der trans-andinen Eisenbahnstrecken, die die Netze Argentiniens, Chiles und Boliviens mit der Südbahn Perus verbindet; sie beginnt in Buenos Aires (vgl. auch Reg.).

Páramo: Charakter-Landschaft in den Nord-Anden (vgl. auch Reg.).

Penitentes: Felder mit Büßerschnee, die man im Sommer und Herbst in den Puna-Anden vorfindet. Sie erinnern tatsächlich an das Bild einer Prozession weißbehemdeter Büßer *(penitentes),* das die Sonnenstrahlung aus der ursprünglichen Schneedecke herausmodelliert hat.

Pica: Richtpfad durch den Urwald.

Pichincha: Auch der Ketschua-Name dieses Berges bei Quito deutet auf seine vulkanische Tätigkeit hin: „Kochender Berg".

Pillán: Feuergott der Mapuche, Herr über Donner und Blitz, der in der Hoch-Kordillere wohnt.

Pincullo: Das aus Schilfrohr geschnittene *pincullo,* das über sechs Grifflöcher bespielt wird, klingt besonders schrill.

Pisco sour: Verführerisches alkoholisches Getränk, das aus Weintrauben-Alkohol, vermischt mit Zitronensaft, gequirltem Eiweiß, einem winzigen Schuß Gummiarabikum und Angostura besteht und besonders in Peru kalt serviert wird.

Pongo: Flußenge im Spanischen; durch das Pongo de Manseriche (Tor der Angst) bricht der Rio Marañon nach Amazonien durch.

Priostes (landschaftlich auch *prestes, carguyos*): Männer, die bei indianischen Festen die Zeremonien organisieren.

Puitos: Bunte Bänder, die die Rocksäume der indianischen Kleidung im Hochland schmücken.

Puna: Charakteristische Hochflächen in den Anden (vgl. auch Reg.).

Pututo: Gebräuchliche Bezeichnung für die aus dem aufgebohrten Gehäuse der Tritonschnecke hergestellte Trompete sind *pututo, kipa* und *caracol.* Dieses seit Jahrtausenden gebräuchliche Instrument wird noch heute von den „Herolden" des Bürgermeisters, aber auch bei besonderen Regenzeremonien, geblasen.

Quebradas: Tiefe Erosionstäler der Gebirgsflüsse.

Quechua: Hochland-Indianer Ecuadors, Perus, Boliviens, Nordchiles und Nordost-Argentiniens, die die Quechua-Sprache sprechen, und deren Bevölkerungsanteil im Zentrum des früheren Inka-Herrschaftsgebietes mehrere Millionen Menschen ausmacht. Die einstige Staatssprache der Inka wird vermutlich von zehn Millionen Menschen gesprochen. In Peru ist das Quechua als Landessprache neben dem Spanischen anerkannt. Die Inka haben durch ihre *mitimaes*-Politik, den Austausch von Völkern im Imperium, dafür gesorgt, daß viele Völker ihre besondere Identität verloren. Doch haben einzelne Gruppen wie Salazaca, Canelo und andere einen Rest von kultureller Eigenständigkeit bewahrt (siehe auch unter *Ketschua* und vgl. Reg.).

Quena: Die Knochenflöte der Indianer, auch Kena geschrieben, wird aus den Schienbeinknochen junger Rinder angefertigt und von den indianischen Hirten oft virtuos beherrscht. Es gibt sie aber auch aus Schilfrohr. Sie wird über ein rechtwinklig angesetztes Mundstück angeblasen. Die Länge der Tonsäule wird über sechs Löcher bestimmt.

Quichua: In Ecuador gebräuchlich für Quechua.

Quinoa: Kultivierte Meldenart, die im Dezember im Hochland ausgesät wird. Die Körner sind auch bei uns als Peruanischer Reis bekannt. Die Asche von *quinoa*-Stengeln wurde beim Coca-Genuß verwendet (siehe unter *Acullicu*).

Quintal: Eine in Chile sehr bekannte, feuerrot blühende Schmarotzer-Pflanze trägt diesen Namen in Erinnerung an eine Doña Quintala, die im 17. Jahrhundert ihren Vater und ihren Liebhaber ermordete.

Rancheria: Primitive Hüttensiedlung.

Raudal: Spanisch für Katarakt oder Wasserfall.

Relleno de papa: Gefüllte Kartoffeln, die von den Indianern gern an Haltestationen und auf Märkten angeboten werden.

Regado: In den regenarmen Zonen der Anden wird so der Bewässerungsfeldbau genannt; über die gerechte Zuteilung des Wassers wacht der *juez de agua* (Wasser-Richter).

Rondador: Einreihige, aus bis zu 40 verschieden langen miteinander verbundenen Bambusröhrchen bestehende Panflöte in Ecuador. In Peru, Bolivien und Nordchile besteht sie aus einer Doppelreihe von sieben bzw. sechs Röhrchen, die zusammen die diatonische Durtonleiter umfassen. Das beliebte Instrument heißt in Peru seit Inka-Zeiten *antara*, aber auch *zampoña*, bei den Aymará heißt es *sikus* und im Norden Chiles *caña*.

Rotos: In Chile nennt man die Angehörigen der ganz armen Schicht *rotos* oder *roto chileno*. Das Wort weist auf die ärmliche Bekleidung hin.

Sacha Runa: Canelos-Indianer, deren Lebensraum an der „Augenbraue" der Anden Ecuadors beginnt. Das Ketschua-Wort bedeutet Waldmenschen.

Salar: Spanische Bezeichnung für Salzsee (vgl. auch Reg.).

Salasaca: Angehörige einer indianischen Bevölkerungsgruppe in der ecuadorianischen Provinz Tungurahua. Man sagt, sie trügen ihre schwarzen Ponchos aus Trauer über die verlorene Heimat im heutigen Bolivien, die die Vorfahren durch die Umsiedlungspolitik der Inka aufgeben mußten.

Salto: Weiterer spanischer und portugiesischer Begriff für Wasserfall.

Sangay: Der Name dieses tätigen Vulkans in Ecuador bedeutet „Dämon des Feuers", aber auch „Schrecken der Flammen".

Saraguro-Indianer: Im Süden Ecuadors ansässig; sie sind hauptsächlich Viehhalter, die mit ihren Herden saisonweise in die regenreicheren Osthänge der Anden wandern.

Soroche: Bergkrankheit, die schon in 2500 m Höhe auftreten kann und auch die Einheimischen, wenn sie aus der gewohnten Höhe weiter aufsteigen, befällt. Man beugt ihr durch langsame Bewegung und langsames Atmen vor sowie durch Medikamente wie „Effortil". In akuten Fällen, die manchmal bei Fahrten mit der Anden-Bahn oder Überlandbussen auftreten, erhalten die Kranken Sauerstoffmasken. Die Höhenkrankheit hat Alexander von Humboldt erforscht. Ihre äußeren Symptome sind unregelmäßiger Puls, Brechkrämpfe, Bluten des Zahnfleisches, Kollaps. Die Bewohner der extremen Höhenlagen sind in ihrer Körperverfassung der Sauerstoffarmut angepaßt.

Tacla: Noch heute unter Hochland-Indianern gebräuchlicher Grabstock aus Hartholz für das Einbringen der Samen und Pflanzen in die Erde. Der Grabstock hat einen etwa 1,70 m langen, gebogenen Griff und in der oberen Hälfte eine Fußstütze. Die Spitze wird mit Hilfe des Fußes in die Erde getrieben. Moderne *tacllas* sind mit Eisenspitzen verstärkt.

Tanagra: In Südamerika mit vielen Arten vertretene Singvogel-Familie.

Tierra caliente: (auch: *terra caliente*): Vgl. Register.

Tierra fria: Vgl. Register.

Tierra templada: Vgl. Register.

Toldo: Das spanische Wort bezeichnet das Schutzdach auf einem Boot, aber auch das Schutznetz gegen Moskitos.

Trutruca: Blasinstrument der Araukaner, das wie der Erke nur drei durch Druck und verschiedene Lippenstellung erzeugte Töne hervorbringt.

Tupos: In der Ketschua-Sprache die großen Fibeln oder Gewandnadeln, mit denen Ponchos und Schultertücher zusammengehalten werden. Sie werden aus Kupfer, Messing, Nickel, selten aus Silber, angefertigt. Die Fibeln enden in Schmuckscheiben, die reich verziert sind; manchmal stellen sie die Sonnenscheibe dar, manchmal Figuren, die den Träger auf magische Weise schützen sollen.

Urus: Inselbewohner auf dem Titicaca-See, deren wichtigstes Gefährt das Binsenboot ist. Unter ihren 70 Inseln ist Huacahuacani die größte. Die Kirche auf dieser Insel ist so niedrig, daß die Menschen nur auf Knien hineingelangen (siehe auch unter *Aymará*).

Verruga-Fieber: Gefährliche Krankheit, die schon die Menschen im indianischen Altertum geißelte. Beim Bau der peruanischen Eisenbahn-Linie von Lima über La Oroya nach Huancaya raffte sie 7 000 Arbeiter dahin. Ihren Namen hat sie nach dem Verrugas-Viadukt, dessen Fertigstellung in 1 800 m Höhe sich durch die Seuche verzögerte. Der peruanische Arzt Carrión versuchte die Krankheit zu erforschen und fiel ihr dabei zum Opfer. Heute wissen wir, daß das tödliche Fieber, äußerlich durch Hautknoten begleitet, durch einen Erreger *(Batonella bacilliformis)* übertragen wird.

Viaja (Viejo): Die beiden „Alten", die in Lumpen gehüllt die Karnevalszüge der Indianer anführen.

Vizcachas: Nager mit einem feinen Pelz, die in großer Höhe leben.

Warmichakui: Eheliche Gemeinschaft der Ketschua-Indianer, die in einer *rimaiukui* genannten Feier geschlossen wird und als unauflöslich gilt.

Yachag taita: Bezeichnung der Ketschua für ihre Zauberer und Medizinmänner (Vgl. auch Reg.)

Yaganes: Einer der drei Stämme der Feuerländer; sie sind inzwischen auch ausgestorben. Um 1960 bezeichneten sich noch etwa 24 Menschen auf Feuerland als Yaganes. Die meisten waren Mestizen.

Zaque: Zur Zeit der spanischen Eroberung Herrscher im nördlichen Teil des Muisca-Landes. Er genoß göttliche Verehrung und galt zusammen mit dem *zipa* als Inkarnation der großen Gestirne.

Zipa: Der *zipa* regierte den südlichen Muisca-Staat; er galt als Repräsentant der Mondgöttin. Als die Spanier kamen, lagen *zipa* und *zaque* in Fehde.

Die Autoren danken

Die meisten Freunde und Partner, die zum Gelingen unseres Buches beigetragen haben, sind im Text genannt. Einigen Weggefährten und Institutionen aber gilt darüber hinaus unser besonderer Dank: Hans-Jürgen Breidenstein und Hermann Scharnagl danken wir für die großzügige Ausstattung des Buches und Berthold Seggelke für sein Engagement beim Layout und der technischen Abwicklung; Frank Trümper danken wir für die kritische Durchsicht des Manuskripts; Prof. Dr. Hanno Beck, Prof. Dr. Harald Sioli, Prof. Dr. Federico Kauffmann-Doig und Prof. Dr. Werner Rauh für Rat und Unterstützung.

Das Max-Planck-Institut für Tropenökologie in Plön stellte uns wissenschaftliches Material zur Verfügung, und wertvolle Unterlagen erhielten wir auch vom Iberoamerikanischen Institut in Berlin sowie der Linga-Universitätsbibliothek in Hamburg. Mit Rat und Tat vor Ort standen uns Bernd Wiesner, Gustavo Siles-Doig, Dr. Johan Reinhard und viele andere Freunde in Ecuador, Peru und Chile zur Seite.

Peter Baumann   Erwin Patzelt

Zeittafel

Die Daten sind ausgewählt. Militärische Ereignisse sind aus dieser Zeittafel ausgeschlossen, es sei denn, die Daten sind im Zusammenhang mit der Eroberung der Anden durch die Spanier wichtig.

Vor 4700 Millionen Jahren	Die Erdkruste wird gebildet.
Vor 3000 Millionen Jahren	Entstehung der ersten Blaualgen mit dem Farbstoff Chlorophyll (Blattgrün) im Meer. Früheste Lebensformen entwickeln sich vor 3,3 Milliarden Jahren.
Vor 2000 Millionen Jahren	Entstehung des Grabenbruchs, der die Basis des Amazonas-Beckens bildet, im Präkambrium. Die ersten echten Zellen mit Zellkern bilden sich.
Vor 1000 Millionen Jahren	Einzellige Grünalgen und Pilze treten auf. Die Algen entwickeln sich über die folgenden Jahrmillionen weiter. Die sexuelle Fortpflanzung beginnt gegen Ende des Präkambriums.
Vor 570 Millionen Jahren	Während der ersten 140 Millionen Jahre des Paläozoikums herrschen die Meeresalgen vor. Allmählich entwickeln sich andere Organismen: Pflanzenfressende Tiere, vielzellige Wirbellose, Trilobiten (vor 500 Millionen Jahren), Korallen, fischähnliche erste Wirbeltiere und Ammoniten (vor etwa 450 Millionen Jahren).
Vor 560 Millionen Jahren	Die Ur-Anden werden aufgefaltet.
Vor 430 Millionen Jahren	Im Silur erscheinen die ersten Landgefäßpflanzen.
Vor 395 Millionen Jahren	Die Entstehung der ältesten Wälder fällt in die Zeit des Devon. Das Devon bringt Farne, Schachtelhalme und erste Samenpflanzen hervor.
Vor 370 Millionen Jahren	Auf dem Gebiet der Ur-Anden, die über Jahrmillionen wieder abgetragen wurden, werden die Prä-Anden aufgefaltet.
Vor 345 Millionen Jahren	Tektonische Gewalten unterteilen Amazonien in das obere, mittlere und untere Becken. Die Pflanzenwelt wird um die Bärlappe bereichert. In der Tierwelt entwickeln sich die Amphibien.
Vor 300 bis 280 Millionen Jahren	Im Karbon erscheinen die ersten Reptilien, Insekten und Spinnen.
Vor 225 Millionen Jahren	Während im Perm Bärlappe und Schachtelhalme zusammen mit anderen Organismen zurückgehen, treten im Übergang zum Trias Palmfarne und Nacktsamer (die ersten Nadelhölzer) auf. Säugetiere erscheinen gegen Ende des Trias.
Vor 190 Millionen Jahren	Das Mesozoikum gilt als Zeitalter der Dinosaurier. Zu Beginn des Jura erscheinen die ersten Vögel und in der Pflanzenwelt die Gingko-Bäume.
Vor 140 Millionen Jahren	Gegen Ende des Jura finden wir die ersten Bedecktsamer, deren vielfältige Entwicklung

sich in den 70 Millionen Jahren der Kreidezeit vollzieht.

Vor 100 Millionen Jahren Die Schilde von Guayana und Brasilien lösen sich vom südlichen Ur-Kontinent Gondwana.

Vor 65 Millionen Jahren Die Kreidezeit geht mit großen Klimaveränderungen zu Ende, die den vielfachen Artentod unter den Lebewesen verursachen. In der Pflanzenwelt beginnt der Siegeszug der „modernen" Bedecktsamer im ersten Abschnitt des Tertiärs. In diese Zeit fällt auch die Bildung der „Amazonas-Achse", eine geologische „Nahtstelle", die durch den Druck des nördlichen Ur-Kontinents Laurentia auf den südlichen Ur-Kontinent Brasilia entsteht.

Vor 60 Millionen Jahren Mit der Auffaltung der Neu-Anden im Tertiär wird Südamerika in seiner heutigen Gestalt weitgehend geformt, die Fließrichtung der Ströme neu bestimmt.

Vor 40 Millionen Jahren Gegen Ende des Eozäns entwickeln sich unter den Säugetieren die ersten Wale, die Pferdeähnlichen und die Primaten.

Vor 26 Millionen Jahren Das Eiszeitalter (Miozän) beginnt, in dessen 19 Millionen Jahren die Wälder zurückgedrängt werden und krautigen Pflanzen Platz machen.

Vor 25 Millionen Jahren Die Anden-Kette schließt sich, das Amazonas-Flußgefieder entsteht allmählich.

Vor 10 Millionen Jahren Der eigentliche Amazonas-Strom, der Ur-Amazonas, beginnt zu fließen.

Vor 2,5 Millionen Jahren Gegen Ende des Pliozäns beginnt die Entwicklung des Menschen.

Vor 2 Millionen Jahren Der Wasserspiegel des Atlantik steigt allmählich um 180 m an und überflutet weiträumig das Amazonas-Becken und den Fuß der Anden.

Vor 130 000 Jahren Beginn eines wärmeren Zwischenstadiums während der Riß-Eiszeit, das die erneute Überflutung Amazoniens durch das Meer mit sich bringt.

Vor 80 000 Jahren Abermalige Überflutung des Amazonas-Beckens und der Anden-Säume durch das Meer.

Vor 70 000 Jahren Der Meeresspiegel sinkt und öffnet die sogenannte Bering-Brücke zwischen Asien und Amerika für 30 000 Jahre. Mongolide Vorläufer der Indianer könnten nach Theorien, die sich auf Forschungen unter den Waika-Indianern in Venezuela stützen, vor dem Versinken der Landbrücke von Asien nach Amerika gelangt sein.

Vor 35 000 Jahren Die Bering-Brücke taucht in einer neuerlichen Kälteperiode wieder auf und gibt dem Menschen für 10 000 Jahre den Weg von Asien nach Amerika frei. Vor 20 000 Jahren sind vermutlich die ersten Vorfahren der heutigen Indianer in den Regenwäldern Südamerikas angekommen.

Vor 10 000 Jahren Während der sogenannten „Flandrischen Transgression" nach der letzten Eiszeit verliert der Amazonas sein eigentliches Delta. Das Tal gewinnt seine heutige Gestalt.

4000 v. Chr. Die ersten Indianergruppen könnten nach neueren Hypothesen aus dem Amazonas-Regenwald in die Kordilleren gezogen sein.

3000 v. Chr. Die bisher früheste Keramik Amerikas entsteht an der Küste Ecuadors. Dort hat die Valdivia-Kultur auch das bislang älteste Zeremonial-Zentrum Amerikas hervorgebracht, das zusammen mit anderen Zeugnissen auf eine entwickelte Feldbau-Gesellschaft hinweist.

1200 v. Chr. Die Chavín-Kultur bringt an der Küste Perus die Heiligtümer Caballo Muerto, Haldas, Gargay u. a. hervor. Sie gewinnt an Einfluß. Chavín kennt farbige Textilien, Keramik und Goldbearbeitung. Ihre eindrucksvolle Ikonographie wird in Stein geschnitten.

1000 v. Chr. An der Küste Ekuadors entwickelt sich die Chorrera-Kultur. Zu ihren Leistungen gehören Keramiken von großer Vollendung: dünnwandig, formenreich, mit rosa, rotblauen, schwarzen und irisierenden Farben sowie Flötenvorrichtungen. Neue archäologische Hypothesen sehen eine Händler- und Mittlerrolle der Chorrera-Leute zwischen Chavín in Peru und der Olmeken-Zivilisation in Mittelamerika.

850 v. Chr. Die Chavín-Kultur bringt in den peruanischen Anden, nahe der heutigen Ortschaft Chavín de Huantar, eine großartige Sakral-Architektur hervor. Im Laufe der Jahrhunderte wird das Tempelzentrum immer weiter ausgebaut und gewinnt an Einfluß über weite Bereiche des heutigen Peru. In der Ikonographie der monumentalen steinernen Bildwerke sind Motive von dolchzähnigen Raubkatzen und Greifvögeln vorherrschend.

600 v. Chr. Der Fundort San Agustin in Kolumbien ist das Zentrum einer Kultur, die unterirdische Tempelbauten aus Stein hervorbringt. Aus Stein sind auch die Figuren, Tempelschreine, Sarkophage und Rundbildwerke, die durch Reliefs von Raubvögeln, Affen, Schlangen und Lurchen gekennzeichnet sind. Die Kultur von San Agustin kennt außerdem die Keramik und die Goldbearbeitung.

500 v. Chr. Nach dem Fundort Tumaco an der Küste Kolumbiens ist eine Kultur benannt, die eine formenreiche Keramik und gewebte Kleidung kannte. Die Menschen wohnten in Dorfsiedlungen.

400 v. Chr. In Ecuador entfalten sich regionale Kulturen wie La Tolita, Jama-Coaque, Jambeli, Bahia. Ihre materiellen Zeugnisse berichten von einem hohen Entwicklungsstand. Man bearbeitet Kupfer, Gold und Platin (!), bewohnt zum Teil feste Giebelhäuser. Einzelne Städte (Fundort Atacames) zählen bis zu 3000 Häusern. Die Tonplastik ist reich an Formen und Farben.

100 v. Chr. Mit den Fundorten Recuay, Virú, Vicús, Cajamarca, Nazca und Moche sind etwa zeitgleich beginnende kulturelle Entwicklungen in Peru verbunden. Recuay bringt mehrgeschossige Bauten hervor. Vircús kennt die Gold-Silber-Legierung, Cajamarca hat Steinhäuser. Nazca gibt nicht nur wegen seiner überdimensionalen Scharrbilder Rätsel auf, sondern ist berühmt durch seine virtuose Webtechnik, eine Keramik mit kraftvollen Farben, durch Aquädukte und Bewässerungskanäle. Moche baut gewaltige Bewässerungssysteme, Stufenpyramiden, Befestigungswerke. Man kennt eine besonders formenreiche Tonplastik, darunter die charakteristischen Porträtgefäße, Textilien (Stickerei, Bildwirkerei, Baumwolle auf Leinen). An Metallen werden Gold, Kupfer und Silber bearbeitet. Eine Bilderschrift ist in Gebrauch.

400 n. Chr. Tiahuanaco, die nach einer prominenten Kultstätte (Sonnentor) in Bolivien benannte Kultur, schafft eindrucksvolle Großbauten aus Stein, bereichert die Metallurgie Südamerikas um die Bronzeherstellung, führt die Gobelin-Kunst zum Höhepunkt, schafft Steinbildwerke und polychrome Keramik.

400 Die Huancavélica-Kultur breitet sich vom peruanischen Hochland in den Norden des heutigen Staates Chile aus.

600 Völker, die unter dem Einfluß der Tiahuanaco-Kultur stehen, wandern in das heutige Staatsgebiet von Chile ein; Gegenstände, die von ihnen Zeugnis abgeben, werden noch nahe der heutigen Hafenstadt Valparaíso gefunden.

700   Tiahuanaco breitet sich zur Küste nach Peru hinein aus, wo die Stadt Huari besondere Bedeutung gewinnt. Die Huari-Kultur (ab 800) entwickelte mehrstöckige Häuser, die um eine Plaza gruppiert waren, hat Friedhöfe mit Mausoleen hervorgebracht. In der Tempelstadt Pachacamac entstehen Verteidigungswerke. Die Stadt Piquillacta erhält ihr Wasser durch Aquädukte, gemauerte Leitungen und Zisternen. – In Ecuador gewinnen etwa zeitgleich regionale Kulturen wie Canari, Milagro und Manteño an Bedeutung. Die Manteño-Kultur an der Küste kennt in ihren Siedlungen Steinarchitektur sowie Brunnen, und sie baut Talsperren. Auf Flößen werden ausgedehnte Handelsfahrten entlang der Küste unternommen.

1050   Das Königreich der Chimú mit der gewaltigen Stadt Chanchan entsteht an der Küste von Peru. Die Stadtviertel von Chanchan nehmen insgesamt 10 000 km² ein. Man baut sogar eine große Mauer zum Schutz des Reiches. Die Chimú kennen fast alle Techniken der Metallbearbeitung, beschränken sich jedoch, mit wenigen Ausnahmen, auf schwarze Keramik.

1200   Die Völker der Chinchas und Diaguítas wandern aus Gebieten in den heutigen Staaten Peru und Bolivien in das Küstengebiet ein, das heute zum Norden von Chile gehört.

1400   Die Inka-Expansion beginnt und integriert binnen 125 Jahren die Völker und Staaten vom Norden Ecuadors bis zum Süden Chiles (Curicó). Die Westgrenze des von einer Gottkaiser-Dynastie straff organisierten Reiches ist das Meer, die Ostgrenze bildet der Saum der Kordilleren. Im Imperium wird ein großräumiges Straßennetz angelegt, man richtet Läuferstationen und Vorratsbauten ein. Festungen, Residenzen und Städte sind u. a.: Cuzco, Tomebamba, Machu Picchu, Vilcabamba. Im Inka-Reich werden Metallurgie, Skulptur, Keramik, Weberei, Architektur und Landwirtschaft weiterentwickelt.

1460   Der Inka-Herrscher Tupac Yupanquí dringt, so wird vermutet, mit einem Heer erstmalig nach Süden bis in die Gegend um Coquimbo (Chile) vor.

1485   Der Inka-Herrscher Huayna Capac führt ein Heer bis über den Rio Maule in Chile, wird jedoch von den Mapuche nach einer Niederlage zum Rückzug über den Fluß gezwungen.

1492   Columbus glaubt auf einem neuen Seeweg nach Indien gesegelt zu sein, als er am 12. Oktober die Insel San Salvador (Guanahani) erreicht. Von hier aus unternimmt er Expeditionen nach Kuba und Española.

1493   Pferd, Esel, Maultiere, Ochsen, Schweine, Zuckerrohr, Glasperlen und Glasspiegel werden im Bauch der Segelschiffe mit auf die zweite Reise des Columbus genommen. Diesmal entdecken die Spanier Dominica, Guadalupe, Puerto Rico und Jamaica. – Die Regierungszeit von Huayna Capac im Inka-Reich beginnt.

1497   Die Spanier lernen durch Columbus den Mais kennen. Auf seine dritte Expedition nimmt er aus Spanien Kühe und Pferdestuten, Weizen- und Gerstensaat, Geräte für den Mühlenbetrieb und allerlei Stahlwerkzeug mit in die Neue Welt. Der Admiral entdeckt die Insel Trinidad und Venezuela, den „Ort himmlischer Verheißung".

1507 America nennt der deutsche Geograph Martin Waldseemüller den neu entdeckten Kontinent nach dem italienischen Seefahrer Amerigo Vespucci.

1500 Der Portugiese Pedro Alvarez Cabral erreicht die Küste des heutigen Brasilien. Beschrieben wird sie erstmals von Pedro Vaz de Caminha. Amerigo Vespucci, italienischer Navigator im Dienste des spanischen Kapitäns Alonso de Ojeda, erkundet 1499 die Nordküsten von Venezuela und Brasilien bis zum Amazonas-Delta und beschreibt sie 1500. Vicente Yañez Pinzón nennt die von ihm entdeckte Amazonas-Mündung das Mar dulce, das Süße Meer.

1505 Die portugiesische Krone ernennt Francisco de Almeida zum Vizekönig in Indien (Brasilien).

1513 Vasco Nuñez de Balboa überquert den Isthmus von Panamá und entdeckt am 29. September das Mar del Sur, den Pazifik.

1516 Weil der Priester und Chronist Bartolomeo de las Casas die Versklavung der Indianer bitter bei Hofe beklagt, wird er zum Protektor der Indianer ernannt. Seine Empfehlung, Negersklaven aus Afrika einzuführen, bereut er bald. – Über die Insel Española gelangen Bananenpflanzen nach Südamerika. Auf der Insel werden auch Orangen bereits erfolgreich angepflanzt. – Erstmals ist in spanischen Berichten vom Kautschuk die Rede.

1517 Der Spanier Pedro de Heredia erreicht vom heutigen Santa Martha, an der Küste des heutigen Kolumbien aus, als erster den Saum der Kordilleren.

1519 Carlos I., als Karl V. Kaiser des Heiligen Römischen Reiches, verpachtet Venezuela an die deutschen Handelshäuser der Fugger, Welser, Holzschuher und Behaim für zwanzig Jahre.

Deutsche Konquistadoren unternehmen Expeditionen auch in die Nord-Anden.

1520 Mandeln, Quitten, Feigen, Granatäpfel und Pflaumen werden in die spanischen Pflanzungen in der Neuen Welt geschickt.

1524 Die Spanier betreten erstmals die Küste im Inka-Reich.

1527 Die Spanier wagen einen erneuten Landgang im Inka-Reich. Pizarro läßt Leute zurück, zwei davon werden Huayna Capac vorgeführt. Der Herrscher stirbt im selben Jahr an einer Seuche, die viele Indianer dahinrafft. In Cuzeo wird Huáscar Nachfolger des Verstorbenen, während im Norden dessen Halbbruder Atahualpa zum Herrscher ausgerufen wird. – Francisco César erkundet als erster Europäer im Auftrage Cabotos einen Teil des Anden-Gebietes von Fort Sancti Spiritus am Rio de la Plata aus. Er soll Kontakt mit den Inka aufgenommen haben.

1529 Der deutsche Gouverneur von Venezuela, Ambrosius Alfinger, beginnt die Suche nach dem Dorado. Der Dominikaner-Orden faßt Fuß in Venezuela.

1530 Nikolaus Federmann kommt in das „Land der Zwerge": „Sechs Handbreit von Statur", schreibt er, seien die „Ayamanen" in Venezuela.

1531 In Brasilien errichten Portugiesen die erste Zuckermühle. Pizarro bringt Schweine nach Peru.

1532 Am 16. November gerät der Inka-Herrscher Atahualpa in Cajamarca in die Gefangenschaft der Spanier unter Francisco Pizarro.

1533 Mit der Erlaubnis der Audiencia in Santo Domingo wird eine spanische Expedition für die

Suche nach dem Goldland ausgerüstet.

Ihr folgen 1536 die Expeditionen des Jiménez de Quesada, der in Kolumbien landet, und 1538 die Expedition des Sebastian de Benalcázar, der von Popayán aus aufbricht.

1534 Der spanische Konquistador Benalcázar gründet San Francisco de Quito.

1538 Benalcázar, Quesada und Federmann treffen sich auf der Hochebene von Bogotá. Während die beiden anderen Konquistadoren abziehen, unterwirft Queseda die Muisca und gründet Santa Fé de Bogotá.

1536 Die Spanier gründen Buenos Aires.

1537 Die Spanier gründen Asunción del Paraguay.

1539 Die ersten Zeugnisse der Druckkunst kommen nach Amerika.

1540 Die Spanier gründen Arequipa in Peru, 2300 m hoch am Fuße des Vulkans El Misti gelegen. Der Name ist eine Verballhornung aus dem Ketschua: Are quepay bedeutet soviel wie: Ja, raste.

1541 Gonzalo Pizarro und Francisco de Orellana verlassen Quito. Pizarro kommt bis zum Rio Napo und kehrt um. Orellana durchquert als erster Europäer mit seinen Getreuen den Subkontinent auf dem Amazonas. – Am 12. Februar gründet Pedro de Valdivia Santiago de Nuevo Extremo, die heutige Hauptstadt Chiles.

1544 Manco Capac II. wird von einem Spanier ermordet.

1548 In Brasilien setzt der Handel mit schwarzen Sklaven ein.

1554 Die Jesuiten gründen São Paulo, das für die weitere Land-

nahme von großer Bedeutung ist.

1557 Die Stadt Cuenca, am Camino Real, auf halbem Wege nach Cuzco gelegen, wird gegründet.

1559 Tabaksamen aus Amerika werden von Jean Nicot, dem französischen Botschafter in Lissabon, an Franz II. und Katharina von Medici gesandt.

1560 Pedro de Ursua führt auf der Suche nach dem Goldland eine Expedition zum Rio Marañon. Er wird von Fernando de Guzmán ermordet, der das Königreich der Marañones ausruft. Lope de Aguirre ermordet Guzmán und führt die Expedition zum Orinoko. Vermutlich entdeckt er bei dem Unternehmen die Flußverbindung zwischen Amazonas und Orinoko, den Casiquiare.

1572 Die Spanier erobern die letzte Provinz der Inka und richten Tupac Amaru hin.

1584 Ein neuer Versuch, das Goldland zu finden: Im Orinoko-Gebiet unternimmt Gouverneur Antonio de Berrio eine Expedition.

1601 Der erste Kupfererz aus den Anden wird exportiert.

1609 Die Krone in Lissabon macht auf Druck der Kolonie eine Verordnung rückgängig, nach der Indianer nicht versklavt werden dürfen.

1612 Das erste Aymará-Wörterbuch wird in Peru gedruckt.

1617 Die Engländer unter Sir Walter Raleigh suchen das Goldland am Orinoko.

1621 Philipp III. autorisiert Pento Maciel Parente, den Amazonas zu erforschen.

1637 Eine Expedition unter Pedro de Teixeira erkundet im Dienste des Gouverneurs von Pará den

Amazonas stromaufwärts. Sie gelangt bis in das heutige Peru und Ecuador.

1641 Pater Cristoval de Acuña veröffentlicht das Werk „Nuevo descubrimiento del gran Rio de las Amazonas".

1650 Ein schweres Erdbeben zerstört den größten Teil des von den Spaniern auf Inka-Mauern errichteten Cuzco.

1668 Die Spanier gründen Villa Rica de San Carlos de Puno am Titicaca-See. Die Stadt ist Station auf dem Weg zu den Silberminen von Potosí. – Ein schweres Erdbeben zerstört Arequipa.

1689 Der deutsche Jesuitenpater Samuel Fritz erkundet den Amazonas-Strom vom Oberlauf bis hinab nach Pará, dem heutigen Belém.

1692 Ein Erdbeben in Ecuador „verlegt" nach Augenzeugen in Quito große Erdschollen zwei Meilen weit von ihrem Platz, ohne dabei Häuser oder Bäume zu zerstören.

1702 Mit dem Franzosen Louis Feuillée kommt der erste wissenschaftlich gebildete Botaniker nach Südamerika. Er nimmt seine Studien in Venezuela und Kolumbien auf und setzt sie in Argentinien, Chile und Peru fort.

1727 Im Dienste seines Gouverneurs Mario de Gama stiehlt der Offizier De Melo Palhêta für Brasilien Kaffeepflanzen in Venezuela.

1735 Unter La Condamine kommt eine Expedition der Académie des Sciences nach Ecuador. Ihre wichtigste wissenschaftliche Tat ist die Messung eines Meridianabschnittes unter dem Äquator. Die Gruppe bleibt neun Jahre im Lande und bestätigt Isaac Newtons Theorie, nach der die Erde senkrecht zur Erdachse abgeplattet ist. Die

Franzosen sind im übrigen die erste ausländische Delegation, denen die Spanier offiziell die Einreise in ihr Kolonialgebiet gestatten.

1736 La Condamine sendet die erste Kautschukpflanze *(Hevea brasiliensis)* nach Paris.

1746 Eine 20 m hohe Tsunami-Flutwelle erreicht die Küste Perus. Sie zerstört Limas Hafen Callao und tötet einige Tausend Menschen an der Küste. Tsunamis werden durch Meeresbeben ausgelöst.

1754 Nach dem 1735 veröffentlichten Linnéschen System beginnt der schwedische Forscher Peter Löfling die Pflanzenwelt Venezuelas zu studieren und zu klassifizieren.

1755 Der Grenzfestlegung zwischen den spanischen und portugiesischen Kolonien dient unter anderem das Forschungsunternehmen einer Expedition unter Furtado und Yturriaga.

1767 Die Jesuiten werden aus den spanischen Kolonien ausgewiesen.

1772 In Chile wird die Stadt Copiapó gegründet, die sich im Zentrum bedeutender Silbervorkommen im 19. Jahrhundert zur Metropole des Nordens entwickelt und Chiles erstes Opernhaus besitzt.

1781 Die zehnjährige Forschungsarbeit einer spanisch-portugiesischen Kommission beginnt. Sie legt erneut die Grenzen zwischen den Herrschaftsgebieten der beiden Kolonialmächte fest und trägt wissenschaftliches Material zusammen.

1783 Eine botanische Mission, von Mutis in Bogotá angeregt, nimmt ihre Arbeit auf. 1784 studieren die spanischen Forscher Pavón und Ruíz gemeinsam mit dem Franzosen Dombey die Pflanzenwelt Perus und Chiles.

1797   Ein schweres Erdbeben, dessen Zentrum bei Riobamba liegt, fordert in Ecuador 40 000 Menschenleben.

1799   Alexander von Humboldt und Aimé Bonpland reisen nach Amerika.

1812   Bolivar übernimmt die Führung des südamerikanischen Befreiungskampfes gegen Spanien.

1816   In Buenos Aires proklamieren die Kreolen ihre Unabhängigkeit.

1817   Endgültige Beseitigung der spanischen Kolonialherrschaft in Kolumbien und Venezuela. Mit dem Sieg über die Spanier wird Chile unabhängig.

1821   Ober-Peru, das heutige Bolivien, vereinigt sich mit der Provinz Nieder-Peru und proklamiert die Unabhängigkeit. Erst 1825 aber ist die Kolonialherrschaft beendet.

1822   Bolivar beendet in Ecuador die spanische Kolonialherrschaft.

1826   In Peru endet mit der letzten Niederlage der Spanier im Januar die Kolonialherrschaft.

1831   Charles Darwin (Schöpfer der Evolutionstheorie von der Entwicklung der Arten durch natürliche Auslese) betritt nach der Ankunft der „Beagle" in San Salvador (Forschungsfahrt zur Vermessung und Kartierung der südamerikanischen Küste) brasilianischen Urwald. Seine Eindrücke sind mitentscheidend für seine Wahl der wissenschaftlichen Laufbahn.

1851   Peru beginnt den Eisenbahnbau. Die ersten 14 km verbinden den Hafen Callao mit Lima. Acht Jahre später erhält der Amerikaner Henry Meiggs die Konzession für Bau und

Betrieb einer Linie, die Küste und Hochland verbinden soll: Wirtschaftlicher Hintergrund ist die verkehrstechnische Erschließung für den Transport von Erzen aus Cerro de Pasco und La Oroya. 1877 kann man die ersten 141 km von Callao nach Chicla in 3734 m Höhe fahren, 1893 von der Küste bis nach La Oroya. 1904 erreicht die Linie Cerro de Pasco. Die Strecke La Oroya – Huancayo wird 1906 in Betrieb genommen, 1926 verbindet eine Schmalspurbahn Huancayo mit Huancavélica. Für die 332 km von Lima nach La Oroya und von dort nach Cerro de Pasco benötigen die in beide Richtung verkehrenden Züge 15 Stunden.

1861   Der französische Abenteurer Antonio Orélie I. läßt sich in einer Stammesversammlung der Mapuche zum König der Araucanía wählen. Er wird bald darauf von den Chilenen gefangengenommen, unternimmt 1874 einen zweiten Versuch, der ebenfalls scheitert, und flieht nach Argentinien.

1863   Am 8. Dezember bricht in der Kirche La Compañia in Santiago de Chile Feuer aus, und in einer der furchtbarsten Brandkatastrophen, die die Welt kennt, sterben über 2000 Frauen, die als „bevorzugte Töchter der Jungfrau" an der Andacht teilnehmen: Ihre Krinolinen hinderten die Frauen an der Flucht durch das Portal, das alsbald verstopft war.

1866   Kaiser Dom Pedro II. von Brasilien öffnet den Amazonas als internationalen Wasserweg. – Nach elfjähriger Forschungsarbeit erscheint von Henry Bates das Werk „The Naturalist on the River Amazon". – Gründung der Hafenstadt Antofagasta; sie ist alsbald ein Umschlagplatz für Kupfer und Salpeter.

1868   Ein Seebeben am 13. August

zerstört die Stadt Arica. Das U.S.-Kriegsschiff „Watteree" wird zwei Meilen von der Küste entfernt aufs Land geworfen. – Der Ingenieur Henry Meiggs beginnt mit dem Bau der peruanischen „Südbahn", die 1870 schon Mollendo mit Arequipa verbindet. Durch Finanznöte und Krieg verzögert sich die Vollendung der Strecke Arequipa – Puno (am Titicaca-See) bis zum Jahre 1876. 1871 wird die Linie Juilaca – Cuzco begonnen. Wiederum verzögern Krieg (mit Chile), Geldnot und eine Cholera-Epidemie das Werk. Erst 1893 wird die Strecke Juliaca – Sicuani eingeweiht, 1908 die Strecke Sicuani – Cuzco. 1960 befährt der erste Zug die Strecke Cuzco – Puento Ruinas, wo ein Bus die Reisenden für die Begehung von Machu Picchu abholt.

1871

Ecuador beginnt mit dem Bau seiner ersten Eisenbahn in der Ebene zwischen Yaguachi und Barraganeta. Das sind die ersten 47 km der geplanten Linie, die Guayaquil mit Quito verbinden soll. Erst 1908 ist die 454 km lange Schmalspurbahn vollendet. 1957 ist eine weitere Strecke befahrbar: Von Quito über Ibarra nach San Lorenzo. 1959 wird die Strecke Alausí – Cuenca vollendet.

1876

Der Engländer Wickham schmuggelt siebzigtausend Kautschuksamen nach London. Im Jahre 1894 werden Kautschuk-Plantagen in der englischen Kolonie Ceylon vier Millionen Hektar einnehmen.

1877

In Chile wird die schon 1866 fertiggestellte Eisenbahnlinie in Betrieb genommen. – Arica wird erneut durch ein Erdbeben zerstört.

1879

Zwischen Chile, Peru und Bolivien bricht der sogenannte Salpeterkrieg aus. 1883 entscheidet Chile den Krieg für sich; die beiden Gegner, Peru und Bolivien, verlieren an Chile wichtige Einnahmequellen und Land. Bolivien verliert seinen unmittelbaren Zugang zum Meer.

1887

Eine 442 km lange Eisenbahnlinie von der chilenischen Hafenstadt Antofagasta nach Bolivien (Grenzstadt Olagüe) wird von der Empresa Nacional Ferrocarril de Antofagasta a Bolivia in Betrieb genommen und löst damit das Problem des Warenverkehrs zwischen Hochland und Küste, der bis dahin auf Maultierkarawanen angewiesen war. Der weitere Ausbau der Strecke nach Uyuni in Bolivien (165 km) und dann weiter nach Oruro wird 1889 und 1892 vollendet. Im Jahre 1902 wird die Strecke nahe an La Paz herangeführt, und zwar die 202 km von Oruro nach Viacha. 1917 erreicht die Bahn La Paz. Die Eisenbahn begünstigt die wirtschaftliche Entwicklung der Erz-, Nitrat- und Salpeterproduktion.

1897

Eine Urwald-Eisenbahnlinie entlang dem Rio Marmoré, über die Bolivien Verbindung mit dem Atlantik erhalten soll, wird nach unsäglichen Mühen fertiggestellt. – Der Bergsteiger Zurbriggen bezwingt am 14. Januar den Aconcagua, den höchsten bekannten Anden-Gipfel, im Alleingang.

1910

Am 4. April kann erstmals die 1887 begonnene, technisch äußerst schwierige Eisenbahn-Verbindung zwischen der chilenischen Hafenstadt Valparaíso und der argentinischen Stadt Mendoza befahren werden. Die Strecke ist 411 km lang. Sie wird 1934 durch den Rio Mendoza teilweise zerstört und ist erst 1944 wieder betriebsfähig. Nur zwischen Valparaíso und Los Andes verkehren indessen heute die Triebwagen; der Autobus hat den Schienenverkehr über die Gesamtstrecke abgelöst. Von Mendoza aus kann man mit Schnellzügen die 1043 km bis Buenos Aires fahren.

1913 Die im Jahre 1906 begonnene Bahnlinie zwischen der wichtigen nordchilenischen Hafenstadt Arica und Boliviens Hauptstadt La Paz ist sieben Jahre später fertig. Die 416 km lange Strecke sollte nach dem verlorenen „Salpeterkrieg" den Bolivianern den Güterverkehr vom und zum Pazifik ermöglichen.

1924 Der „Panamericano", der mit der längsten Trans-Anden-Eisenbahnlinie Argentinien, Bolivien und Peru verbindet, ist erstmals über die gesamte Strecke befahrbar. Begonnen wurde das Vorhaben 1894 durch einen Vertrag zwischen Argentinien und Bolivien.

1932 Eine Expedition des Österreichischen und des Deutschen Alpenvereins erschließt die Cordillera Blanca und besteigt den 6768 m hohen Huascarán. – Der Ausbruch des Sambuna-Sees verheert in Peru das Tal von Pacllon.

1938 Am 9. August tötet ein Erdbeben im Valle de los Chillos in Ecuador viele Menschen und verursacht große Verheerungen.

1941 Am 13. Dezember zerstört der Durchbruch des Moränen-Stausees in der Cohup-Schlucht der Cordillera Blanca einen Großteil der Departement-Hauptstadt Huarás und tötet etwa 6000 Menschen.

1942 Ein Erdbeben am 13. Mai fordert in Guayaquil viele Menschenleben und verursacht große Zerstörungen.

1945 Im Januar wird Chavín an der Ostseite der Cordillera Blanca von einer riesigen Mure zum Teil zerstört, und auch das antike Heiligtum wird von der Schlammflut begraben. 500 Menschen sterben.

1948 Das von der UNESCO geförderte Internationale Institut zur Erforschung des Amazonas-Gebietes scheitert an politischen Widerständen. – Die Trans-Andenbahn verbindet die chilenische Hafenstadt Antofagasta mit der argentinischen Stadt Salta. Der bereits 1920 als Abkürzung der gefährlichen Transportroute rund Kap Hoorn geplante Eisenbahnbau wurde immer wieder verzögert. 1922 fuhren die ersten Züge auf dem 152 km langen Teilstück Antofagasta – Augusta Victoria, 1932 wurde die Linie bis Socompa verlängert; die 570 km durch argentinisches Gebiet sind der schwierigste Streckenteil. Der Bau dauerte von 1935 bis 1948. Insgesamt überwindet die Bahn 905 km schwierigsten Geländes.

1949 40 000 Menschen, die in der Umgebung des Vulkans Turungahua in Ecuador leben, kommen durch ein Erdbeben ums Leben. Die Ortschaft Pelileo wird dabei vom Erdboden „verschluckt", die Stadt Ambato schwer zerstört.

1950 300 Jahre nach dem ersten schweren Erdbeben wird Cuzco erneut von einem Erdbeben erschüttert, das katastrophale Auswirkungen auf die historische Bausubstanz hat.

1952 Der Kulturgeograph Carl O. Sauer vertritt die Ansicht, daß die tropische Urwaldkultur dem zentralandinen Feldbau vorangegangen sei.

1955 Zweimal in diesem Jahr, am 11. Mai und am 24. Juli wird die Provinz Imbabura in Ecuador von starken Beben heimgesucht, die Menschenleben kosten und große Verheerungen anrichten.

1956 Am 22. März wird Loja in Ecuador von einem verheerenden Beben erschüttert.

1958 Am 19. Januar erleidet Esmeraldas in Ecuador ein schweres Erdbeben, das auch Menschenleben fordert.

1960 Die Panamericana, von Alaska bis Feuerland 24 862 km lang, wird bis auf etwa 75 km fertiggestellt.

1964 In Ecuador wird ein Gesetz erlassen, das das ausbeuterische System abschafft, nach dem besitzlose Landarbeiter für die Überlassung eines Stückchens Ackerland fünf Tage pro Woche für einen Patron arbeiten müssen. – In den peruanischen Anden wird eine befestigte Inka-Stadt entdeckt, die vermutlich das legendäre Vilcabamba, Zuflucht des letzten Inka-Herrschers Manco Capac II., gewesen ist.

1970 Ein Erdbeben am 2. Mai kostet 50 000 Menschen im Tal des Rio Santa, Peru, das Leben. Es löst im Huascarán-Gebirge eine Kettenreaktion aus: Von dort stürzen Eismassen zu Tal in einen See, dessen Flutwelle u. a. den Ort Jurgay zerstört und 7000 Einwohner mitreißt. Das Ereignis gilt als die größte Gletscherkatastrophe aller Zeiten. Nur 45 Sek. dauert das Beben, das 90% der Siedlungen im Tal zerstört. Der Gletschersturz geschieht mit 400 km/h! Von den Opfern der Katastrophe soll ein Drittel durch den Eissturz ums Leben gekommen sein.

1971 Der Bau der „Straße des Jahrhunderts", der Transamazonica, wird in Brasilien begonnen und im Laufe der Jahre an die Anden herangeführt. – Die Amazonas-Quellen werden entdeckt.

1972 Ecuador stellt die Querverbindung von den Anden zum Urwald im Osten her. Sie führt von Quito zum Rio Coca.

1979 Im August beschließen Kolumbien und Panamá, das letzte noch fehlende Teilstück der Panamericana zu bauen.

1983 Der Vertrag zwischen Chile und Bolivien, der den Chilenen nach dem „Salpeterkrieg" für einhundert Jahre das bolivianische Küstengebiet zugesprochen hat, läuft aus. Die Grenze zwischen beiden Staaten ist auf chilenischer Seite vermint. Ein „Freundschaftsvertrag" aus dem Jahre 1904, der den Anspruch Chiles „auf ewig" anerkannt hat, und dafür Bolivien u. a. Eigentumsrechte an der von Chile gebauten Bahn Arica – La Paz sicherte, wird wieder in Frage gestellt. – In Popayán, Südkolumbien, bebt die Erde am 2. April. Der Erzbischof erklärt, „die halbe Stadt" sei dem Erdboden gleichgemacht. Die wohl schlimmste Erdbebenkatastrophe Kolumbiens fordert etwa 500 Menschenleben und zerstört die Häuser von rund 90 000 der 250 000 Einwohner. Die 1537 von den Spaniern gegründete Stadt hat vor allem historische Bauten verloren. Auch die Kathedrale stürzte ein. – Peru und Ecuador werden von einer Klima-Katastrophe heimgesucht, die durch den Niño-Strom und andere Faktoren verursacht wird. In Peru werden 120 000 ha Nutzfläche überflutet.

Verwendete Literatur

Zu I Eldorado
Eine Welt wird erobert und erschlossen

1 Ovieda y Valdés, Gonzales Fernández de, *Historia general y natural de las Indias, Islas y Tierra firme del Mar Océano*, 1535, 1547, 1557

2 Zárate, Agustin de, *Historia del descubrimiento y conquista de la provincia del Peru ... hasta el vencimiento de Gonzalo Pizarro*, Antwerpen 1555

3 Ebenda

4 Galeano, Eduardo, *Die offenen Adern Latein-amerikas*, Wuppertal 1974, S. 24–39

5 Ebenda S. 24–39

6 Hagen, Victor W. von, *Expeditionen in Südamerika, Große Naturforscher und ihre Entdeckungen*, Berlin 1982, S. 21

7 Kidder, Alfred Vincent, *An Introduction of the Study of Southwestern Archaeology with a preliminary Account of the Excavations at Pecos, and a Summary of Southwestern Archaeology today, by Irving Rouse*, New Haven/London 1962 (erstmals 1924)

Zu II Das Gebirge
Berge, die im Feuer schwimmen

1 Baumann, Patzelt, *Das Amazonas-Dschungelbuch*, Berlin 1980, S. 32–37

2 Hellmich, Walter, *Landschaften in Kolumbien*, S. 292 ff.

3 Ebenda

4 Sauer, Walther, *Geologie von Ecuador, Beiträge zur regionalen Geologie der Erde*, Berlin, Stuttgart 1971, S. 7

5 Ebenda S. 9

6 Ebenda S. 175

7 Ebenda S. 175 f.

8 Ebenda S. 160 ff.

9 Kaufmann-Doig, Federico, *Peru*, Innsbruck, Frankfurt/M. 1982, S. 144

10 *Die Anden, Von der Karibik zum Kap Hoorn*, Luzern, Frankfurt/M. 1977, S. 18 ff.

11 Zeil, Werner, *Geowissenschaftliche Arbeiten im mittleren und südlichen Abschnitt der Anden*, Münster 1973, H. 31/32, S. 9 ff.

12 Helfritz, Hans, *Chile, Gesegnetes Andenland*, Stuttgart 1953, S. 10

13 Ebenda S. 104 f.

14 *Die Anden. Von der Karibik zum Kap Hoorn*, Luzern, Frankfurt/M. 1977, S. 20

Zu III Die Klima-Landschaften
Flora zwischen Eisgrenze und Wüste

1 Rauh, Werner, *Peru, Land der Gegensätze*, Heidelberg 1976, S. 1 ff.

2 Troll, Carl, in: *Amerika* (Harms Erdkunde), Bonn, Köln 1955, S. 294 ff.

3 *Die Anden. Von der Karibik zum Kap Hoorn*, Luzern, Frankfurt/M. 1977, S. 23

Zu V Die Indianer
Eine Zivilisation so fern wie die Sterne

1 Baumann, Peter, *Valdivia. Die Entdeckung der ältesten Kultur Amerikas*, Hamburg 1978, S. 99 ff.

2 Ebenda S. 205 ff.

3 Trupp, Fritz, *Die letzten Indianer. Kulturen Südamerikas*, Wörgl 1981, S. 11 f.

4 Ebenda S. 168

5 Ebenda S. 167

6 Baumann, Patzelt, *Erinnerungen eines Kopfjägers. Moquimbio erzählt von Leben, Traum und Magie im Amazonas-Regenwald*, Frankfurt 1981, S. 90 ff.

Namens- und Sachregister

235

Quellen der Fotos, Karten und Zeichnungen

Archiv der Verfasser: Seite 14 rechts (Bildchronik des Guamán Poma); Bildarchiv Preußischer Kulturbesitz, Berlin: Seite 45; Linga-Universitätsbibliothek, Hamburg: Vorsatz (Vergleich verschiedener Gebirgsprofile), Seite 12 links, 104; Lüthi & Ramseier – Carta Berne – Switzerland, Bern / Bearbeitung: Dieter Mettelsiefen: Frontispiz; Dieter Mettelsiefen, München (Grafiken): Seite 65 (alle Grafiken auf der Grundlage wissenschaftlicher Zeichnungen von E. J. Fittkau, München), 73, 83, 91, 99 (2), 113, 114 oben (nach Professor Werner Rauh, Heidelberg), 130 unten, 131, 174 (nach Dr. H. D. Disselhoff), 182 unten (nach Dr. Johan Reinhard); Nationalgalerie der DDR, Berlin: Seite 44; Rijksmuseum, Amsterdam: Seite 13; Vicente Rivadeira, Quito (Tafeln): Seite 135, 156; Umschau Verlag, Frankfurt: Seite 12 (links), 18, 61.

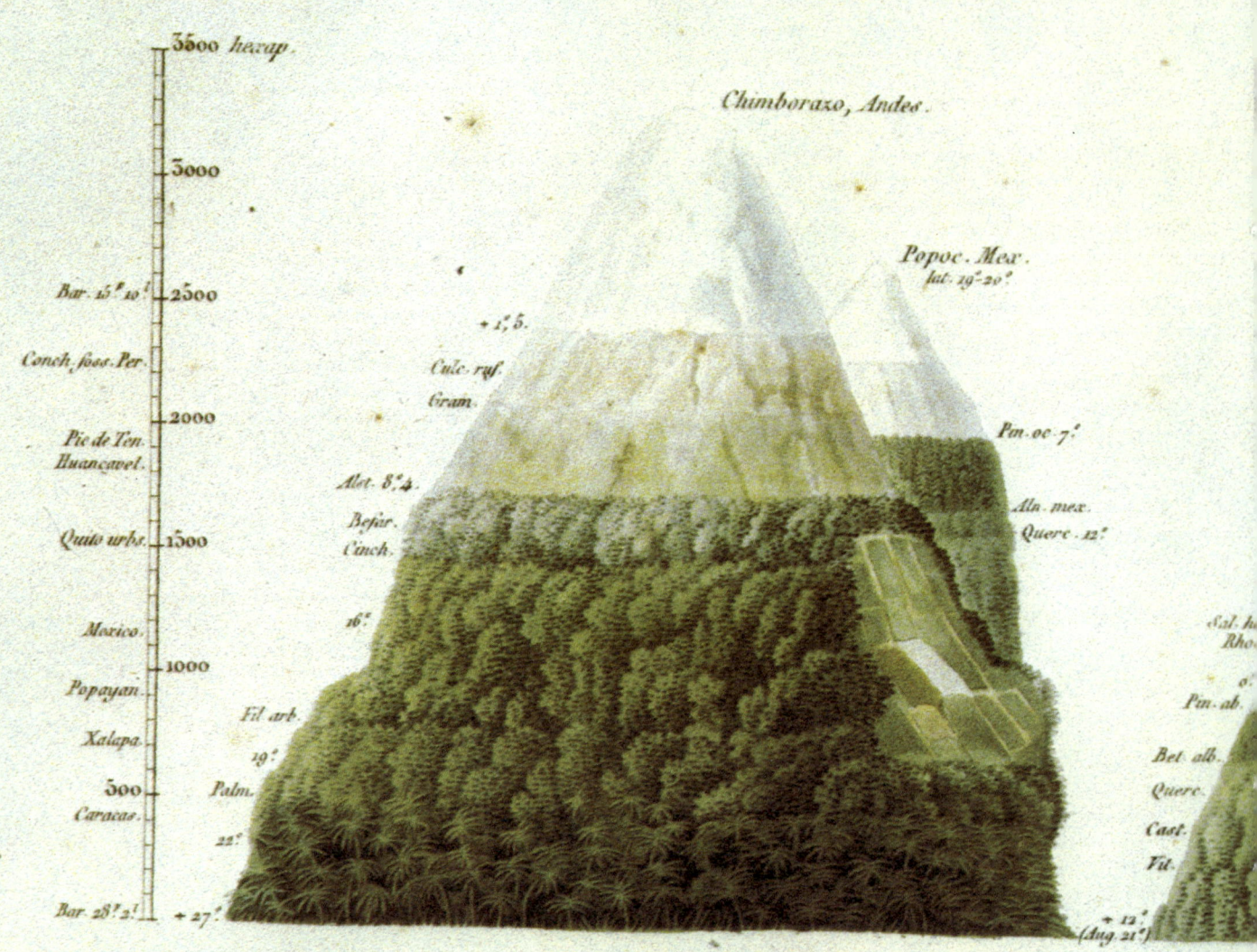

Plaga æquinoctialis, lat. 0°-10°.
(Humboldt. Bonpland.)

Geographiæ plant

Plantarum nomina apposuimus ea altitudine qua quæque c

mediam annuam, Thermometri cent. gradibus expressam:

1. hexap. = 6 pe

Al. Humboldt del. Marchais perf. 1815.

(Therm. 25° cent.